월마트, 두려움 없는 도전

SAM WALTON : MADE IN AMERICA

월마트, 두려움 없는 도전

월마트 창업자 샘 월턴 자서전

샘 월턴 · 존 휴이 지음 | 정윤미 옮김

라이팅하우스

일러두기 | 이 자서전은 샘 월턴이 암 투병 중이던 1991~1992년에 쓰여졌다. 책에 등장하는 여러 인물의 소속, 직책 및 직위, 경제 상황 등은 당시 기준이다.

감사의 말

내 인생은 매우 행복하고 아름다웠다. 그 누구와 비교하더라도 더 나은 삶이었다고 감히 말할 수 있다. 항상 옆에 있어 주고 아낌없이 사랑하며 사업에 대한 나의 집착을 이해하고 포용해 준 아내와 가족은 내게 큰 축복이었다. 비즈니스 인생을 돌아보자면, 나와 동고동락하며 손과 발이 되어 준 훌륭한 동료들이 있어서 매우 행복했다. 그들은 나의 고집스러움과 거친 태도를 참아주면서 모두가 불가능하다고 말리던 일을 이제는 당연히 기대할 만한 현실로 바꿔 주었다.

이 책은 아내 헬렌 롭슨 월턴과 그녀가 잘 키워준 아들 롭과 존과 짐, 그리고 딸 앨리스에게 바치고 싶다. 더불어 나의 파트너 모두에게 이 책을 바친다. 한 사람 한 사람 직접 만나 고마움을 전하고 싶지만, 수십 년간 자주 대화해 왔으므로 내 마음을 이미 잘 알고 있을 것이다. 파트너들과 40만 명의 동료들이 있었기에, 월마트를 이만큼 확장하기까지 길고 험난했던 여정도 매우 즐겁고 특별한 추억이 되었다. 사실 이 책의 상당 부분은 바로 파트너들과 동료들의 이야기로 구성되어 있다.

사업 초창기에는 사람이 많지 않았다. 재키 랭커스터는 아칸소주 뉴포트에서 처음으로 층별 관리자를 맡아 주었다. 1951년 8월 1일 벤턴빌에 처음으로 월턴의 파이브 앤드 다임 매장을 열었을 때는 동료가 고작 네 명뿐이었다. 이네즈 트리트, 루비 터너, 완다 와이즈먼, 루스 켈러. 그때 이 사람들이 없었다면 사실 아무것도 해내지 못했을 것이다.

많은 파트너가 훨씬 큰 잡화점 체인에서 안정적으로 일할 수 있는 기회를 포기하고, 가진 것이라고는 고작 벤턴빌의 보잘것없는 매장이 전부인 주제에 포부는 엄청나게 큰 괴짜 사업가가 내민 손을 잡아 주었다. 그중 몇 사람만 소개하자면 클래런스 레이, 윌러드 워커, 찰리 바움, 론 러브리스, 밥 보글, 클로드 해리스, 페럴드 아렌드, 찰리 케이트, 알 마일스, 토머스 제퍼슨, 게리 레인보스······ 밥 손턴, 다윈 스미스, 짐 헨리, 필 그린, 돈 휘터커도 빼놓을 수 없다. 레이 토머스, 짐 디스모어, 짐 엘리엇, 존 호크스도 내 기억에 깊이 자리 잡고 있다. 론 메이어는 여러모로 많은 공헌을 했고, 잭 슈메이커도 월마트 일등 공신으로 손색이 없다. 존 테이트 또한 오랫동안 지혜로운 조언을 아낌없이 베풀어 주었다.

물론 케이마트의 해리 커닝햄과 같이 우수한 경쟁자가 없었다면 우리는 지금의 월마트로 성장하지 못했을 것이다. 해리는 지금 우리가 알고 있는 할인점을 실제로 설계, 도입한 사람이다. 개인적으로 나는 해리야말로 이 시대를 이끌어 가는 할인업계의 선두주자로 기억되어야 할 인물이라고 생각한다.

나는 데이비드 글래스가 진두지휘하고 있는 월마트의 주식을 그대로 계속 보유할 생각이다. 그는 돈 소더퀴스트, 폴 카터, A. L. 존슨으로 이루어진 최고의 팀을 이끌고 있다. 빌 필즈, 딘 샌더스, 조 하딘 같은 젊은 인재도 회사에서 중책을 맡고 있다. 앞으로 이들의 손에서 지금까지 우리가 일군 업적을 무색하게 만들 정도로 훌륭한 결과가 나올 거라고 장담한다.

세 번째 매장을 개점할 때부터 지금까지 최고의 사업 파트너는 나의 동생 버드 월턴이다. 아마 버드도 이 책을 통해 나에 관해 많이 언급했을 텐데, 그중에는 꽤 날선 비판도 있을 것이다. 그의 지혜로운 조언과 인도 덕분에 우리는 수많은 실수를 피해 갈 수 있었다. 나는 성격이 급하고 행동이 앞서는 편이라 "당장 해봅시다!"라는 말을 입에 달고 살았다. 하지만 버드는 종종 다른 방향을 제시하거나 다른 때 시도하는 게 더 나을 것 같다고 말했다. 나는 곧 버드가 비범한 판단력을 가지고 있으며 나보다 상식이 풍부하므로 그의 말에 귀를 기울여야 한다는 것을 알게 되었다.

마지막으로, 25년간 비서로 일해 준 로레타 보스와 최근 3년간 나의 비서였던 베키 엘리엇이 훗날 천국에서 가장 좋은 곳에 가기를 바란다. 두 사람은 이번 생에 나 때문에 너무나 많이 참고 인내했으니 말이다.

샘 무어 월턴,
아칸소주 벤턴빌에서

서문

친애하는 벗에게.

나는 월마트 창립자이자 회장 샘 월턴이다. 아마 독자들 중 상당수는 월마트 매장에서 쇼핑을 하거나 우리 회사의 물품을 사 본 경험이 있을 것이다. 아칸소주 북서부의 월마트 매장 1호점은 지금도 나에게 고향처럼 중요한 곳이다. 그 후로 30년간 소중한 월마트 동료들이 힘을 합쳐 기적 같은 성장을 이뤘다. 월마트 고객이라면 내가 월마트와 그곳에서 일하는 동료들을 얼마나 소중히 여기는지 잘 알 것이다.

사업을 하다 보면 힘든 시기도 있지만, 결과적으로 우리는 시골 소도시의 작은 매장에서 세계 최대 규모의 소매업체로 탈바꿈했다. 물론 이렇게 되기까지 오랜 시간이 걸렸다. 이곳 월마트는 나에게 특별하고 놀라운 경험을 안겨 주었다. 너무 특별해서 우리 회사, 그리고 자신이 일하는 매장을 진심으로 아끼며 열심히 일해 준 모든 직원에게 반드시 알려 줘야겠다고 생각했다.

사실 월마트라는 기업을 이끌어 오면서 사내 식구들이 아닌 외부인에게 자랑을 늘어놓은 기억은 없다. 은행가나 월스트리트의 금융 전문가에게 우리가 미래에 반드시 크게 성공할 거라고 어필할 때는 월마트의 장점을 부각시켜야 했으므로 예외적인 상황이었다고 할 수 있다. 아무튼 "어떻게 월마트를 이렇게 크게 성공시킨 겁니까?"라는 질문을 받을 때면, 나는 늘 진지한 얼굴로 이렇게 대답했다. "우리는 그냥 하던 대로 꾸준히 제자리를 지켰을 뿐입니다. 옆이나 뒤를 돌아보지 않고 우리 방식을 고수해 왔죠." 많은 점을 비밀로 유지했고, 그럴 만한 이유도 있었다. 사업상의 거래와 가족의 사생활을 지키려면 다른 방도가 없었다. 지금 돌이켜 봐도 그렇게 하기를 잘했다는 생각이 든다.

하지만 바로 그런 이유로 나에 대해 그리고 월마트에 대해 온갖 소문과 억측이 난무했다. 내 사유재산에 너무 많은 관심이 쏠렸다. 나에 대해서만 이야기하자면, 사람들이 뭐라고 하든 개의치 않고 평소와 다름없이 생활하면서 월마트 사업 외의 다른 것에는 눈길을 주지 않았다. 하지만 우리 가족은 지나친 관심 때문에 큰 불편을 감내해야 했다.

지금도 상황은 크게 달라지지 않았다. 근래 암으로 투병 중이긴 하지만, 나이가 들면 누구나 겪는 일이라고 생각한다. 그런데 최근 아내와 아이들, 회사 중역들, 심지어 매장에 근무하는 동료 몇몇까지 합세해 월마트 이야기를 들려주기에 내가 가장 적격이라며, 아직 기운이 있을 때 빨리 책을 내야 한다고 나를 닦달하기 시작했다. 그래서 최선을 다해 월마트의 성장 과정을 이야기해 볼까 한다. 될 수 있으면 자세히 설명하려고 노력하겠지만, 최대한 꾸밈없이 사실적으로 전개할 것이다. 그렇게 해도 충분히 흥미진진하고 즐거운 이야기가 되리라 믿는다. 실제로 우리가 월마트와 함께 한 세월을 그렇게 보냈기 때문이다. 적어도 이 회사를 이끌어 오면서 우리가 얼마나 열정적으로 노력했는지 느낄 수 있기를 바란다. 다시 한번 강조하지만, 월마트 성공 신화에서 가장 중요한 사람은 바로 전국 각지의 월마트 매장 등에서 근무하는 우리 동료들이다.

옛일을 돌아보며 인생의 퍼즐 조각을 하나씩 맞춰 가는 것은 꽤 재미있는 일이다. 누구나 자기 인생을 돌아보는 것이 조금 어색하겠지만, 나 같은 사람은 특히 그런 느낌이 강하게 든다. 타고난 천성이 지나간 일을 곱씹거나 깊이 생각하는 것과는 거리가 멀기 때문이다. 내 인생을 바꿔 놓은 것을 딱 하나 고르라고 한다면, 경쟁에 대한 열정이라고 말할 수 있다. 그 열정이 없었다면 그렇게 부지런히 움직이지 못했을 것이다. 내 머릿속에는 다음에 둘러볼 매장, 새로 개점할 매장, 그리고 개인적으로 그런 매장에서 꼭 홍보했으면 좋겠다 싶은 상품들(낚시용 양동이, 써모스 보온병, 매트리스용 패드, 대용량 사탕 주머니……)에 관한 생각뿐이었다.

생각을 정리하다 보니, 우리의 이야기는 미국이 세계 강국으로 자리매김한 전통적인 이유와 일맥상통하는 점이 많다는 생각이 든다. 이야기의 핵심은 기업가 정신, 위험을 감수하는 태도, 근면함과 성실함, 분명한 목표 의식, 진취적이고 열정적인 태도다. 또한 주변에서 부정적인 평가를 들어도 크게 개의치 않고 자신의 아이디어를 밀어붙이는 태도, 자신만의 철학을 굽히지 않는 꿋꿋함도 빼놓을 수 없다.

가장 중요한 점은, 전혀 특별해 보이지 않는 평범한 사람이라 해도 기회를 주고 잘해 보라고 격려하며 최선을 다하도록 인센티브를 부여하면 기대 이상의 놀라운 결과를 낼 수 있다는 것이다. 지금의 월마트가 바로 그런 평범한 사람들이 모여서 일궈 낸 비범한 결과의 대표적인 사례다. 처음에는 우리도 예상치 못한 성과에 스스로 놀라움을 금치 못했다. 그리고 얼마 지나지 않아 주변의 모든 사람이 월마트의 성공에 놀라움을 금치 못할 정도가 되었다. 특히 미국이라는 나라는 너무나 복잡하고 정교한 곳이어서 평범한 사람들의 노력이 비범한 결과를 만들어 낼 수 없다고 생각하는 많은 사람들이 월마트의 성공 앞에 입을 꾹 다물 수밖에 없었다.

월마트의 이야기는 비슷한 전례가 없다고 할 정도로 남다르고 특별하다. 따라서 월마트의 성장 과정을 사실 그대로 공개하면, 많은 사람이 월마트의 원칙을 배우고 적용해 그들의 꿈을 이루는 데 큰 도움이 될 거라고 믿는다.

1달러의 가치

어느 날인가 밤중에 잠이 깨 라디오를 켰는데, 샘 월턴이 미국에서 가장 큰 부자라는 말이 흘러나오더군요. '샘 월턴은 내 수업을 들은 학생인데…….' 그 순간 온몸에 전율이 흘렀죠.

_ 헬렌 윌리엄스(미주리주 히크먼 고등학교에서 역사와 화법을 가르친 교사)

성공하려면 반드시 대가를 치러야 한다. 적어도 나는 그렇게 생각한다. 1985년 10월 〈포브스〉가 나를 소위 '미국에서 가장 큰 부자'라고 지목했을 때 나는 그 대가를 톡톡히 치러야 했다. 아마 뉴욕의 언론인과 방송국 관계자는 모두 "그게 누군데?" "어디 사는 사람이야?"라고 반문했을 것이다. 그리고 얼마 지나지 않아 수많은 기자가 내가 사는 벤턴빌까지 찾아왔다. 어쩌면 그들은 내가 물이 아니라 돈다발로 가득 채운 수영장에서 다이빙하는 모습이나, 호숫가에 앉아 100달러짜리 지폐를 둘둘 말아서 만든 커다란 담배를 입에 물고 야한 옷을 입은 무용수들의 공연을 즐기는 모습을 사진에 담아 갈 생각이었을지도 모른다.

기자들이 무엇을 기대했는지 몰라도, 나는 그들의 궁금증을 채워 줄 생각이 전혀 없었다. 그들은 나에 관해 조금이라도 특이한 점은 남김없이 긁어모으기 시작했다. 이를테면 내가 몰고 다니는 픽업트럭 뒤에 사냥개를 위한 케이지가 있다는 것, 월마트에서 산 야구모자를 즐겨 쓴다는 것, 시내 광장 가까이 있는 이발소에서 머리를 자른다는 것 등. 실제로 내가 이발하는 모습을 몰래 촬영해, 전국 신문에 그 사진이 실리기도 했다.

각종 보도 매체에 이름과 사진이 오르내리자 전국 아니 전 세계 각지에서 생면부지의 사람들이 전화나 편지로 금전적인 도움을 요청하거나 직접 찾아오기까지 했다. 물론 그중 대다수는 그럴듯한 명분을 내세웠다. 하지만 얼토당토않은 이유로 뻔뻔하게 손을 내미는 사람도 적지 않았다. 한 번은 어떤 여자가 거두절미하고 편지로 이렇게 요청했다. "제 꿈은 10만 달러짜리 주택에 사는 건데, 제 능력으로는 도저히 그런 집을 살 수 없어요. 제게 10만 달러만 주시면 안 될까요?" 믿기 어렵겠지만 지금도 이런 부탁을 하는 사람들이 계속 찾아온다. 새 차를 사고 싶다거나 휴가비가 필요하다거나 치과 치료를 받아야 한다는 등, 즉흥적으로 온갖 이유를 대며 돈을 요구한다.

나는 천성적으로 다정다감한 편이다. 길에서 스쳐 지나가는 사람들에게 먼저 친근한 인사를 건넨다. 아내 헬렌도 상냥하고 외향적인 사람이라서 우리가 사는 지역의 여러 커뮤니티 활동에 적극적으로 참여한다. 그때까지는 개방적인 태도로 주변 사람들과 활발하게 교류하며 살아왔는데, '미국에서 가장 큰 부자'라는 타이틀이 우리 부부의 생활을 다 망쳐 놓았다.

원래 주변 사람을 잘 챙기고 호의를 베푸는 편이었지만, 갑자기 이 세상 모든 사람이 우리에게 아주 당연하다는 듯이 손을 벌리기 시작했다. 언론 관계자들은 수시로 집에 찾아왔고, 인터뷰나 촬영 요청을 거절하면 곧장 아주 무례하게 돌변했다. 촬영팀을 집 안에 들여보내 달라거나, 일주일 동안 우리 가족이 생활하는 모습을 사진에 담고 싶다는 요청도 있었다. 내 인생 이야기를 들려달라고 하기도 했지만, 그 모든 요청을 거절했다.

나로서는 몹시 불쾌한 일이었다. 그들의 속셈은 우리 가족의 사적인 경제 활동에 대해 취재하는 것이었다. 월마트는 당시 전 세계를 통틀어 가장 성공적인 비즈니스 사례였으나 아무도 월마트에는 관심을 보이지 않았다. 기자들은 우리 가족을 트럭을 끌고 다니며 양말이나 파는 잡상인 또는 단시간에 큰돈을 거머쥔 사기꾼 정도로 보는 것 같았다. 월스트리트 쪽 매체들도 크게 다르지 않았다. 월마트에 관한 기사가 나온 적도 있지만, 정작 보도 내용은 월마트의 현황과 전혀 맞지 않았다. 그저 우리 가족을 조롱하려는 의도로 쓴 기사일 뿐이었다.

상황이 이렇다 보니 우리 가족은 거의 본능적으로 언론 노출을 최대한 피하게 되었다. 그렇다고 개방적인 생활 방식이나 평소에 만나는 사람들과 친근한 대화를 나누는 것까지 포기한 것은 아니다. 다행히 벤턴빌의 오랜 이웃과 벗들이 나서서 불순한 의도로 우리 가족에게 접근하는 사람들을 차단해 주었다. 그러던 중 〈부자와 유명인의 라이프스타일〉이라는 TV 프로그램 관계자가 나와 같은 테니스 대회에 출전해 몰래 취재하는 일이 있었고, 헬렌도 여성 잡지사 한 곳과 인터뷰를 하기도 했다. 언론에 묘사된

내 모습은, 집 안에 현금 수십억 달러를 쌓아 놓고도 애완견 옆에서 잠을 청하는 등 이상한 취향을 가진 졸부에 지나지 않았다.

이후 1987년에 주식시장이 무너졌는데, 그때 월마트는 물론이고 다른 기업의 주식도 모두 폭락했다. 언론에서는 내가 5억 달러 정도 손실을 보았을 거라고 보도했다. 나는 주식 폭락에 대해 어떻게 생각하느냐는 질문에 "그건 그냥 종잇조각이잖아요"라고 대꾸했다. 그러자 '종잇조각'이라는 표현을 꼬투리 잡는 기사가 한동안 쏟아져 나왔다.

이제는 돈에 관한 내 입장을 제대로 설명해 보고 싶다. 우선 우리 가족의 재정 상황은 제삼자가 관여할 사항이 아님을 분명히 밝혀 둔다. 정상적인 사고를 하는 일반 가정이라면, 어느 누가 외부인이 자기 집안의 경제적 사안에 대해 꼬치꼬치 캐묻는 것을 용인하겠는가?

나는 미국 사회 전체가 대공황으로 매우 힘들었던 시기에 유년기를 보냈다. 그 시절의 기억이 돈에 대한 나의 태도에 큰 영향을 준 것 같다. 내 고향과 주변 지역인 미주리, 오클라호마, 캔자스, 아칸소는 대공황에 더해 더스트볼(dust bowl, 1930년대 미국 대초원의 생태계와 농업에 큰 타격을 준 먼지 폭풍 – 옮긴이) 때문에 큰 피해를 입었다.

나는 1918년에 오클라호마주 킹피셔에서 태어났고 다섯 살 때까지 그곳에서 살았다. 입학할 무렵 미주리주 스프링필드로 이사해 그곳에서 유년 시절의 대부분을 보냈다. 마셜이라는 작은 시골 마을에서도 잠시 살았고, 고등학교에 진학할 무렵 셸비나로 이사했다. 그리고 고등학교 졸업을 앞두고 컬럼비아주로 이사해 그곳에서 대학을 마쳤다.

나의 아버지 토머스 깁슨 월턴은 아침부터 밤늦게까지 쉬지 않고 일만 하는 분이었다. 근면하기로는 비교할 사람이 없었다. 아버지를 아는 사람은 모두 그분이야말로 정직과 신실함의 표본이라고 입을 모았다.

내가 기억하는 아버지는 물물교환을 잘하는 사람이었다. 말, 노새, 소, 집, 농장, 자동차…… 거의 모든 것이 아버지에게는 거래 대상이었다. 한번은 킹피셔에 있던 농장을 내주고 오클라호마주 오메가 근처의 농장을 손에 넣으셨고, 또 한번은 손목시계를 내주고 돼지 한 마리를 얻어 와 가족들을 배불리 먹이셨다. 아버지는 내가 평생 만나 본 사람 중에서 가장 협상을 잘하는 사람에 속한다. 상대방의 심리를 귀신처럼 꿰뚫어 보았고, 협상 후에도 상대방과 친구처럼 지낼 정도로 사람의 마음을 얻는 재주가 있었다.

하지만 아버지가 제안하는 거래 조건은 너무 야박해 보여서 당황스러울 때가 많았다. 지금 생각해 보면 그런 태도 때문에 내가 아버지처럼 협상에 능한 사람이 되지 못한 것 같다. 나에게는 한 푼이라도 더 유리한 거래 조건을 끌어내려고 끈질기게 설득하는 재주가 없었다. 다행히 동생 버드가 아버지처럼 협상에 타고난 재능이 있어서 사업 초기부터 든든한 동업자가 되어 주었다.

아버지는 자기 사업을 시작해서 크게 키우려는 야심이나 포부는 없었다. 그리고 대출을 받거나 빚지는 것을 끔찍하게 싫어하셨다. 자식들을 키우면서 아버지는 안 해 본 일이 없다고 할 정도로 여러 가지 직업을 전전했다. 은행에서도 근무하고, 농사도 짓고, 농민 대상 대출 상품 평가사로 일한 적도 있다. 보험과 부동산 중개 업무를 동시에 하기도 했다.

대공황이 닥쳤을 때는 몇 달간 실직 상태였다가 다행히 삼촌이 운영하는 '월턴 모기지'라는, 메트로폴리탄 생명보험의 협력 업체에 취직했다. 아버지는 기존의 농가 대출을 관리하게 되었는데, 대출 상품 대부분이 '디폴트(default)' 상태였다. 매달 29일, 30일, 31일이면 수백 개의 농장을 경매 처분해야 했다. 대대로 물려받은 땅에서 우직하게 농사를 지어 온 순박한 사람들에게 농장을 빼앗다시피 하는 것은 아버지에게도 가슴 아픈 일이 었다. 나도 아버지를 따라 경매에 넘겨질 농장 몇 군데에 직접 가 본 적이 있다. 아버지는 모든 수단을 동원해 농장주의 마지막 자존심을 지켜 주려고 애쓰셨고, 그런 아버지의 모습이 나에게 큰 감동을 주었다. 그래도 농장을 빼앗기는 사람들을 보면서 '나는 절대 가난하게 살지 않을 거야'라고 다짐한 적은 없다.

우리 가족이 가난하다고 생각한 적도 없다. 그렇다고 소위 '가처분소득' 이라고 할 만한 여유가 있었던 것은 아니고, 여기저기서 한 푼이라도 더 벌려고 최선을 다하며 살았다. 일례로 어머니 낸 월턴은 대공황 시기에 조그마한 우유 배달 사업을 시작하셨다. 내가 새벽에 일어나서 소젖을 짜면 어머니가 살균 처리 후 병에 나눠 담았다. 그러면 나는 오후에 축구 연습을 마치고 와서 우유를 배달하러 다니곤 했다. 고객은 10~12명 정도였고, 우유 1갤런당 10센트를 받았다. 가장 좋았던 기억은 어머니가 우유로 아이스크림을 만들어 주신 것이다. 그때 아이스크림을 많이 먹어서 살이 엄청나게 쪘지만 다행히 뚱보라고 놀림당한 적은 없다.

일고여덟 살 때쯤에는 잡지 구독권도 판매했다. 구독자는 7학년부터 대학생에 이르기까지 매우 다양했다. 토끼와 비둘기도 직접 키워서 팔았는데, 당시 시골에 살던 남자아이라면 누구나 하는 일이었다.

부모님은 아주 어릴 때부터 아이들도 집안일을 도와야 한다고 가르치셨다. 어리다고 해서 무조건 어른들이 챙겨 줘야 하는 대상은 아니라고 하셨다. 덕분에 1달러를 가지려면 얼마나 열심히 일해야 하는지, 그리고 그렇게 돈을 버는 것이 얼마나 가치 있는 일인지 경험으로 체득하게 되었다. 또 하나, 아버지와 어머니는 어지간해서는 돈을 쓰지 않는다는 면에서 막상막하였다.

버드 월턴 ——

사람들은 우리에게 왜 이렇게 여전히 보수적이냐고 말하죠. 샘이 수십억 달러를 가진 부자인데도 낡은 트럭을 몰고, 월마트에서 옷을 사고, 비행기 일등석을 절대 타지 않는 걸 이상하게 생각합니다. 하지만 우리는 어릴 때부터 그렇게 생활해서 전혀 이상하지 않아요. 길거리에 1센트짜리 동전이 떨어져 있다고 생각해보세요. 그걸 직접 주우러 가는 사람이 몇이나 될까요? 나는 꼭 주울 겁니다. 샘도 마찬가지예요. 하찮은 동전이라고 해서 그냥 지나칠 사람이 아니에요.

스티븐 펌프리, 사진작가 ——

한번은 샘의 사진을 찍으려고 미주리주에 있는 작은 공항 활주로에서 촬영을 준비하고 있었어요. 샘은 비행 계획서를 작성하고 있었죠. 나는 땅바닥에 5센트짜리 동전 하나를 던지고는 조수에게 농담을 건넸습니다. "샘이 저 동전을 직접 주울까?" 당시 활주로에는 이착륙하는 비행기가 많았습니다. 그때 샘이 조급한 걸음으로 다가왔어요. 계속 사진을 찍느라 약간 짜증이 난 것 같았죠. 그런데 그는 이렇게 말하더군요. "자, 어디쯤 서서 찍을까요? 저기 저 동전을 밟고 서면 됩니까?"

부모님을 떠나 경제적으로 자립할 무렵에는 이미 1달러가 얼마나 소중한지 뼛속 깊이 이해하고 있었다. 하지만 경영학을 전공했음에도 돈과 금융에 대한 지식은 여전히 보잘것없었다. 그즈음 헬렌의 가족을 알게 됐는데, 헬렌의 아버지 롭슨에게 많은 것을 배웠다. 그분은 내 인생에 지대한 영향을 주었다. 특히 영업 능력이 탁월했는데, 내가 평생 만나 본 사람 중에서 남을 설득하는 재주가 가장 뛰어난 분이다. 그분이 상거래와 비즈니스 부문에서 거둔 성공, 금융과 법률 분야의 지식, 그리고 철학이 나에게 커다란 영향을 미쳤다. 나도 승리욕이 꽤 강한 편이라서 롭슨의 성공을 동경하게 되었다. 질투를 느낀 것이 아니라, 탄복하고 존경하게 되었다는 뜻이다. 그리고 '언젠가는 나도 저분처럼 성공하고 말 거야'라고 마음속으로 다짐했다.

롭슨 일가는 모두 돈 문제를 야무지게 처리할 줄 알았다. 헬렌의 아버지는 목장과 가족 사업을 파트너십 형태로 조직했는데, 헬렌과 그녀의 오빠들이 모두 파트너였다. 돌아가면서 목장 장부를 정리하는 등 다 제 몫을 해내고 있었다. 헬렌은 금융학 학사 학위가 있었는데, 당시에는 여자가 그런 학위를 받은 경우가 드물었다. 어쨌든 롭슨이 우리 가족도 그렇게 해 보라고 권해서 우리도 파트너십을 조직했다. 그때는 가족의 재산을 다 합쳐도 얼마 되지 않았지만, 자녀를 모두 파트너십에 포함했고, 이는 나중에 '월턴 엔터프라이즈'에 통합되었다.

세월이 한참 흐른 후 월마트 주식도 바로 그 파트너십에 포함되었다. 월턴 엔터프라이즈 이사진은 전부 우리 가족이었으며, 이사회에서 결정할 사항은 언제나 합의를 거쳤다. 논쟁이 벌어질 때도 있었고, 일사천리로 결정되기도 했다. 하지만 각자에게 지급되는 돈은 엄격하게 계산해서 모두 똑같은 금액을 받았다. 오랫동안 아이들도 헬렌과 내가 받는 만큼 받았다. 물론 월턴 엔터프라이즈의 책임자로서 내 급여는 계산에서 제외했다. 현재는 내 아들 짐에게 책임자의 자리를 물려주었다.

우리 가족은 이런 식으로, 생활 수준을 높이느라 여기저기 돈을 쓰지 않고 자금을 모았다. 그래도 각자 필요한 비용은 충분히, 아니 필요 이상으로 지출하면서 살았다고 생각한다.

파트너십은 여러 가지 효과가 있었다. 우선 성급하게 월마트를 나눠서 매각해 버리는 것이 아니라, 가족의 손길로 관리하면서 지금까지 온전히 유지할 수 있었다. 우리 가족은 지금도 회사 주식의 38퍼센트를 갖고 있는데, 월마트만 한 기업에서 이렇게 큰 지분을 점유한 전례는 찾아보기 힘들다. 이 정도 지분이면 기업 인수를 노리는 투기꾼들을 충분히 퇴치할 수 있다. 가족이 똘똘 뭉치면 큰 힘을 갖게 되며 기업 운영이라는 측면에서 커다란 잠재력이 생긴다는 점을 믿는다면, 누구나 시도할 수 있는 일이다. 아주 오래전에 소유권을 이전했기 때문에 고액의 증여세나 상속세를 낼 필요도 없었다. 원리는 간단하다. 자산 평가가 이루어지기 전에 넘겨주는 것이 상속세를 줄일 수 있는 가장 좋은 방법이다.

파트너십은 훌륭한 철학이자 전략임이 입증되었다. 그때 나는 헬렌 아버지의 조언이 아니었더라면 그것을 알지 못했겠지만 말이다. 그것은 호화롭거나 지나치지 않았고, 가족을 함께 유지하고 우리 기준에서 균형 감각을 지키는 계획의 일부가 되어 주었다.

헬렌 월턴 ──

금전적인 면에서 탁월한 선택이었고 다른 장점도 있었죠. 아이들

사이가 돈독해지고 가족의 유대가 더 강해졌어요. 서로를 대할 때 책임감 있는 태도를 보이게 됐죠. 그런 책임감은 누구도 쉽게 무너뜨릴 수 없어요.

그러던 중에 1985년 〈포브스〉에서 내가 '미국에서 가장 돈이 많은 사람'이라고 보도했다. 월마트 주가에 우리 가족이 보유한 주식을 곱하면 200~250억 달러가 된다. 우리 가족이 그만한 자산을 보유하고 있는지는 모르지만 실제로 내 눈으로 확인한 적은 없다. 월마트에 대한 가족의 총 지분 중에서 우리 부부의 몫은 20퍼센트에 불과하다. 또 하나 확실히 짚고 넘어갈 것이 있다. 내가 투자하는 한, 월마트 주식은 대부분 현재 상태를 그대로 유지할 것이다. 이런 태도는 적어도 자녀들에게는 그대로 이어질 것이라고 믿는다.

우리는 굳이 현금이 필요하지 않다. 요트를 살 필요도 없다고 생각한다. 가족 중 누구도 섬 같은 걸 사자고 한 적이 없으니, 다행스러운 일이다. 그런 것에 욕심을 내다가 파산하는 기업이 의외로 많은데, 우리 가족은 그런 데 별 관심이 없다. 어떤 가족은 주가가 높을 때 주식 일부를 처분해 사치를 부리기도 한다. 그러다 보면 주식은 어느새 바닥이 나고 주가도 나락으로 떨어진다. 내가 이 책을 쓰는 이유 중 하나는 내 손주들이 오랜 세월 후 이 책을 통해 중요한 교훈을 깨닫기를 바라서다. 지금까지 말한 어리석은 행동 중 하나라도 시도한다면 내가 돌아와서 크게 혼내 줄 테니 그런 건 생각조차 하지 말라는 뜻이다.

궁상을 떨면서 살라는 이야기가 아니다. 우리 가족은 월마트 사업을 시작하기 오래전에 이미 충분하다고 표현할 만한 수준을 훨씬 넘어선 자금을 보유했다. 내가 말하고 싶은 것은, 나에게 돈은 큰 의미가 없다는 것이다. 먹을 것이 넉넉하고 편하게 생활할 집이 있으면 된다. 사냥개를 돌볼 공간도 조금 필요하다. 그리고 사냥과 테니스를 즐길 장소가 있어야 하고, 자녀들이 좋은 교육을 받는 데 필요한 비용이 갖춰지면 된다. 이것이 내가 생각하는 '부자'의 기준이며, 우리 가족은 이 기준에 충분히 부합한다.

우리 가족이 궁상맞게 산다고 생각하는 사람이 있을지 모르지만, 전혀 그렇지 않다. 가족 모두 비행기 여행을 좋아해서 고급 비행기를 여러 대 보유하고 있다. 나는 오랫동안 비행기를 열여덟 대 정도 보유했는데, 새 비행기를 산 적은 한 번도 없다. 플로리다주 네이플스에 있는 리츠 칼튼이나 샌디에이고의 델 코로나도 같은 고급 호텔에서 가족 모임도 한다. 지금 사는 집은 페이 존스가 설계했는데, 그는 프랭크 로이드 라이트의 제자이자 전 세계적으로 유명한 건축가이며, 우리 집에서 멀지 않은 페이엣빌에 살고 있다. 집을 짓는 데 거액이 들긴 했지만, 정말 아름다운 주택이라는 점은 인정할 수밖에 없다. 단순하면서도 자연과 조화를 이루는 설계 방식이 아주 마음에 든다.

돈이 많은 것은 부끄러워할 일이 아니다. 하지만 화려하고 사치스러운 생활 방식이 장소를 불문하고 항상 괜찮은 건 아니라고 생각한다. 적어도 내가 사는 벤턴빌이라는 지역에서는 그렇다. 이곳 사람들은 고생스럽게 일해서 돈을 번다. 사람이 사는 모습은 어디서든 다 마찬가지일 것이다. 내가 유명 인사들과 어울린다는 소문은 굉장히 의아스럽다. 내가 왜 할리우드에서 열리는 엘리자베스 테일러의 결혼식에 초대를 받겠는가? 내가 이발소에서 머리를 자르는 것이 뉴스거리가 된다는 점도 믿어지지 않는다. 머리를 다듬어야 하는데 이발소가 아니라 어디에 간단 말인가? 왜 픽업트력을 몰고 다니느냐고 묻는 사람들에게 이렇게 대답해 주고 싶다. "아니, 그러면 사냥개들을 롤스로이스에 태우고 다녀야 합니까?"

언론에 보도된 기사와 그로 말미암아 발생한 소문, 사람들의 반응을 오랫동안 불편하게 생각했다. 하지만 지금 돌이켜 보면 좋은 점도 있었다. 처음에는 그런 언론 보도 때문에 나와 매장 직원들의 관계가 불편해질 것 같았다. 그런데 직원들은 오히려 "이것 봐, 우리가 사장님을 도와드린 거네. 정말 잘됐어"라고 말했다. 덕분에 요즘은 내가 매장을 둘러보러 가면 직원들이 더 반기는 것 같다. 내가 일종의 '공인'이 된 후로 직원들의 반응이 크게 달라졌다. 게다가 손님들도 지폐나 개인적인 물건을 내밀면서 나에게 사인을 부탁하는데, 그런 모습이 매우 즐거워 보인다.

찰리 바움, 월마트 초창기 동업자 ──

샘이 아칸소주 뉴포트에 처음으로 가게를 열었을 때부터 서로 알고 지냈죠. 때때로 샘은 돈에 대해 전혀 개의치 않는 것처럼 보였어요. 자신이 속한 집단이나 사회에서 최고가 되겠다는 목표가 그에게 가장 큰 동기였죠. 그에게 돈은 별로 중요하지 않아요. 오히려 돈 때문에 마음이 불편해지는 사람이죠. 얼마 전에는 새벽에 전화를 걸어 이렇게 묻더군요. "내 손자는 평생 돈 걱정을 안 해도 된다는 걸 잘 알지. 이런 아이가 직접 일을 하도록 만들려면 어떻게 자극해야 하겠소?"

데이비드 글래스, 월마트 CEO ──

샘이 정말 부자인지 궁금하세요? 그와 30년 가까이 출장을 다녔

26

지만, 그건 잘 모르겠어요. 사실 매년 의결권위임장을 검토하지 않는다면, 나는 분명 샘이 빈털터리라고 생각했을 겁니다. 한번은 뉴욕에 출장을 갔다가 친구를 만나러 오하이오주 콜럼버스에 가려고 다시 비행기를 타게 됐죠. 그런데 공항에서 갑자기 샘이 난처한 표정을 짓더니 이렇게 묻지 뭐예요. "데이비드, 내가 지금 수중에 한 푼도 없어요. 자네한테 돈이 좀 있을까?" 나는 지갑을 꺼내 20달러짜리 지폐 두 장을 꺼냈습니다. 샘이 그 돈을 보더니 말하더군요. "자네, 돈이 아주 많구먼. 그거 다 쓰려는 건 아니죠? 나에게 절반만 빌려줘요."

월마트 운영과 관련해서도 내 태도는 마찬가지다. 나는 돈을 허투루 쓰지 않는다. 매출액 400억 달러를 기록하고, 캘리포니아와 메인주까지 사업을 확장한 후에야 비로소 제트기를 매입했다. 그 후에도 직원들이 나를 억지로 태워야 할 정도로 제트기 사용을 자제했다. 출장이 길어질 때면 항상 2인 1실에 투숙했고, 나이가 들어서 쉽게 피로를 느낀 후에 비로소 1인실을 따로 쓰기 시작했다. 홀리데이인, 라마다인, 데이즈인 같은 저렴한 숙박 시설을 이용했고 식사할 짬이 나면 패밀리 레스토랑에 가서 배를 든든히 채웠다.

요즘 고속 성장하는 회사나 과도한 연봉을 받는 CEO들은 높은 자리에 앉아서 많은 혜택을 누리지만, 주변을 살피지 않고 자기 자신만 챙기는 경우가 많다. 그런 사람들을 보면 화가 난다. 요즘 비즈니스 업계에서 가장 큰 문제점 중 하나라고 생각한다.

초창기에 우리는 샘 월턴과 함께 물품을 매입하기 위해 출장을 다녔죠. 숙소는 항상 객실 한 개나 두 개만 예약했어요. 한번은 시카고에서 여덟 명이 한 객실에서 묵기도 했죠. 그렇게 큰 방이 아니었는데 말이죠. 출장 예산이 그 정도로 빠듯했어요.

사람들은 종종 나에게 묻는다. "월마트가 500억 달러가 넘는 기업으로 크게 성장했는데도, 예전처럼 검소하게 지내는 이유가 뭐죠?" 대답은 매우 간단하다. 우리는 1달러의 가치를 믿는다. 우리 기업이 존재하는 것은 고객에게 가치를 제공하기 때문이다. 양질의 상품과 서비스 제공에 더해 고객이 돈을 아낄 수 있게 도와줘야 한다는 뜻이다. 월마트가 허투루 쓰는 1달러도 결국 고객의 주머니에서 나온 돈이 아닌가. 반대로 월마트가 1달러를 절약하면 그만큼 타사와의 경쟁에서 한 걸음 앞서 나갈 수 있다. 월마트는 경쟁에서 항상 앞서는 것을 목표로 하는 기업이다.

CHAPTER 2

다임 스토어로
첫발을 내딛다

샘은 어릴 때부터 한번 마음먹은 일은 야무지게 해냈어요. 타고난 기질인 것 같아
요. 샘이 신문 배달을 한 적이 있는데, 그때 일종의 경연대회가 열렸어요. 상금이
아마 10달러였을 거예요. 샘은 집집이 다니며 신문 구독자를 새로 모집해서 결국
상금을 차지했죠. 아마 상금 주인은 바로 자기 자신이라고 일찌감치 확신했을 거
예요. 그게 바로 샘다운 태도죠. 샘은 어머니를 정말 많이 닮은 것 같아요.

_ 버드 월턴

　

사람이 야망을 갖게 만드는 요소가 무엇인지 나는 잘 모른다. 다만 나는
사회생활을 시작할 때부터 남달리 일에 대한 의욕이 강했다. 아마 내 동생
버드의 말이 맞을 것이다. 돌이켜 보면 어머니가 자녀들에게 매우 열성적
이셨다. 물질적으로 넉넉한 형편이 아니었는데도 항상 책을 많이 읽으셨
고 교육을 중요하게 생각하셨다. 대학에 입학했지만 결혼을 하게 되면서

1년 만에 그만두셨다. 대학을 마치지 못한 아쉬움 때문이었는지, 어머니는 나에게 꼭 대학에 가서 제힘으로 성공하는 인생을 살라고 누누이 말씀하셨다. 그런 어머니가 암으로 일찍 돌아가신 것이 내 인생에서 가장 슬픈 일이었다. 아쉽게도 사업이 겨우 자리 잡을 무렵이었다.

어머니는 내게 정말 특별한 분이었다. 어떤 일을 하든 최선을 다하라고 말씀하셨고, 나는 그 말씀을 한시도 잊지 않았다. 그래서 관심 있는 일을 할 때면 언제나 모든 열정을 쏟아부었다. 어떤 사람에게는 승리욕과 집착으로 보였을지 모르지만, 어쨌든 나는 항상 목표를 높게 설정했다. 내가 생각할 수 있는 범위 안에서 가장 높은 목표를 정하고, 그것을 달성하기 위해 전력을 다했다.

미주리주 마셜에 살던 어린 시절에도 나는 욕심 많은 꼬마였다. 나는 몇 해 동안 학급 임원을 도맡았다. 다른 아이들과 축구, 야구, 농구를 하며 놀았고 여름이면 수영을 했다. 지고는 못 사는 성격이라, 마셜에서 보이스카우트 단원으로 활동할 때는 누가 먼저 이글 스카우트가 될지 다른 단원들과 내기를 했다. 하지만 열세 살에 미주리주 내에서 인구 1,500명의 소도시 셀비나로 이사하는 바람에 마셜에서 이글 스카우트가 되지는 못했다. 그래도 내기에서 진 것은 아니었다. 아니, 이겼다고 할 수 있다. 나는 열세 살에 이글 스카우트가 됐는데, 그것은 당시 미주리주 역사상 최연소 기록이었다.

〈셀비나 데모크랫〉, 1932년 여름 ──

셀비나에 거주하는 톰 월턴 부부의 아들 샘 월턴이라는 14세 소년이 목요일 오후 솔트강에 빠진 피터슨 교수 부부의 어린 아들

도널드 피터슨을 구조했다. 샘은 보이스카우트에서 교육받은 대로 용감하게 구조 활동을 해냈다.

도널드는 자기 키보다 훨씬 깊은 곳으로 들어가는 바람에 다급하게 도와달라고 소리쳤다. 아이들을 인솔하던 로이 존스가 끌어내려고 했지만, 도널드가 너무 심하게 몸부림치는 바람에 로이마저 몇 번이나 물을 먹었다. 멀리 있던 샘이 뒤늦게 상황을 파악하고는 달려와서 두 사람을 끌어냈다. 샘이 도착했을 때 도널드는 다섯 번이나 가라앉았었던 터라 정말 위험했다. 샘은 도널드의 뒤로 가서 그의 몸을 잡고 물가로 끌어낸 다음 곧바로 인공호흡을 실시했다. 보이스카우트라면 누구나 인공호흡 처치를 배우기 때문에 능숙하게 해낼 수 있었다.

"도널드는 의식이 없었습니다. 핏기가 하나도 없고, 온몸이 차가웠어요. 인공호흡 처치를 한참 한 후에야 겨우 의식이 돌아왔습니다."

사람들은 내가 도널드에게 생명의 은인이라고 했다. 틀린 말은 아니지만 그래도 '생명의 은인'이라는 표현은 좀 거창한 것 같다. 신문 보도는 너무 과장되게 표현하는 경향이 있다. 어쨌든 내가 도널드를 구해 준 것은 사실이다. 어린 시절의 몇 가지 경험을 돌이켜 보면, 나는 항상 행동하는 것이 중요하다고 생각했다. 이것은 월마트 이야기에서 가장 큰 부분을 차지하는 특성이기도 하다.

이런 이야기를 꺼내는 건 내가 영웅이라도 되는 양 자랑하는 것 같아서 솔직히 좀 쑥스럽다. 특히 나는 어릴 때부터 공개적인 자리에서 자기 자랑을 하는 것은 효율적인 조직을 세우는 방법이 아니라고 배웠다. 자신을 돋보이려고 하는 사람은 큰일을 이루지 못한다. 월마트에서 우리가 해낸 일들은 모든 직원이 하나의 공동 목표를 향해 노력한 결과다. 팀워크가 아니었다면 오늘의 성공은 없었을 것이다. 나는 어릴 때부터 팀워크가 몸에 배그 가치를 잘 알고 있다.

5학년 때부터 팀플레이가 시작되었다. 친구 아버지가 아이들을 모아서 작은 미식축구팀을 만들어 준 덕분에 오데사, 세달리아, 리치먼드 등 다른 지역의 팀과 대결할 기회가 있었다. 나는 엔드(end, 상대를 블로킹하거나 직접 공을 들고 뛰는 선수 – 옮긴이)였지만 러닝백(running back) 같은 중요한 역할을 해 보고 싶었다. 그러나 덩치가 워낙 작아서 그런 역할은 감히 넘볼 수 없었다. 그래도 고등학교 내내 미식축구팀에 남아 있었고, 대학 시절에도 학교 선수로 활동했다.

셀비나로 이사했을 때는 9학년 동기들보다 미식축구 경험이 훨씬 많은 학생으로 인정받아, 미식축구팀을 결성하고 쿼터백(quarterback, 공격의 중심 역할을 하는 선수 – 옮긴이)을 맡았다. 그때도 체중이 60킬로그램을 겨우 넘을 정도로 왜소한 편이었으나 블로킹, 태클링, 패스를 누구보다 잘 아는데다 남다른 승리욕 덕분에 팀에 합류할 수 있었다.

그 후에 미주리주 컬럼비아로 또다시 이사했다. 그곳에서 히크먼 고등학교에 다녔는데, 나는 교내의 거의 모든 일에 참여했던 것 같다. 학업이 뛰어난 영재는 아니었지만, 학교생활을 정말 열심히 해서 좋은 평판을 받았다. 학생회장을 지내면서 여러 개의 동아리 활동도 병행했고(그중에서 발표토론 동아리가 가장 기억에 남는다), 가장 다재다능한 학생으로 뽑힌 적도 있다. 그뿐만 아니라 하루가 멀다고 학교 체육관에 갔다. 체육관에서 농구 경기를 하는 것이 제일 좋았지만, 키가 작아서 농구팀 합류는 꿈도 꾸지 못했다. 나중에 고학년이 되자 농구팀이 먼저 나를 초대해 줘서 마침내 가드로 팀에 합류했고, 종종 선발 선수로 출전하기도 했다. 슈팅 실력이 탁월한 건 아니었지만 볼을 다루는 솜씨가 좋았고 경기를 풀어 가는 면에서 팀에 많은 도움이 되었다고 생각한다. 우리 농구팀은 단 한 번도 경기에 진 적이 없었다. 가장 자랑스러운 점은 주 챔피언십 대회에서 우승한 것이다.

고등학교 시절 운동부 경험은 정말 흥미진진했다. 미식축구팀에서는 쿼터백을 맡았는데, 이 팀도 무패 기록에 주 챔피언십 대회에서 우승했다. 나는 개인적으로 볼을 잘 던지는 편은 아니었다. 그래도 우리 팀은 경기에서 항상 주도권을 장악했다. 쿼터백이나 러닝백을 하기에 달리기가 느린 편이었지만 잽싼 움직임이 큰 장점이었다. 때때로 너무 재빨라서 사방팔방 종횡무진하다가 쓰러지기도 했다. 수비할 때 가장 신나는 순간은 코치가 나를 슬쩍 라인배커로 밀어 넣어 줄 때였다. 공격팀이 공을 어디로 보내려고 하는지 남들보다 빨리 파악했고 몸싸움도 마다하지 않았다. 한마디로 운동선수다운 승리욕을 충분히 갖추고 있었다. 그 점이 사업을 시작한 후 동기부여에 큰 도움이 되었다.

내가 활약했던 팀은 한 번도 지지 않았다. 믿기 어렵겠지만 정말 그랬다. 물론 내가 큰 공을 세운 것은 아니고, 비교적 운이 좋았던 것 같다. 몸이 아프거나 부상으로 출전하지 못한 적이 두어 번 있었는데, 그렇게 패배한 경기에 대한 책임을 슬며시 피한 적도 있다(사실은 내가 출전하든 안 하든 무조건 질 수밖에 없는 시합이었다). 하지만 지금 생각해 보면, 승승장구하는 팀에서 활약했던 경험이 나에게 큰 영향을 준 것 같다. 항상 이길 거라는 자신감을 심어 주었고, 아무리 힘든 상대를 만나도 결국 승리한다는 믿음을 가지고 대비하는 태도를 길러 주었으니 말이다.

1935년 주 챔피언십 대회에서 제프 시티 고등학교를 상대로 당당히 승리를 거뒀다. 그때의 기억이 케이마트를 비롯해 다른 경쟁업체를 대하는 태도의 틀을 잡아 주었다. 대회 중에 나는 시합에 진다는 생각은 전혀 하지 않았다. 오히려 이기는 것이 당연한 권리인 것처럼 굴었다. 그런 생각이 일종의 자기 충족적인 예언이 되어 원하는 결과를 얻을 확률을 크게 높여 준다.

히크먼 큐피(Hickman Kewpies) 팀은 무패 행진을 이어 가며 주 챔피언십을 거머쥐었다. 그 팀에서 쿼터백으로 뛴 덕분에 컬럼비아에서 나도 꽤 유명해졌다. 그리고 미주리 대학교도 그곳에 있었기 때문에 고등학교 시절의 활약상이 대학 생활에도 그대로 이어졌다.

대학에 가 보니 남학생 대다수가 부유한 집안의 자제였다. 나 같은 경우는 아예 남학생들의 클럽에 가입할 자격이 없는 것 같았다. 하지만 다들 나를 두 팔 벌려 환영해 준 덕분에 가장 마음에 드는 클럽에 가입할 수 있었다. 나는 교내 최고의 클럽이며 오랫동안 교내 스포츠 시합을 주도해 온 '베타 세타 파이(Beta Theta Pi)'를 선택했다.

2학년 때 베타의 요청으로 클럽 홍보에 나서게 되었다. 아주 오래된 포드를 한 대 사서 여름 내내 미주리주 구석구석을 돌아다니며 베타 후보자들을 만나 인터뷰했다. 그 시절에는 남다른 승리욕과 야망으로 똘똘 뭉쳐서 나중에 미국 대통령이 되겠다는 생각을 하기도 했다.

사실 그 전부터 대학교 학생회장이 되고 싶은 마음이 있었다. 캠퍼스 리더십의 비법은 진즉에 알고 있었다. 아주 간단하다! 바로 학생들이 나를 찾아오기를 기다리지 않고 먼저 다가가서 말을 거는 것이다. 나는 교내에서 서류를 들고 다니며 많은 학생과 대화했다. 항상 정면을 주시하고 다니면서 맞은편에서 다가오는 학생이 있으면 대화를 시도했다. 아는 사람이면 이름을 부르며 인사했고, 처음 보는 사람도 그냥 지나치지 않고 말을 건넸다. 그러다 보니 얼마 지나지 않아 교내에서 가장 인맥이 넓은 사람이 되었다. 많은 학생이 나를 알아보고 친근하게 대해 주었다.

그런 다음 리더에 선출될 모든 기회에 도전했다. 그 결과, 고학년 대상 아너 소사이어티인 QEBH의 회장, 동급 학년의 남학생 클럽, 고학년 대표 등을 맡게 되었다. 그리고 ROTC 고위 장교로 이루어진 스캐버드 앤드 블레이드(Scabbard and Blade)의 캡틴과 회장직을 역임하기도 했다.

1940년 교내 남학생 클럽 신문에 실린 월턴 관련 기사 ——

> 샘은 모든 청소부의 이름을 기억하고, 교회에서 연보 접시를 돌린다. 여러 모임에 가입하려고 노력한다. 저런 사람은 정말 드물다. …… 워낙 리더십이 좋다 보니 이런저런 부탁을 많이 받게 되어 아마 힘들 것이다. 평소에 군복을 입고 다녀서 '작은 시저'라는 별명을 얻었고, 성경반 회장직을 맡은 후에는 '집사'라는 별명이 추가되면서 고생을 많이 했다.

그 시절에 미주리 대학교와 스티븐 대학교의 재학생으로 이루어진 대규모 성경 모임의 회장도 맡았다. 나는 아주 어릴 때부터 교회에 다녔고 주일 성경 학교에 빠짐없이 출석할 정도로 교회에 열성적이었다. 솔직히 내 신앙이 깊고 신실한지는 잘 모르겠지만, 교회가 정말 중요하다는 것은 잘 알고 있었다.

이렇게 대학 생활 내내 이런저런 모임에 참여해 감투를 쓰고 바쁘게 지
낸 것은 사실이다. 하지만 대학을 졸업한 후에는, 몇 차례 지역 단위 정치
모임에 잠깐 참여한 것을 제외하고는, 단체나 모임의 대표를 맡는 일에 시
간을 쓰지 않았다.

1940년 6월, 미주리 주립대 경영학과 졸업을 앞두고 있었다. 지금까지
사업을 열심히 해 온 것처럼, 그 시절 학교생활에도 최선을 다했다. 나는
항상 활력이 넘쳤지만, 졸업을 앞둔 그 무렵에는 상당히 지쳐 있었다. 고등
학교 때부터 계속 일을 했고, 유니폼을 사는 돈도 내 힘으로 벌어야 했다.
대학에 오니 학비, 식비, 각종 클럽 활동비에 데이트 비용까지 씀씀이가 커
졌다. 부모님도 경제적으로 여력이 있었다면 기꺼이 나를 지원해 주셨을
것이다. 하지만 대공황 여파로 우리 가족은 경제적으로 매우 힘든 상황이
었다. 나는 고등학교 내내 신문 배달을 했는데, 대학에 와서는 신문 배달
일을 더 늘리고 도와줄 배달원을 몇 명 고용했다. 시간이 지나면서 신문
배달 영업망으로 수익을 올릴 수 있었다. 연간 4,000~5,000달러를 벌었
는데, 대공황이 끝날 무렵에는 꽤 많은 돈을 모았다.

에즈라 엔트레킨, 〈컬럼비아 미주리언〉 전 보급 부장 ──

샘은 신문 배달부로 일했어요. 나중에는 결국 수석 영업 사원의
자리까지 올랐죠. 우리는 일반적으로 개학 직후에 남학생 클럽과
여학생 클럽을 대상으로 신문 구독 홍보를 많이 했어요. 샘이 워
낙 홍보를 잘해서 항상 샘에게 홍보를 맡겼죠. 실적이 정말 좋았
어요. 무슨 일이든 열심히 하는 아이였으니까요. 사실 샘은 신문
배달 외에 다른 일도 많이 처리했죠. 어떤 때는 산만한 아이처럼

보일 정도였어요. 한꺼번에 여러 가지 일을 신경 써야 했는데 어느 것 하나 놓치는 법이 없었죠. 그러다가 한 가지 일에 제대로 집중하기 시작하면 보는 사람이 혀를 내두를 정도로 파고들었어요.

신문 배달뿐만이 아니었다. 밥값 대신 웨이터 일을 했고, 수영장에서 인명 구조대장을 맡기도 했다. 이쯤 되면 내가 얼마나 바쁘게 살았는지, 내가 왜 1달러도 대충 넘어가는 법이 없어서 주변 사람들에게 지독하다는 말을 들었는지 이해할 수 있을 것이다. 하지만 대학을 졸업할 무렵에는 이런 생활 방식을 그만두기로 했다. 이제는 세상에 뛰어들어 제대로 된 직업을 찾아야 할 시기였다.

소매업에 처음 관심을 가진 것은 1939년이었다. 새로 이사 간 지역에서 휴 매팅리라는 이웃 사람을 알게 되었는데, 그는 미주리주 오데사에서 이발소를 운영하다가 동생들과 잡화점 체인 사업을 시작해 60여 개의 매장을 운영하고 있었다. 휴를 통해 사업 요령이나 매장 운영에 필요한 지식을 얻었고, 그의 사업이 실제로 승승장구하고 있다는 사실도 알게 되었다. 다행히 휴는 나를 호의적으로 대해 주었고 일자리도 제안했다.

하지만 그때는 소매업에 뛰어들 생각이 전혀 없었다. 사실 나는 보험 쪽 일을 구할 생각이었다. 고등학교 때 사귄 여자친구 아버지가 제너럴 아메리칸 생명보험의 매우 우수한 영업 사원이어서 보험업에 관한 이야기를 많이 들었다. 그분은 돈을 상당히 많이 버는 것처럼 보였고, 나도 저렇게 할 수 있겠다는 생각에 보험업을 해 보기로 마음먹었다. 어릴 때부터 이것저것 판매한 경험이 많아서 두렵지 않았다. 이를테면 잡지 〈리버티〉를 5센트에 팔았고, 나중에는 10센트를 받을 수 있는 〈우먼스 홈 컴패니언〉으로 바꿔서 판매했다. 돈을 두 배로 벌 수 있겠다는 계산이었다.

그 여자친구와는 헤어졌지만 큰돈을 벌어 보겠다는 생각은 변함없었다. 학위를 받으면 펜실베이니아대 와튼스쿨에 들어갈 생각이었다. 하지만 학교를 졸업할 때까지 계속 일해도 와튼스쿨에 갈 돈을 모을 수 없다는 사실을 깨닫고는 내 잠재력을 곧바로 현금화할 방도를 찾기로 했다. 예전에 미주리대 캠퍼스에 다녀간 기업의 채용 담당자 두 명을 직접 찾아갔다. 두 기업 모두 나에게 일자리를 제안했다. 시어스 로벅의 제안은 거절했고, JC 페니에서 일하기로 했다. 지금 생각해 보니, 그때는 심신이 지쳐 있었고 제대로 된 직장이 필요했기 때문에 무작정 소매업에 뛰어든 것이었다.

대학을 졸업하고 3일 후인 1940년 6월 3일부터 아이오와주 디모인에 있던 JC페니 매장에 매장 관리 연수생으로 출근했다. 월급은 75달러였다. 그날 처음으로 이 일을 시작해서, 군 복무 기간을 제외하면, 지금까지 약 52년간 쉬지 않고 일해 왔다. 내가 장사를 하려고 태어난 사람인지, 이 직업이 내 운명인지는 잘 모르겠다. 다만 한 가지 확실한 것은, 처음부터 이 일이 내 적성에 잘 맞았고 지금도 그 생각에는 변함이 없다는 것이다. 일이 항상 순조롭게 풀린 건 아니지만 말이다.

이미 말했듯이, 물건을 파는 일이라면 얼마든지 자신이 있었다. 내가 가장 좋아하는 일이기도 했다. 그렇지만 안타깝게도 나는 악필이라는 약점을 안고 있었다. 아내조차 내 글씨를 알아보지 못한다. 그녀는 이 세상에 내 손글씨를 알아볼 사람은 다섯 손가락 안에 들 거라며 나를 놀리곤 한다. 그 악필 때문에 나는 직장에서 어려움을 겪기도 했다.

JC페니에 뉴욕 출신의 블레이크라는 직원이 있었는데, 그는 전국 각지를 다니며 매장을 감사하고 인사고과를 매겼다. 우리 매장에도 종종 나타났다. 그는 키가 상당히 크고 항상 정장 차림이었다. 셔츠와 넥타이 등 머리끝부터 발끝까지 자사의 고급 제품만 착용했다. 그는 내가 매출 전표를 제대로 작성하지 않거나 현금 등록기를 잘 다루지 못하는 모습을 보고는 불같이 화를 냈다. 사실 내가 전표를 붙들고 쩔쩔매느라 매장에 처음 온 손님을 한참 기다리게 만든 일이 여러 번 있었기 때문에 변명의 여지가 없었다. 블레이크는 디모인에서 나에게 이렇게 말했다. "월턴 씨! 당신이 장사를 잘해서 망정이지, 안 그랬다면 오래전에 해고했을 겁니다. 어쩌면 당신은 소매업과 안 맞는 건지도 몰라요."

다행히 나중에 덩컨 메이저스라는 매장 관리자가 부임해 상황이 한결 나아졌다. 그는 미국 내에서 페니 매장 관리자를 가장 많이 훈련시킨 전문가였으며, 자신만의 비결이 있어서 매장 관리에 흠잡을 구석이 없었다. 그의 비법은 우리를 아침 6시 30분부터 저녁 7~8시까지 훈련시키는 것이었다. 사람들은 모두 그를 동경했으며, 그와 같은 매장 관리자가 되기를 꿈꿨다. 일요일은 근무일이 아닌데도 우리는 여덟 명 모두 덩컨의 집에 모여 업무에 대한 이야기를 나누거나 카드놀이 또는 탁구를 하면서 시간을 보내곤 했다. 그야말로 일주일 7일 내내 덩컨의 꽁무니를 졸졸 따라다녔다. 한번은 일요일에 덩컨의 집에 갔는데 그가 연말 보너스로 받은 수표가 집 안을 굴러다니고 있었다. 65,000달러라는 액수를 보고 우리 모두 얼마나 놀랐는지 모른다. 덩컨을 지켜보면 그의 장사 수완에 탄복하지 않을 수 없었다.

언젠가 제임스 캐시 페니가 직접 매장을 방문했다. 나는 월마트를 설립한 후 하루가 멀다고 각 매장을 둘러보지만, 당시 페니는 자주 매장에 나오는 편이 아니었다. 그가 매장에 들른 날, 나에게 직접 제품을 포장하고 매듭짓는 방법을 보여 주었다. 포장지를 많이 사용하거나 끈을 여러 번 꼬지도 않는데 보기 좋게 마무리하는 것이 매우 인상적이었다.

JC페니 매장에서 18개월 정도 근무했다. 적어도 내가 일하는 기간에는 업계 최고의 브랜드였다. 당시에 나는 일개 직원에 불과했지만, 그때부터 경쟁업체를 예의 주시했다. 내가 근무한 디모인 매장 근처에는 시어스와 융커스 등 경쟁업체가 세 군데 있었는데, 점심 시간이면 동태를 살피러 매장을 찾아가곤 했다.

1942년 초 전쟁이 발발했다. ROTC 출신인 나는 애국심에 전의가 불타올랐고, 해외에 나가서 내 몫을 제대로 해낼 각오가 되어 있었다. 그러나 입대 절차를 밟는 중에 가벼운 심장 이상이 발견되어 '전투 복무 불합격자'로 분류되는 바람에 지원할 수 있는 복무의 종류가 크게 제한되었다. 군에서 나를 반드시 불러 줄 거라고 생각해 이미 직장을 그만둔 상태였으므로, 예상치 못한 신체검사 결과에 큰 충격을 받았다. 어떻게 해야 할지 몰라 한동안 방황하다가 석유 사업에 대해 알아봐야겠다는 생각이 들었다. 그래서 무작정 남쪽에 있는 털사(Tulsa)로 향했다. 결국 털사 외곽의 프라이어에 있는 듀퐁 화약공장에 취직했다. 근처에 방을 구하려 했지만, 클레어모어 외에는 적당한 숙소가 없어서 그곳에 방을 얻었다. 그리고 나서 4월의 어느 날 저녁 볼링장에 갔다가 헬렌 롭슨을 만났다.

헬렌 월턴 ──

그때 나는 이미 남자친구가 있었어요. 어느 날 난생처음 볼링을 치러 갔는데, 공을 던진 후 내 자리로 돌아와 보니, 샘이 내 의자 팔걸이에 다리를 올린 자세로 앉아서는 빙그레 웃으며 뻔한 농담을 건네더군요. "우리 예전에 어디서 본 적 있죠?" 알고 보니 내가 대학 시절에 알고 지낸 아이가 샘의 예전 여자친구였어요. 얼마 후 샘에게 연락이 왔는데, 전 여자친구의 연락처를 좀 알려 달라는 거예요. 그 아이를 다시 만나고 싶은가 보다 하고 생각했죠. 그런데 얼마 지나지 않아서 결국 우리 둘이 사귀기 시작했어요. 우리 가족은 모두 샘을 너무나 좋아했어요. 샘에게 "당신은 나하고만 사귀는 게 아니라 우리 가족과 사귀는 것 같아"라고 농담할 정도였죠.

나는 헬렌을 만나자마자 한눈에 반했고, 곧장 사귀자고 제안했다. 헬렌은 예쁘고 똑똑한 데다 교육을 잘 받았으며, 야심 있고 자기 생각과 계획이 뚜렷하며 자기주장이 확실하고 당찼다. 야외 활동을 좋아하고 스포츠에 능하며 활력이 넘친다는 것도 그녀와 나의 큰 공통점이었다.

헬렌 월턴 ──

나는 부모님에게 남다른 열정과 추진력, 성공하고 말겠다는 강한 의지를 가진 사람과 결혼하고 싶다고 늘 말씀드렸죠. 정말 내가 꿈꾸던 사람을 찾았다는 생각이 들었어요. 지금 생각해 보면 웃음이 나네요. 그땐 정말 눈에 콩깍지가 씌었었나 봐요.

헬렌과 나는 첫눈에 서로에게 반했지만, 나는 결국 현역으로 육군에 소집되었다. 심장 문제 때문에 전투에 투입되긴 어려웠지만, 소위로서 ROTC 임명을 기대하고 있었다. 입대 전에 두 가지 중대한 결정을 내렸다.

하나는 결혼이었고, 다른 하나는 소매업으로 생계를 꾸리겠다는 것이었다. 그리고 입대한 지 1년 만인 1943년 밸런타인데이에 헬렌의 고향인 오클라호마주 클레어모어에서 결혼식을 올렸다.

남동생 버드는 태평양 지역에서 해군 전투기 조종사로 복무했다. 버드처럼 화려한 군대 경험담을 늘어놓을 수 있다면 좋겠지만, 나의 군 복무는 평범하게 지나갔다. 소위를 거쳐 캘리포니아와 미국 전역의 항공기 생산 공장 및 전쟁 포로 캠프의 보안을 감독한 것이 전부였다.

결혼 후에도 2년간 더 군 복무를 했고, 1945년 제대했다. 소매업에 본격적으로 뛰어들고 싶은 마음과 함께 내 사업을 해 봐야겠다는 생각이 들었다. 그때까지 사업 경험이라곤 용돈벌이에 불과한 정도였지만, 내 힘으로 사업을 성공시킬 수 있을 거라고 자신만만하게 생각했다. 전역 직전에 솔트레이크에서 살았는데, 동네 도서관에 가서 소매업 관련 책은 모조리 읽었다. 그리고 비번인 날에는 모르몬교에서 운영하는 백화점인 ZCMI에 대해 연구했다. 민간인으로 돌아가면 백화점 사업을 할 기회가 있을지도 모른다고 생각했기 때문이다. 당시 또 하나의 고민거리가 있었는데, 바로 어느 지역에 신혼집을 마련할 것인가였다.

헬렌 월턴 ——

아버지는 우리 부부가 클레어모어로 이사하기를 바라셨어요. 하지만 난 이렇게 말씀드렸죠. "아빠, 저는 샘이 롭슨 집안의 사위가 아니라 그 사람의 본모습대로 살았으면 좋겠어요. 그 사람이 변함없이 샘 월턴으로 사는 게 제 바람이에요."

이미 말했듯이, 장인은 아주 유능한 변호사이자 은행가이며 농장 주인이었다. 하지만 아내는 우리 부부가 자기 집에 의존하지 말고 스스로 살아가야 한다고 생각했다. 나도 같은 생각이었다. 우리는 결국 세인트루이스에 보금자리를 마련하는 것이 가장 좋겠다고 결론 내렸다.

나중에 안 사실이지만, 나의 오랜 친구 톰 베이츠도 백화점 사업을 마음에 두고 있었다. 우리는 셸비나에 살던 꼬맹이 시절부터 서로 잘 알고 지냈고(그의 아버지는 시내에서 가장 큰 백화점을 운영했다), 미주리 대학 시절에는 베타 세타 파이 클럽 하우스의 룸메이트였다. 나는 제대 후 세인트루이스에서 톰을 만났다. 그는 버틀러 브러더스에서 신발 쪽 영업을 맡고 있었다. 버틀러 브러더스는 지역 단위 소매업체로, 두 종류의 가맹점을 운영하고 있었다. 하나는 소형 백화점 체인인 '패더레이티드 스토어(Faderated Stores)'였고, 다른 하나는 '벤 프랭클린(Ben Franklin)'이라는 잡화점 체인이었다. 사람들은 벤 프랭클린을 그냥 '파이브 앤드 다임(Five and Dimes)' 또는 '다임 스토어(dime store, 10센트 잡화점)'라고 불렀다.

톰의 사업 구상이 아주 좋아 보였다. 우리는 동업하기로 하고 각자 2만 달러를 투자해서 델 마르 애비뉴의 페더레이티드 매장을 사들일 계획이었다. 우리 부부는 가진 돈이 5,000달러뿐이어서 장인에게 돈을 빌려야 했다. 다행히 롭슨은 항상 나를 믿어 주었고, 모든 일에 적극적으로 도움을 주셨다. 나는 그렇게 조만간 대도시에 백화점을 세우고 말겠다는 생각에 사로잡혀 있었다. 그러다가 아내의 따끔한 충고에 정신을 차렸다.

헬렌 월턴 ——

샘에게 이렇게 말했어요. "샘, 우리가 결혼한 지 고작 2년인데 그동안 이사를 열여섯 번이나 했어요. 당신이 어디로 가든 항상 따르겠지만, 지금 나한테 대도시에서 살자고 하진 말아요. 인구 만 명 정도의 조용한 곳이 나한테 딱 맞는 것 같아요."

아내의 바람대로 인구 1만 명이 넘는 도시는 우리 가족의 보금자리 후보에서 제외되었다. 처음에 이렇게 소도시를 겨냥한 전략이 20여 년 후 월마트의 성공으로 이어졌다. 그런 의미에서 당시의 이사는 미래를 위한 첫걸음이었다. 아내는 또 동업은 너무 위험하니 절대 하지 말라고 당부했다. 친정 식구들이 동업하다가 어려움을 겪는 모습을 본 적이 있어서, 사업은 자기 힘으로 이끌어 가는 것 외에 달리 방도가 없다고 확신하는 편이었다. 아내의 말을 듣고 나는 버틀러 브러더스를 다시 찾아갔다.

그들은 아칸소주 뉴포트에 벤 프랭클린 잡화점 매장을 보유하고 있었다. 뉴포트는 동부 미시시피강 삼각주에 자리 잡은 인구 7,000여 명의 소도시로, 목화와 철도로 알려져 있었다. 세인트루이스에서 출발해 기차로 그곳에 가던 길이 아직도 생각난다. 군복에 샘 브라운 벨트를 매고 내 꿈을 이뤄 줄 매장이 있는 프런트 스트리트를 유유히 걸어 보았다.

당시 세인트루이스 출신의 남자가 가게를 운영하고 있었는데, 장사가 잘되지 않아 계속 적자 상태였다. 그래서 하루빨리 가게를 처분하려던 차에 내가 나타난 것이었다. 버틀러 브러더스는 그 남자를 도와주려고 나를 이용한 셈이었는데, 그때는 전혀 눈치채지 못했다. 스물일곱 살의 청년은 뭐든 다 해낼 수 있다는 자신감에 부풀어 있었지만, 이런 사업 제안을 어떻게 따져 봐야 하는지 전혀 알지 못했고, 그래서 그냥 그들이 던진 미끼를 덥석 물고 말았다. 그 가게를 인수하려면 25,000달러가 필요했는데,

우리 부부의 수중에는 5,000달러뿐이어서 장인에게 2만 달러를 빌렸다. 그렇게 순진하고 안일하게 계약서를 작성하고 사업에 뛰어들었다. 당시에는 괜찮아 보였지만, 몇 년 후 이 실수에 대해 큰 대가를 치러야 했다.

어쨌든 나는 뉴포트와 벤 프랭클린의 성장 가능성이 크다고 확신했다. 나는 일단 목표를 세우면 강한 확신을 갖고 밀어붙이는 편이다. 당시에도 뉴포트의 이 작은 가게를 5년 안에 아칸소주에서 가장 수익이 높은 최고의 잡화점으로 키우겠다는 목표를 세웠다. 나에게 사업가로서의 재능이 있고 그 재능을 펼칠 기회가 주어졌으므로 망설일 이유가 없다고 생각했다. 목표를 세운 다음에는 실행 가능성을 따져 본다. 그리고 설령 목표를 이루지 못해도 노력하는 과정을 즐기면 된다.

계약하고 보니 매장은 문제투성이었다. 그동안 연 매출은 72,000달러였고 임대료가 5퍼센트였는데, 알고 보니 잡화점으로서는 전례 없이 비싼 임대료였다. 하지만 나는 계약 조건을 들으면서 그 정도면 괜찮은 것 같다고 생각했다. 주변에는 그렇게 비싼 임대료를 내는 가게가 하나도 없었다. 설상가상으로 길 맞은편에 스털링 스토어라는 경쟁업체가 있었는데, 주인 존 더넘의 장사 수완이 좋아서 연 매출이 무려 15만 달러였다. 우리 매장의 두 배 이상이었다.

세상 무서울 것 없이 자신감에 차 있었지만, 사실 나는 단 하루도 잡화점을 실제로 운영해 본 경험이 없었다. 그래서 버틀러 브러더스는 아칸소주 아카델피아에 있는 벤 프랭클린 매장에서 2주간 교육을 받게 해 주었다. 교육 후 1945년 9월 1일 우리 매장을 개업했다. 너비 15미터, 폭 30미터 크기의 일반 잡화점으로, 시내 중심부의 프런트 스트리트에 맞닿아 있었고 가게 밖으로 철로가 보였다. 그 시절에는 매장 출구 근처의 계산대

마다 점원이 자리를 잡고 있었다. 셀프 계산대는 상상조차 할 수 없던 시절이었다.

아무것도 모르는 철부지 같았던 나에게는 모든 것이 큰 축복이었다. 그곳에서 쌓은 경험이 사업가로 차츰 성장하는 데 좋은 밑거름이 되었다. 매장에서 만나는 모든 사람이 나에게 스승이었다. 소매업 관련 서적도 닥치는 대로 읽었지만, 책보다는 맞은편 가게 주인인 존 더넘을 관찰하면서 훨씬 많은 걸 배운 것 같다.

헬렌 월턴 ——

가게를 운영해 보니 새로 배워야 할 게 정말 많았어요. 매장 맞은편에 존 더넘이라는 사람이 운영하는 스털링 스토어가 있었는데, 샘은 그 매장과 경쟁하는 데 사활을 걸었죠. 그게 샘에게 가장 큰 동기부여였어요. 한시도 존의 가게에서 눈을 떼지 않았죠. 집요해 보일 정도로 그 매장의 상품 가격, 진열 방식, 행사 등을 확인하고 그보다 더 유리한 방법을 찾으려고 애썼죠. 자세한 건 기억나지 않지만, 팬티 가격 전쟁이 벌어진 적도 있어요.

나중에 우리 가족은 뉴포트를 떠났고, 존도 일선에서 물러났죠. 한참 후에 존을 만나서 이야기를 나눴는데, 그때 샘이 자기 가게에 눌러살다시피 했다면서 껄껄 웃더라고요. 하지만 분명한 건 샘이 존의 사업에 큰 타격을 주었다는 거죠. 그 사람은 샘의 적수가 되지 못했으니까요.

벤 프랭클린 가맹점을 운영하면서 사업에 대해 많은 교훈을 얻었다. 본

사는 가맹점이 독자적인 점포가 될 수 있도록 훌륭한 운영 프로그램을 제공해 주었다. 점포 운영 원리에 대해 정식 수업을 받은 기분이었다. 회계 프로그램도 따로 제공되었고, 무엇을 언제 어떻게 처리해야 하는지 설명서에 자세히 적혀 있었다. 상품 명세서, 미지급금 장부, 손익계산서 양식이 다 마련되어 있었고, '어제를 이겨라(Beat Yesterday)'라는 제목의 작은 장부도 있어서 전년 매출과 올해 매출을 일 단위로 비교할 수 있었다. 그야말로 자영업자가 매장을 적절하게 운영하는 데 필요한 모든 것을 갖춰 준 것이다.

나는 회계 업무를 처리해 본 경험이 없고 대학에서도 회계 과목을 잘하지 못했기 때문에 이런 도구에 온전히 의지해야 했다. 세월이 흘러 다른 업무에서는 이 프랜차이즈의 규칙을 더 이상 따르지 않게 되었을 때도 회계 방식은 그대로 활용했다. 심지어 월마트를 시작했을 때도 초기 5~6개 매장은 그 방식으로 관리했다.

무엇이든 배우려는 의욕이 넘치던 스물일곱 살 청년에게 이 프랜차이즈 프로그램 못지않게 도움이 된 또 다른 경험이 있다. 버틀러 브러더스는 나에게 모든 업무를 원칙대로 처리하는 것이 얼마나 중요한지 깨닫게 해 주었다. 여기서 말하는 '원칙'은 물론 버틀러 브러더스의 회사 규정을 말한다. 이들은 가맹점에 폭넓은 재량권을 허용하지 않았다. 가맹점은 주로 시카고, 세인트루이스, 캔자스시티에 밀집돼 있었는데, 가맹점마다 판매 품목과 판매가를 정해 주고 공급가도 따로 알려 주었다. 본사에서 고객의 기대치를 고려해 상품을 선별한 다음 가맹점에 제공한다고 했다. 또 판매 상품의 80퍼센트 이상을 본사에서 매입해야 했는데, 그렇게 하는 가맹점에 연말 리베이트를 주었다. 그리고 순이익 6~7퍼센트를 내려면 본사의 도움을 많이 받고 광고도 자주 해야 한다고 했다. 사실 대부분의 프랜차이즈가 비슷한 방식으로 운영된다.

운영 초기에는 본사의 방침을 철저히 준수했다. 내가 아는 것이 없다 보니 그럴 수밖에 없었다. 하지만 얼마 지나지 않아 이런저런 실험을 해 보기 시작했다. 그게 원래 내 모습이었고, 그 후로도 직접 실험하는 것을 두려워하지 않았다. 그 결과, 제품 홍보 방법을 내가 직접 구상하게 되었고, 제조업체에서 직접 판매 상품을 구매하기에 이르렀다. 제조업체와 직접 거래하기란 쉬운 일이 아니어서, 하루가 멀다고 논쟁이 벌어졌다. "이 리본과 보타이를 직접 매입하고 싶습니다. 단 같은 상품을 버틀러 브러더스에는 공급하지 않겠다고 약속해 주세요. 그렇게 하시면 버틀러 브러더스에 25퍼센트를 더 내고 상품을 구매해야 하거든요. 나는 직거래를 원합니다." 대부분의 업체는 버틀러 브러더스의 심기를 거스르고 싶지 않다면서 내 제안을 거절했다. 하지만 포기하지 않고 계속 시도한 끝에 내 조건대로 거래하겠다는 제조업체를 찾아냈다.

이런 운영 철학과 관행의 상당 부분은 지금도 월마트 운영에 그대로 적용되고 있다. 나는 항상 색다른 공급업체를 찾아다녔다. 직접 운전해서 테네시에 간 적도 있다. 그 지역에 벤 프랭클린보다 훨씬 낮은 가격을 제시하는 업체가 있었기 때문이다. 그런 특별한 기회를 놓칠 수는 없었다. 한번은 유니언시티에 있는 라이트 머천다이징이라는 회사와 거래하게 되었는데, 그들은 나 같은 소상인에게 저렴한 도매가에 물품을 공급해 주었다. 나는 종일 가게를 보다가 저녁 무렵 가게 문을 닫고 코튼우드 포인트에 있는 미시시피강 페리까지, 바람이 거세게 부는 길을 운전해서 간 다음, 낡은 트레일러를 차 뒤에 연결하고 테네시로 이동했다. 그곳에서 저렴하게 구할 수 있는 물건은 모조리 사들였는데, 차 뒷좌석과 트레일러를 가득 채워야 직성이 풀렸다. 여성용 속옷이나 의류, 남성용 셔츠 등 소프트라인 제품 위주로 매입해 와서 저렴한 소매가에 내놓으면 불티나게 팔려 나갔다.

물론 벤 프랭클린 직원들은 나에게 단단히 화가 났다. 내가 그들이 정한 비율을 따르지 않는 데다, 그들로서는 도저히 경쟁할 수 없는 도매가를 확보했기 때문이다. 아무튼 나는 테네시보다 먼 지역도 마다하지 않고 저렴한 도매 상품을 찾아다녔고, 그러다가 해리 와이너를 알게 되었다. 그는 뉴욕에서 '와이너 구매 서비스'라는 상호를 내걸고 제조업체 에이전트로 활동하고 있었다. 그의 사업 방식은 매우 단순했다. 모든 제조업체를 일일이 다니면서 각 업체의 상품이 무엇인지 파악한 다음, 나 같은 소상인이 주문을 넣으면 5퍼센트 정도의 수수료를 받고 공장에 주문을 넣은 다음 배송까지 처리해 주었다. 벤 프랭클린의 25퍼센트에 비하면, 5퍼센트라는 중개 수수료는 나에게 무척 합리적인 수준이었다.

해리와의 거래에서 결코 잊지 못할 중요한 점을 하나 배웠다. 그 덕분에 가격 책정의 중요성에 대해 일찍 눈을 뜨게 되었고, 사고의 방향을 올바로 설정해 월마트 철학의 근간을 확립할 수 있었다. '월마트 성공 신화'가 궁금하다면, 이 부분은 꼭 정독하기 바란다.

해리는 여성용 속옷 12장을 2달러에 판매했다. 나는 유사한 제품을 벤 프랭클린에서 2.5달러에 받아와 3장에 1달러를 받고 판매했다. 그런데 해리를 통해 2달러에 가져오면 4장에 1달러라는 소매가를 책정할 수 있었다. 덕분에 우리 가게는 대대적인 판촉 행사를 진행할 수 있었다.

여기에 우리가 배운 간단한 교훈이 있다. 다른 소매업체들도 곧 이 점을 깨닫기 시작했고, 그 결과 미국 전역에 걸쳐 소매업체의 판매 및 소비자의 구매 방식이 크게 달라졌다. 예를 들어, 소매업자가 어떤 물건을 80센트에 사들였다고 가정해 보자. 이 물건의 최종 소매가를 1.2달러가 아니라 1달러로 낮추면 매출을 3배로 늘릴 수 있다. 물론 개당 판매 이익은 절반으로 줄어들지만, 전체 매출이 3배가 되므로 총수익은 훨씬 많아진다. 이 계산을 이해하기 어려운 사람은 아마 없을 것이다. 하지만 이것이야말로 할인가의 핵심 원리다. 가격을 낮추되 전체 매출을 늘려서 높은 가격에 판매할 때보다 더 많은 수익을 창출하는 것이다. 소매업자의 용어로 다시 설명하자면, 마크업(markup: 이윤 폭)은 낮추되 판매량을 늘려서 돈을 더 많이 버는 것이다.

뉴포트에서 이 방법을 계속 궁리했지만 막상 가게 운영에 적용할 마음이 든 것은 그로부터 10년 뒤였다. 뉴포트에서는 벤 프랭클린 프로그램이 너무 큰 걸림돌이어서 바로 적용할 수 없었다. 해리 와이너 같은 중개업자와 거래하고 있었지만, 물품의 80퍼센트를 벤 프랭클린에서 매입해야 한다는 계약 때문에 어쩔 수 없었다. 계약대로 하지 않으면 연말 리베이트를 놓칠 위험이 있었다. 사실 나는 매번 계약을 연장하기 위해 갖은 노력을 했다. 그래서 이곳저곳을 다니며 저렴한 도매가에 물건을 사들이면서도 벤 프랭클린의 조건인 물품 매입의 80퍼센트는 꼭 맞췄다. 당시 벤 프랭클린에서 거래 점포 관리를 맡고 있던 찰리 바움이 매입 물량이 아직 70퍼센트밖에 안 된다고 지적하면, 나는 버럭 화를 내며 불만을 드러내곤 했다. 그런데도 그들이 나를 모질게 대하지 않은 이유는 아마 초기에 실적이 가장 저조했던 우리 매장이 단시간에 지역 내에서 가장 매출이 많은 매장으로 성장했기 때문이었을 것이다.

뉴포트에서는 일이 빨리 풀린 편이다. 불과 2년 반 만에 장인에게 빌린

2만 달러를 갚았는데, 사업이 어느 정도 자리를 잡았다는 생각에 정말 뿌듯했다. 이제는 내 힘으로 충분히 사업을 끌고 갈 수 있겠다는 생각이 들었다.

우리는 여러 가지 판촉 행사를 시도했는데, 대부분 효과가 좋았다. 우선 길가에 팝콘 기계를 설치해 팝콘 장사에 열을 올렸다. 그리고 오랜 고민 끝에 소프트 아이스크림 기계를 추가하기로 결정했다. 나는 큰맘 먹고 은행을 찾아가 기계 매입 자금으로 1,800달러를 대출받았는데, 당시로서는 천문학적인 금액이었다. 게다가 내 인생에서 처음으로 은행 대출을 받은 것이라 얼마나 떨렸는지 모른다. 어쨌든 힘들게 아이스크림 기계를 팝콘 기계 옆에 설치하자 많은 사람이 관심을 보였다. 다행히 이 시도는 좋은 반응을 얻었고, 매출이 크게 상승했다. 은행 대출도 2~3년 만에 모두 상환했다. 말도 안 되는 아이스크림 기계 때문에 거금을 대출받았다가 사업에 실패한 미치광이라는 말을 듣지 않게 되어 정말 다행이었다.

찰리 바움 ──

> 다들 샘 월턴의 가게에 가 보고 싶어서 안달이 났죠. 딩동 아이스크림 바는 거기에만 있었거든요. 구경꾼이 구름처럼 몰려들었어요. 모두 신기하고 놀라워했죠. 그런데 한번은 토요일 저녁에 가게 문을 닫으면서 기계 청소하는 걸 깜빡 잊었나 봐요. 다음 날 고객 몇 분을 모시고 아이스크림 기계를 구경하러 갔는데, 가게 안에 온 동네 파리가 다 모여 있더라고요.

모든 사업이 그렇듯이, 혼자만 잘해서는 성공할 수 없다. 생각해 보면 현

상태에 만족하지 않고 계속 이것저것 시도한 것이 후에 월마트의 성공 신화를 쓰는 데 가장 큰 원동력이 된 것 같다. 앞에서도 말했듯이, 우리 가게는 프런트 스트리트에 있었고, 가장 큰 경쟁업체인 존 더넘의 스털링 스토어는 바로 옆 헤이즐 스트리트 모퉁이에 있었다. 스털링 스토어는 우리 매장보다 조금 작았지만 사업 규모는 거의 두 배였다. 그래도 결국 내가 사업을 더 키워서 그 매장을 직접 인수했다. 첫해에 벤 프랭클린은 105,000달러의 매출을 기록했는데, 이전의 72,000달러에 비해 크게 성장한 것이었다. 이듬해 매출은 140,000달러로 늘어났고, 1년 후에 다시 175,000달러로 증가했다.

우리는 마침내 헤이즐 스트리트에 있는 존의 매장을 따라잡고 앞질러 나갔다. 그런데 그 매장 옆, 즉 우리 매장 반대편에 크로거 식료품점이 있었다. 그 무렵에 나는 지역사회 활동을 열성적으로 하면서 주민들의 말에 항상 귀를 열어 두고 있었는데, 스털링이 크로거의 임대 매장을 매입해서 가게를 확장할 거라는 소문이 들렸다. 그러면 스털링이 우리 매장보다 훨씬 커질 게 분명했다. 그래서 서둘러 핫스프링스에 가서 크로거 매장이 있는 건물의 소유주를 찾아가 스털링과 거래하지 말고 나에게 매장을 임대해 달라고 간곡히 부탁했다. 다행스럽게도 건물주가 내 부탁을 들어주었다. 매장을 임대해서 어떻게 할지 구체적인 계획은 아직 없었지만 스털링이 사업을 확장하는 걸 좌시할 수는 없었다.

결국 나는 새로 임대한 매장을 작은 백화점처럼 꾸미기로 마음먹었다. 뉴포트에는 이미 여러 개의 백화점이 있었는데, 그중 하나는 우리 매장의 건물주인 P. K. 홈스 소유였다. 이 사실이 조만간 닥칠 사건의 이유였을지도 모른다. 하지만 우리는 전혀 눈치채지 못하고 있었다.

나는 계획을 정리한 후에 간판을 사고, 네브래스카에 있는 업체에서 새 비품을 사들였다. 그리고 정장, 바지, 셔츠, 재킷 등 판매할 물건을 최대한 확보했다. 비품은 기차로 수요일에 도착했는데, 버틀러 브러더스와의 거래를 관리해 주던 찰리 바움이 물품 정리를 도와주겠다고 나섰다. 내가 아는 사람 가운데 찰리만큼 효율적으로 매장 진열을 잘하는 사람도 없었다. 우리는 같이 기차역에 가서 화물을 인수해 와서 비품을 모두 조립 및 배치하고 상품도 진열했다. 그리고 엿새 후인 월요일에 드디어 이글 스토어를 정식으로 개장했다.

이렇게 해서 뉴포트의 프런트 스트리트에 매장 두 곳을 운영하게 되었다. 나는 매장을 수시로 들락거렸다. 한 곳에서 잘 팔리지 않는 물건이 있으면 다른 매장에 가져다 진열했다. 내가 보기에 매장끼리 서로 경쟁하는 것 같았지만 경쟁이 심한 편은 아니었다. 그 무렵에도 벤 프랭클린의 매장에는 손님이 많았지만, 이글 스토어에서는 큰 수익이 발생하지 않았다. 경쟁업자가 큰 매장을 차지하게 내버려 두는 것보다는 적은 수익으로 만족하는 편이 낫다며 스스로 위안했다. 매장 두 곳을 계속 왔다 갔다 하자니 일손이 모자랐다. 그래서 처음으로 직원을 고용했고, 버드도 군 복무를 마치고 돌아와 일손을 돕기 시작했다.

버드 월턴 ——

그때 뉴포트에 있던 매장이 오늘날 월마트의 전신이죠. 정말이지 안 해 본 일이 없어요. 창문도 닦고 바닥도 청소하고 매장 창도 직접 수리했죠. 창고를 정리하고 입고되는 물품 검수도 했어요. 가게를 운영하려면 다 필요한 일이었죠. 그리고 비용 지출은 최소

한으로 줄이려고 애썼어요. 그게 모든 사업의 시작점이었던 것 같아요. 비용을 줄이는 것으로 돈을 벌었다고 해도 과언이 아닐 겁니다. 그 면으로는 샘이 정말 머리가 좋았어요. 언제나 새로운 방법을 생각해 냈거든요.

하지만 형한테 아직도 화가 안 풀리는 일이 하나 있긴 해요. 나한테 아이스크림 기계를 청소하라고 하더라고요. 나는 어릴 때부터 우유랑 유제품을 정말 싫어했는데, 그걸 뻔히 알면서도 말이죠. 형은 소젖을 짤 때마다 나에게 우유를 뿌리면서 시비를 걸었어요. 내가 우유를 너무 싫어하니까 일부러 기계 청소를 시킨 게 분명해요. 아직도 그 이야기가 나오면 킥킥거리며 웃는다니까요.

우리 부부는 그곳에서의 생활에 충분히 만족하고 있었다. 둘 다 사교적인 성격이라 지역사회 활동에 적극적으로 참여했다. 나는 감리교 신자였지만 우리는 장로교 모임에 가입했고, 거기서 많은 사람을 만났다. 아내도 나도 성장기에 교회에서 살다시피 했고, 우리 자녀들도 그렇게 키우면 정말 좋겠다고 생각했다. 소도시에서는 특히 교회가 사회 활동에 매우 중요한 장소였다. 친구를 사귀거나 인맥을 넓힐 수 있고, 헌금을 통해 다른 사람을 간접적으로 도울 수도 있었다. 헬렌은 그때도 지금도 교회 활동에 적극적이며, PEO라는 국제 여성 단체에서도 활동하고 있다. 아무튼 아내는 뉴포트를 특히 좋아했다. 그곳에서 나는 교회의 집사 모임에 가입했고, 로터리클럽에서도 적극적으로 활동했으며, 상공회의소 회장 및 회의소 내 산업 위원회장을 겸임했다. 그야말로 지역사회의 거의 모든 일에 관여하고 있었다.

프런트 스트리트의 우리 매장 맞은편에 JC페니 가게도 있었다. 우리와 경쟁 관계는 아니었고, 나는 그 매장 관리자와 꽤 가깝게 지냈다. 하루는 뉴욕에서 온 블레이크라는 감독관이 감사차 JC페니를 방문했다.

매장 관리자가 블레이크에게 말했다. "이곳 뉴포트에 예전의 우리 매장과 비슷한 모습으로 사업을 시작한 사람이 하나 있어요. 이곳에 온 지 몇 년 안 됐는데, 지금 장사를 아주 잘하고 있어요. 벤 프랭클린 가맹점 매출을 두 배로 늘렸고, 다른 매장도 하나 함께 운영하고 있죠. 상공회의소 회장 역할도 하고 있어요." 그러면서 그 주인공 이름이 샘 월턴이라고 하자 블레이크는 기절할 듯 놀라며 물었다. "내가 디모인에서 알던 사람과 설마 동일인은 아니겠죠? 그 사람은 지금 말한 것처럼 유능한 장사꾼과는 거리가 멀었거든요." 블레이크는 우리 매장까지 찾아왔고, 내가 바로 그때 글씨도 제대로 쓰지 못하던 그 아이라는 것을 확인하고는 껄껄 웃었다.

뉴포트에서 보낸 5년간의 기억은 이제 거의 바닥이 드러난 것 같다. 무엇보다도 목표를 이룬 것이 내게는 큰 의미였다. 작은 벤 프랭클린 가게가 연 매출 250,000달러, 연 수익 30,000~40,000달러를 달성했다. 매출액이나 수익 면에서 아칸소주뿐만 아니라 인근 여섯 개 주를 통틀어 1위를 기록한 것이다. 게다가 아칸소주에서는 판매 품목이 가장 많은 잡화점이었다. 인근의 서너 개 주 어딘가에 이보다 더 큰 매장이 있었다고 하지만, 나는 그 말을 믿지 않는다.

그동안 여러 가지 독특한 시도를 해 봤지만, 아이스크림 기계처럼 기억에 남는 결과는 얻지 못했다. 그래도 즉각 원상복구하기 어려울 정도로 상황이 나빠지거나 사업에 큰 위협을 초래하는 문제로 이어진 적은 한 번도 없었다. 그리고 보니, 사업 초기에 법적인 문제를 잘못 처리한 일이 있긴 했다. 샘 월턴이라는 이름을 내걸고 본격적으로 매장을 운영하게 되었다는 사실에 너무 들뜬 나머지, 임대차 계약서를 작성할 때 '최초 5년이 지난 후 계약을 경신할 권리가 있다'는 취지의 문구가 빠져 있는 걸 알아차리지 못한 것이다.

사업이 잘 풀리면서 주변의 관심을 한 몸에 받게 되었다. 매장 건물주는 백화점도 운영하고 있었는데, 벤 프랭클린의 성공에 깊은 인상을 받았지만, 매장 임대 계약은 아무리 돈을 올려 준다고 해도 경신하지 않겠다고 통보했다. 그 지역에서 우리가 매장을 옮길 만한 다른 건물을 찾지 못할 거라는 걸 누구보다 잘 아는 사람이었다. 그는 아들에게 그 가게를 선물하고 싶다면서 프랜차이즈 매장과 설비, 재고를 적절한 가격에 넘기라고 제안했다. 결국 어쩔 수 없이 가게를 포기하고 물러나야 했다. 그나마 이글 스토어 임대권은 스털링에 넘기게 되어 다행이었다. 그렇게 해서 나의 사업 멘토이자 멋진 경쟁자였던 존 더넘은 오랫동안 바라던 대로 매장을 확장할 수 있었다.

그때가 내 사업 인생에서 가장 힘든 시기였다. 정말이지 너무 분하고 속이 상했다. 신세 한탄이 절로 나왔다. 그야말로 악몽 같은 나날이었다. 지역사회에서 가장 많은 물품을 보유한 매장을 내 손으로 만들었고, 누구보다도 열심히 지역사회 활동에 참여하면서 선행을 베풀었는데, 그 지역에서 하루아침에 쫓겨나는 기분이었다. 억울하고 비참한 마음은 쉽게 가라앉지 않았다. 임대차 계약서를 작성할 때의 어리석었던 나 자신이 한심했고, 건물주를 생각하면 분노가 치밀었다. 이제 막 그곳에 적응한 아내도 뉴포트를 떠나려니 가슴이 미어진다고 했다. 하지만 다른 방도가 없었다.

나는 지금껏 반전을 꾀하려고 머리를 써 본 적이 없다. 그때도 그런 방법은 고민하지 않았다. 열심히 노력하기만 하면 어떤 부정적인 상황에서도 긍정적인 결과를 만들 수 있다는 말은 진부한 옛말이 아니다. 나는 문제가 생기면 극복해야 할 과제라고 생각하고 받아들이는 편이며, 그때도 다르지 않았다. 이 경험이 나를 변화시켰는지는 단정할 수 없다. 적어도 그 일 이후로는 임대차 계약서를 주의 깊게 살펴보게 되었고, 이 세상이 얼마나 매정한지도 뼈저리게 깨달았다. 아마 그 일 이후로 당시 여섯 살이었던 장남 롭에게 커서 변호사가 되라고 종용했던 것 같다. 어쨌든 그 상황에서 내가 할 일은 분명했다. 툭툭 털고 일어나 처음부터 다시 시작하는 수밖에 없었다. 적어도 이런 실수를 반복하지 않겠다는 것 외에는 아무 생각이 없었다. 우리 부부는 어디로 이사할지 고민하기 시작했다.

CHAPTER 3

재기를 꿈꾸다

뉴포트는 목화 산업으로 한창 주가가 오르던 도시였어요. 하지만 그 무렵에 우리
는 그곳을 떠나야 했죠. 정말 이사하기 싫었어요. 거기서 어렵게 사업을 시작하고
키웠는데, 모든 걸 놔두고 떠나려니 발걸음이 떨어지지 않더군요. 떠나기 싫다는
말을 입에 달고 살았죠. 지금도 그곳에서 친하게 지내던 사람들이 생각나요.

_ 헬렌 월턴

뉴포트에서 매장을 넘기고 이사할 무렵, 자존심에 큰 상처를 입었지만
매장을 처분한 대가로 5만 달러가 넘는 자금이 수중에 들어왔다. 어쩌면
그 상황도 내게 행운이었는지 모른다. 어쨌든 새로 시작할 기회가 있었고,
이번에는 사업에 대해 전혀 모르는 상태도 아니었다. 나는 이제 서른두 살
의 제법 노련한 상인이었고, 내게 필요한 것은 새로운 매장이었다.

1950년 봄, 우리 부부는 아이들을 데리고 직접 차를 몰아 새로 개업할 만한 장소를 열심히 찾아다녔다. 그 결과 아칸소주 북서부가 괜찮을 것 같다는 결론에 도달했다. 물론 여러 가지 이유가 있었다. 우선 뉴포트에 비해 친정 식구들이 사는 클레어모어와 더 가까운 것이 아내에게는 반가운 일이었을 것이다. 내가 메추라기 사냥을 다니는 곳과도 가까웠다. 사냥철이 되면 오클라호마, 캔자스, 아칸소, 미주리 등 주요 사냥지로 쉽게 떠날 수 있었다.

오클라호마주 경계의 사일롬 스프링스에 있는 가게를 사려고 했으나, 가게 주인 짐 도드슨과 매매 조건을 맞추지 못했다. 그래도 짐과는 나중에 좋은 친구가 되었다. 하루는 장인과 함께 벤턴빌에 가서 광장을 둘러보았다. 그때까지 이사하려고 생각해 본 도시 중에서 가장 작은 곳이라 잡화점이 하나면 충분할 것 같았는데 벌써 세 개나 있었다. 나는 이웃 매장과 경쟁하는 것을 마다하지 않는 성격이라서 개의치 않았다. 어쩌면 이곳에서 새로 사업을 시작해도 좋을 것 같다는 생각이 들었다.

다행히 낡은 잡화점 하나를 찾았고, 주인도 빨리 처분하기를 바라는 눈치였다. 문제는 매장이 너무 작아서 두 배로 늘려야 했다. 우리는 바로 옆의 이발소와 99년 임대차 계약을 맺었다(내 인생에서 두 번 다시 5년짜리 임대차 계약은 하고 싶지 않았다). 이발소 매장의 소유권은 캔자스시티 출신의 노부인 두 사람이 가지고 있었는데, 처음에는 우리에게 전혀 마음을 열지 않았다. 그런데 내가 모르는 사이에 장인이 두 사람을 찾아가서 마음을 돌려놓았다. 장인이 아니었다면 우리 가족이 그때 어디로 이사했을지 상상하기 어렵다.

벤턴빌은 기차가 다니는데도 전혀 개발되지 않은 시골이었어요. 사과가 가장 유명했고 양계업이 서서히 확장되고 있었죠. 그런 곳에서 살아야 한다고 생각하니 처음에는 눈앞이 캄캄했어요. 뉴포트는 목화와 철도 사업이 나날이 발전하는 도시였는데, 그에 비하면 이곳은 인구가 3,000명밖에 안 되는 보잘것없는 동네였 거든요. 우리가 찾은 매장도 시골 느낌이 물씬 풍겼어요. 레이스, 모자, 자수 등 물건이 가게 안 어디에 있는지 금방 알아볼 수 있었 죠. 하지만 막상 이사하고 나서 보니 장사가 잘될 거라는 확신이 들었어요.

다시 가게가 생기니 의욕이 샘솟았다. 뉴포트에서 운영하던 매장이 연간 250,000달러의 매출을 기록한 데 비해, 이 가게의 전년도 매출은 32,000달러에 불과했다. 그렇지만 나는 원대한 계획을 품고 있었기에 이 전 상황에 크게 연연하지 않기로 마음먹었다. 우선 낡은 매장과 이발소 사 이의 벽을 허물고 천장의 어두침침한 전구를 새 형광등으로 교체하는 등 거의 새 매장을 짓다시피 했다. 당시 벤턴빌에서 370제곱미터가 넘는 매 장은 상당히 넓은 편이었다.

벤 프랭클린에서 함께 일했던 찰리 바움이 또 한 번 큰 도움을 주었다. 뉴포트의 이글 스토어에 비품 등을 설치할 때 그가 도와주었는데, 이번에 는 그 비품을 모두 해체해서 대형 트럭에 싣는 작업을 같이 해 주었다. 트 럭은 내가 직접 몰아서 벤턴빌까지 돌아왔다. 트럭에 실린 물품들이 여러 가지 이유로 불법 적재물 취급을 받을 우려가 있어서 먼지 날리는 시골길

로만 달려야 했다. 도로 상태가 워낙 좋지 않아서 트럭에 실었던 비품의 절반이 망가지고 말았다. 어쨌든 나는 찰리의 도움을 받아 그것들을 새 매장에 설치했다.

그 무렵 미네소타주에 있는 벤 프랭클린 가맹점 두 곳에 관한 기사를 읽었는데, '셀프서비스'라는 새로운 방식을 시도한다는 내용이었다. 나는 야간 버스를 타고 파이프스톤과 워딩턴에 있는 매장을 직접 찾아갔다. 매장 한편에는 물건이 진열되어 있고, 구석에 계산대 두 곳이 마련되어 있었다. 매장 어디에도 현금 등록기나 계산원은 보이지 않았다. 고객이 직접 체크아웃하면서 계산하는 방식이었다. 이 시스템이 매우 좋아 보여서 내 매장도 그렇게 꾸며 보기로 마음먹었다.

찰리 바움 ——

샘은 뉴포트에서 벤턴빌로 매장을 옮기자마자 대대적인 세일 행사를 했어요. 매장 곳곳에 물건을 가득 채운 커다란 배럴통을 가져다 놓았죠. 아주머니들이 통 주변을 둘러싸고 서서 정신없이 물건을 골라 담았습니다. 그 장면을 잊을 수가 없어요. 그런데 샘은 그 모습을 보더니 얼굴을 찌푸리며 이렇게 말하더라고요. "이봐요, 찰리! 할 일이 하나 더 있어요. 여성용 속옷을 정말 좋은 품질로 보강해야 할 것 같아요." 워낙 경제적으로 어려웠던 시절이라 속옷 제품 중 일부는 좀 허접했어요.

이렇게 찰리와 함께 벤턴빌에 꾸민 매장은 전국에서 세 번째이자 인근 여덟 개 주에서는 최초로 셀프서비스를 제공하는 잡화점이 되었다. 요즘 사람들은 그게 뭐 그리 대단한 일인가 싶겠지만, 당시로서는 파격적인 변화였다. 1950년 7월 29일 월마트의 첫 번째 광고가 〈벤턴 카운티 데모크랫〉에 실렸다. 이 광고는 지금도 월마트 방문객 센터에 전시되어 있다. 월턴의 파이브 앤드 다임 가게에서 대대적인 리모델링 기념 할인 행사를 한다는 내용이었고, 여러 가지 제품의 파격적인 할인가를 제시했다. 어린이들에게 무료로 풍선을 나눠 주고 빨래집게 12개에 9센트, 아이스티 전용 유리컵을 개당 10센트에 판매한다고 광고했더니 수많은 사람이 몰려들었다. 가게 이름은 '월턴의 파이브 앤드 다임'이었지만 사실은 벤 프랭클린 가맹점이었다. 뉴포트에서 그랬듯이, 이 가게도 금방 성장세를 보였다. 당시로서는 정말 잘나가는 잡화점이었다.

이네즈 트리트, 벤턴빌 '월턴의 파이브 앤드 다임' 매장 직원 ——

월턴 씨 성품이 사람을 끄는 힘이 있었어요. 한 블록 떨어진 거리에서도 상대방을 알아보고는 큰 소리로 아는 척을 하시죠. 모든 사람에게 그렇게 인사를 했어요. 사람들은 월턴 씨를 좋아했고, 그래서 매장을 찾는 사람이 많았어요. 특유의 친근함이 매장 운영에 활력소가 되었죠.

그리고 항상 매장에서 새로운 시도를 하는 걸 좋아하셨어요. 한번은 뉴욕 출장 며칠 후 이렇게 말했죠. "잠깐 이리 와 봐요. 보여줄 게 있어요. 올해의 상품은 바로 이거예요." 가까이 가서 보니 흔히 '조리(zori)'라고 부르는 발가락 샌들이 상자에 가득했어요. 저도 모르게 웃음이 나더군요. "에이, 이런 걸 누가 사겠어요? 이걸 신고 다니면 발가락에 물집만 잔뜩 잡힐 거 같아요."

하지만 월턴 씨는 그 샌들을 한 컬레씩 묶어서 정리한 다음 매장의 복도 끝 테이블에 전시해 놓고 '1컬레 19센트'라고 써 붙였어요. 얼마나 잘 팔리던지, 눈으로 보면서도 믿기 어려울 지경이었죠. 테이블에 잔뜩 쌓아 놓기 무섭게 다 팔려 나갔어요. 마을 사람들이 전부 발가락 샌들을 신고 다녔다니까요.

곧바로 다른 지역에 괜찮은 매장이 있는지 물색하기 시작했다. 물론 사업을 더 키우고 싶은 마음도 있었고, 그렇게 해서 실패할 경우의 위험을 줄이고 싶기도 했다. 1952년 페이엣빌에서 낡은 매장을 하나 발견했다. 크로거 식료품점이었는데, 건물이 노후해서 철수할 준비를 하고 있었다. 매장은 광장 중앙에 있었고 너비가 약 5미터, 깊이가 약 45미터였다. 주요 경쟁업체는 광장 양쪽 끝에 자리 잡은 울워스와 스콧 스토어였다. 내가 그곳에 작은 잡화점을 개업하는 것은 이들에게 정식으로 도전장을 내미는 셈이었다. 이번에는 벤 프랭클린 가맹점이 아니었으므로, 벤턴빌에 있는 매장처럼 상호를 '월턴의 파이브 앤드 다임'으로 정했다. 매장을 계약한 후 잠시 마을 광장에 앉아 있는데 두 명의 노인이 등 뒤에서 수군거렸다. "저 사람이 얼마나 버틸까? 두 달? 길어야 석 달이겠지? 아마 얼마 못 가서 문을 닫을 거야."

그런데 근처 매장과의 경쟁은 문제가 아니었다. 당시 셀프서비스는 사실 너무 앞서간 개념이었다. 그래도 우리 기업 운영 방식의 첫 단추를 끼운 것이었으므로, 우리는 굴하지 않고 혁신을 추구하고 새로운 시도를 감행하면서 사업을 확장했다. 사람들은 샘 월턴이라는 중년 사업가가 어느 날 갑자기 '월마트'라는 사업 아이디어를 떠올렸을 거라고 생각할지 모른다. 하지만 월마트는 하룻밤 사이에 생겨나 단번에 큰 성공을 거둔 사례가 아니다. 최초의 월마트 매장을 개점한 것이 1962년이었는데, 당시 나는 마흔네 살이었다. 그것은 뉴포트에서 시작해 공들여 쌓아 온 노력의 결정체였다. 준비에만 20년이 걸렸는데, 대부분의 성공 사례는 기나긴 준비 기간을 거치기 마련이다.

어쨌든 새로 마련한 매장에서 일할 직원을 구해야 했다. 당시 자금이 넉넉지 않아서 한 가지 아이디어를 냈다. 바로 다른 매장을 돌아다니며 실력 있는 판매원을 찾아내는 것이었다. 그 후로도 나는 소매업에 종사하는 동안 그렇게 했는데, 조금도 후회하거나 부끄럽게 생각하지 않는다. 아무튼 그렇게 해서 윌러드 워커를 최초의 내 매장 관리자로 고용했다.

윌러드 워커, 페이엣빌 '월턴의 파이브 앤드 다임' 첫 매장 관리자 ——

샘 월턴은 처남인 닉 롭슨을 대동하고 내가 일하던 매장을 찾아왔어요. 나는 털사에서 TG&Y 매장의 관리자로 근무하고 있었죠. 그는 한 시간 정도 머물면서 별의별 질문을 다 하고는 돌아갔어요. 그냥 그러려니 하고 잊어버렸죠. 그런데 샘이 나중에 또 찾아와서는, 페이엣빌에 가게를 열려고 하는데 매장 관리자가 필요하니 면접을 볼 생각이 있느냐고 묻더군요.

그래서 페이엣빌로 이사를 하고, 매장 준비 기간에는 반나절씩 무급으로 일했어요. 그 시절에는 창고에 있는 간이침대에서 잠을 해결했죠. 샘 월턴이 수익의 일정 비율을 주겠다고 했기 때문에 그걸 다 감내한 거예요. TG&Y를 그만둘 때 부사장님이 그랬어요. "윌러드, 잘 생각해야 해. 수익이 한 푼도 없으면 자네 역시 한 푼도 못 받는 거야." 그래도 나는 샘 월턴을 믿기로 했습니다. 샘은 매일 저와 같은 시각에 출퇴근했고, 종일 매장을 떠나지 않았어요. 직접 소매를 걷어붙이고 부지런히 일했죠. 매장이 자리 잡을 때까지 하루도 쉬지 않았어요.

샘은 테네시에 사는 친구들까지 동원해서 온갖 잡화를 사들여서는 스테이션 왜건에 실어 매장으로 가져왔죠. 고객들 반응은 아주 좋았어요. 개업 첫해에 벤턴빌의 매출액은 95,000달러였는데, 우리는 90,000달러였죠.

나중에 월마트를 설립하고 상장하게 됐을 때, 나는 당장 나가서 큰돈을 빌려 주식을 사들였습니다. 하루는 버드와 샘이 매장에 왔어요. 그날 버드가 말하더군요. "월러드 씨, 주식 투자는 신중하게 하셨으면 좋겠어요." 가족인 자신보다 내가 더 월마트를 신뢰하는 것 같아서 걱정이 된다는 말이었죠. 그렇지만 나는 월마트가 성공할 수밖에 없다는 확신이 있었어요. 경영 철학에 수긍이 갔죠. 샘 월턴을 못 믿는 것이 오히려 이상한 일이었어요.

그 후로 파트너십을 내세워 실력 좋은 관리자를 많이 채용할 수 있었다. 하지만 월러드보다 월마트 주식을 더 많이 보유한 사람은 보지 못했다. 물론 월러드는 자신의 투자에 더할 나위 없이 만족해하고 있다.

그 시절에 나의 주된 관심사는 새로운 아이디어를 고민하고 우리 매장을 돋보이게 할 제품을 찾는 것이었다. 한번은 홀라후프가 크게 유행하면서 대도시 상점마다 홀라후프가 넘쳐났다. 하지만 플라스틱 호스로 만든 정품은 매우 비싼 데다 구하기도 어려웠다. 그런데 지난번에 매매 조건이

크라운 약국이 자리를 잡을 예정이었다. 중심부 매장과 약국 사이에 여러 가지 소규모 매장이 입점 준비를 하고 있었다. 나는 당장 버드에게 연락했다. "어때? 도박하는 셈치고 이 쇼핑 센터에 한번 입점해 보지 않을래?" "그래 볼까?" 우리 형제는 즉시 입점 준비에 나섰다. 갖은 방법을 동원해서 돈을 빌린 다음 중심부에 입점할 벤 프랭클린 매장에 반씩 투자했다.

버드 월턴 ──

잡화점 운영 초기에는 경쟁업체에 몇 가지 관행이 있었습니다. 주마다 주도권을 장악하는 가맹점이 정해져 있었죠. 오클라호마주는 TG&Y가 지배적이었고 캔자스주는 알코, 텍사스주는 모츠가 대세였어요. 미주리주는 매팅리, 네브래스카주는 헤스테드, 인디애나주는 대너스가 꽉 잡고 있었습니다. 대부분 해당 지역 내에서 만들어져 성장한 브랜드였죠. 그래서 '당신이 내 구역을 침범하지 않으면 나도 당신 구역을 침범하지 않을 거야'라는 암묵적인 약속이 있었어요. 벤 프랭클린 가맹점은 이런 지역 브랜드들 사이에서 매장 한두 개로 만족하는 소규모 자영업자들을 겨냥한 것이었고요. 하지만 샘 월턴이 이런 분위기를 모두 바꿔 놓았죠. 그는 주를 구분하는 경계 따위에 전혀 신경 쓰지 않았어요. 하루에 4개 주에 있는 매장을 모두 돌아볼 정도로 매장 운영에 푹 빠져 있었죠.

처음에는 과연 이 사업이 잘될까 하고 걱정했지만 모두 기우였다. 물건들이 그야말로 날개 돋친 듯 팔려 나갔다. 첫해에는 총 매출 25만 달러에 순수익 3만 달러를 기록했고, 매출은 금세 35만 달러로 증가했다. 내 예상대로 쇼핑 센터는 큰 인기를 끌었다. 그 모습을 보면서 나는 생각했다. '반응이 폭발적이군. 하지만 이건 시작에 불과해. 앞으로 이런 쇼핑 센터가 계속 등장할 거야.' 당시 수중에 여유 자금이라고는 한 푼도 없었지만, 아칸소주로 돌아올 때는 쇼핑 센터 개발 사업에 투자하기로 결정한 상태였다.

일단 리틀록 지역으로 갔는데, 그때 머릿속에는 쇼핑 센터 개발 분야에서 선두주자가 되겠다는 생각밖에 없었다. 유리해 보이는 자리를 선점하려 했지만, 이 분야에 수완이 좋은 어느 사업가가 스털링 스토어와 손잡고 그 자리를 가로채더니 그 지역 최초의 쇼핑 센터를 세웠다. 스털링 스토어와 오클라호마 타이어 앤드 서플라이 매장이 그 쇼핑 센터의 자랑거리가 되었다.

하지만 나는 물러서지 않았다. 2년 정도 아칸소주에서 쇼핑 센터 개발 사업을 함께 추진할 사람을 물색했다. 1950년대 중반이었는데, 지금 생각해 보면 10년이나 앞서간 거였다. 어쨌든 결국 부동산 하나를 확보하게 되었고, 길 포장을 우리가 맡는다는 조건으로 크로거와 울워스를 설득해 임대차 계약을 맺었다. 포장 작업에 필요한 자금을 모으기 시작했으나 일은 걷잡을 수 없이 복잡해졌고, 결과적으로 나는 실패를 인정해야 했다. 모든 거래를 철회하고 기존의 소매업에 집중하기로 했다.

우리 부부가 1달러라도 아끼려고 허리띠를 졸라매던 시절이었는데, 무려 25,000달러의 손실을 보았다. 내 비즈니스 인생에서 가장 큰 실수였다. 이렇게 뼈아픈 경험을 통해 부동산 사업에 대해 많은 것을 배울 수 있었다. 그때 깨달은 것들이 세월이 흐른 후 나에게 뼈와 살이 되었을 것이다. 그렇게 큰 타격을 입지 않고 배웠더라면 더 좋았겠지만 말이다.

우연인지 모르지만, 내가 부동산 사업에서 손을 떼고 나서 잭 스티븐스라는 젊은 사업가가 그곳에서 쇼핑 센터 개발 사업을 시작해 성공을 거뒀다. 물론 그의 자금력은 나와 비교도 되지 않을 만큼 월등했다.

데이비드 글래스 ——

> 내가 아는 모든 사람과 샘 월턴을 비교해 보면 두 가지 특징을 찾을 수 있어요. 첫째, 샘은 매일 뭔가 개선점을 찾아서 시행하겠다는 굳은 의지를 다지고 일을 시작하죠. 둘째, 그는 틀리거나 실수하는 걸 별로 두려워하지 않아요. 그런 사람은 정말 처음 본다니까요. 일단 자기가 틀린 걸 발견하면 그냥 툭툭 털어 버리고 금세 방향을 전환해서 일에 몰두하는 사람이에요.

그렇게 부동산 투자 실패로 위기를 겪는 시기에도 잡화점 운영 때문에 눈코 뜰 새 없이 바빴다. 1957년 5월 20일까지는 모든 일이 순조로웠다. 정말이지 이 날짜는 결코 잊지 못할 것 같다. 베르사유에 있던 버드에게 전화가 왔는데, 토네이도가 러스킨 매장을 강타했다는 것이었다. 나는 "매장의 유리창이 좀 흔들린 정도겠지"라고 대꾸했다. 하지만 전화를 끊고 나니 걱정스러운 마음이 눈덩이처럼 커졌다. 토네이도가 덮친 지역은 아무도 연락이 닿지 않았다. 그래서 직접 캔자스시티에 가서 상황을 파악하기로 했다.

그곳에 도착하니 새벽 2시였다. 쇼핑 센터 전체가 와르르 무너져 내린 것처럼 보였다. 다행히 우리 매장 직원은 아무도 크게 다치지 않았으나, 매장은 돌이킬 수 없는 상태였다. 매장 내 비품과 재고는 화재보험에 가입되어 있었지만, 그래도 버드와 나는 큰 손실을 보았다. 워낙 실적이 좋은 매장이라 큰 기대를 걸고 있었는데, 토네이도로 눈 깜짝할 사이에 모든 것이 연기처럼 사라졌다. 우리는 매장을 최대한 신속하게 복구하기 위해 노력했다. 그 무렵에는 둘러봐야 할 매장이 많아서 운전하며 이동하는 시간이 길었다. 때문에 도무지 다른 일에 신경을 쓸 수 없어서 비행기로 이동하는 방법을 슬슬 생각하게 되었다.

버드 월턴 ——

어느 날 샘에게 전화가 왔어요. "캔자스시티에서 만나자. 비행기를 살까 해."

그 말을 듣고 얼마나 놀랐는지 몰라요. 내가 보기에 이 세상에서 샘보다 운전을 못하는 사람은 없을 거예요. 우리 아버지도 샘이 운전하는 차에는 절대 타지 않으셨죠. '형이 운전대를 잡으면 아마 첫해를 못 넘기고 사고사하고 말 거야.' 이런 생각이 들자 샘이 비행기를 사지 못하도록 말리지 않을 수 없었습니다.

나는 할 수 있는 모든 방법을 동원해서 말렸지만, 샘이 이렇게 말하더군요. "이번에 네가 오든 안 오든 상관없어. 나는 비행기를 보러 갈 거니까." 나는 그날 가지 않았어요. 비행기를 사면 형이 언젠가 추락사할 거라고 생각했으니까요.

나중에 들으니 샘은 그 비행기를 사지 않았더라고요. 그런데 이번에는 오클라호마시티에 가서 에어쿠페를 1,850달러에 사겠다고 하지 뭡니까. 그땐 내가 직접 가 봤어요. 벤턴빌 공항에 가서 비행기를 본 순간이 지금도 잊히지 않아요. 샘이 말한 비행기는 세탁기용 모터를 장착하고 있었어요. 시동도 제대로 걸리지 않았죠. 외관도 비행기 같지 않았고요. 나는 2년 넘게 그 비행기 근처에도 가지 않았습니다.

하지만 리틀록 근처에 매장이 몇 개 더 생겼고…… 하루는 샘이 "리틀록에 같이 가자"고 하더군요. 나는 태평양 지역에서 해군 복무를 할 때 외에는 비행기를 타지 않았어요. 오히려 물에 익숙한 편이었죠. 하지만 이번엔 샘의 옆자리에 앉아서 울창한 숲과 산맥 위를 날게 되었어요. 내 인생에서 가장 길고 초조한 시간이었죠. 아무튼 그것이 바로 월마트 항공 시대의 출발이었습니다.

버드가 뭐라든, 나는 그 조그마한 2인승 비행기가 마음에 쏙 들었다. 기상 상황이 안 좋은 경우를 제외하고는, 한 시간이면 160킬로미터를 이동할 수 있었고, 어디를 가든 직선거리로 움직일 수 있었다. 수천 시간을 비행했지만 엔진 이상이 발생한 건 단 한 번뿐이었다. 바로 그 에어쿠페로 이동할 때였다. 포트 스미스를 출발해서 강 위를 비행하는데 온 세상이 다 무너질 듯한 굉음과 함께 배기관이 터져 버렸다. 다행히 모터는 망가지지 않았으나 모터를 끊어 내는 것 외에는 방도가 없었다. 정말 이대로 죽을 수도 있겠다는 생각이 들었다. 가까스로 회항해 착륙했지만, 엔진은 돌이킬 수 없는 상태였다.

일단 비행을 시작하자 더 열성적으로 매장을 방문하게 되었다. 잡화점 대부분은 리틀록, 스프링데일, 사일롬 스프링스, 아칸소주에 자리 잡은 벤 프랭클린 가맹점이었고, 캔자스주의 니오데샤와 커피빌에도 두어 개 있었다. 모든 매장은 버드와 내가 별개의 파트너십 형태로 조직했다. 아버지,

처남 닉과 프랭크는 물론, 심지어 아이들도 신문 배달 아르바이트로 번 돈을 투자한 동업자였다.

존 월턴, 샘과 헬렌의 차남 ──

믿기 어려울지 모르지만 나는 신문 배달 아르바이트로 번 돈과 군 복무 기간의 월급을 모두 매장에 투자했습니다. 지금 물가로 환산하면 4,000만 달러 정도 투자한 셈이죠.

매장 하나에서 나오는 수익이 얼마든 개의치 않고 계속 새 매장을 열었다. 그리고 월러드 워커를 시작으로 매장 관리자에게 유한책임 사원을 제안했다. 쉽게 말해서, 우리가 해당 매장에 50,000달러를 투자하면 매장 관리자는 1,000달러를 투자해 수익의 2퍼센트를 받아 가는 구조였다.

게리 레인보스 ──

샘은 매장당 1,000달러 이상 사지 못하게 했어요. 나는 그중 600달러는 대출이고 400달러는 1주당 100달러짜리 주식 4장을 소유한 거라고 여겼습니다. 그가 보장한 것은 매년 이자를 주겠다는 것뿐이었죠. 당시 이자율은 4퍼센트였어요. 한번은 어떤 남자가 헐레벌떡 가게로 뛰어 들어왔어요. "이봐요, 당신이 아무개 매장의 주식을 살 건가요?" 그렇다고 하자 조금 후 이렇게 말하더군요. "나는 샘에게 투자하지 않을 거요. 내 돈으로 그 사람의 사업을 키워 주고 싶지 않아요." 그 말을 듣고 나는 바로 월턴 씨에게 전화를 걸었어요. "어떤 분이 와서 아무개 매장의 지분을 사지 않겠다고 하던데, 그걸 내가 사도 될까요?" 샘은 물론 그렇게 해도 된다고 했죠. 덕분에 내 지분을 두 배로 늘릴 수 있었습니다.

우리를 연구하는 사람들은 별로 주목하지 않는 시기지만, 그 기간 내내 우리 사업은 상승가도를 달렸다. 15년 만에 우리는 미국에서 가장 큰 독립형 잡화점 업체가 되었다. 그러나 사업은 한계에 부딪혔다. 매장당 물량이 너무 적어서 성장에 한계가 있었다. 15년이 흘러 1960년이 되었지만 15개 매장에서 140만 달러밖에 벌지 못했다. 이쯤 되면 내가 그때 어떻게 했을지 감이 올 것이다. 나는 수익을 더 늘릴 만한 새로운 사업 아이디어를 고민하기 시작했다.

처음으로 큰 단서를 발견한 곳은 미주리주 세인트로버트였다. 포트 레너드 우드 근처 지역이었는데, 패밀리 센터라고 할 만큼 큰 매장을 열면 잡화점 역사상 유례없는 규모의 사업을 펼칠 수 있었다. 매장당 200만 달러 이상의 연 매출을 기대할 수 있었는데, 중소 도시 매장에서는 감히 엄두도 내지 못할 규모였다. 아칸소주 베리빌이나 이곳 벤턴빌에서도 마찬가지였다.

앤 앤드 호프(Ann & Hope) 같은 초기 할인업체 관련 이야기에도 귀를 기울였다. 앤 앤드 호프의 창립자 마티 체이스는 할인업계의 대부로 불렸다. 북동부 지역에는 스파르탄, 맘모스 마트, 투 가이스, 자이어, 알런스 등이 한꺼번에 쏟아져 나오고 있었다. 나는 오래전 뉴포트에서 1.2달러가 아니라 1달러 가격으로 속옷을 대량 판매했던 기억을 떠올렸다. 그리고 동부 지역의 공장 직영 소매점에서 출발해 캘리포니아에 이르기까지, 전국을 훑으며 그 개념을 연구했다. 캘리포니아는 솔 프라이스가 1955년에 페드마트를 시작한 곳이다.

집에서 좀 더 가까운 베리빌 출신의 허브 깁슨은 '싸게 사서 재고를 든든히 확보해 싸게 판다'는 단순한 판매 철학을 가지고 자신의 매장을 시작했다. 그는 어떤 매장보다 싼 가격을 제시했고, 그만큼 더 많은 매출을 기록했다. 애빌린과 애머릴로에서도 같은 식으로 사업을 확장했다. 댈러스 지역 곳곳에 그의 매장이 들어섰다. 1959년에는 하워드라는 프랜차이즈 업체와 손잡고 아칸소주 북서부 지역까지 확장했다. 포트 스미스 지역에서도 사업이 잘 풀렸고, 결국 페이엣빌 광장에 지점을 마련해 우리 잡화점과 경쟁하게 되었다. 더는 승승장구하는 경쟁업체를 좌시할 수 없었다. 유일하게 파격적인 할인 가격을 내세우는 경쟁업체였기 때문이다. 이곳 사람들은 허브 깁슨의 목적이 무엇인지 잘 몰랐지만, 나는 동부 지역으로 자주 출장을 다녔기 때문에 그의 마음을 꿰뚫어 볼 수 있었다.

할인 가격 정책이 앞으로 승산이 크다는 것은 잘 알고 있었다. 하지만 나는 프랜차이즈 사업에 익숙했고, 비즈니스를 바라보는 시각도 프랜차이즈에 맞춰져 있었다. 벤 프랭클린과 지금까지 거둔 결과에 만족했으며, 온갖 지원 장치를 갖춘 회사를 직접 만드는 일에는 관여하고 싶지 않았다. 그래서 사업 아이디어로 가득 찬 메모장을 손에 쥐고 시카고에 있는 버틀러 브러더스에 먼저 찾아가서, 할인 벤처 사업을 후원해 달라고 제안했다. 그들이 나에게 도매상, 즉 공급망이 되어 준다면 우리 가족은 기존의 생활 방식을 유지할 수 있었다. 당시 나는 모든 시간을 사업에만 매진하지는 않았으므로, 버틀러 브러더스와 손을 잡으면 회사를 차리는 건 그리 어려운 일이 아니었다. 하지만 아쉽게도 그들은 내 제안에 관심을 보이지 않았고, 나는 결국 깁슨을 찾아갔다. 그런데 깁슨은 이미 프랜차이즈 동업자가 있어서 어쩔 수 없었다.

이제 남은 방법은 두 가지였다. 지금껏 해 온 대로 잡화점 사업에만 매진하거나 할인 매장 사업을 시작하는 것. 하지만 조만간 할인 매장이 크게 유행할 것이고, 그로 말미암아 잡화점 사업이 큰 타격을 입을 거라는 느낌을 떨칠 수가 없었다. 가만히 앉아서 당하고만 있으면 안 될 것 같았다. 벤턴빌에서 길을 따라 아래로 가면 아칸소주 로저스라는 조금 더 큰 도시로 이어진다. 하지만 거기는 맥스 러셀이 이미 벤 프랭클린 가맹점을 운영하고 있어서 우리가 새로 매장을 낼 수 없었다. 맥스에게 나와 손잡고 더 큰 매장을 짓자고 제안했지만, 그는 관심을 보이지 않았다.

나는 로저스로 가서 매장을 짓기 시작했다. 우리 가족에게는 상당히 큰 투자였다. 새로 지은 매장을 벤 프랭클린 가맹점으로 사용할 수 없었기 때문에, 미주리주 스프링필드의 유통업자와 손을 잡기로 했다.

그것이 바로 최초의 월마트 매장이었는데, 아무도 거액을 투자할 용기를 내지 않았다. 내 기억이 맞는다면, 버드가 3퍼센트, 돈 휘터커가 2퍼센트를 투자했고, 나머지 95퍼센트는 오롯이 내가 책임져야 했다. (휘터커는 텍사스주 애빌린의 TG&Y 매장에서 내가 직접 스카우트한 매장 관리자였다.) 아내가 나와 함께 모든 수표에 일일이 서명했는데, 아내 덕분에 대출을 더 받을 수 있었다. 아무튼 가능한 범위 내에서 최대한 대출을 받기 위해 집과 자산 등 모든 재산을 저당 잡혔다. 이제는 할인 판매점 사업에 본격적으로 뛰어들어야 했다. 그렇게 최초의 월마트 매장을 연 후로 지금까지도 이 사업은 결코 만만치 않았다.

밥 보글, 벤턴빌에 있던 '월턴의 파이브 앤드 다임'의 최초 매장 관리자였으며, 월마트 매장 관리자로 퇴직 ——

1962년 봄 비행기로 포트 스미스에 가던 길이었어요. 샘이 조종석에 앉아 있었고, 창밖으로 보스턴 마운틴이 보였죠. 샘이 처음 구매한 비행기로 오래 버티다가 트라이페이서로 바꾼 지 얼마 안 됐을 때였어요. 샘이 주머니에서 카드를 한 장 꺼내더군요. 거기에 상호가 서너 개 적혀 있었는데, 그걸 제게 주면서 가장 마음에 드는 이름을 고르라고 했어요. 모두 서너 단어로 되어 있었죠.

나는 말했죠. "저는 월턴이라는 이름을 상호에 유지했으면 좋겠어요. 그 이름을 걸고 많은 사람이 쇼핑하는 매장을 만들고 싶어요." 그러고는 카드 아래에 '월마트(W-A-L-M-A-R-T)'라고 적었고, 카드를 되돌려 주면서 말했죠. "만약 이 상호를 사용하면 (간판에 쓸) 글자를 많이 사지 않아도 되겠어요." '벤 프랭클린(Ben Franklin)' 매장의 간판을 주문해 봤기 때문에, 네온사인 간판을 제작·설치하고 조명을 관리하는 데 많은 비용이 든다는 걸 잘 알고 있었죠. "이건 일곱 글자밖에 안 되니까 좋죠"라고 덧붙였는데, 샘은 아무 대꾸도 하지 않더라고요. 그날은 그냥 그렇게 지나갔어요.

며칠 후 건물에 필요한 비품 설치 작업을 언제 시작할지 알아보러 갔는데, 매장 간판을 담당하는 레이번 제이컵스가 벌써 '월 (W-A-L)'이라는 글자 작업을 끝내고 다음 글자 M을 시작하려고 사다리에 올라가더군요. 매장 이름을 짓는 데 꼭 특별한 재능이 있어야 하는 건 아닙니다. 간판 작업이 진행되는 걸 보니 흐뭇하더라고요.

간판과 관련해 또 다른 에피소드가 있다. 간판의 한쪽에는 '우리는 더 싸게 팝니다(We Sell for Less)', 반대편에는 '만족 보장(Satisfaction Guaranteed)'이라고 썼다. 이것이 바로 월마트의 대표적인 두 가지 운영 철학으로, 지금까지도 기업 운영에 그대로 적용되고 있다.

할인 판매점 사업에 대해 오랫동안 알아보고 이런저런 실험도 해 봤지만 진지하게 사업에 뛰어들 생각은 없었다. 그렇게 여러 해를 보낸 후에 비로소 본격적으로 사업을 시작할 결심을 하게 되었다. 1962년 7월 2일에 월마트 1호점을 열었는데, 모든 사람이 그것을 달가워한 것은 아니다.

리 스미스, 월마트 초창기 동업자 ─────

월마트 1호점은 벌집을 쑤신 것이나 다름없었어요. 로저스에는 이미 다른 사람이 운영하는 벤 프랭클린 매장이 있었거든요. 개업 첫날이 아직도 기억납니다. 쇼핑하러 온 손님들로 북적이는 매장에 시카고에서 온 벤 프랭클린 '관계자'들이 나타났어요. 한 사람도 빠짐없이 고급 정장을 차려입고요. 군 사절단처럼 걸어 들어와서는 서늘한 목소리로 매장 입구에 있던 나에게 "월턴 씨는 어디 있습니까?"라고 묻더군요. 그러고는 아무 말 없이 월턴의 사무실로 들어가 버렸어요.

30분 정도 지난 후 그 사람들이 다시 나오더니 인사 한 마디 없이 매장을 빠져나갔죠. 몇 분 후에 샘이 휘터커와 내게 와서는, 좀 전에 온 남자들이 최후통첩을 날렸다고 말해 줬어요. 월마트 매장을 더는 늘리지 말라는 최후통첩이었죠. 샘도 다른 지역에서 벤 프랭클린 가맹점을 운영하고 있었기 때문에 어느 정도 위협을 느낄 수밖에 없었어요. 하지만 우리는 샘 월턴이 그런 최후통첩에 물러날 사람이 아니라는 사실도 알고 있었죠.

솔직히 말하면 로저스의 월마트 1호점은 보잘것없었다. 물론 연 매출은 100만 달러에 달했다. 연간 20~30만 달러의 매출을 올리는 다른 잡화점 매장들과는 비교가 되지 않는 액수였다. 하지만 군부대가 있는 소도시 세인트로버트의 매장은 연 매출 200만 달러를 기록하고 있었다.

로저스에 월마트 매장을 열고 2년간은 우리는 비교적 조용히 지냈다. 그 후 로저스 근처에 있는 더 큰 도시 스프링데일과 또 다른 소도시 해리슨에 다시 매장을 열었다.

이 시점에 데이비드 글래스의 이야기를 들어 봐야 한다. 그는 해리슨에 개점한 월마트 매장을 구경하러 왔다가 경악할 만한 장면을 목격했다.

데이비드 글래스 ———

그 무렵 샘 월턴이라는 사람의 사업 아이디어가 꽤 흥미롭다는 소문이 돌았어요. 그래서 직접 차를 몰고 스프링필드로 찾아갔죠. 크랭크 드러그와 함께 월마트 개장을 지켜봤는데…… 그때까지 내가 본 가게 중에서 최악이었습니다. 샘은 트럭 두 대를 가득 채울 정도의 수박을 사다가 길가에 쌓아 놓았더군요. 주차장에는 당나귀 한 마리가 돌아다니고 있었고요. 그때 기온이 40도를 훌쩍 넘을 정도로 더웠어요. 수박은 쩍쩍 갈라지기 시작했고 당나귀는 제멋대로 주차장을 휘젓고 다녔죠. 매장 안도 엉망이긴 마찬가지였어요. 바닥에는 발 디딜 틈조차 없었죠. 샘 월턴이 좋은 사람이라는 건 알았지만, 소문처럼 대단한 장사꾼은 아니라고 생각했습니다. 당시를 생각하면 지금도 아찔하네요.

데이비드의 말처럼 그날은 엉망진창이었을 것이다. 하지만 그가 하필 매장 상태가 가장 안 좋은 날 왔던 것뿐이다. 그 매장의 면적은 고작 1,200제곱미터 남짓이었다. 천장까지 높이는 8미터였고, 바닥은 콘크리트로 되어 있었다. 내부 진열장은 볼품없는 목제 선반이었다. 사실 해리슨 시내에 자리 잡은 스털링 매장은 아주 널찍했다. 바닥에는 타일이 깔려 있었고, 고급 조명과 깔끔한 진열장에 여러 가지 제품이 보기 좋게 진열되어 있었다. 그에 비하면 우리 매장은 많이 어수선했다. 매장 크기에 비해 물건이 너무 많이 들어와 있었다. 그렇지만 우리는 홍보를 많이 했고, 경쟁업체보다 가격이 20퍼센트 저렴했다. 그 지역은 인구가 약 6,000명이었는데, 과연 사람들이 가격이 저렴하다는 이유 하나만으로 헛간처럼 볼품없는 매장을 기꺼이 찾아올지 궁금했다.

놀랍게도 고객들은 저렴한 가격의 손을 들어 주었다. 그제야 우리는 좀 더 싼 가격으로 고객의 마음을 활짝 열 수 있다는 확신이 생겼다. 현재 해리슨에 있는 매장의 면적은 약 8,300제곱미터다.

스프링데일 쪽으로 이동하면서는 또 다른 실험을 해 보기로 했다. 대도시에서는 크고 멋진 매장만 성공하는 걸까? 이번에는 약 3,200제곱미터 면적의 매장을 열었다. 예상대로 매출이 가파르게 상승해 순식간에 매출액 1위를 기록했다. 최근에는 스프링데일에 약 17,200제곱미터 면적의 대형 매장을 개점했다. 로저스에 있던 1호점의 면적은 약 1,700제곱미터였으나 지금 그곳의 면적은 약 12,500제곱미터다. 이런 매장 규모의 확장은 월마트의 전반적인 콘셉트가 어떻게 변하고 있는지 보여 주는 하나의 지표가 된다.

그날 데이비드 글래스 외에도 많은 사람이 해리슨의 매장을 보고 경악했을지 모른다. 하지만 나는 아랑곳하지 않았다. 오히려 그 매장이 잘될 거라는 느낌이 들었다. 매장을 3개까지 늘린 이후에는 무조건 성공할 거라는 확신이 생겼다.

이렇게 월마트의 출발은 순조로운 편이었다. 우리는 성장 가능성이 아주 크다는 걸 느끼고 있었다. 그 무렵 깁슨스를 비롯한 다른 업체들은 "이런 작은 도시에도 우리가 주목할 만한 점이 있을 거야"라며 소도시로 눈을 돌리고 있었다. 이런 변화를 보면서 최대한 빨리 매장 수를 늘려야겠다고 생각했다.

CHAPTER 4

흐름을 거슬러 오르다

월마트 운영 첫날부터 월턴 씨가 분명하게 못 박은 점이 하나 있습니다. 월마트는 벤 프랭클린처럼 일부 제품만 저가로 제공하는 매장이 아니라는 것이었죠. "우리가 파는 모든 제품을 할인가로 제공하면 좋겠어요." 본격적인 할인 정책을 원한 거죠. 주변의 다른 가맹점이 할인가를 적용하지 않을 때도 월턴 씨는 이렇게 말했어요. "'우리는 더 싸게 팝니다'라고 광고했으니 실제로 더 싸게 팔아야죠." 어떤 제품을 팔든 항상 다른 가맹점보다 더 싸게 팔았습니다. 근처의 모든 매장에서 어떤 제품을 25센트에 팔면, 우리는 20센트에 팔았죠.

_ **찰리 케이트**(매장 관리자)

이미 말했듯이, 스프링데일에 월마트를 개점했을 때 느낌이 왔다. 이 매장은 성공할 거라는 확신이 들었다. 하지만 버드를 포함해서 주변 사람들은 이 비즈니스의 전반적인 계획에 대해 회의적이었다. 그들은 월마트가 괴짜 샘 월턴의 변덕스러운 아이디어 중 하나로 끝날 거라고 생각했다. 실제로 월마트 개장 시점에는 아무것도 증명된 것이 없었다.

하지만 실험 정신을 발휘하고, 새로운 것에 도전하고, 소매업계의 변화에 대처하면서 경쟁업체보다 한발 앞서가기 위해 끊임없이 배우고 노력하는 것은 지금까지 내가 늘 해 온 일이다. 사실 나 자신을 들여다보면 도무지 이해할 수 없는 모순된 특성을 발견하게 된다. 지금도 딱히 뭐라 설명하기 어렵다. 교회, 가족, 지역사회를 위한 리더십, 정치적인 사고 등 내가 중시하는 핵심 가치는 대부분 보수적이다. 그런데 이상하게도 비즈니스에 관해서는 기존 시스템을 거부하고 혁신을 추구하며 변화를 갈구하게 된다.

지역사회에서는 기성세대를 대표하는 사람에 속하지만, 시장에서는 대대적인 개혁을 주도하고 변화로 이어지는 혼란을 두려워하지 않는 독립적이고 창의적인 사람이다. 가끔 기존 방식에 울분을 느낄 때도 있다. 솔직히 말하자면, 버틀러 브러더스가 할인 매장 계획을 거절했을 때 얼마나 답답하고 화가 났는지 모른다. 그래서 내 힘으로 직접 흐름을 거슬러 보기로 마음먹었다.

돈 소더퀴스트, 전 벤 프랭클린 대표, 현 월마트 부회장이자 최고운영책임자 ——

1964년에 샘 월턴을 처음 만났어요. 그때 나는 벤 프랭클린에서 데이터 처리 업무를 하고 있었죠. 샘은 그때 벤 프랭클린에서 제일 큰 가맹점을 갖고 있었어요. 로저스에 이미 월마트를 개점했고, 시카고에 와서 우리 회사 관계자를 만나 소도시에 자신의 할인 매장 가맹점을 개설하도록 지원해 달라고 설득하려 했지만 모두 거절당했죠. 샘은 저에게 와서 바로 컴퓨터 이야기를 꺼내더군요. 우리가 컴퓨터를 어떻게 사용해 왔고 앞으로 어떻게 활용할 계획인지 알려 달라고 했어요. 그러고는 내가 하는 말을 하나도 빠짐없이 노트에 받아 적더군요.

이튿날은 토요일이었습니다. 나는 허름한 청바지 차림으로 물건을 사러 집 근처 케이마트에 갔는데, 의류 매장 근처를 지나다가 샘 월턴이 매장 직원과 이야기하는 모습을 봤어요. '어제 나를 찾아왔던 사람이잖아. 여기서 도대체 뭘 하는 거지?' 궁금한 마음에 조금 가까이 다가갔는데…… 샘이 직원에게 이것저것 캐묻고 있더라고요. "이 제품은 얼마나 자주 주문합니까?" "아, 그렇군요. 주문량은 어느 정도죠?" "화요일에 발주하면 언제 받을 수 있습니까?" 직원이 알려 주는 내용을 꼼꼼히 받아 적고는 진열장 아래를 보려고 매장 바닥에 거의 엎드리다시피 했어요. 진열장 하단의 미닫이를 열어 보면서 또 물었죠. "주문할 때 여기에 재고가 얼마나 남아 있는지 어떻게 파악하세요?"

뒤늦게 내가 끼어들었어요. "샘 월턴 씨 아니신가요?" 그러자 샘이 엎드린 채로 나를 향해 고개를 돌렸어요. "돈, 반가워요. 여기는 무슨 일이에요?" "그야 당연히 쇼핑하러 왔죠. 샘은 여기서 뭐 하세요?" "아, 별것 아닙니다. 학습의 일부라고 해 두죠."

물론 샘 월턴은 지금도 매장을 다니며 이것저것 캐물으면서 끊임없이 배우려고 노력합니다. 한 가지 차이가 있다면, 지금은 노트가 아니라 녹음기를 사용한다는 거죠.

내가 독자적으로 할인 매장을 운영할 계획이라는 것을 눈치챈 사람들은 내가 완전히 정신이 나갔다고 생각했을 것이다. 사실 월마트 초창기를 돌이켜 보면 나도 실소를 금할 수가 없다. 1962년에 할인업계는 성장 가능성이 큰 부문이었고, 허브 깁슨 같은 막강한 재력가들이 캐딜락을 몰고 다니며 활개를 치고 있었다. 하지만 내가 보기에 정말 실속 있는 사업가는 그리 많지 않았다.

1962년은 할인업계의 역사에서 큰 변화가 일어난 시기였는데, 내가 알고 있던 네 기업이 할인 매장 사업을 시작했다. 800여 개의 매장을 보유한 잡화점 체인 S. S. 크레스지가 미시간주 가든시티에 케이마트(Kmart)라는 할인 매장을 열었다. 할인업계에서 가장 역사가 깊은 울워스도 울코 (Woolco)라는 이름으로 유통사업을 시작했다. 미니애폴리스에 본사를 둔 데이턴허드슨은 타깃(Target) 매장을 개설했고, 아칸소주 로저스에는 월마트가 등장했다. 이렇게 출발 시점은 비슷했지만, 마지막 주자인 월마트는 사람들에게 잘 알려지지 않았다. 그도 그럴 것이, 케이마트는 5년 만에 매장이 250개로 늘어났지만, 월마트 매장은 고작 19개에 불과했다. 케이마트의 매출액은 8억 달러가 넘었지만, 월마트는 겨우 900만 달러였다.

하지만 지금 내가 이렇게 웃을 수 있는 이유는 따로 있다. 초기에는 할인 매장 브랜드가 30년 안에 대부분 사라질 것이고, 주요 가맹점 4개 중에서 3개만 크게 성장해 업계를 장악할 거라고 예측하기란 거의 불가능한 일이었다. 실제로 울코는 중도에 사업을 모두 접었다. 하지만 아칸소주에서 시작한 월마트는 업계 1위로 성장해 가장 큰 수익을 내고 있다. 사업 초기의 미미한 존재감을 생각하면 그야말로 기묘한 성공이다. 한마디로 얼떨떨한 일이다.

여기서 한 가지 확실하게 말해 둘 것이 있다. 나는 평생 흐름을 거슬러 변화와 혁신을 추구해 왔다. 그리고 이런 개인적인 성향이 월마트가 눈부신 성공을 거둔 진정한 비결이라고 생각한다. 우리가 누린 행운과 같은 기회는 대부분 필요에 의해 만들어진 것이었다. 우리는 외딴 지역의 소도시에서 얼마 되지 않는 자본으로 사업을 시작했다. 그래서 새로 배울 점이 매우 많았고, 어떤 변화는 몹시 어렵게 받아들여야 했다. 하지만 그런 것을 잘 견뎌 낸 덕분에 지금처럼 탄탄한 기업으로 성장할 수 있었다. 수중에 자본이 넉넉했거나, 내가 한때 기대했던 대로 대기업의 지원을 받았더라면 사업 초기에 해리슨이나 로저스, 스프링데일 같은 지역에 매장을 열지 않았을 것이다. 나는 그때의 경험을 통해 한 가지 중요한 교훈을 얻었다. 바로 미국 여러 지역의 소도시에는 사업을 시작할 기회가 무궁무진하다는 것이다. 내가 아니라 그 누가 시도했더라도 분명히 성공할 수 있었을 것이다.

클래런스 레이, 월마트 1호점의 두 번째 매장 관리자 ──

스프링데일에 월마트 3호점을 개장할 무렵, 샘 월턴은 부동액을 파격적인 할인가로 팔아 보자고 했습니다. 트럭 두세 대를 가득 채울 정도로 부동액을 확보하고 가격은 갤런당 1달러로 정했죠. 그리고 크레스트 치약 가격은 개당 27센트로 했어요. 그랬더니 고작 치약이나 부동액을 사려고 털사에서도 고객이 찾아오더군요. 사람들이 너무 몰려드니까 소방서에서 사람이 나와 매장 출입문을 딱 5분만 개방하고, 매장 내 쇼핑객들이 다 빠져나갈 때까지 문을 닫아 두게 했어요. 월턴은 손님들이 최대한 빨리 계산을 끝내고 나가게 하려고 낚시용 태클박스를 가져다 현금 등록기처럼 사용했습니다.

잡화점을 운영하면서 고객 서비스와 만족 보장에 대해 배운 점을 월마트에도 그대로 적용했다. 하지만 그 시절에는 지금처럼 품질을 강조하는 정책은 전혀 없었다. 이 점은 나도 솔직하게 인정하는 바다. 우리는 그저 다른 매장보다 저렴한 가격으로 물건을 파는 데만 매달렸던 것 같다. 우리 직원들은 가격을 낮출 수만 있다면 어떤 방법도 마다하지 않았다.

그리고 매장 건물을 지을 때는 아낌없이 투자했지만, 임대료 지출에는 허리띠를 바짝 졸라맸다. 0.1제곱미터당 1달러 이상을 내 본 적이 없다. 매장 외부는 화려하게 꾸미거나 전문 매장처럼 만들지 않았다. 하지만 아칸소주 모릴턴의 8호점은 좀 특별했다. 이전에 코카콜라 병을 생산하던 낡은 공장을 임대했는데, 내부는 크게 다섯 공간으로 나뉘어 있었다. 우리는 폐점을 앞둔 깁슨스 매장에서 중고 비품을 3,000달러에 사들였다. 천장에 철사를 엮은 다음 각종 비품을 연결해 고정했다. 그리고 파이프를 다양한 높이로 설치해서 천장까지 연결한 다음 거기에 의류 제품을 걸었다. 선반도 벽면에 고정해야 했다. 워낙 인구가 적은 소도시였기 때문에 이번에도 또 다른 실험을 한 셈이었다.

우리에게는 운영 시스템이라고 할 만한 것이 없었다. 주문 프로그램조차 마련하지 못했고, 기본적인 상품 분류 체계도 없었다. 컴퓨터라고는 한 대도 없는 상태였다. 지금 생각해 보면, 비즈니스 초기에는 대부분의 업무를 주먹구구식으로 처리했다. 그렇지만 제품은 가능한 범위 내에서 최저가로 제공했고, 그 덕분에 처음 10년간 버틸 수 있었다. 고객과의 신뢰가 두터워짐에 따라, 시장이 작긴 해도 매출은 꾸준히 늘어났다. 우리의 목표는 고객이 '월마트'라는 말을 들으면 '최저가'와 '만족 보장'이라는 두 가지 표현이 떠오르도록 만드는 것이었다. 세상 어디서도 이보다 싼 가격을 찾을 수 없으며, 구매한 물건이 마음에 들지 않으면 환불할 수 있다는 것이 우리의 최대 장점이었다.

클래런스 레이 ──

로저스 매장은 1년 정도 지났지만 거의 모든 제품이 진열대에 그대로 쌓여 있었어요. 고객의 관심을 끌기 위해 어떤 문구를 써도 소용이 없었죠. 샘은 나에게 제품을 적절히 분류해 보라고 했어요. 그게 월마트 분류 체계의 출발점이었죠. 하지만 무엇보다 기억에 남는 것은 상품에 가격을 매기는 방식이었죠. 일단 상품이 도착하면 우리는 그것을 그냥 매장 바닥에 내려놓고 송장부터 확인했어요. 샘은 우리가 높은 이윤을 남기는 것을 결코 용납하지 않았어요.

예를 들어, 어떤 제품의 정가가 1.98달러인데 우리가 50센트에 확보했다고 합시다. 내가 "이게 원래 1.98달러짜리니까 우리 매장에서는 1.25달러에 판매하는 게 어떨까요?"라고 제안하면 샘은 이렇게 응수했어요. "아니에요. 그건 고작 50센트에 매입했잖아요. 소비자가격은 거기에 30센트만 붙이도록 해요. 정가가 얼마든 싼 가격에 사 왔으면 그 혜택을 그대로 고객에게 전달해야 합니다. 그게 지금까지 우리가 해 온 방식이잖아요."

처음에는 힘들 때도 있었다. 하나부터 열까지 다 직접 처리하는 게 결코 쉬운 일은 아니었다. 기본적인 제품 분류 체계는 물론이고, 재고를 보충하는 시스템도 마련되어 있지 않았다. 벤 프랭클린 매장을 운영할 때는 재고 장부를 사용했는데, 필요한 제품이 뭔지 확인해서 버틀러 브러더스에 주문서를 보내고, 물품이 들어오면 적당한 가격을 붙여서 진열만 하면 그만이었다. 하지만 월마트에는 재고 장부조차 없었다. 주기적으로 거래하는 유통업체도 없었고, 신용을 쌓을 수도 없었다. 그저 우리 매장에 찾아오는 영업사원을 대상으로 최대한 가격을 흥정해 보려 노력할 뿐이었다. 프록터 앤드 갬블(P&G), 이스트먼 코닥 같은 대기업에는 매장에 영업사원을 보내 달라고 요청하기가 쉽지 않았고, 설령 영업사원이 온다 해도 판매량과 판매 가격에 대해 일일이 간섭하는 경우가 많았다. P&G는 10일 이내에 대금을 결제하면 2퍼센트를 할인해 주었는데, 하루라도 결제가 지연되면 가차 없이 할인 혜택을 거둬들였다.

그 시절에는 도매업체들의 횡포에 속절없이 당할 수밖에 없었다. 그들은 그리 큰 고객이 아닌 우리 매장을 줄곧 오만한 태도로 대했고, 나는 도무지 용납할 수가 없었다. 누가 뭐라든 나는 고객이란 정성을 다해 대해야 하는 대상이며, 파는 사람은 고객의 마음을 얻기 위해 적극적으로 노력해야 한다고 생각했다.

가장 어려운 점은 건강보조제와 미용 제품을 저가에 매입해서 진열대에 잔뜩 쌓아 두는 것이었다. 사실 당시에는 대부분의 할인 매장에서 건강보조제와 미용 제품이 주력 상품이었다. 나는 깁슨스의 1호 매장을 돌아본 후에야 그 점을 깨달았다. 깁슨스의 운영 방식은, 일개 소매점이 구매하는 가격보다 훨씬 저렴하게 직접 매입해서 각 가맹점의 구매 대행사 역할을 해 주고 가맹점으로부터 월 300달러를 받는 것이었다. 할인점의 기본 개념은 치약, 구강청결제, 두통약, 비누, 샴푸 등을 저렴한 가격에 제공해 고객이 매장을 직접 찾아오게 만드는 것이다. 초창기 할인업체들은 이런 제품을 '이미지 상품'이라고 불렀다. '스프링데일에서는 크레스트가 단돈 27 센트'라고 신문 광고를 낸 다음, 매장에 산더미처럼 쌓아 놓으면 고객의 눈길을 사로잡을 수 있었다. 게다가 파격적인 할인가라는 입소문은 삽시간에 퍼져 나갔다. 매장의 다른 물건들도 저렴한 편이었지만, 사실 30퍼센트의 마진이 포함되어 있었다. 건강보조제와 미용 제품에만 파격적인 할인가를 적용한 것이다.

　회사를 더 키우는 문제 같은 건 생각할 시간적 여유가 전혀 없었다. 하루하루 매장을 운영하는 것만으로도 힘에 부쳤다. 사무실은 원래 벤턴빌의 벤 프랭클린 매장에 있었는데, 나중에 근처의 낡은 차고로 옮기고, 장부 정리 때문에 여직원을 3명 더 고용했다. 1960년대 초반에는 잡화점 매장이 18개였고, 월마트 매장은 아직 많지 않았다. (그 시절에는 서로 다른 매장을 여러 개 운영하고 있었다. 벤 프랭클린 가맹점, '월턴'이라는 상호를 사용하는 잡화점과 월마트 할인점 등. 한동안 월마트 매장을 늘리는 중에도 벤 프랭클린 잡화점과 월턴 잡화점을 계속 운영했다. 어느 정도 시간이 지난 후에야 서서히 이들을 정리하고 월마트 매장으로 통합시켰다.)

　벽면에 서류 넣는 칸을 여러 개 만들어 놓고 매장별로 영수증과 관련 서류를 보관했다. 그 외에도 매장별로 파란색 표지의 거래명세 장부도 작성했다. 매장이 하나 늘어나면 벽면의 서류 넣는 칸도 하나 더 늘려야 했다. 매장이 총 20개가 될 때까지 이런 방식을 고수했다. 그리고 한 달에 한 번씩 나와 완다 와이즈먼이 장부를 마감했다. 매입한 상품을 기록하고 매출명세, 결제 내역을 기록해 대차대조표를 완성하는 작업이 매달 반복되었다. 지금은 후입선출법(LIFO)이나 선입선출법(FIFO) 같은 회계 방식이 있지만, 당시에는 ESP 방식을 사용했으므로, 빨리 장부를 마감할 수 있었다.

ESP 방식은 쉽고 간단하다. 장부가 맞지 않으면 문제가 되는 액수를 계산해서 ESP (error some place, '알 수 없는 오류'라는 뜻 – 옮긴이) 항목에 기재하면 된다.

그다음에는 매장별로 손익계산서를 작성해서, 최대한 빠른 시일 내에 해당 매장 관리자에게 전달한다. 지금도 손익계산서는 매달 각 매장으로 전송된다. 문제가 발견되면 즉시 매장 관리자에게 연락했다. 매장 관리자도 자기 매장에 대해 어느 정도 지분이 있으므로, 나만큼 매장의 판매 현황에 관심이 많았다. 나는 원하는 점을 모두 기재하기 위해 각 매장의 장부에 따로 큰 종이를 붙여 놓았다. 그렇게 해서 15행 정도 추가로 적을 수 있었다. 매출, 비용, 순수익, 그 밖에 전기요금, 수도요금, 우편요금, 보험, 세금 등을 모두 구분해서 기입했다. 이 일은 남에게 맡기지 않고 매달 한 번씩 내가 직접 수기로 작성했다. 그래야만 매장에 관한 세부 사항을 빨리 기억해 낼 수 있기 때문이었다. 이렇게 기록하는 것은 내 오랜 습관이 되었고, 매장을 직접 둘러보러 나갈 때 이 장부 챙기는 것을 잊지 않았다. 그것은 매장 현황을 제대로 파악하는 데 큰 도움이 되었다.

그렇게 몇 년이 흘렀지만 회사 운영진은 여전히 나와 매장 관리자 몇 사람이 전부였다. 대부분 잡화점을 직접 운영해 본 경험자들이었다. 이들이 뭉치자 많은 사람이 부러워할 만한 할인점 전문가 집단이 형성되었다. 항상 같이 일했지만 각자 특이한 아이디어가 있을 때는 언제든 자유롭게 실험해 볼 수 있었다.

돈 휘터커가 '운영 관리자(operations manager)' 비슷한 역할을 해 주었다. 원래 애빌린에 있던 TG&Y 매장에 근무하다가 나에게 스카우트되어 월마트 최초의 매장 관리자가 되었고, 나중에는 최초의 '지역 관리자

(district manager)'가 되었다. 그는 고등학교를 마치지 못해서 그런지 어법에 취약했다. 그리고 사람들을 피해 다녔는데, 아마 애꾸눈이라서 그랬을 것이다. 게다가 다른 사람을 다소 불편하거나 어색한 눈빛으로 쳐다볼 때가 많았다. 그렇지만 내가 지금껏 살면서 만난 사람 중에서 가장 좋은 사람을 꼽으라면 그를 빼놓을 수 없다. 모든 사람이 그를 '휘터커'라고 불렀다. 매사에 열성적이고 실무에 능하며 똑똑한 사람이었다. 그릇이 큰 인재였지만 겉으로 보기에 거친 면이 있어서, 젊은 사람들은 그가 나타나면 무서워서 벌벌 떨었다. 누구도 그의 결정에 이의를 제기할 수 없었다. 휘터커가 원하는 것은 반드시 시행되었다. 지금 휘터커를 따로 언급하는 이유는, 회사 초창기에 그가 정말 중요한 역할을 해 주었기 때문이다. 앞서 나가자, 제대로 해 보자, 미루지 말고 지금 해내자, 멈추지 말고 계속 노력하자 같은 우리 기업의 철학은 바로 그가 만든 것이다.

클로드 해리스, 월마트의 첫 구매 담당자 ─

샘은 다른 사람의 마음을 읽어 내는 재주가 있었어요. 사람들의 됨됨이나 성실성을 알아보는 안목도 뛰어난 편이었죠. 그래서 사람을 뽑을 때 실수하는 법이 없었습니다. 내가 보기에는 분명히 그랬어요. 그 시절에는 불성실한 관리자가 한 명만 있어도 기업이 송두리째 흔들릴 수 있었습니다. 연간 순수익이 8,000∼12,000달러밖에 안 되는 매장이라면, 관리자 한두 사람만 나쁜 마음을 먹어도 회사 전체가 무너지게 돼 있었죠.

샘은 매장에서 근무하는 모습을 지켜본 후에 그들을 불러서 자기 매장을 보여 주었습니다. 잘 아시겠지만, 샘은 언변이 뛰어나서 사람의 마음을 잘 움직이죠. 나무에 앉아 있는 새도 불러들일 사람이에요. 샘과 그의 아내는 스카우트하고 싶은 사람을 집으로 초대해 아이스크림을 대접하면서 가족들이 교회에 다니는지 물어보곤 했습니다. 아무튼 샘은 좋은 직원을 찾아내 우리 회사로 이직하게 만드는 특별한 기술이 있었어요. 자신과 오래 함께 일할 사람을 기가 막히게 알아보더라고요. 일손이 더 필요하다는 생각이 들면 주저 없이 찾아 나섰죠. 그리고 여러 가지 방법을 동원해서 원하는 인재를 데려오고야 마는 집념을 보여 줬어요.

클로드는 멤피스에서 울워스 매장을 운영하고 있었다. 오클라호마주 머스코지 출신이었는데, 조부모 중 한 사람은 인디언이었다. 그는 고등학교를 졸업하자마자 울워스에서 일했다. 휘터커나 클로드 같은 사람들은 대학 졸업장이 없었고, 내가 다른 직원을 고용할 때 대학 졸업자는 뽑지 않았으면 좋겠다고 말하기도 했다. 대학 교육까지 받은 사람이 허리를 굽히거나 무릎을 꿇고 바닥이나 창문 닦는 허드렛일을 할 리가 없다고 생각했기 때문이었다. 그 시절에는 신입 직원이 일을 배우는 방식이 매우 단순했다. 출근하자마자 30분 정도는 이륜 수레로 뒷방에 쌓아 둔 물품을 옮겨야 했다. 아무튼 우리가 스카우트한 사람들은 배경이나 교육 수준은 물론이고 매장 경영 철학도 서로 비슷했다. 우리가 원하는 인재는 행동 지향적이고 직접 나서서 바로 문제를 해결하는 적극적인 사람이었다.

클로드는 네다섯 명의 자녀를 둔 가장이었고, 10,000~12,000달러 정도의 연봉을 받고 있었다. 하루는 내가 탄산음료 디스펜서 앞에 서서 그에게 말을 건넸다. 이야기를 들어 보니 월급 중 일부는 따로 저축하는 것 같았다. 자기 돈을 잘 관리하는 사람이라면 우리 매장을 하나 맡겨도 잘 해 낼 거라는 생각이 들었다. 그래서 페이엣빌 광장 동쪽의 잡화점을 그에게 맡겼다. 이로써 광장 서쪽에 있는 우리 회사의 또 다른 매장과 경쟁하는 구도가 만들어졌다. 당시 그 매장은 찰리 케이트가 운영하고 찰리 바움이 감독하고 있었다. 찰리 바움은 물불을 가리지 않는 성격으로, 그야말로 피 튀기는 경쟁을 벌이고야 마는 사람이었다. 하지만 클로드가 노련하고 성 품이 좋았기 때문에 결국 찰리도 클로드와 어느 정도 친해지게 되었다.

클로드 해리스 ——

내가 맡은 매장은 수익이 높지 않았어요. 광장 건너편에 깁슨스 라는 작은 매장이 있었는데, 그들은 우리와 경쟁해 볼 만하다고 생각했던 것 같아요. 가격을 할인하거나 건강보조제 및 미용 제 품을 내세워 손님을 잔뜩 끌어들이더군요. 나는 '우리 매장이라고 못 해낼 이유는 없지'라고 생각했어요. 그래서 매장 내부를 완전 히 바꿨죠. 맥커슨-로빈스의 약품을 저렴한 가격에 들여오고 일 반 의약품도 많이 갖췄어요. 그게 바로 우리 회사 최초의 전문 할 인점이었죠. 페이엣빌 광장 동쪽에 자리 잡은 '건강 및 미용 보조 식품 전문점' 말입니다.

그런데 그 매장 때문에 가장 친한 벗을 잃었어요. 찰리 바움은 너 무 화가 나서 심장마비가 올 뻔했다고 하더군요. 내가 자신의 매 장을 문 닫게 만들려고 작심했다고 생각한 모양이에요. 하지만 한 가지 분명히 해 둘 점이 있습니다. 찰리는 경쟁에서 지기 싫어 하는 것으로는 둘째가라면 서러워할 사람이에요. 무엇이든 일단 경쟁이 시작되면 물불을 가리지 않고 덤벼들었죠. 하지만 나는 찰리를 몰아붙일 의도가 전혀 없었습니다. 그냥 새로운 시도를 해 본 것뿐이었어요.

적어도 샘 월턴은 양쪽을 다 이해하고 있었습니다. "개의치 말고 한번 시도해 보세요"라고 말해 주더라고요. 샘은 원래 새로운 시도를 좋아하는 편이죠. 주변의 제안에 귀를 기울이는 것도 샘의 큰 장점이에요. 지금도 그 점은 변함이 없습니다. 그런 특성이 샘 월턴의 성공 비결 중 하나일 겁니다.

월마트에서 판매할 물품을 구매할 때 자주 클로드를 데려갔다. 그리고 얼마 지나지 않아 클로드를 월마트의 머천다이징 이사로 임명했다. 사실 그가 그 자리에 합당한 경력을 제대로 쌓은 것은 아니었다. 작은 매장 관리자로 일한 경력이 전부였지만, 당시에는 그 자리를 맡길 만한 인재가 없었다. 월마트에 처음으로 구매 담당 전문가를 채용한 게 언제였는지 기억도 나지 않는다. 전문가가 아니라 그저 구매 업무 경력이 있는 사람을 채용한 것도 그로부터 한참 후였던 것 같다.

그 시절 매장 관리자들과 나의 공통점은 머천다이징 업무를 다들 좋아했다는 것이다. 이렇게 말하면 오해할 수 있는데, 사실 초창기 매장에는 상품이 그리 다양하지 않았다. 우리 매장에 당대 최고의 상품이 즐비하고 제품 하나하나가 소비자의 눈길을 사로잡는 방식으로 멋지게 진열되어 있었던 것은 아니다. 제대로 된 물류 시스템이 없어서 필요한 제품을 일일이 직접 구매하기가 결코 쉬운 일이 아니었다. 하지만 다들 독특한 제품을 찾아내는 데 능숙했다. 그리고 매장 관리자에게 폭넓은 재량권이 있어서 자기 방식으로 다양한 방법을 시도할 수 있었다.

찰리 케이트 ———

> 샘은 매출 보고서를 매주 작성해서 제출하라고 했어요. 그리고 보고서에 가장 많이 팔린 상품이 무엇인지 따로 표기하도록 했죠. 정확히 말하자면, 반드시 표기해야 했어요. 샘이 시킨 대로 하니까 어느 제품이 꾸준히 팔리는지 알겠더라고요. 매주 보고서를 제출해야 하니 신경을 안 쓸 수가 없었죠. 잘 팔리는 제품이 하나도 없다고 보고하면 사장님이 좋아할 리 없으니까요. 아마 매장 직원인 우리가 게으름을 피운다고 생각하겠죠. 그러면 직접 매장에 나와서 제품 판매 현황을 관찰하려고 할 거예요. 샘을 처음 만난 게 1954년이었는데, 그 후로 항상 그런 태도로 일하셨어요.

인정하자니 부끄럽지만, 사실이다. 나는 성인이 된 후에 단 하루도 장사에 대해 생각하지 않은 날이 없다. 아마 국내 소매업계에서 머천다이징과 제품 프로모션의 중요성을 나보다 더 강조한 사람은 찾아보기 힘들 것이다. 적어도 이 두 가지 업무에 대해서는 모든 열정을 쏟아부었다. 실제로 사업을 해 보니 그보다 더 재미있는 일을 찾기란 불가능한 것 같다. 제품 하나를 선정해서 사람들이 그 제품에 관심을 갖도록 유도하는 것이 세상에서 제일 신나는 일이다.

특히 나는 제품을 천장에 매달 수만 있다면 무엇이든 팔린다는 말을 자주 했다. 실제로 어떤 제품을 정하고 나면 어마어마한 양을 사들인 다음, 사람들이 쳐다보지 않고는 못 배길 정도로 큼지막하게 전시하곤 했다. 일반적인 방식으로 진열했다면 몇 개밖에 팔리지 않았을 물건도 매장을 찾는 모든 고객이 볼 수 있도록 전시하면 눈 깜짝할 사이에 팔려 나갔다. 이것이 바로 월마트가 초창기부터 다른 기업과의 차별화에 성공해 타의 추종을 불허하는 기업으로 성장한 방법이다. 월마트 초창기에는 그런 식으로 단시간에 어마어마한 물량을 팔아 치운 사례가 여러 차례 있었다.

필 그린, 월마트 초창기 매장 관리자 ──

샘과 저는 물품을 고르는 데 시간을 많이 들이곤 했어요. 댈러스와 리틀록, 포트 스미스의 지역 신문을 자주 사러 갔는데 샘은 이렇게 말하곤 했죠. "필, 이번 주말 신문에 올릴 우리 매장 광고를 직접 만들어 봅시다."

매장을 둘러보면 양말, 속옷, 쓰레기통, 빗자루, 모터용 윤활유 등이 잔뜩 쌓여 있는 곳이 있어요. 20개 정도의 제품을 선정한 다음, 가위를 들고 바닥에 주저앉아서 신문을 찬찬히 살펴봅니다. 우리가 선정한 오일 제품을 판매하는 가게의 광고를 발견하면 오일 캔을 오려서 그 위에 붙이고 '펜조일 30W'라고 쓴 다음, 우리 매장의 가격을 붙여 놨죠. 양말, 속옷, 쓰레기통 등 거의 모든 상품에 그렇게 했습니다. 신문에 난 다른 매장 광고를 가져다가 우리 가게를 위한 광고를 만드는 거죠. 그런데 그게 효과가 있더라고요! 우리가 가장 저렴한 가격으로 팔았으니까요.

샘 월턴은 다른 매장과 가격이 같으면 신문 광고를 내봤자 무슨 소용이 있겠냐는 말을 자주 했습니다. 가격이 더 싼 것도 아닌데 굳이 우리 매장을 찾아올 이유가 없다는 것이죠. 그는 다임 스토어 운영에 익숙한 사람이라서, 처음에는 모든 제품에서 일정 비율의 이익을 얻기를 원했습니다. 하지만 곧 생각을 바꾸더군요. 정말 잘 팔리는 제품을 찾으면 그걸로 매장의 수익을 충분히 올릴 수 있다는 걸 깨달은 거죠. 그래서 '치약 1개에 16센트' 같은 할인 제품에 주력하기 시작했어요. 너무 많이 팔려서 재고를 충분히 확보할 수 있을지 걱정할 정도였습니다.

얼마 후 필이 시도한 판촉 행사는 월마트 역사상 가장 유명한 제품 프로모션 중 하나로 기록될 만큼 대성공이었다. 우리는 필에게 아칸소주 핫스프링스에 52호 매장을 개점하도록 준비 작업을 맡겼다. 현지에 가 보니 주변에 할인 경쟁업체가 없어서 케이마트가 꽤 비싼 가격으로 시장을 장악하고 있었다. 필은 즉시 세제 프로모션을 기획했고, 타이드나 치어스 같은 제품을 전 세계 최대 규모로 진열했다. 그리고 '입이 떡 벌어질 정도로 많은 양'의 세제를 사들인다는 조건으로 한 박스당 1달러로 할인받는 계약을 성사시켰다. 대형 박스 포장 세제 3,500개를 구매하는 계약이었다. 이렇게 물량을 확보한 후에 박스당 1.99달러에 판매하는 것이 그의 전략이었다. 원래 가격은 3.97달러였으므로 꽤 파격적인 할인가였다.

벤턴빌 사무실 사람들은 필이 사들인 물량을 듣고는, 그가 나이가 들어서 정신이 이상해졌다고 생각할 정도였다. 세제 상자를 쌓으니 거대한 피라미드가 만들어져서 천장에 닿을 지경이었다. 가로 20~30미터, 세로 3.6미터로, 매장의 통로 전체를 세제 상자가 차지해서 사람들이 오도 가도 못할 상황이 되어 버렸다. 다른 회사였다면 이런 프로모션 행사를 기획한 필이 즉시 해고되었을지도 모른다. 하지만 우리는 늘 남들이 보기에 제

정신이 아닌 것 같은 일이라도 일단 시도해 봐야 한다고 생각했기 때문에 별로 개의치 않았다.

필 그린 ──

샘은 내가 어떤 프로모션 행사를 기획하든 다 허락해 줬어요. 적어도 내가 일을 그르치지는 않을 거라고 믿어 준 것 같습니다. 그런데 딱 한 번 이렇게 말한 적이 있어요. "아니, 물건을 왜 이렇게 많이 매입한 거야? 이걸 어떻게 다 팔아?" 하지만 그것이 오히려 뉴스거리가 되어 사람들이 몰려들었죠. 결국 그 어마어마한 물량이 일주일 만에 모두 팔려 나갔습니다. 또 다른 사례도 있는데, 이번에는 벤턴빌 사람들까지도 깜짝 놀랄 정도로 대단한 성공을 거뒀습니다.

하루는 오하이오 머레이 출신의 어떤 남자가 계절이 바뀔 무렵이면 8마력 규모의 잔디 깎는 기계 200대를 개당 175달러에 공급할 수 있다고 하지 뭐예요. "우아, 대단한데요! 200대를 전부 사겠습니다." 그러자 그 남자는 "200대예요!"라고 재차 확인하더군요. 기존의 잔디 깎는 기계는 447달러에 판매되고 있었어요.

200대가 확보되자마자 포장을 모두 뜯어 버리고 매장 앞에 여덟 줄로 쭉 진열했어요. 한 줄에 25대를 배치한 거죠. 그리고 '머레이 트랙터, 8마력, 199달러'라고 크게 써 붙였어요. 그리고 보란 듯이 한 대도 남기지 않고 다 팔았죠. 나는 이런 프로모션 행사 기획에 강한 편이에요. 월마트 초창기에 머천다이징 담당자가 된 덕분에 프로모션 기획을 원 없이 해 봤어요.

필은 정말 특별한 인재였다. 그는 전체적인 흐름을 거슬러 반대 방향으로 헤엄치는 물고기 같았다. 맨몸으로 물살을 거스르기도 힘들 텐데 몸에 무거운 돌을 여러 개 매단 것 같은 상황에서도 거꾸로 가는 것을 개의치 않았다. 이목을 끌려고 일부러 고생을 자초하는 것처럼 보일 정도였다.

그때나 지금이나 사업은 어려운 일이다. 하지만 월마트 매장 관리자라는 직위는 여전히 프로모션 행사를 기획하기에 더할 나위 없이 좋은 자리다. 그것이 바로 월마트가 오랫동안 고수했고 앞으로도 견지할 핵심적인 운영 방침이기 때문이다. 그 덕분에 그동안 기분이 좋았던 기억이 많다. 간단한 프로모션만으로 수많은 상품에 날개를 달아 주는 것은 정말이지 신나는 일이다.

사람들은 자주 묻는다. 월마트 역사에서 가장 기억에 남는 짜릿한 순간이 언제였느냐고. 그 질문을 받을 때마다 매출액 10억 달러 또는 100억 달러를 기록했을 때라고 대답하곤 한다. 하지만 솔직히 말하자면, 매장 한쪽에 특별 코너를 마련하거나 계산대 근처에 임시 테이블을 여러 개 놓은 다음 소소한 일상용품을 화려하게 진열해서 그것들이 날개 돋친 듯 팔려 나가도록 만든 일이 훨씬 더 소중한 기억이다. 진정한 장사꾼은 어떤 의미에서 낚시꾼과 비슷하다. 낚시꾼이 월척을 낚았던 특별한 기억을 오랫동안 소중히 간직하듯, 장사꾼은 물건이 잘 팔리던 순간을 잊지 못한다.

이런 이야기는 좀 지루하게 들릴지도 모르지만, 내 인생 최고의 아이템 중 하나는 베드메이트(Bedmate)라는 매트리스 패드였다. 어느 날 사무실 밖으로 나갔다가 로비에서 대기 중이던 영업사원들 중 한 사람을 통해 우연히 이 제품을 알게 되었다. 나는 영업사원을 만나면 근황을 물어보고 가볍게 대화 나누는 걸 좋아한다. 처음에는 우리 매장에 매트리스 패드가 있는지도 몰랐다. 하지만 이야기를 나누다 보니, 지금껏 우리가 도전해 보지 않은 제품 또는 우리 매장에 꼭 가져다 놓아야 하는 제품이라는 생각이 들었다. 그래서 매트리스 패드를 대량 구매해 가격을 조금 낮춰서 고객의 눈에 잘 띄는 자리에 진열했다. 물론 가격 조정에 따라 마진도 낮아졌다. 하지만 이 매트리스는 월마트 매장에서 판매한 제품 중 가장 인기가 좋았고, 판매량을 확인할 직원을 따로 둘 정도로 잘 팔려 나갔다. 1980년부터 지금까지 베드메이트 판매량은 550만 개가 넘는다.

한루는 로비에서 써모스 보온병을 만든 알라딘 컴퍼니의 영업사원과 이야기를 나누게 되었다. 그가 샘플을 몇 개 가지고 있기에, 우리 매장에서 프로모션할 수 있는 이 제품의 가장 큰 장점이 뭐냐고 물었다. 월마트 매장에서 판매하는 모든 상품에 대해 반드시 확인하는 질문이다. 그가 보여준 샘플 보온병은 1.8리터 용량이었고 붉은색과 파란색이 어우러진 멋진 디자인이었다. "이 제품은 분명 대박 상품이 될 겁니다. 우리 회사에서 이 정도 도매가로 드릴 테니 매장에서는 그 정도 가격에 판매하시면 될 겁니다." "그렇군요. 가격에 대해서는 좀 더 이야기해 봅시다." 나는 도매가를 더 낮춰서 소비자들에게 더 저렴한 가격으로 판매했다. 예상대로 소비자들의 반응은 매우 열광적이었고, 이 제품은 월마트 매장을 통해 기록적인 매출을 올렸다.

한동안 내가 이런 제품을 골라내는 데 특별한 재능이 있다고 생각했다. 그러나 그건 바보 같은 착각이었다. 알고 보니 사장인 내가 조만간 매장을 둘러보러 온다는 걸 알게 되면 매장 직원들이 내가 선택한 제품을 서둘러 진열한 것이었다. 문파이(Moon Pie)를 홍보할 때 내가 더 주의할 필요가 있음을 깨달았다. 마시멜로가 들어 있는 이 부드러운 간식거리는 남부 지방에서 정말 인기가 많았다. 나는 홍보 주력 상품으로 문파이를 눈여겨보고 있었다.

테네시에서 한 부서 책임자를 만났는데, 그녀는 매우 놀라운 방식으로 이 제품을 대량 판매하고 있었다. 그녀의 방식은 아주 간단했다. 사람들의 눈에 잘 띄는 곳에 문파이를 진열하는 것이 전부였다. 어떤 매장에서도 그런 식으로 문파이를 곳곳에 진열해 둔 모습을 본 적이 없었다. 아무튼 그녀의 아이디어를 그대로 적용하기로 마음먹고는 구매 담당자를 통해 생산업체에 연락해서 이렇게 제안했다. "문파이를 월마트 매장에서 대대적으로 판매해 볼 생각입니다. 월마트 전 매장에 도입해서 개당 23센트가 아니라 5개 묶음을 1달러에 팔고 싶은데, 가능할까요?"

업체는 내 연락을 몹시 반겼고, 흥정 끝에 가격을 개당 12센트까지 깎아 주었다. 나는 여기에 20센트의 마진을 붙였고, 일주일 만에 문파이를 50만 개나 판매해 10만 달러의 매출을 기록했다. 회사 전체를 통틀어 보더라도 이만큼 성공적인 제품은 처음이었다. 하지만 성공에 너무 도취한 나머지 위스콘신에도 문파이를 배송한 것이 문제였다. 그 지역 사람들은 문파이에 관해 들어 본 적이 없었고, 처음 보는 제품인데도 별다른 관심을 보이지 않았다. 회사가 커지면 이런 문제가 발생할 수 있다는 점을 그때 처음 배웠다.

데이비드 글래스 ———

다들 알다시피, 우리는 누가 최고 판매량을 기록하는 제품(VPI, volume producing item)을 기획하는지 일종의 콘테스트를 합니다. 샘 월턴을 이기기는 정말 쉽지 않았습니다. 그가 기획한 상품은 정말 날개 돋친 듯이 팔려 나갔거든요. 문파이를 생산하는 채 터누가 제과점에서는 샘 월턴을 올해의 인물로 선정했어요. 누가 봐도 그건 당연한 일이었죠. 문파이가 그 정도로 많이 팔릴 거라고 누가 감히 상상이나 했겠습니까.

샘은 일단 홍보 주력 제품을 정하면 계산대 앞에 진열대를 만듭니다. 그리고 바닐라 맛, 초콜릿 맛, 캐러멜 맛을 각각 어느 정도로 판매할지 정한 다음, 그 비율에 따라 15상자를 가져다 놓죠. 베드메이트는 주로 계산대 옆에 4개 정도 진열해 두는데, 그러면 한 달에 대여섯 개 팔립니다. 그런데 이번에 샘은 사람들이 가장 많이 다니는 통로에 테이블을 설치했고, 가격표도 직접 만들어 붙였죠. 그리고 테이블 전체에 베드메이트 제품을 가득 올려 놓으라고 했어요. 그렇게 하니 고객의 반응이 폭발적으로 바뀌었죠. 하지만 낚시용 양동이는 좀 달랐습니다. 샘 월턴이 홍보한 제품 중에서 가장 성적이 저조했어요.

샘이 양동이 판매에 처참하게 실패한 해에는 내가 세네카 애플 주스로 콘테스트에서 1등을 차지했습니다. 애플 주스는 반응이 아주 좋았어요. 수십 톤이 팔려 나갔죠. 그때 나는 매장에 나가 입구에서 손님을 맞이하는 직원들이 있는 곳에 낚시용 양동이를 가져다 놓고 거기에 얼음을 채우게 했어요. 애플 주스를 시음할 때 그 얼음을 넣어서 나눠 줬죠. 샘 월턴이 방문할 예정인 매장을 알아내서 일부러 그렇게 시음 테이블을 만들었어요. 샘은 그걸 볼 때마다 의기소침해졌죠. 그러면서 낚시용 양동이에 대한 미련을 떨쳐 버렸습니다.

이렇게 제품 프로모션 행사를 진행하는 건 그 자체로 아주 즐거운 일입니다. 기본 원리가 중요해요. 그 원리는 모든 협력사, 매장 관리자, 부서 책임자에게 영향을 주죠. 그것은 바로 매장에 가득 진열할 제품을 잘 선별해서 딱 맞는 프로모션 행사를 하면 매출이 수십 배 이상 늘어난다는 점입니다. 이것이 바로 월마트의 매장 단위면적당 매출량이 극적으로 증가한 비결이죠. 월마트는 해마다 매장 단위면적당 매출이 두 자릿수 이상 증가합니다.

여러분도 그 정도로 매출을 늘려서 월마트에 버금가는 대기업으로 성장하고 싶다면, 매출 관리에 더 신경을 써야 합니다. 그러지 않으면 다른 기업과 차별화할 수 없어요. 초반에 매출을 늘리는 데 주력하다가 나중에 시들해진 업체들이 많죠. 소매업은 둘 중 하나입니다. 운영 위주거나 매출 위주죠. 운영 위주라는 말은 비용을 줄이고 효율성을 높이는 데 주력한다는 뜻이에요. 하지만 매출을 중시하면 운영 효율은 자연스럽게 높아집니다. 반대로 운영 위주 기업은 시간이 흐를수록 남들과 비슷해지고, 결국에는 쇠퇴하고 맙니다.

샘 월턴은 제품 프로모션 마니아라고 불릴 정도로 홍보에 사활을 걸었어요. 덕분에 월마트가 크게 성장할 수 있었던 겁니다. 매장 단위면적당 최대 매출 기록을 달성한 비결은 바로 홍보입니다. 그것이 우리가 수많은 경쟁업체를 제치고 독보적으로 앞서 나가는 이유죠.

아무튼 올해에도 특별히 홍보하는 제품이 있는데, 나는 이 제품이 큰 인기를 얻을 거라고 확신한다. 그것은 바로 할로겐으로 만든 자동차 헤드라이트이며, 가격은 10.94달러다. 제너럴일렉트릭의 CEO 잭 웰치와 손잡고 이 제품에 심혈을 기울였다. 월마트가 각 업계에서 내로라하는 대형 업체들과 긴밀한 협업 관계를 유지하고 있음을 보여 주는 좋은 사례라고 할 수 있다.

지금 살펴보는 시기는 월마트 초창기인데, 이제 와 돌이켜 보면 제품 프로모션에 사활을 걸었던 것이 당시 부족했던 점을 보완하는 데 큰 도움이 된 것 같다. 당시에는 구매 프로그램도 엉성했고, 제품 분류도 허점이 많았으며, 사무실 지원은 아예 기대할 수 없었다. 어떻게 보면 우리에게 프로모션은 물살을 거슬러 올라가는 새로운 방식이었다. 장사꾼답게 물건 파는 데 집중했기 때문에 여러 가지 약점이 있어도 계속 성장할 수 있었다.

당시 기업이 와해하지 않고 계속 유지된 또 다른 이유는, 사업 초창기부터 매주 매장 관리자 회의를 열어 스스로 점검하는 시간을 가졌기 때문이다. 토요일 아침이면 수많은 매장 관리자가 벤턴빌에 모여들었다. 월마트를 이끌어 가는 구매 담당자들이 한자리에 모이는 것이다. 상황이 여의치 않을 때는 근처 도시에 적당한 모텔을 잡아서 회의장으로 사용했다.

일단 우리가 사들인 제품을 검토하고 얼마를 지출했는지 확인했다. 그런 다음 프로모션 행사를 기획하고 어떤 물품을 살지 계획했다. 지금 생각해 보니 일종의 머천다이징 프로그램을 만드는 과정이었던 것 같다. 회사는 계속 성장했으며, 몇 년간 이런 방식으로 순조롭게 일을 처리할 수 있었다.

토요일 오전 회의는 우리 회사 문화의 큰 특징으로 자리 잡았다. 모든 매장 관리자에게 회사가 돌아가는 상황을 알려 주고, 실수가 발생하면 일단 전체에게 공지하는 것을 기본 방침으로 삼았다. 누군가 큰 실수를 저지르면, 당사자는 주간 회의에서 그에 대해 보고하면서 실수를 인정했다. 그러면 모두 머리를 맞대고 이를 보완할 방법을 고심했다. 물론 내가 저지른 실수가 모두에게 알려질 때도 있었다. 이렇게 실수를 공유하고 합심해 해결한 후에 각자의 업무지로 돌아가는 것이 자연스러운 일상이 되었다.

부족한 경험과 실력을 보완하기 위해 또 다른 방법으로도 열심히 노력했다. 바로 경쟁업체에 대한 파악을 게을리하지 않는 것이었다. 나는 사업 초기부터 항상 경쟁업체의 동향을 파악하는 데 많은 시간과 노력을 투자했으며, 매장 관리자들에게도 그렇게 하라고 신신당부하는 편이다.

찰리 케이트 ——

샘 월턴이 입버릇처럼 자주 하던 말이 있어요. "가서 경쟁업체가 어떻게 하고 있는지 확인 좀 해 보세요. 우리 매장과 경쟁 관계에 있는 업체는 하나도 빠뜨리면 안 돼요. 경쟁업체의 약점은 중요하지 않아요. 그들의 장점이 뭔지 관찰해야 해요. 경쟁업체 매장에 들어가기 전보다 장점 하나만 더 찾아서 나와도 성공한 거예요. 만약 장점을 찾게 되면 우리 매장에 적용하세요. 다른 업체가 무슨 잘못을 저지르는지 신경 쓸 게 아니라, 그들이 무엇을 잘하고 있는지 파악해야 해요. 누구든 장점은 있기 마련이니까."

클래런스 레이 ——

로저스에 깁슨스 매장이 처음 들어왔을 때, 우리 집이 두 매장의 중간 지점에 있었어요. 일을 도와주던 존 제이컵스와 래리 잉글리시가 직접 매장을 돌아다니며 가격을 외워 와서는 종이에 전부

106

써 줬죠. 깁슨스 매장 밖에는 꽤 커다란 쓰레기통이 있었어요. 늦은 밤에 양쪽 매장이 모두 문을 닫으면 존과 래리가 깁슨스 매장에 가서 그 쓰레기통을 뒤집었죠. 거기서 파는 제품의 가격을 최대한 많이 확인하려고요.

그 시절에 우리는 부끄러움을 잘 몰랐던 것 같다. 소매업계에도 나름의 규칙이 있었겠지만, 아쉽게도 우리는 일을 처리하는 일반적인 방식 같은 것에 신경을 쓸 여력이 없었다. 그때 제품 구매 차 뉴욕으로 출장을 떠나는 우리 모습을 직접 봤다면 아마 화들짝 놀랐을 것이다. 미주리주 스프링필드 출신의 도매업자 짐 하이크를 중개상으로 고용해서, 그를 통해 물건을 사들이곤 했다. 한번은 그에게 누가 우리를 직접 뉴욕에 데려가서 제품을 사도록 도와줬으면 좋겠다고 말했다. 짐은 성품이 좋고 올곧은 사람이었다. 덕분에 돈 휘터커와 나는 편하게 따라다니며 그의 거래처를 소개받았다. 짐은 우리를 이렇게 소개했다. "이분들은 아칸소주에서 소매상을 하시는데, 정말 좋은 분들이에요."

우리는 원피스, 블라우스, 여성용품, 유아용품 등을 주로 구매했다. 다른 가맹점은 구매 담당자가 한 가지 상품 라인을 도맡아서 구매를 진행하는 방식이었지만, 우리는 그렇게 하지 않았다. 그때 뉴욕에서 만난 도매업자들은 우리의 물품 구매 방식을 매우 의아하게 여겼을 것이다. 하지만 우리에게 중요한 것은 시골 지역에서 아주 저렴한 가격에 팔릴 만한 물건을 찾아낸 다음, 대량 판매를 통해 이윤을 얻는 것이었다.

남성용 셔츠의 경우, 콜로니얼의 담당자 해리 크리스가 우리에게 좋은 물품을 여러 번 추천해 주었다. 세심하게도 우리가 오전 7시에 쇼룸을 방문하도록 주선해 주기도 했다. 덕분에 낮에는 정상적으로 매장 업무에 집중할 수 있었다. 해리의 배려심 넘치는 태도는 나에게 깊은 인상을 남겼고, 오랫동안 그를 통해 상당량의 남성용 셔츠를 매입했다.

버드 월턴 ──

그 시절에 여기저기 출장 다니던 기억은 절대 잊을 수 없습니다. 한 번에 4~6명이 같이 다녔어요. 나와 샘 월턴, 돈 휘터커, 필 그린, 클로드 해리스, 게리 레인보스가 한 팀이었죠. 출장 예산은 항상 정해져 있었습니다. 어떤 용무로 누가 출장을 가든, 금액은 고정되어 있었죠. 이것은 1만 달러, 저것은 2만 달러 식으로 세세하게 책정돼 있었어요.

아칸소주에서 온 남자들이 무리 지어 뉴욕 시내를 돌아다니는 모습을 한번 상상해 보세요. 나에게는 그곳의 모든 것이 그저 신기했습니다. 뉴욕 시내는 난생처음 가 봤으니까요. 하지만 샘은 가정용품, 여성용 상의와 하의 등 구매할 품목을 정해 주면서 둘씩 짝지어서 흩어지라고 했습니다.

하루는 샘이 말하더군요. "버드, 돈과 같이 가서 남성용 제품을 좀 알아봐." 하지만 우리 둘 다 남성용 제품을 사 본 적이 없었어요. 우리는 내구소비재 위주로 취급해 왔기 때문에 남성 의류에 대해선 아는 것이 거의 없었죠. 일단 남성 의류 제조업체가 모여 있는 엠파이어 스테이트 빌딩으로 갔는데…… 그날 내 인생에서 절대 잊지 못할 특별한 경험을 했어요. 그곳에는 내가 여태껏 살면서 한 번도 보지 못한 의류 제품이 즐비했습니다. 우리는 뭔가에 홀린 사람처럼 자제력을 잃고 스웨터, 바지 등 온갖 의류를 사들였죠. 그날 밤 숙소에 돌아와서 얼마를 썼는지 계산해 봤는데, 대부분 불필요한 것이라서 다음 날 사람을 보내 환불해야 했답니다.

게리 레인보스 ──

샘은 초창기부터 항상 우리에게 뉴욕의 흐름에 따르려고 그곳에 가는 게 아니라는 걸 강조했어요. 우리는 어디를 가든 항상 걸어 다녔어요. 택시를 탄 적은 한 번도 없었죠. 출장에 있어서 샘은 출장 경비가 구매액의 1퍼센트를 넘어서는 안 된다는 확고한 철칙을 가지고 있었어요. 그래서 매디슨 스퀘어 가든 근처에 있는 작은 호텔의 방을 하나만 잡아서 출장 내내 한데 모여 잠을 잤죠.

아침 이른 시간이나 밤 늦은 시간에는 우리만 보내지 않고 누군가가 동행하도록 주선해 줬어요. 사실 뉴욕 시민은 전철에 익숙하니까 외부 손님과 함께 이곳저곳을 걸어 다니는 게 쉽지 않았을 거예요. 평소 생활 방식과 다르니까요. 그런데도 샘은 매번 저녁 시간에 우리와 함께 다녀 줄 사람을 구해 줬어요.

한번은 출장 기간을 최대한 단축하자고 하더군요. 대신 출장 기간 내내 아무도 쉬거나 노는 사람 없이 모두가 열심히 일에 몰두해야 한다고 못 박았죠.

아무튼 여러 매장의 쇼룸을 다 방문하려면 몇 팀으로 나눠서 움직이는 게 좋았어요. 우리가 매장에 들어서면 매장 직원이 물었죠. "누구와 함께 오셨습니까?"

"월턴 씨 일행입니다."

"네, 그러시군요. 어디에서 오셨습니까?"

"아칸소주에서요."

"좀 더 자세히 말씀해 주시겠어요?"

"아칸소주 벤턴빌에서 왔어요."

"벤턴빌이라고요? 처음 들어 보네요. 어디에 있는 곳인가요?"

돈 휘터커가 굳은 표정으로 대답했습니다. "로저스 옆입니다."

그러면 매장 직원이 말하죠. "실례지만, 안쪽에서 뭔가를 가져와야 할 것 같습니다."

우리 중에서 나이가 많은 편이었던 휘터커가 다시 말했어요. "던 앤드 브래드스트리트(Dun and Bradstreet, 기업 관련 정보를 제공해 주는 업체-옮긴이)에 일일이 확인하시지 않아도 됩니다. 우리는 GM 못지않은 기업입니다."

그래도 매장 직원은 잠시 시간을 끌다가 나와서 이렇게 말하곤 했습니다. "확인하고 왔습니다. 기업 점수가 꽤 높은 편이더군요. 어떤 제품을 보여 드릴까요?"

밤 12시 30분 전에 일이 끝나는 법이 없었습니다. 우리는 밤늦게 일을 끝낸 후 맥주를 마시러 나가곤 했지만, 샘은 한 번도 같이 가지 않았어요. 오히려 "6시에 아침 식사를 하죠. 그때 봅시다"라고 했죠. "아니, 아침에 그렇게 일찍 만나서 뭐 하게요? 어차피 그때는 문을 연 매장도 없을 텐데요." 아무리 이의를 제기해도 아무 소용이 없었습니다. "할 일이야 찾으면 얼마든지 있어요."

다음 날 아침에 샘은 청소부나 담당자에게 부탁해서 기어코 건물 안으로 우리를 끌고 들어갔어요. 그리고는 매장 담당자가 출근

할 때까지 쇼룸 밖에 앉아서 기다렸죠. 좀 전에도 말했듯이, 샘 월턴이 우리에게 분명히 주지시키려 한 메시지가 있었어요. 뉴욕에 왔다고 해서 반드시 이 지역의 방식을 따를 필요는 없다는 것이었죠.

게리의 마지막 말은 나도 전적으로 동감한다. 장소가 어디든 우리는 월마트의 방식으로 일한다는 것을 모든 직원에게 항상 일깨워 주고 싶었다. 물론 우리의 업무 처리 방식이 남다르게 보여서 불편할 수도 있고, 어떤 사람은 이 방식에 적응하는 데 시간이 오래 걸릴 수도 있다. 하지만 남들이 인정해 주느냐와 관계없이, 우리 방식이 매우 효과적이고 성공적이라는 것을 여러 번 경험했으므로, 이 방식이 옳다고 확신하면서 앞으로도 계속 밀고 나갈 생각이다.

우리는 대세를 거슬러 반대 방향으로 가는 방식으로 사업을 시작했다. 어려움도 있었지만, 그 과정을 통해 성공과 성장의 기쁨을 맛봤으며, 더 단단하고 강해졌다고 생각한다. 이제 와서 굳이 방향을 되돌려 대다수 기업과 같은 방향으로 움직일 이유는 없다.

CHAPTER 5

가족

우리는 어릴 때부터 한 명도 빠짐없이 여러 가지 방식으로 가게 일을 도왔어요. 나는 다섯 살에 계산대에 서 있거나 팝콘 기계를 돌렸죠. 비즈니스는 제 삶의 자연스러운 일부였고, 저녁 식사 시간에는 항상 매장에서 있었던 일에 대해 이야기꽃을 피웠어요. 매장을 새로 여느라 빚이 많다는 말을 듣고 걱정이 돼서 친한 친구에게 울면서 속마음을 털어놓기도 했죠. "우리 가족이 앞으로 어떻게 될지 모르겠어. 정말 무서워. 아빠는 이미 빚이 많다고 하는데, 계속 매장을 확장하고 계셔."

_ 앨리스 월턴

사업 초기에는 우리 가족이 주변의 다른 가족과 크게 다를 바 없다고 생각했다. 아직 월마트 사업을 시작하기 전이었다. 우리 부부는 자녀 계획을 신중하게 세웠다. 자녀는 넷 정도가 좋겠다고 합의했고, 아내는 30대가 되기 전에 넷을 다 낳고 싶다고 했다. 그러면 나중에 성인이 된 자녀와 손자 손녀들과 많은 시간을 함께 보낼 수 있다고 생각한 것이다. 우리는 뉴포트를 떠날 무렵에 아들 롭, 존, 짐과 막내딸 앨리스를 키우고 있었다.

아내는 항상 소도시에 살고 싶다고 했다. 우리가 어렸을 때와 비슷한 가치관을 아이들에게 그대로 가르치고 싶었기 때문이었다. 우리 아이들이 자랄 무렵에는 대공황이라는 문제가 없었다는 것을 제외하고는 모든 환경이 비슷했다. 적어도 저녁에 아이들에게 먹일 것이 부족할까 봐 걱정한 적은 없었다. 우리 부부에게는 목표가 하나 더 있었는데, 처가 식구들처럼 항상 똘똘 뭉치는 가족이 되는 것이었다. 이미 말했듯이, 장인은 우리 부부의 재정 문제에 지대한 영향을 주셨다. 장인어른의 보살핌 아래 가족 전체가 항상 긍정적이고 행복하고 모든 일이 잘 풀리는 것을 보면서, 나도 그런 가족을 꾸리고 싶다고 생각하게 되었다. 아내도 물론 그런 가족 외의 다른 모습은 생각도 해 보지 않았을 것이다.

어릴 때를 떠올리면 행복한 기억도 있고 남들에게 이야기하기 싫을 정도로 힘든 기억도 있다. 그렇지만 아내는 후자가 나에게 큰 영향을 미쳤다고 생각하므로, 간단하게나마 언급해 보려 한다. 사실 우리 부모님은 이 세상 어느 부부와도 비교할 수 없을 정도로 부부싸움이 잦았다. 물론 나는 두 분을 정말 존경하고 사랑한다. 아버지와 어머니는 좋은 분이지만, 부부로는 서로 잘 맞지 않았다. 아마 나와 동생 때문에 꾹 참으면서 결혼 생활을 유지하신 것 같다. 우리가 장성하자 두 분은 헤어지기로 하고 한동안 떨어져 사셨다. 전쟁 중에 어머니는 캘리포니아주에 가서 방위산업체에 일자리를 구해 따로 지내셨다.

내가 장남이다 보니 이런 집안 분위기에 가장 큰 영향을 받은 것 같다. 가정환경이 내 성격에 어떤 영향을 끼쳤는지 구체적으로 설명하기는 어렵다. 어쩌면 그래서 잠시도 쉬지 않고 정신없이 돈 버는 일에 몰두했는지도 모른다. 훗날 결혼해서 자녀가 생기면 절대 부부싸움 하는 모습을 보이지 않을 거라고 어릴 때부터 굳게 마음먹기도 했다.

우리 부부는 가족이 늘 함께 있다고 느끼게 하기 위해 최선을 다했다. 그리고 우리가 어릴 때 해 본 여러 가지 활동을 아이들도 경험하게 해 주었다. 아이들이 스카우트 활동을 할 때 내가 스카우트 마스터를 맡은 적도 있다. 아들들은 모두 미식축구를 했는데, 셋 다 꽤 잘하는 편이었다. 사실 모두 주 대표팀에 선발되기도 했다. 특히 짐이 학교를 졸업할 무렵에는 팀 코치가 나서서 월턴 씨 자녀들이 없는 팀은 상상도 할 수 없다며 앨리스에게 미식축구를 권했다는 소문이 돌았다. 앨리스가 미식축구를 했다면 아마 오빠들 실력의 절반 정도는 해냈을 것이다. 나는 금요일 저녁에는 되도록 일찍 퇴근하기 위해 노력했다. 그래서 아이들이 출전하는 시합은 대부분 관람할 수 있었다.

우리 아이들은 모두 신문 배달을 했다. 나는 그런 경험이 아이들에게 큰 교육이 된다고 굳게 믿었다. 그리고 앨리스는 아주 어릴 때부터 마술(馬術) 공연에 참여했다. 물론 주일에는 교회에 가고 주일학교도 빠지지 않았다. 한동안 내가 직접 주일학교 교사를 맡기도 했다.

헬렌 월턴 ──

남편은 한동안 주일학교에서 교사로 봉사했어요. 그때도 정말 바쁘게 일하긴 했죠. 뉴포트에 살 때 한동안 토요일 밤 10시까지 일하고 와서는 다음 날 아침 눈 뜨자마자 출근했어요. 원래는 남편과 내가 번갈아서 아이들을 주일학교에 데려다줬는데, 그때는 나혼자 아이 넷을 깨워서 준비를 시킨 다음 주일학교에 데려다줘야 했죠. 혼자서 얼마나 정신없이 바빴는지 몰라요. 그런데 월마트 사업을 시작한 후로는 남편이 그보다 더 바빠졌어요.

우리 부부가 합심해서 노력한 덕분에 아이들은 큰 문제 없이 잘 자라 주었다. 우리는 특히 근면성실, 정직, 검소함의 중요성과 이웃과 잘 지내야 한다는 생각을 아이들에게 심어 주려고 노력했다. 헬렌이 아이들을 키우는 면에서 나보다 더 많이 수고해 주었다. 나는 주 6일 이상 출근했고, 근무 시간도 긴 편이라 어쩔 수 없었다. 특히 토요일은 매장이 가장 바쁜 날이라서 종일 근무했고, 일요일 밤에도 일할 때가 많았다. 나는 행동으로 아이들에게 근면성실함을 가르쳤다고 할 수 있다. 앨리스의 말을 빌리자면, 우리 가족이 정말 특이한 점 딱 한 가지가 있는데, 바로 가족 모두 매장에서 일했다는 것이다.

롭 월턴 ──

우리는 항상 매장에 나가서 일했어요. 나는 학교에 다녀와서 매장을 쓸거나 상자를 나르곤 했죠. 여름에도 마찬가지였습니다. 운전면허증을 따자마자 트럭에 물건을 잔뜩 싣고 밤새 운전해서 세인트로버트에 있는 벤 프랭클린 매장에 가기도 했어요. 그 매장이 당시 가맹점 중에서 제일 화려한 곳이었죠. 그렇게 매장 일을 하면 용돈을 받았어요. 물론 주변 친구 중에는 아무 일도 안 하고 우리보다 용돈을 더 많이 받는 아이도 있었죠. 그냥 우리 아버지가 좀 검소한 분이라고 해 두죠. 아무튼…… 용돈을 넉넉히 주신 것은 아니지만, 우리에게 항상 적은 돈이라도 매장에 투자해 보라고 하셨어요. 나는 세인트로버트에 있는 가맹점에 투자했는데, 나중에 상당히 큰 수익을 거뒀죠. 그 수익으로 집을 마련하고 여러 가지 물건을 샀어요. 물론 아버지는 내가 사들이는 것들을 가리켜 사치품이라고 하셨지만, 상관없어요.

우리 아이들은 어릴 때 종처럼 일을 많이 했다고 생각할지 모르지만, 사실 그 정도로 심하게 고생시키지는 않았다. 나는 그저 부모로서 노동의 가치를 가르쳐 주고 싶었을 뿐이다. 그리고 집안일이나 매장 관리에 일손이 많이 부족했던 것도 사실이다. 나는 집에서 잔디 깎는 기계를 만질 시간을 도무지 낼 수 없었다. 힘 좋은 사내아이 셋에 건강한 딸이 하나 있는데 그런 집안일 정도는 충분히 맡길 수 있지 않은가.

게다가 우리 부부가 아이들에게 늘 고된 일만 시킨 것은 아니다. 우리는 가족이 다 함께 보내는 시간을 중요하게 생각했기 때문에 같이 여행을 다니거나 캠핑을 떠나곤 했다. 어떤 때는 아이들이 억지로 따라나선 적도 있다. 하지만 그렇게라도 자주 시간을 보냈기 때문에 지금까지 우리 가족이 서로 친밀한 관계를 유지하는 것이라고 생각한다. 실제로 우리 가족은 국내 곳곳을 여행하면서 좋은 추억을 많이 만들었다. 특히 낡은 스테이션 왜건을 타고 여행을 다닐 때가 정말 좋았던 것 같다.

짐 월턴 ──

아버지는 항상 유연하게 대처하라고 말씀하셨죠. 우리는 가족 여행 중에 일정이 바뀌지 않은 적이 한 번도 없어요. 출장을 가더라도 도중에 반드시 스케줄이 바뀌곤 했죠. 한번은 몇몇 기자들이 아버지가 정말 대단한 전략가라면서, 직관적으로 복잡한 계획을 수립하고 한 치의 오차도 없이 계획을 실행하는 사람이라고 했는데…… 우리 가족들이 그 말을 듣고 얼마나 웃었는지 몰라요. 아버지는 바꾸는 걸 좋아하는 분이에요. 아무리 중요한 결정이라도 바꾸는 걸 주저하지 않으셨어요.

헬렌 월턴 ──

월마트 사업을 시작하기 전에는 남편이 1년 내내 바쁘진 않았어요. 벤 프랭클린 매장을 운영할 때는 해마다 한 달 정도 휴가를 떠났죠. 1956년에는 아칸소주 전체를 돌아다녔어요. 공원을 찾아다니고 캠핑을 즐겼죠. 아칸소주에 대해 알수록 그곳을 정말 좋아하게 됐어요. 정말 멋지고 신나는 시간을 보냈죠. 어떤 해에는 옐로스톤으로 긴 휴가를 떠났고, 그다음 해에는 메사버드와 그랜드캐니언에 갔어요. 동부 해안 지역에서 긴 여행을 즐긴 적도 있고요. 차 한 대에 아이 넷을 태우고 캠핑 장비를 가득 싣고 떠났죠. 나는 그런 여행이 좋았어요. 우리 가족은 특히 캠핑을 좋아했죠.

물론 어느 지역으로 휴가를 떠나든 가는 길에 보이는 매장은 다 둘러보았어요. 남편은 어느 도시에 어떤 매장이 유명한지 이미 다 알고 있었죠. 나는 아이들과 차 안에 남아서 이렇게 투덜거렸어요. "또 시작이네. 제발 그만해요. 또 남의 매장을 기웃거리는 거예요?" 하지만 우리는 샘의 그런 행동에 이미 익숙했어요. 사실 샘은 케이마트를 그냥 지나치는 법이 없었죠. 반드시 차를 세우고 매장에 들어가서 둘러봐야 직성이 풀리는 사람이었어요.

그때 정말 즐거웠어요. 스테이션 왜건에 오빠들과 강아지를 다 태우고 돌아다녔죠. 차 지붕에는 카누를 올려놓고 뒤에는 직접 제작한 트레일러를 연결했어요. 여름마다 전국 각지를 여행했어요. 물론 아버지는 여행지에서 가까운 매장에 직접 들러서 운영 상황을 확인했죠. 먼저 우리를 목적지에 내려놓고 캠프를 만들어 줬어요. 우리는 엄마와 캠프에서 기다렸고, 아버지 혼자 나가서 매장 몇 군데를 둘러보셨죠. 여행을 가면 모두 다 엄마를 도와야 했어요. 각자 맡은 일이 정해져 있었죠. 밤에는 가족이 모두 모여서 기도를 하며 하루를 마무리했어요.

즐거운 추억이에요. 아버지가 정말 긴 시간 일하시는 것을 우리도 잘 알고 있었어요. 출장도 많이 다니셨죠. 하지만 아버지가 우리 곁에 없어서 허전하다는 생각은 해 본 적이 없어요. 시간이 날 때면 항상 우리와 놀아 주셨으니까요. 아버지와 함께 보내는 시간은 정말 신났죠. 특히 가족들이 다 함께 야구 경기를 할 때가 제일 좋았어요.

아버지가 출장 가실 때 몇 번 따라가 본 적이 있어요. 그래서 지금도 아버지처럼 매장에 자주 나가 보는 편이에요. 내가 중고등학생일 때는 마술(馬術) 공연장에 몇 번 데려가 주셨어요. 엄마는 아버지가 나와 함께 쇼를 다 봤다고 생각하실 거예요. 하지만 우리는 이미 약속이 되어 있었죠. 저를 공연장에 데려다주신 후 아버지는 매장을 보러 다니셨어요. 아버지와 무엇을 하든 어디에 가든 매장을 둘러보는 것이 항상 일정에 포함되었던 것 같아요. 그렇다고 아버지가 우리를 제대로 챙기지 않거나 형식적으로만 대하신 건 아니에요. 아버지로서는 꼭 해야 하는 일이니까 우리도 충분히 이해하고 받아들였죠.

롭 월턴 ──

아버지가 여러 지역의 매장을 둘러보시던 모습이 기억납니다. 하지만 여행 중에 그렇게 매장을 둘러보려고 가족들을 강압적으로 대하거나 여행에 방해가 된다는 느낌이 들게 한 적은 없어요. 대부분의 경우 가족 여행은 즐거운 기억으로 남아 있습니다.

한번은 그랜드티턴으로 여행을 갔는데, 당시로서는 꽤 비싼 배낭여행을 할 기회가 있었어요. 산에 올라갔다가 낚시터로 가서 며칠 묵는 일정이었죠. 그런데 이 배낭여행을 하려면 가진 돈을 전부 털어야 했어요. 그래서 배낭여행 여부를 정하려고 온 가족이 투표를 했죠. 결국 여행을 계속하기로 했고, 정말 즐겁게 지냈어요. 그런데 돈을 다 써 버려서 블랙힐스에서 여행을 멈추고 서둘러 집으로 돌아와야 했죠.

동부 지역을 여행했을 때가 가장 기억에 남아요. 캐롤라이나를 가로질러서 해안 쪽으로 올라갔어요. 부모님과 우리 4남매가 다 같이 떠났고, 타이니라는 꾀죄죄한 강아지도 데려갔죠. 우리는 뉴욕 방향으로 돌아왔어요. 스테이션 왜건으로 이동했죠. 차 위에는 카누를 싣고 뒤에는 트레일러를 연결했어요. 우리 4남매는 그때 처음으로 뉴욕에 가 보았습니다. 〈카멜롯〉 공연을 보러 갔는데 줄리 앤드루, 리처드 버턴, 로디 맥도웰, 로버트 골렛 등 쟁쟁

한 배우들이 출연했죠. 그런데 우리 가족은 모두 무릎이 훤히 드러나는 반바지 차림이었어요.

아이들의 말이 다 사실이다. 나는 기회만 있으면 매장을 둘러보러 다녔고 지금도 마찬가지다. 그야말로 걸어서 전 세계 각지의 매장을 직접 둘러보았고, 그렇게 하면서 몇 가지 좋은 아이디어를 얻기도 했다. 그중에는 물론 실패한 것도 있다. 주말에도 근무했던 건, 소매업계에서 성공하려면 그 정도 노력은 필수적이었다고 생각한다.

아이들이 즐거운 기억을 많이 갖고 있어서 다행이다. 내가 바빠서 많은 시간을 같이 보내지 못했고 사업에만 몰두한 적이 많았는데도 불만이나 서운함이 크지 않은 것 같아 고마울 따름이다. 어쩌면 우리 부부가 아이들을 항상 사업에 참여시키고 처음부터 사업이 어떻게 진행되고 있는지 알려 준 것이, 아이들이 불필요한 오해를 하거나 서운함을 느끼지 않도록 하는 데 도움이 되었을 것이다.

사실 앨리스는 아주 어릴 때부터 빚지는 것을 몹시 두려워했는데, 나는 아이의 그런 마음을 미처 헤아리지 못했다. 앨리스가 보기에는 내가 빚을 많이 지고 있다는 것 외에도 걱정스러운 점이 많았을 것이다. 가족과 함께 떠난 여행 중에 내가 매장을 둘러보러 자주 나가는 게 싫다고 얘기했더라도 나는 할 말이 없었을 것이다. 그런데 아이들은 오히려 넓은 마음으로 이해해 주었다. 아이들은 직접 매장에 나와서 일을 하고 매장에 투자도 하고 직접 물건을 사기도 했다. 그런 경험이 아버지의 처지를 이해하는 밑거름이 된 것 같다.

벤턴빌에서 처음으로 우리 매장을 운영할 때 나는 물건을 그냥 가져오곤 했어요. (그러면 그 물건은 추적 불가, 즉 재고 손실로 처리된다고 하더군요. 보통 그런 재고 손실은 물건을 도난당했다는 뜻이에요.) 집에 필요한 물건이 있으면, 매장에 가서 그냥 들고 왔어요. 계산할 생각은 전혀 하지 않았죠. 지금 생각해 보니 후회가 되네요. 사람들이 나를 보고 어떻게 생각했겠어요. '저 여자가 물건을 훔치는 것 같은데? 그럼 나도 슬쩍해 볼까?' 남편은 파이브 앤드 다임을 운영하다가 월마트 사업을 시작했어요. 그 무렵부터 나도 물건값을 계산하기 시작했죠. 그런데 습관을 바꾸기가 쉽지 않더라고요. 우리 매장인데 돈을 내야 한다니, 좀 이상하게 느껴졌던 것 같아요. 크리스마스 시즌이 되면 산타클로스의 방문을 받지 못하는 아이들의 명단을 받았어요. 나이와 신체 치수 같은 정보도 들어 있었죠. 하루는 매장 문을 닫은 늦은 시간에 아이들을 모두 데리고 매장에 갔어요. 명단에 있는 아이들에게 줄 물건을 골라 담아 보라고 했죠. 우리 아이들은 비교적 좋은 환경에서 자라고 있지만 힘들게 사는 아이들도 있다는 걸 알려 주고 싶었어요. 우리가 살던 곳은 정말 작은 도시였어요. 그래서 시내 전체의 불우 아동을 놀라게 해 줄 작전을 수행한다고 생각했죠.

하지만 나는 아이들에게 무엇을 하라고 강요한 적은 한 번도 없다. 그 점은 지금도 매우 뿌듯하게 생각한다. 내가 어릴 때 워낙 바쁘고 힘들게 살았기 때문에 아이들은 나처럼 되지 않기를 바라는 마음이었다. 물론 나를 도와 함께 사업을 하고 싶다면 기꺼이 받아 주겠지만, 나처럼 부지런히 일해야 한다고 일러두었다. 일단 사업에 발을 들이면 뼛속까지 장사꾼이 되기 위해 전심전력을 다해야 한다고 강조했다.

롭은 로스쿨을 졸업한 후 우리 회사의 대표 변호사가 되었다. 주식시장 상장을 준비하는 업무는 대부분 롭이 처리했다. 그 후에도 회사의 운영진이자 이사회 구성원으로 일하고 있다.

짐은 버드에게 부동산에 대해 많이 배웠다. 아마 협상하는 기술도 함께 배운 것 같다. 버드가 매장 부지를 알아보고 매입하는 일을 도맡아 하다가 물러나자 짐이 그 일을 물려받았는데, 일 처리가 아주 훌륭했다. 짐은 다른 도시에 갈 때 일단 비행기로 이동한 후 자전거를 타고 도시 곳곳을 다니며 좋은 부지를 찾았다. 매장이나 매장 부지를 사들일 때 자신이 누군지 밝히지 않고도 아주 좋은 조건으로 거래를 성사시켰다.

현재 짐은 월턴 엔터프라이즈를 운영하고 있는데, 1달러도 허투루 쓰지 않는 건 나를 꼭 닮은 것 같다. 무엇보다도, 월턴 엔터프라이즈는 근처 몇몇 도시에 은행을 갖고 있다. 또 짐은 동업자와 함께 〈데일리 레코드〉라는 지역 신문사를 운영하는데, 이 신문사를 인수한 과정을 살펴보면 헬렌이 매장에 와서 필요한 물건을 마음대로 가져가던 때가 아주 오래전이라는 사실을 실감하게 된다. 이제야 하는 말이지만, 나는 헬렌이 매장 물건을 그냥 가져가는 것을 보면 이맛살을 찌푸리곤 했다.

월마트를 주식시장에 상장하기 한참 전에 〈데일리 레코드〉를 인수했다. 월마트 광고 전단을 저렴하게 인쇄할 곳이 필요해서 내린 결정이었다. 당시 그 오래된 신문사를 65,000달러에 샀던 것 같다. 하지만 상장 후 뉴욕 변호사들이 와서 신문사를 월마트에 매각해야 한다고 알려 주었다. 그러지 않고 전단을 계속 인쇄한다면 상장 기업의 이점을 취하는 것으로 오해받을 소지가 있다는 것이었다. 그래서 11만 달러에 월마트가 인수하는 것으로 처리했다.

몇 년 후 짐이 그 신문사를 인수하고 싶다고 해서, 외부 자문을 통해 얼마에 파는 것이 좋을지 알아보았다. 짐은 동업자와 힘을 합쳐 그 허름한 회사를 인수하는 데 110만 달러를 지불했다. 사실 그동안 신문사에서 나오는 수익은 거의 없었다. 월마트 광고지 인쇄도 자연스럽게 중단되었다. 내가 말하고 싶은 건, 우리가 가족이긴 해도 월마트로 사적인 이득을 취하거나 소유주라는 지위를 부당하게 이용하지 않기 위해 최선을 다했다는 것, 그리고 회사 직원들도 이를 잘 알고 있었다는 것이다.

앨리스와 존은 월마트에서 잠시 일하다가 따로 사업을 꾸려서 독립했다. 앨리스는 도매상을 대상으로 구매하는 일을 했는데, 오래 버티지 못했다. 지금은 페이엣빌에 라마 컴퍼니라는 투자회사를 차려서 운영하고 있다. 앨리스는 여러 가지 면에서 나를 닮은 구석이 많다. 나처럼 독립적이고, 어떤 때는 나보다 더 즉흥적이고 변덕이 심하다.

존은 베트남에서 위생병으로 복무했는데, 우리 회사에서 나를 이어 두 번째로 업무용 경비행기 조종을 맡았다. 존은 우리 아이들 중 독립적인 성향이 가장 강한 편이며 아주 멋진 남자다. 유일하게 아칸소주를 떠나 서부 지역에 자리를 잡은 것만 봐도 그렇다. 그곳에서 범선을 설계, 제작하며 대규모 항공 방제 사업도 병행하고 있다. 이 방제 기업도 월턴 엔터프라이즈의 자회사다. 우리 가족은 모두 비행기를 조종할 줄 알기 때문에 연락만 닿으면 언제든지 쉽게 모일 수 있다.

헬렌 월턴 ──

샘은 우리 아버지와 한 가지 다른 점이 있었어요. 아버지는 내가
인생을 어떻게 살고 어떤 일을 할지에 대해 늘 이야기하셨죠. 그
리고 이것저것 해 보라고 강하게 밀어붙이셨어요. 샘도 우리 아
이들을 그런 식으로 대했는지는 잘 모르겠지만, 나는 아마도 아
이들에게 아버지와 비슷한 모습을 보였던 것 같아요. 아이들이
이미 나에게 잔소리를 많이 듣는다고 생각했는지, 샘은 말을 많
이 안 하더라고요.

앨리스 월턴 ──

우리가 어릴 때 아버지는 굉장히 수용적이었어요. A학점과 B학
점을 받아 오면 엄마는 항상 잔소리를 하셨죠. "나는 학창 시절에
올A를 받았어. 너도 그렇게 할 수 있어, 알겠니?" 그러면 아버지
가 더 크게 말씀하셨죠. "아빠는 엄마랑 달라. 너랑 비슷한 성적이
었지. 하지만 뭐, A와 B는 둘 다 꽤 괜찮아!"

존 월턴 ──

한번은 아버지에게 버펄로강이 내려다보이는 절벽에 올라가 보
고 싶다고 말했어요. "키가 더 크면 해 보렴. 그때는 뭐든 다 해도
좋아." 겨우 열두 살이었던 나는 그 말을 듣고 자신감이 생겨서,
언젠가 그 절벽에 꼭 올라가 봐야겠다고 생각했죠.

성인이 되어 세상에 첫발을 내디딜 즈음에는 나에게 월마트 팀
에 합류해도 좋다고 하셨어요. 하지만 강압적으로 아버지 밑에서

일하라고 하지는 않았죠. 아버지 덕분에 자유로운 유년기를 보낼
수 있었어요.

앞에서도 말했듯이, 나는 헬렌의 당찬 모습에 첫눈에 반했다. 헬렌의 그런 특성은 시간이 흘러도 변하지 않았다. 한 가지 예를 들어 보자면……
우리 회사에서 내가 유명한 이유 중 하나는 벤턴빌의 모든 경영진과 관리자는 토요일 오전 회의에 반드시 참석해야 한다는 규칙을 내세우기 때문이다. 매장 직원들이 토요일에 근무한다면 사무직도 토요일에 출근하는 것이 이치에 맞다고 생각한다. 그래서 토요일 회의에 참석하라고 요구하는 것이다. 그리고 내가 늘 이야기하듯이, 주말에 일하는 것이 싫다면 소매업에 부적합한 사람이라고 봐야 한다. 하지만 누군가 헬렌에게 토요일 오전 회의에 대해 어떻게 생각하는지 묻는다면, 아내는 아마 이렇게 대답할 것이다.

헬렌 월턴 ──

토요일엔 아이들의 운동 프로그램 같은 데 가서 응원해 주면 좋을 텐데, 토요일 오전 회의 때문에 못 가는 사람이 있을 거예요. 부모로서 그런 걸 함께 해 주지 못하면 정말 속상하겠죠. 나는 토요일 오전 회의에 대해 불만을 토로하는 직원들을 탓하지 않을 겁니다.

나는 장사꾼이므로 논쟁의 여지가 큰 정치적 사안에 대해서는 개인적인 의견이 있더라도 공적으로 항상 중립을 지키려고 노력했다. 하지만 헬

렌은 누가 질문을 던지면 가감 없이 소신을 밝히는 스타일이다. 그런 것을 보면 내 어머니처럼 페미니스트 성향이 조금 있는 것 같다. 종종 사람들에게 미움을 살 때도 있었다. 몇몇 극단적인 집단이 아내가 밝힌 소신을 탐탁지 않게 여겼다. 하지만 한 가지 분명히 짚고 넘어갈 점이 있다. 아내는 자기가 어떻게 생각해야 하는지 일일이 나에게 물어보지 않는다. 나도 아내에게 이래라저래라 할 생각은 추호도 없다.

신혼 초에 무슨 차를 살지 의논하다가 심하게 싸운 적이 있다. 나는 쉐보레를 고집했고 아내는 포드를 원했다. 부부싸움은 승자 없이 끝났고, 둘 다 얼마나 고집불통으로 변할 수 있는지 확인했을 뿐이었다. 두 번 다시 그런 식으로 부부싸움을 하지 않았다. 함께 행복하게 살았지만, 각자의 관심사를 추구하는 면에서는 서로 간섭하지 않고 독립적으로 지내 왔다.

이미 말했듯이, 우리 가족에게 가장 큰 스트레스는 '미국에서 가장 큰 부자'가 된 사업가라는 말이었다. 나 때문에 우리 가족이 그런 상황에 놓인 것인데, 헬렌이 이 문제에 대해 나를 용서했는지는 솔직히 아직 잘 모르겠다.

헬렌 월턴 ─────

사람들이 이리쿵저러쿵 수군거리는 게 정말 싫어요. 그들은 아주 사소한 것까지도 궁금해하죠. 우리도 그냥 사람들의 입방아에 오르내리는 것 같았어요. 전혀 모르는 사람이 나에 대해 이야기한다고 생각하면 너무 불쾌해요. 꾹 참아야 하는데 쉽지 않더라고요.

헬렌의 말이 옳다. 의도한 것은 아니지만 공인이나 다름없는 삶을 살게 되어 여러 가지 불편을 겪었지만, 이제는 가족들 대부분이 어느 정도 적응한 것 같다. 대중의 관심을 받기 시작한 후 좋은 점도 있었다. 사실 아이들은 별로 신경 쓰지 않는 것 같다. 우리 가족에게 시선이 쏠린 것도 서서히 일어난 변화여서 아이들이 큰 영향을 받은 것 같지는 않다. 제일 중요한 가치가 무엇인지 체득하고 기본적인 필수품에 만족하도록 키운 것이 보호막이 되어 주었을 것이다.

그렇지만 손자손녀에 대해서는 문득 걱정될 때가 있다. 그 아이들도 나처럼 신문 배달을 하며 자라기를 기대하는 것은 현실적이지 않다. 내가 그 아이들의 교육에 일일이 관여할 수 없다는 점도 인정하게 된다. 하지만 내 손자손녀 중 한 명이라도 소위 '유한계급(idle rich)'처럼 행동하는 것은 상상도 하기 싫다. 부모가 돈이 많다고 빈둥거리는 젊은이는 어디에도 쓸모가 없다. 우리 부부가 4남매에게 가르친 가치관이 대대손손 전해지기를 간절히 바랄 뿐이다.

월턴가의 후손이라면 빚쟁이에게 독촉당할까 봐 새벽부터 밤늦게까지 일할 필요는 없을 것이다. 하지만 그 아이들이 인생을 살면서 생산적이고 유용하며 도전적인 일을 제 손으로 해내고자 하는 마음을 가졌으면 좋겠다. 이제는 월턴가의 후손들이 의학 연구를 통해 암 치료법을 개발하거나, 소외 계층에 문화와 교육을 제공할 새로운 방법을 마련하거나, 제3세계에서 자유 기업을 설립하는 선교사가 되어야 하는 시점인지도 모른다. 그게 아니라면, 또 다른 사업을 위해 만반의 준비를 하고 좋은 시기가 오기를 기다리는 후손이 있을지도 모른다. 물론 이것은 어디까지나 나의 상상일 뿐이다.

CHAPTER 6

팀을 꾸리다

남편에게 늘 이렇게 말했어요. "여보, 우리는 충분히 잘살고 있어요. 왜 굳이 사업을 더 키워야 하죠? 당신이 관리해야 할 매장이 집에서 점점 더 멀어지잖아요." 그런데 17번째 매장을 오픈할 즈음에는 말려도 아무 소용 없다는 걸 깨달았죠.

_헬렌 월턴

초창기에는 우리가 프로모션에 혈안이 된 사람들처럼 보였을 것이다. 주차장에 당나귀를 풀어 놓고 잔디 깎는 기계를 잔뜩 진열하고, 세탁 세제든 뭐든 가리지 않고 매장 안에 산더미처럼 쌓아 올려서 사람들의 눈길을 끌었다. 하지만 그때 사람들이 깨닫지 못한 점이 있다. 아마 당시 월마트 매장 관리자들 중에도 몇몇은 몰랐을 것이다. 바로 우리가 초창기부터 경영과 관리 부문에서도 전문성을 추구하고 있었다는 사실을 말이다.

물론 나는 제품 홍보에 가장 적합한 사람이다. 그건 내가 타고난 성격이다. 게다가 다소 독특한 월마트의 홍보 방식이 초창기에는 사람들에게 혼란을 주었던 것 같다. 어떤 이들은 대중 앞에 나서서 이야기를 꾸며 내기 좋아한다고 생각해 P. T. 바넘(1800년대 미국의 하원의원, 엔터테이너, 기업인, 사기꾼으로 영화 〈위대한 쇼맨〉의 실제 모델이기도 하다 – 옮긴이)에 비유하기도 했다. 제품이나 아이디어, 매장, 회사 전체 등 사람들의 관심이 쏟아지는 대상에 따라 즉흥적으로 이야기를 지어내는 것처럼 보인 모양이다. 하지만 나는 홍보에만 열을 올리는 사람이 아니다. 일을 처리하거나 해결할 방법을 찾아내고, 개선할 점을 연구하고, 최적의 방법을 찾기 위해 끊임없이 노력한다. 사람들은 커피 자국이 있는 노트를 가지고 다니며 이것저것 메모하거나 차에서 여성용 속옷 상자들을 꺼내 매장으로 옮기는 모습만 주로 봤기 때문에, 내가 기업 운영에도 신경을 많이 쏟는다는 사실은 상상하기 어려웠을 것이다.

많은 사람이 우리 기업이 얼마 못 가서 문을 닫을 거라고 생각했다. 우리가 할인업계에서 얼마 버티지 못하고 자동차나 땅을 파는 등 전혀 다른 사업 분야로 옮겨 갈 거라는 식이었다. 그런 오해는 오랫동안 우리에게 비교적 유리하게 작용했다. 실제로 우리는 사람들이 알아차리지 못하는 사이에 크게 성장했고, 그 누구도 함부로 넘보거나 무너뜨릴 수 없는 존재가 되었다.

사실 초창기에는 주로 홍보 전문가들이 할인업에 관심을 가졌다. 물류 센터나 부동산업계에 종사하는 사람들, 그리고 상업에 큰 열정은 없지만 큰돈을 벌 기회를 포착한 사람들이 대부분이었다. 천재가 아니더라도 할인업이 곧 부상해 전국적으로 확대될 거라는 점은 쉽게 예측할 수 있었기 때문에 다들 소매를 걷어붙이고 이 시장에 뛰어들었다. 시더 래피드, 아이오와, 스프링필드, 미주리 등 할인 매장이 전혀 없는 지역이라면 어디든 일단 선점하는 것이 관건이었다. 대부분 코네티컷이나 보스턴에 있는 다른 사람의 매장을 그대로 옮겨 놓은 듯한 가게를 차린 다음, 할인 매장 운영 경험이 있는 사람을 구매 담당자 또는 매장 관리자로 채용하는 방식이었다. 1958년 무렵 이런 열풍이 시작되어 1970년대까지 비슷한 매장들이 우후죽순처럼 생겨났다.

나를 조금이라도 아는 사람이라면, 무슨 일이든 일단 손을 대면 금방 물러날 사람이 아니라는 걸 잘 알 것이다. 나는 내 능력이 허락하는 한도 내에서 가장 우수한 할인 유통업체를 세울 생각이었다. 월마트 1호점 개장 전후로 할인업계의 돌풍에 첫발을 내민 홍보 전문가를 여럿 알게 되었다. 이미 말했듯이, 나는 이미 전국을 돌아다니며 할인 매장과 본사를 직접 방문해 각 매장의 콘셉트와 그들의 비즈니스 방식을 연구했다.

내가 처음 방문한 곳은 동부의 공장 직영 할인점들이었는데, 사실 거기서 할인업계가 시작되었다고 해도 과언이 아니다. 앤 앤드 호프는 로드 아일랜드의 프로비던스에 있었고, 매사추세츠와 뉴잉글랜드에도 비슷한 업체가 있었다. 나는 그 지역에 가서 자이언트 매장, 맘모스 마트, 알런스 등을 일일이 방문했다. 그 밖에 1955년 캘리포니아 남부에서 페드마트 (Fed-Mart)를 창립한 솔 프라이스에게서도 많은 것을 배웠다. 휴스턴에서 물류 센터를 운영하는 그의 사위와 친분을 맺게 되었는데, 그와 이야기를 나눈 것이 물류에 관한 생각을 정리하는 데 큰 도움이 되었다. 사실 이것도 월마트가 성공을 거둔 또 다른 비결이라고 할 수 있다. 여러 기업에서

힌트를 얻거나 중요한 점을 배웠는데, 솔 프라이스에게서 가장 많은 아이디어를 '훔친' 것 같다. 아니, 훔쳤다기보다는 아이디어를 '빌려 썼다'고 하는 편이 더 적절할 듯하다.

앞에서도 말했듯이, 월마트라는 상호는 밥 보글이 비행기에서 생각해 낸 것이다. 하지만 내가 그 상호를 곧바로 선택한 이유는 단지 간판에 드는 비용을 아낄 수 있기 때문만이 아니었다. 솔 프라이스의 페드마트라는 상호가 아주 마음에 들었기 때문에, 그와 비슷한 이름을 선택한 것이다. 아직 케이마트(Kmart)가 등장하기 전이었다.

오래전 어떤 무역 관련 출판물에서 1976년 상위권 할인점 100개 중 76개가 폐점했다는 통계를 보았다. 다들 우리보다 더 많은 자본을 가지고 사업을 시작했으며 인지도도 높았다. 우리보다 더 큰 도시에 있었기 때문에 새로운 기회도 더 많았을 것이다. 하지만 잠깐 빛을 발하고는 금세 사라졌다. 나는 그들의 사업이 오래가지 못한 이유와 우리가 지금껏 버틸 수 있었던 이유를 곰곰이 생각해 보았다. 분명히 고객을 관리하지 않고, 매장을 잘 돌보지 않으며, 태도가 좋은 직원을 매장에 배치하지 않은 것이 가장 큰 문제점이었을 것이다. 한마디로 고객과 직원을 제대로 관리하지 않은 것이다. 매장 직원과 관리자가 고객을 잘 대하기를 원한다면, 고용주가 먼저 직원들에게 신경을 써야 한다. 이것이 바로 월마트 성공의 핵심적인 비결이다.

초기에 할인점 사업으로 크게 성공한 사람들은 대부분 자기중심적이었다. 크고 비싼 자동차를 몰고 다니거나 제트기를 직접 조종했다. 휴가철에는 요트를 타며 놀았고, 그중 몇몇은 나로서는 상상조차 해 보지 않은 저택에 살았다. 한번은 그런 저택에 저녁 식사 초대를 받았는데, 나를 태우러 온 리무진은 열네 명이 타고도 남을 정도로 내부 공간이 넉넉했다. '우아! 이 사람은 정말 호화롭게 사는구나' 하는 생각이 들었다. 그 정도로 당시 할인점 사업은 큰 호황을 누렸다. 매장마다 손님들로 발 디딜 틈이 없었고, 직원들은 현금 더미에 파묻힐 것처럼 보였다. 올바른 매장 운영의 기본 원칙을 잘 지켰다면 아마 지금까지도 사업을 계속 영위할 수 있었을 것이다.

건실한 기업을 세우는 방법은 매우 다양하다. 반드시 월마트라는 기업, 샘 월턴이라는 사람 또는 다른 아무개의 방식을 따르지 않아도 된다는 뜻이다. 다만 중요한 건, 기업을 세웠다면 내실을 다지기 위해 계속 노력해야 한다는 점이다. 그들은 중도에 느슨해져서 더는 새로운 목표를 세우지 않았을 것이다. 이렇게 방심하면 반드시 대가를 치르게 되어 있다. 처음부터 캐딜락이나 요트 같은 걸 목표로 삼지는 않았을 것이다. 정작 손에 넣었어도 큰 가치가 없다고 느꼈을지 모른다. 아무튼 그들은 성실하게 사업에 전념하지 않았기 때문에 버티지 못했다.

게다가 그들은 조직을 구축하거나 다른 필요한 요소(이를테면 물류 센터 등)를 전혀 갖추지 않은 채 성급하게 사업을 확장했다. 그리고 자기 매장에 나가서 직접 현황을 살펴보지 않았다. 그 무렵 케이마트는 시설을 갖추고 본격적으로 앞서 나가기 시작했다. 나는 케이마트를 직접 둘러보고(사실 나보다 케이마트 매장을 자주 가 본 사람은 없을 거라고 자신한다) 매우 다양한 제품과 눈길을 사로잡는 진열 방식을 매우 부러워했다. 우리 매장과 비교하면 너무나 차이가 나서 케이마트와는 감히 경쟁을 꿈꿀 수 없겠다는 생각이 들 정도였다. 물론 그렇다고 포기해 버린 것은 아니다. 비슷한 시기에 타깃이 등장했는데, 그들의 매장도 케이마트 못지않았다. 아니, 모든 면에서 조금 더 세련된 느낌이었다. 이렇게 대형 업체들이 더 조직된 모습을 갖추게 되자, 업계 내 경쟁은 더욱 치열해졌다. 바로 그 무렵부터 고객의 필요에 부응하지 못하고 내실을 다지는 데 소홀했던 기업들이 하나둘 뒤처지다가 아예 모습을 감추고 말았다.

솔직히 말해서, 당시 월마트는 너무 작고 존재감 없는 매장이었다. 그래서 업계를 장악하고 있던 주요 기업들은 우리에게 눈길조차 주지 않았다. 그리고 우리가 입점한 지역에는 다른 업체가 거의 없어서 경쟁할 필요가 없었다. 그런 여유 덕분에 나는 다른 업체들이 어떻게 운영하는지 많은 정보를 얻을 수 있었다. 아마 지금까지 할인점 본사를 나보다 더 많이 방문한 사람은 없을 것이다.

본사를 찾아가서는 이렇게 말했다. "안녕하십니까? 아칸소주 벤턴빌에서 온 샘 월턴이라고 합니다. 벤턴빌에서 작은 매장을 몇 개 운영하고 있습니다. 이 회사의 아무개 대표님을 잠시 만나 뵙고 싶습니다. 이 회사에 대해 좀 여쭤보고 싶은 것이 있어서요." 그러면 대부분의 경우 대표실로 안내해 줬다. 아마도 저 사람이 도대체 왜 왔을까 하는 호기심에 들여보내 주었을 것이다. 대표를 만나면 가격 정책이나 물류 등에 대해 여러 가지 질문을 던졌다. 그런 기회를 통해 사업 전반에 대해 많은 점을 배울 수 있었다.

커트 바너드, 소매업 컨설턴트 ──

당시에 나는 할인업체 협회의 부대표였어요. 1967년 어느 날 뉴욕 사무실에 있었는데 비서가 들어오더니 협회에 가입하기를 원하는 남자 손님이 찾아왔다고 하더군요. 나는 시간을 10분밖에 내줄 수 없다는 조건으로 그를 사무실에 데려오라고 했죠.

잠시 후 키는 작지만 강단 있어 보이는 사람이 들어왔습니다. 피부는 검게 그을렸고 겨드랑이에 테니스 라켓을 끼고 있더군요. 그는 아칸소주에서 온 샘 월턴이라고 자신을 소개했어요. 첫인상은…… 뭐라고 해야 할지 잘 모르겠네요. 샘은 머리를 한쪽으로 살짝 기울이고 몸을 앞으로 내민 자세로 내가 아는 정보를 다 캐내러 온 사람처럼 굴었어요. 대화 내용을 하나도 빠뜨리지 않고 다 적는 것도 인상적이었어요. 대화를 마무리할 틈을 주지 않고 계속 질문을 퍼붓더군요.

샘 월턴은 두 시간 반이 지난 후에야 자리에서 일어났습니다. 나는 완전히 기진맥진한 상태였죠. 이 사람의 정체는 알 수 없지만 앞으로 이 사람에 관해 자주 듣게 될 것 같다는 느낌이 들더군요.

다른 기업을 찬찬히 훑어볼수록 우리 사업이 올바른 방향으로 나아가고 있다는 확신이 들었다. 그래도 사업이 커가면서 어떤 측면은 제대로 통제되지 않는 느낌이 들어서 불안했다. 1960년대 후반에 월마트 매장이 12개, 잡화점은 14~15개였다. 사무실에는 여직원 3명과 나, 돈 휘터커가 있었고, 매장마다 관리자가 있었다. 앞에서도 이야기했지만, 우리는 구매에 상당히 서툴렀다. 직원이 많아도 경험이 많은 사람은 거의 없었고 일정 규모 이상의 매장 운영에 대한 지식도 부족했다. 그래서 나는 경영 지식과 경험이 풍부한 사람을 찾아보기로 했다.

직원 가운데 J. J. 뉴베리라는 대형 잡화점 체인에서 일한 경험이 있는 게리 레인보스에게 사람을 추천해 보라고 했더니, 오마하에 있는 페럴드 아렌드를 소개해 주었다. 뉴베리의 지역 관리자이자 중서부 지역 상품 총

책임자라고 했다. 나는 버드와 함께 곧장 그를 만나러 갔다. 페럴드와 그의 아내를 만나서 일단 우리 매장에 와서 한번 둘러보고 이직 여부를 결정하라고 제안했다.

페럴드 아렌드, 월마트 최초의 부사장, 후에 사장으로 승진 ──

1966년 중반이었어요. 아칸소주 콘웨이에 월마트 5호 매장 공사가 진행 중이었죠. 샘은 한껏 흥분된 목소리로 "이번 매장에 대한 계획을 보여 드리죠"라고 말했어요. 나는 아내와 함께 샘의 비행기로 공사 현장에 갔습니다. 매장 한쪽에는 면화 공장이 있고 다른 쪽에는 창고 같은 게 있더군요. 매장 주변은 정말 엉망이었어요. 처음 봤을 때는 매장을 열기에 그리 좋은 장소는 아닌 것 같다는 생각이 들었죠. 그리고 벤턴빌 매장에도 제대로 사업을 운영할 만한 기반이 아직 없다는 느낌도 있었어요. 쉽게 말해서, 당시 샘 월턴의 사업 방식은 전반적으로 제게 별다른 감흥을 주지 못했어요. 그래서 나는 관심이 없다고 딱 잘라 말했죠.

시간이 흘러 콘웨이 매장이 개점했어요. 얼마 후에 샘이 나를 다시 불러서 그곳의 매출 현황을 알려 주더군요. 그걸 보자마자 생각했죠. '세상에! 우리 매장의 한 달치 매출이 하루 만에 가능하네. 우리 매장 중에서도 가장 큰 곳과 맞먹는 수준이군.' 샘은 임대료가 1제곱미터당 고작 1달러라고 했어요. 그 말을 듣고 이 사람은 뭔가 특별한 게 있다는 생각이 들더군요. 그 무렵 뉴베리는 구조조정을 하게 되었고, 나는 새로운 부서로 옮겨야 했어요. '21년간 일한 회사에서도 처음부터 새로 시작할 판인데, 내가 정말 관심 있는 분야로 눈을 돌린다고 해서 문제 될 건 없지.' 내가 정말 관심 있는 분야란 할인 사업과 샘 월턴이라는 인물이었죠.

나는 부사장으로 합류했습니다. 처음에는 적응하는 데 시간이 좀 걸렸어요. 사무실은 여전히 벤턴빌 광장에 있었습니다. 사무실을 개축한 것도 사실 크나큰 발전이었죠. 리모델링한 지 얼마 되지 않았지만, 그래도 내가 보기에는 부족한 게 많았어요. 사무실에 가려면 좁고 긴 복도를 따라 위층으로 올라가야 했죠. 사무실 아래에는 이발소도 있고 변호사 사무실도 있었습니다. 바닥은 벽에서 사무실 가운데 방향으로 10센티미터 정도 푹 꺼져 있었고요. 칸막이가 곳곳에 사용되었습니다. 정말이지 손바닥만큼 작은 공간이었어요. 직원들은 다닥다닥 붙어 앉아서 업무를 처리했죠.

페럴드에게 내준 사무실만 보면 그가 부사장이라는 걸 믿기 어려웠을 것이다. 하지만 그를 영입한 것은 월마트의 역사에 한 획을 긋는 큰 변화였다. 더는 주먹구구식으로 운영할 수 없었다. 분명하고 조직된 체계가 필요했다. 기본적인 상품 분류 및 재고 보충을 제대로 할 수 있는 시스템을 구축해야 했다. 매장에 갖춰야 할 제품 목록이 있었지만, 매장 직원들은 모든 것을 일일이 수기로 기록하고 있었다. 그 시절에는 이런 업무 처리에 대한 컴퓨터 도입이 겨우 시작되는 단계였다. 나는 컴퓨터 도입 관련 기사나 자료를 많이 읽어 보았기 때문에 관심이 컸다. 결국 직접 IBM 컴퓨터에 대해 조사해 보기로 마음먹고, 뉴욕 포킵시에 있는 소매업자를 대상으로 하는 IBM 강좌에 등록했다. 강사 중에는 전국 소매업 협회(NMRI) 관계자도 있었는데, 그가 바로 에이브 마크스였다.

회의실에 앉아서 신문을 읽는데 누가 내려다보는 느낌이 들었어요. 위를 쳐다봤더니 머리가 희끗희끗한 신사가 서 있더군요. 검은색 정장 차림에 서류 가방을 들고 있었죠. '누구지? 장의사처럼 보이는데?'라고 생각했어요.

에이브 마크스 씨가 맞냐고 묻기에 '그렇다'고 대답했죠.

"저는 샘 월턴이라고 합니다. 아칸소주 벤턴빌에서 소매업을 하고 있죠."

"죄송한 말씀이지만, 제가 소매업계 회사와 관계자는 다 아는데, 샘 월턴이라는 이름은 처음 들어 보네요. 회사 이름이 뭐라고 하셨죠?"

"월마트 스토어입니다."

"그러시군요. 아무튼 할인 매장 업계 모임에 오신 것을 환영합니다. 회의를 통해 유익한 점을 많이 얻으실 겁니다. 같은 업계 종사자들도 많이 사귀실 수 있을 테고요."

"다소 무례하게 들릴지 모르지만, 저는 동종 업계 사람을 사귀려고 여기에 온 게 아닙니다. 제가 온 목적은 바로 당신을 만나는 겁니다. 사람들이 말하기를, 당신은 회계사 자격이 있고 기밀 사항을 들어도 보안을 지켜 준다고 하더군요. 괜찮으시다면 제 사업에 대해 전문가로서의 의견을 듣고 싶습니다."

그러면서 서류 가방을 열더군요. 그때까지 내가 쓴 글과 연설문을 모조리 갖고 있어서 깜짝 놀랐습니다. '보통내기가 아니군. 정말 철두철미한 사람이야'라고 생각했죠. 샘은 회계 장부를 꺼내서 보여 줬어요. 거래 내역이 아주 꼼꼼하게 수기로 작성되어 있었습니다.

"내가 뭔가 잘못하고 있는 게 있나요? 실수하거나 틀린 부분을 좀 지적해 주십시오."

나는 빽빽하게 적힌 숫자들을 찬찬히 살펴보았습니다. 그때가 1966년이었어요. 직접 보고도 믿기지 않더군요. 매장은 몇 개 안 되는데 연 매출액이 모두 1,000만 달러를 넘었고 수익도 어마어마했으니까요. 너무 놀라서 아무것도 생각나지 않았죠.

나는 장부를 보면서 말했어요. "당신이 뭔가 잘못하고 있냐고요? 편하게 샘이라고 부를게요. 당신이 뭘 잘못하는지 알려 드리죠." 그러고는 장부를 돌려주고 그의 서류 가방도 닫아 주었죠. "샘, 당신은 여기에 온 게 실수예요. 짐을 풀지 마세요. 이대로 나가서 택시를 잡아타고 곧장 공항으로 가요. 그리고 집으로 돌아가서 지금까지 하던 대로 매장을 운영하면 됩니다. 지금보다 어떻게 더 잘할 수 있단 말입니까? 당신은 이미 천재적인 사업가라고요."

그게 바로 샘 월턴과 나의 첫 만남이었습니다.

에이브는 전국 소매업 협회에 가입하라고 제안했다. 덕분에 아주 유용한 기회를 얻었다. 나는 이 협회 이사회에서 15년간 활동하면서 관대한 벗을 많이 얻었고 훌륭한 계약도 여러 건 성사시켰다. 에이브의 뉴욕 사무실은 수십 번도 넘게 드나들었다. 그는 개방적인 사람이라서 컴퓨터로 상품을 관리하는 방법을 기꺼이 알려 주었다.

에이브 마크스 ——

요즘 기준으로 보면 그 시절 시스템은 정말 보잘것없었죠. 하지만 1960년대 기준으로는 상당히 진보한 시스템이었어요. 우리처럼 상품을 관리하는 회사는 찾아보기 힘들었죠. 샘은 운영 현황을 점검하는 데 많은 시간을 보냈어요. 나중에 따로 몇 사람을 고용해서 점검하는 일을 맡겼죠. 그는 모든 일을 가장 효율적으로 처리하되 자기가 원하는 대로 바꾸는 데 정말 남다른 재능이 있었어요.

초반에 주로 도와주어야 할 사항은 물류였습니다. 군대를 한번 생각해 보세요. 전 세계 어디든 군대를 파견할 수 있지만, 탄약과 식품을 제때 보급하지 못하면 군대를 파견한 것이 무의미해져요. 샘은 이 점을 한 번에 파악하더군요. 자기가 하는 사업이 소위 '부재 경영(absentee ownership)'상태에 해당한다는 것도 알고 있었죠. 부재 경영이란 매장을 소유하고 있을 뿐 직접 관리하지 않는다는 뜻이에요. 사업을 키우고 싶다면 우선 사업을 자기 마음대로 움직일 수 있어야 합니다. 달리 말해서, 각 매장을 제대로 관리하려면 적시에 필요한 정보를 손에 넣어야 해요. 이를테면 매장 재고는 어느 정도인지, 어떤 제품의 재고가 쌓여 있는지, 잘 팔리는 상품과 그렇지 않은 상품은 무엇인지 알아야 합니다. 그리고 새로 주문할 제품과 가격 할인을 시작해야 할 제품, 교체할 제품도 각각 파악해야 하죠. 이런 사항을 잘 파악해야 전문 용어로 '재고회전율(inventory turnover)'을 관리할 수 있습니다. 이게 제일 중요한 개념이에요. 재고회전율이 높을수록 자본이 적게 들어서 부담이 줄어듭니다. 그리고 재고회전율을 잘 관리하면 매장에 필요한 물건을 적시에 파악해서 확보할 수 있고, 가격 설정이나 할인 여부 등을 판단하기 쉽습니다. 이런 게 다 물류 관련 사항이죠.

아무튼 그 사람은 타고난 천재예요. 1966년 당시 사업 초기라 운영하는 매장도 몇 개 되지 않았지만, 이런 정보를 문서로 만들어서 매장이 어디에 있든 모든 매장의 운영 상황을 파악해 통제하지 않는 한 사업을 더는 확장할 수 없다는 것을 본능적으로 깨닫고 있었습니다. 아마 그때까지 샘 월턴만큼 정보를 잘 활용해서 부재 경영을 실천한 사람은 없었을 겁니다. 그게 바로 수많은 매장을 마련하고 잘 운영해서 기록적인 수익을 달성한 비결이죠.

한 가지 확실하게 해 둘 점이 있습니다. 그날 회의에 참석한 것 자체가 샘이 적시적소에 있었던 거라고 할 수 있습니다. 그 시절에는 미니컴퓨터나 마이크로컴퓨터 같은 것이 전혀 없었습니다. 사실 그 후 10년 이상 흐른 다음에야 컴퓨터가 널리 보급되기 시작했죠. 그런데도 샘 월턴은 컴퓨터의 필요성을 인지하고 준비하기 시작한 겁니다. 이게 핵심이에요. 컴퓨터를 사용하지 않았다면 샘 월턴은 성공에 가까이 갈 수 없었을 겁니다. 지금처럼 월마트라는 거대 기업을 키워 내지 못했겠죠. 물론 샘 월턴의 업적은 일일이 세기 힘들 정도로 많습니다. 그렇지만 컴퓨터가 없었다면 월마트 신화도 불가능했을 거예요. 그건 정말 확실합니다.

인정하고 싶지 않지만, 에이브의 말이 아마 정확할 것이다. 그날 내가 회의에 참석한 이유도 그는 아주 생생하게 기억하고 있다. 나는 장부를 보여 주면서 상품 관리에 관해 질문할 생각이었다. 내가 직접 컴퓨터 전문가로 변신하기는 불가능하다는 것은 이미 알고 있었다. 그 강좌에 가려고 했던 이유는 다른 데 있었다. 거기서 사리 분별에 밝고 실력이 뛰어난 인재를 발굴하고 싶은 마음이 매우 컸다. 거기에 가면 분명히 그런 인재를 찾을 수 있을 거라는 예감이 들었다.

실제로 가 보니 내가 원하는 인재가 셀 수 없을 정도로 많이 모여 있었다. 그곳에서 데일 워먼을 만났는데, 그는 포틀랜드에 있는 프레드 마이어라는 기업 출신으로 매우 우수한 사업가였으며, 지금은 나의 '절친'이 되었다. 허브 피셔의 제임스웨이 코퍼레이션 대표가 된 알리 라자루스도 그곳에서 찾아냈다. 론 메이어도 거기서 처음 알게 되었다. 당시 그는 캔자스주 애빌린에 위치한 덕월 스토어의 최고재무책임자였는데, 매우 똑똑하고 열정이 넘치는 젊은이였다. 론 메이어를 보자마자 월마트에 필요한 인재라는 느낌이 들어서 곧바로 그의 마음을 얻기 위해 열심히 설득하기 시작했다. 많은 사람이 그랬듯이, 그도 처음에는 전혀 모르는 사람을 보좌하기 위해 아칸소주 벤턴빌로 이사하는 데 결코 관심을 보이지 않았다. 그는 한참 후에야 마음을 바꾸고 월마트에 합류했다.

그곳에 갔을 때 머릿속에 물류(distribution)라는 또 다른 문제가 자리 잡고 있었다. 에이브를 포함해서 다른 사람들은 모두 도시의 대형 시장에 몸담고 있었으며, 그들의 매장은 대형 유통업체를 통해 물품을 공급받고 있었다. 케이마트와 울코는 같은 물류 시스템을 사용해서 수천 개의 잡화점에 물품을 공급했다. 아무리 둘러봐도 월마트처럼 유통업체와 거래하지 않는 곳은 없었다.

우리의 경우, 매장 관리자가 영업사원을 통해 물건을 주문하면 며칠 후

어딘가에서 보낸 트럭이 와서 상품을 내려 주고 가는 식으로 물류 문제를 해결하고 있었다. 우리가 첫발을 내디뎠던 무렵과 비교해도 큰 차이가 없었는데, 사실 이 방법은 전혀 효과적이지 않았다. 우리가 운영하는 매장은 대부분 대형 화물 운반대를 사용해야 할 정도로 물건 주문량이 많지 않았다. 그래서 벤턴빌 시내에 낡은 차고를 빌려서 물품 창고로 사용했다. 일단 대량의 물품이 도착하면 그 창고로 가져가서 포장을 뜯은 다음, 적은 양으로 다시 포장해야 했다. 창고에 물품을 옮긴 다음 다시 각 매장으로 보내는 과정은 모두 트럭 운송에 의존했다. 문제는 이런 방식이 효율이 낮고 비용이 많이 든다는 것이었다.

그러던 중 페럴드와 나는 뉴베리 출신의 밥 손턴을 고용하게 되었다. 그는 원래 오마하에서 물류 센터를 운영하고 있었는데, 우리는 그를 영입하기 위해 물류 센터를 지어 줄 테니 운영을 맡아 달라고 제안했다.

밥 손턴 ──

샘은 나를 고용할 때 내가 창고 및 물류 시스템을 도입할 거라는 점을 분명히 알고 있었어요. 나는 같이 일해 보자는 제안을 받아들여서 이곳으로 왔습니다. 그리고는 구체적인 계획을 짜기 시작했죠. 그런데 어느 날 샘이 와서 창고가 꼭 필요한지 아직 확신이 서지 않는다고 하더군요. 그게 나의 주요 업무이자 관심사인데, 그렇게 말하니 부아가 치밀었어요. "아니! 이봐요, 샘. 나는 창고를 만들어서 운영하고 싶어요."

그때부터 6개월에서 1년 동안 나는 여러 가지 회사 업무를 맡아서 했어요. 그러는 와중에 짬이 나면 물류 센터 계획서를 계속 만들었죠. 사무실에는 내가 있을 만한 공간이 없었어요. 그래서 벽을 조금 뚫어 옆의 신발 매장 2층과 연결했죠. 다락방이나 다름없었던 그곳을 내 사무실로 만들었습니다. 냉난방 시설은 당연히 없었죠. 화장실이라고는 낡은 변기에 고리 하나가 달린 스크린 도어가 전부였어요. 그때 매장에 근무하는 사람이 25명 정도였는데, 샘은 종종 내 사무실에 들러 창고 계획이 잘 되어 가는지 묻곤 했죠. 하지만 여전히 창고가 꼭 필요한지 의문스럽다는 표정이었어요.

창고가 필요하다는 건 알고 있었다. 그저 우리에게 딱 맞는 창고를 마련하고 싶었을 뿐이었다. 그리고 당시에는 돈 들어가는 곳이 정말 많았다. 매장을 하나 새로 시작하려면 빚이 눈덩이처럼 불어났다. 아무튼 당시 IBM 강좌에 위스콘신주 그린베이에서 온 사람이 있었는데, 유일하게 창고 즉 물류 센터를 가진 사람이었다. 그는 나에게 직접 와서 물류 센터를 둘러보라고 했다. 그래서 강좌에서 돌아온 후 돈 휘터커, 페럴드 아렌드, 밥 손턴 등 몇 사람을 대동하고 경비행기를 직접 운전해서 그린베이로 갔다. 내 기억이 맞는다면, 그날 모두 여섯 명이 갔을 것이다. 우리는 창고에 들어가서 어떻게 운영되는지 관찰한 다음, 보고 들은 점을 빠짐없이 기록했다. 그 창고는 모든 것이 컴퓨터로 관리되고 있었다. 내가 아는 최초의 전산화된 창고였다.

그린베이에 다녀온 후 우리도 그런 창고를 하나 지어야겠다고 생각했다. 그런데 모든 직원이 먼저 사무실을 새로 마련해야 한다고 아우성을 쳤다. 그래서 벤턴빌 외곽에 약 6만 제곱미터의 농장을 25,000달러에 사들였다. 그곳의 사무실은 지금도 사용 중이다. 약 1,400제곱미터의 종합 사무실과 약 5,600제곱미터의 창고를 새로 짓는 일은 밥에게 맡겼다. 나는 그 정도 크기의 사무실이면 영원히 사용할 수 있겠다고 생각했고, 창고 면적도 사실 불필요하게 크다고 생각했다. 하지만 그만한 크기의 사무실과 창고가 꼭 필요하다는 페럴드의 말에 한발 물러서야 했다.

밥 손턴 ——

내 기억으로는 우리는 약 9,300제곱미터의 창고가 필요했습니다. 실은 그것도 최소 면적이었어요. 그런데 샘 월턴이 건축사에게 문의해 보자고 하더군요. 나는 도면을 보고 속으로 생각했어요. '이건 말이 안 돼. 5,600제곱미터도 안 되는 크기잖아.' 그래서 샘을 말리려고 했는데, 그가 먼저 이렇게 말했죠. "사실 내가 건축사에게 전화해서 이 도면보다 더 줄여 달라고 했어요. 당신 말처럼 9,300제곱미터나 되는 창고가 우리에게 필요하지는 않다고 생각합니다."

그게 다가 아닙니다. 나는 바닥에 카트 이동을 위한 트랙을 설치하는 시스템을 염두에 두고 물류 센터를 설계했습니다. 그런데 샘이 이의를 제기했죠. "음, 이 시스템은 우리한테 너무 과한 것 같군요. 이런 데 큰돈을 쓸 순 없어요." 하지만 아무런 이동 시스템이 없는 물류 센터는 상상하기 힘들었죠. "이봐요, 샘. 바닥에 이런 트랙을 설치하지 않을 거라면 더는 내가 할 일이 없습니다. 트랙이 없다면 아무것도 해낼 수 없으니까요." 그제야 샘이 한발 물러서더군요. 샘 월턴은 절박한 순간이 닥치기 전에는 규모를 키우거나 수량을 늘리는 건 절대 하지 않으려 했습니다. 한 푼도 허투루 쓰지 않겠다는 집념이 있었죠.

그때는 불필요한 돈을 쓰게 될까 봐 불안했다. 여러 매장에서 발생하는 수익 덕분에 사업을 확장할 자금을 마련했지만, 그만큼 부채도 계속 늘어나고 있었다. 사실 회사를 키우려고 개인 명의로 200만 달러의 빚도 떠안고 있었는데, 당시에는 매우 큰돈이었다. 세월이 흐를수록 그 빚에 대한 부담감도 커졌다.

그러나 사업이 성공할 거라는 확신이 들자 조금씩 마음의 여유가 생겼다. 우리는 미주리주로 사업을 확장했는데, 사익스턴에 첫 매장을 열게 되었다. 네오쇼와 웨스트 플레인스에도 매장을 마련했다. 아내의 고향인 오클라호마주 클레어모어에도 진출했다. 이렇게 월마트 초기의 7~8개 매장에서 놀라운 성과를 거뒀다. 매장을 세우는 것이 힘들었지만, 일단 운영을 시작하면 그만둘 이유를 전혀 찾을 수 없었다. 지역과 관계없이 우리 매장이 더 발전할 것이라는 확신이 강해졌다. 매출과 수익은 계속 성장했고, 우리가 할 일은 업무를 잘 조직하고 매출을 더 늘릴 수 있는 합리적인 방안을 연구하는 것이었다. 사업이 커짐에 따라 업무 체계화와 물류 문제를 도와줄 사람이 필요하다는 생각이 들었다.

론 메이어와 계속 연락을 주고받고 있었으므로 그에게 일자리를 제안해보았다. 꾸준히 설득했더니 일단 우리 매장이 어떻게 운영되는지 보러 오겠다고 했다. 그런데 그는 근무 계약서에 사인하기도 전에 사고사를 당할 뻔했다. 그를 내 경비행기에 태우고 여러 지역의 매장을 정신없이 돌아다녔는데, 미주리주 카시지가 열두 번째 매장이었다. 카시지에는 교차 활주로가 두 곳 있었고, 나는 그중 하나의 활주로에 착륙하려고 준비하던 중이었다. 그런데 갑자기 눈앞에 다른 비행기가 나타났다. 그대로 착륙했다가는 충돌할 것이 불 보듯 뻔한 상황이었다. 좀 전까지만 해도 다른 비행기는 보이지 않았고 무전 연락도 없었기에, 이 비행기가 도대체 어디서 나타났는지 이해할 수 없었다. 아무튼 나는 죽을힘을 다해 제동을 걸었고, 갑자기 나타난 상대편 비행기를 덮치기 직전에 가까스로 진행을 멈출 수 있었다. 나는 주변을 한 바퀴 돌고 나서 안전하게 착륙했다. 론은 내 경비행기를 처음 탔는데 그런 위기를 겪은 것이었다. 당시 론이 무슨 생각을 했는지는 차마 물어보지 못했다.

그런 고비가 있었지만 론을 잘 달래고 설득해서 우리와 함께 일해 보겠다는 동의를 얻어 냈다. 그는 1968년에 재무 및 물류 부문 부사장으로 월마트에 합류했다.

한 가지 분명히 해 두고 싶은 것이 있다. 이 말을 듣고 깜짝 놀랄 사람도 있을 것이다. 론이 우리 회사에서 일한 기간인 1968~1976년은 월마트 역사에서 중요한 발전이 이루어진 특별한 시기였다. (안타깝게도 론과 나는 꽤 불미스러운 상황 때문에 불편한 감정을 품은 채 헤어졌다.) 론이 합류하기 전에도 사업이 잘되었지만, 그를 비롯해 로이스 체임버스 같은 사람들을 영입한 덕분에 처음으로 제대로 된 운영 체계가 마련되었다. 이를 시작으로 효율적인 관리 방법을 정립했고, 나중에 폭발적인 성장이 이루어질 때도 모든 매장을 밀착 관리할 수 있었다.

우리 매장이 전국 소도시에 흩어져 있었기 때문에, 이들과 계속 연락을 주고받으며 물품을 공급하다 보니 본의 아니게 물류와 통신 부문에서 시대를 앞서가게 되었다. 론이 개발한 프로그램이 나중에 매장 내부 연락용 시스템으로 자리 잡았다. 페럴드 아렌드가 건물의 기초 공사를 마무리한 덕분에 론은 본격적인 건축을 진행했다. 그는 물류 센터를 지으면서, 자금을 마련할 수 있을 때까지 고속 성장할 수 있는 시스템을 설계, 구축하기 시작했다. 덕분에 우리는 기존의 배송 방식에서 벗어날 수 있었다.

기존 방식이란 각 매장이 필요한 상품을 제조업체에 직접 주문해서, 일반 운송업체를 통해 매장에 바로 배달되도록 하는 것이었다. 그러나 론은 새로운 방식을 도입하자고 강력하게 제안했다. 모든 매장에 필요한 상품을 중앙에서 한꺼번에 주문하고, 물류 센터에서 각 매장의 주문에 따라 상품을 정리하는 방식이었다. 물류 센터의 한쪽 끝에서 매장별 주문에 맞춰 정리된 상품을 받은 다음 바로 반대편 끝으로 내보내는 크로스도킹(cross-docking) 방식도 새롭게 시도했다.

론 메이어가 합류한 후에는 고성능 장비나 신기술에 투자하는 측면에서 우리 회사가 다른 소매업체들보다 한발 앞서가기 시작했다. 아이러니하게도 월마트 직원이라면 내가 그동안 기술 관련 비용에 얼마나 인색했는지 잘 알 것이다. 샘 월턴이 기술 관련 사항이라면 무조건 안 된다고 하므로 그를 설득하려면 목숨을 내놓아야 한다고 말할 정도였다. 하지만 나도 기술이 필요하다는 사실을 알고 있었다. 단지 "좋습니다, 당연한 일이죠. 필요한 것이 있으면 투자하세요"라는 말이 입 밖으로 잘 나오지 않았던 것뿐이다. 나는 원래 모든 일에 쉽게 수긍하지 않고 의문을 제기하는 편이다. 우리 직원들이 기술을 막상 도입해도 기대에 못 미치거나 생각지 못한 어려움이 있을 수 있다는 점을 한 번쯤 생각해 보도록 권하고 싶었다. 내가 틀렸다는 생각이 든다면, 조금 더 노력해서 세심하게 확인하고 더 자세히 들여다보아야 하지 않을까. 내가 기술을 받아들일 생각이 아예 없었다면,

기술에 투자하기 위해 돈을 벌려고 그렇게 애쓰지 않았을 것이다.

1960년대 후반에는 대대적인 성장을 시도할 만한 유리한 위치에 있었다. 소매업에 대한 올바른 개념이 정립되어 있었고, 전문적인 경영팀이 구성되어 있었으며, 성장을 뒷받침해 줄 시스템도 기초가 닦여 있었다. 1968년에 잡화점 14개와 월마트 13개를 운영하고 있었다. 1969년에는 잡화점은 그대로였으나 월마트 매장이 18개로 늘어났다. 한마디로 우리는 성장에 박차를 가할 만반의 준비를 하고 있었다. 우리가 어디까지 확장할 수 있는지 알아보려면 다음 단계로 발을 내디뎌야 했다. 혹시 예상대로 수익이 많이 나지 않으면 언제든지 속도를 다시 늦추거나 아예 멈출 각오도 하고 있었다.

바로 그 무렵에, 입 밖으로 내지는 않았지만, 버드와 나는 기업 상장에 관해 생각하기 시작했다.

CHAPTER 7

기업 상장

우리 회사가 상장했을 때, 나 같은 시골 출신들은 별로 놀라지 않았어요. 주식에 대해 아는 게 없었으니까요. 회장님은 나를 보면 일자리를 찾으러 레드강을 맨발로 건너왔다고 하셨죠. 그땐 다들 그렇게 취직했어요. 그때 나는 주식이 뭔지도 몰랐어요. 그래도 주식을 샀죠. 지금 생각해 보면 얼마나 다행인지 몰라요. 사실은 필 그린이 "자네도 주식을 좀 사지 그래?"라고 권해서 산 거예요. 주식을 사고는 계속 보유했죠. 나는 월턴 씨와 내가 일하는 매장이 잘될 거라고 굳게 믿었어요. 그게 다예요. 다른 이유는 없었죠. 월턴 씨가 이 회사를 통해 이룩하겠다고 약속한 것을 나는 전부 믿었어요. 그가 약속한 것들은 모두 이루어졌습니다.

_**알 마일스**(아칸소주 페이엣빌 6호 매장의 초대 보조 관리자, 월마트 임원으로 근무하다 퇴직)

뉴포트의 벤 프랭클린 매장에 아이스크림 기계를 사들일 때 처음으로 은행에서 1,800달러를 대출받았다. 사실 대출이나 빚이 있으면 마음이 편하지 않았다. 그렇지만 은행 대출은 사업을 하려면 피할 수 없는 관문이었고, 나도 차츰 익숙해졌다. 한동안 나는 가까운 은행에 가서 원하는 대로 대출을 받아 매장을 마련하거나 사업 확장에 필요한 것을 사들였다. 그러다 보니 아칸소주와 미주리주 남부 지역에 있는 거의 모든 은행에서 대출을 받게 되었다. 은행은 우리가 지금까지 사업을 확장해 온 것을 근거로 대출을 상환할 능력이 있다고 평가해 주었다. 물론 은행 대출은 한 번도 기한을 넘기지 않고 제때 상환했다. 가끔은 은행 대출을 갚으려고 다른 은행에서 대출을 받기도 했다. 그러다가 벤턴빌에 있는 한 은행을 약 30만 달러에 인수했다. 자산 350만 달러의 오래된 소규모 은행이었다. 덕분에 나는 금융 분야에 대해 많은 것을 배울 수 있었다. 금융 분야에 종사하는 사람들을 접하면서 그들이 어떻게 은행을 운영하는지 자세히 관찰했다.

한편, 댈러스의 리퍼블릭 은행에서 알게 된 지미 존스가 우리에게 100만 달러를 대출해 주었다. 사실 나는 우리 매장 관리자와 친척들에게 자본 투자(equity investment)를 권하곤 했다. 1970년에 파트너 78명이 회사에 투자하겠다고 나섰는데, 당시에는 하나의 기업이라고 할 수 없는 상태였다. 매장은 총 32개였으며 매장 소유권자는 매우 다양했다. 모든 매장에서 우리 가족의 지분이 가장 많았지만, 헬렌과 나는 채무도 그만큼 떠안고 있었다. 한 번도 적자를 기록하지 않았지만, 부채 때문에 늘 마음이 무거웠던 것도 사실이다. 혹시라도 안 좋은 상황이 발생해서 모든 사람이 상환을 요구하면 회사는 바로 문을 닫아야 한다는 생각을 한시도 떨칠 수 없었다. 어린 시절에 대공황을 겪은 사람이라면 내 심정을 이해할 것이다. 그래서 나는 무슨 수를 써서라도 부채를 빨리 해결하고 싶었다.

회사를 공개 상장하는 문제에 대해 잠깐 생각해 본 적은 있었다. 에이브 마크스와 우리가 소속된 할인업체 협회의 다른 회원들에게 조언을 구하기도 했지만, 본격적으로 추진하지는 않았다. 그런데 1969년 어느 날, 리틀록에서 위트 스티븐스와 잭 스티븐스가 운영하는 투자회사에 근무하는 마이크 스미스가 직접 만나서 이야기하고 싶다고 전화를 해 왔다. 지금은 스티븐스(Stephens Inc.)가 미시시피주에서 가장 큰 투자은행이자 미국 전역에서 가장 인정받는 금융사지만, 당시에는 채권을 주로 취급했다. 잭은 내가 손댔다가 실패한 리틀록의 쇼핑 센터를 인수해서 크게 성공시킨 장본인이었다.

마이크 스미스는 직접 벤턴빌로 찾아왔는데, 당시 우리는 여전히 광장에 있는 변호사 사무실과 이발소 위층의 낡은 방 세 개를 사무실로 사용하고 있었다. 마이크가 계단을 올라오던 모습이 아직도 기억난다. 그는 좀 특이한 사람이었다. 그래서 그런지 독창적인 아이디어를 많이 냈다. 그날 대화 중에 마이크가 했던 말이 씨가 되어 훗날 기업 상장으로 이어졌다. 그는 주식을 발행해서 일반 대중에게 판매하자고 제안했다.

마이크 스미스, 스티븐스 주식회사 ——

> 1969년 가을에 벤턴빌에 직접 갔습니다. 당시 나는 자신감이 충만했어요. 기업 공개 상장은 딱 한 번 해 봤는데, 내가 다 맡아서 처리했기 때문에 대단한 전문가라도 된 듯 착각하고 있었죠. 샘은 이미 모든 방법을 동원해서 빌릴 수 있는 돈은 다 빌려 쓴 상태였기 때문에 대화에 매우 적극적이었어요. 나는 리틀록과 벤턴빌 사이에 있는 월마트 매장은 모두 찾아가 봤어요. 샘 월턴이라는 사람이 운영하는 회사에 대해 조금이라도 더 알아내고 싶었죠. 샘 월턴은 나를 보자마자 자기 비행기에 태우고는 오클라호마주와 미주리주 전역을 비행하면서 모든 매장을 보여 줬어요.

얼마 지나지 않아 버드와 나는 오클라호마주에 있는 롭슨의 목장에 가서 메추라기 사냥을 즐겼다. 하지만 주식 옵션에 관한 이야기가 종일 끊이지 않았다. 사업을 확장하고 싶었지만, 당시 수익은 부채를 청산하고 동시에 사업을 확장하기에는 턱없이 부족했다. 사실 현금이 너무 모자라서 매장을 세우려던 부지 다섯 곳을 포기하기도 했다. 그래서 뭔가 해결책을 시급히 찾아야 했다. 그날 밤 집으로 돌아오는 차 안에서 우리는 공개 상장에 대해 진지하게 생각해 보기로 했다. 우리로서는 엄청난 변화의 갈림길에 서는 것이었다. 상장을 하면 회사에 대한 통제권을 잃게 될까 봐 두렵기도 했다.

바로 그해에 아들 롭이 컬럼비아대 로스쿨을 졸업하고 털사에서 가장 큰 법률회사에 취직했다. 롭의 첫 고객은 바로 월턴 가족이었다. 롭은 정식 변호사로서, 다양한 월마트 매장의 파트너십 계약서를 모두 추적했다. 나는 월마트에 가능한 모든 옵션을 검토해 보라고 요청했다.

공개 상장이 과연 지혜로운 결정인지 여전히 확신이 들지 않았다. 하지만 자금 사정은 계속 어려워졌고, 몇몇 채권자들이 압박 수위를 높이기 시작했다. 나는 댈러스까지 가서 리퍼블릭 은행의 대출을 더 받으려 했지만, 은행 관계자들은 이미 대출을 받은 기업의 추가 대출을 쉽사리 승인해 주지 않았다. 이미 최대한도의 대출을 받고 있다고 딱 잘라 거절하는 바람에, 우리 회사와 리퍼블릭 은행의 거래는 사실상 끝나고 말았다.

그 무렵에 지미 존스가 뉴올리언스에 있는 은행 퍼스트 커머스로 자리를 옮겼다. 나는 댈러스에서 바로 뉴올리언스로 날아가 대출을 받을 수 있는지 물었다. 지미 덕분에 150만 달러를 대출받아서 잠깐이나마 숨을 돌릴 수 있었다. 하지만 장기적으로 자금난을 해결할 방안이 절실했다.

롭은 세금 등 여러 가지 이유로 채무 조정을 제안했다. 부채를 하나로 합치자는 것이었다. 론 메이어와 나는 푸르덴셜이 다수의 소매업체에 대출을 해 준다는 말을 들은 적이 있어서, 대출 담당자와 약속을 잡고 즉시 뉴욕으로 날아갔다. 당시 우리는 간단명료하게 정말이지 돈이 필요했다. 나는 노란색 노트를 꺼내 들고 앞으로 사업이 어느 정도 성장할지 대략 계산해 보았다. 우리에게 분명 돈을 빌려줄 거라는 확신이 들었다. 매출액, 수익, 매장 수에 관한 5년 계획을 공개하면서 경쟁업체가 전혀 없는 소도시 중심으로 사업을 확장하는 것이 사업 전략임을 설명했다. 우리 매장이 진출하는 곳 모두 성장 가능성이 크다는 점도 열심히 피력했다. 하지만 대출 담당자는 내 말을 하나도 믿어 주지 않았다. 푸르덴셜 같은 금융업체가 우리 같은 기업에 도박할 이유가 없다는 것이었다. 하지만 나는 그날 계산한 성장률을 오랫동안 기억했다. 세월이 흐르고 보니 월마트는 그때 내가 예상한 수치의 15~20퍼센트를 웃도는 성장률을 기록해 왔다.

그러다가 매스 뮤추얼(Mass Mutual)이라는 다른 보험사와 연락이 닿았다. 이번에도 직접 회사를 찾아갔다. 다행히 매스 뮤추얼은 100만 달러를 대출해 주었고, 우리도 어마어마한 대가를 치러야 했다. 대출에 대한 이자만 상환하는 것이 아니라, 기업을 상장할 경우 모든 종류의 스톡옵션을 넘겨주기로 한 것이다. 한마디로 그들은 우리를 선택의 여지가 없는 상황으로 몰아넣었다. 당장 자금이 필요했기에 나는 그들이 원하는 대로 해 줄 수밖에 없었다. 월마트가 상장 기업으로 전환하자 매스 뮤추얼은 이 계약 덕분에 천문학적인 수익을 올렸다.

그 무렵 아는 사람에게 돈을 빌리는 데 너무 지친 데다, 모르는 사람에게 구걸하듯 돈을 빌리는 건 생각조차 하기 싫었다. 나는 월마트를 주식시장에 상장하기로 굳게 마음먹었다. 가장 먼저 마이크 스미스와 잭 스티븐스에게 상장 계획을 알려 주었다. 동시에 우리와 거래하는 사람들은 누구나 경쟁에 참여하게 했듯이, 두 사람도 사업에 계속 참여하려면 경쟁도 해야 한다는 점을 분명히 일러두었다. 그리고 리틀록의 회사와 손잡는 것에 대해 안심할 수 없으며, 월스트리트의 언더라이터(underwriter, 유가증권 인수 업무를 하는 금융업자, 또는 보험계약을 인수하는 보험업자 – 옮긴이)를 찾는 편이 나을 것 같다고 말했다. 그게 옳은 결정인지 아닌지는 확신할 수 없었다. 아무튼 두 사람은 내 계획에 적극적으로 찬성하지는 않는 것 같았지만, 일단 본격적인 계획을 세우기 위해 급히 뉴욕으로 갔다.

마이크 스미스 ─────

우리는 우리가 제안한 절차를 모두 직접 처리할 생각이었습니다. 하지만 샘 월턴은 언제나 철저하게 사전 조사를 하는 스타일이었죠. 내가 기억하기로는, 샘이 물품 구매차 뉴욕으로 출장을 갔다가 월스트리트를 둘러보기로 했고, 거기서 투자를 권유하는 사람들에게 뭔가 들었을 겁니다. '화이트 웰드(White, Weld)' 은행이 오마하에서 소매 체인 파미다(Pamida)를 공개 상장했다는 소식이 전해지자, 그는 곧장 오마하로 갔습니다. 평소처럼 '월마트 매장을 운영하는 샘 월턴'이라고 자신을 소개한 다음 이렇게 말했죠. "우리 회사도 공개 상장을 하고 싶은데 그와 관련해 알려 주실 수 있는 분이 있으면 말씀을 좀 나눠 보고 싶습니다." "아, 그러시군요. 어디에서 오셨나요?" 샘이 아칸소주 벤턴빌에서 왔다고 하자, 상대방은 이렇게 말했습니다. "아칸소주 출신인 레멜 씨를 불러

드릴게요. 그분이 도움을 드릴 수 있을 거예요." 그렇게 해서 샘 월턴은 리틀록 출신의 벅 레멜을 소개받았죠.

나는 벅을 처음 만났을 때가 잘 기억나지 않지만, 아마 마이크의 말이 맞을 것이다. 그에게 내 소개를 하면서 이렇게 말한 기억은 난다. "당신이 이 상장 종목에 관심을 갖고 우리에게 투자할 확률이 얼마나 됩니까?" 그는 일단 검토해 보자고 하더니 관심이 있다며 긍정적인 대답을 내놓았다. 이로써 주식 상장이 성공적일 거라는 근거를 하나 찾은 셈이었다. 화이트 웰드는 당시 가장 영향력 있는 기관투자 은행 중 하나였기 때문이다. 지금은 내 주변의 모든 사람이 동의하는 것은 아니지만, 나는 이 생각을 고수하고 있다.

마이크 스미스 ——

샘은 공개 상장에 대해서는 화이트 웰드가 우리보다 훨씬 잘 안다고 생각했습니다. 그건 샘의 판단이 옳았어요. 그래서 사업을 맡겼지만 단서를 붙였죠. "스티븐스 사람들을 꼭 포함시켜 주세요. 저에게 귀한 친구들이고 정말 좋은 사람들이니까요." 화이트 웰드 측은 1 : 3 비율을 제안했습니다. 우리가 3분의 1을 갖는 조건이었죠. 잭에게 어떻게 할지 묻자, 내 의견을 되물었고, 나는 제안을 수용하는 게 좋겠다고 대답했습니다. 그래서 화이트 웰드의 제안대로 했죠. 훗날 다른 공개 상장에서는 이 기업과 50 : 50 조건으로 진행했습니다.

롭이 나서서 계획을 세우기 시작했다. 일단 모든 동업 관계를 하나의 기업으로 통합한 다음 그중 20퍼센트를 매각하는 것이었다. 당시 우리 가족이 회사의 지분 중 75퍼센트를 보유하고 있었다. 버드가 약 15퍼센트였고, 다른 친척들도 약 1퍼센트를 보유했다. 찰리 바움, 윌러드 워커, 찰리 케이트, 클로드 해리스도 약간의 지분이 있었다. 이들은 초창기 매장 관리자들로, 다 은행 대출을 받아서 해당 매장의 지분을 사곤 했다. 돈을 모으는 면에서는 윌러드가 가장 수완이 좋았다. 그는 은행가와 인맥을 쌓은 다음, 그들을 통해 원하는 자금을 확보했다. 그렇다 보니 윌러드가 엄청난 양의 지분을 모은 것도 당연한 일이었다. 매장 관리자 중에서는 윌러드의 지분이 독보적으로 많았다.

롭 월턴 ——

> 아버지는 다양한 매장에 대한 소수 지분을 모두 나열한 스프레드시트를 갖고 계셨어요. 문제는 이들의 최초 상장 가치를 무슨 근거로 평가할지를 결정하는 것이었죠. 내가 기억하기로는, 장부 가치를 이용해 보자고 제안했던 것 같습니다. 수익과 성장 전망 등을 모두 고려하는 복잡한 상대평가는 전혀 시도하지 않았죠. 하지만 그 자리에서 모두가 서명했어요. 내가 알기로는 그렇게 처리한 것에 대해서 지금 모두가 만족하고 있습니다.

1970년 초에 우리는 만반의 준비가 되어 있었다. 론 메이어와 나는 로스앤젤레스, 샌프란시스코, 시카고 등 여러 곳을 돌아다니며 대대적인 홍보 활동을 했다. 누구를 만나든 우리 회사의 저력이 얼마나 큰지 열정적으로 이야기했다. 하지만 주식을 발행하기 전에 시장이 폭락해 상장을 미룰 수밖에 없었다. 사실 매장 관리자들의 특별 모임도 이미 진행 중이었다. 아내들을 동반하지 않고 우리끼리 낚시 여행을 갔는데, 한 번에 4~5일씩 낚시를 하면서 업무 이야기를 나누곤 했다. 내 기억으로는 낚시 장소가 테이블록이라는 댐이었는데, 그 자리에서 기업 상장이 연기되었다는 소식을 모두에게 전해야 했다.

다행히 시장은 곧 어느 정도 회복되었고, 1970년 10월 1일 월마트는 상장 기업이 되었다. 사업설명서에는 15달러에 총 30만 주를 상장한다고 되어 있었지만, 실제 거래는 16.5달러에 이루어졌다. 시장 내 반응이 폭넓지는 않았으나 전반적으로 긍정적이었다. 당시 주주는 약 800명이었는데, 대부분 우리와 친분이 있는 기업, 기관 또는 사람들이었다. 그날 주식을 사들였거나 이미 초기 파트너십 프로그램에 따라 지분을 가지고 있다가 주식으로 전환한 사람들은 그야말로 '대박'을 터뜨렸다.

지금이야 다들 알겠지만, 월마트의 주가와 그동안 월마트 주식으로 창출된 부는 그 자체로 하나의 전설이 되었다. 불과 15년 전만 하더라도 우리 회사의 시장가치는 1억 3,500만 달러였다. 지금은 500억 달러가 넘는다. 하지만 이보다 더 쉬운 방법으로 이 상황을 분석할 수 있다. 기업 공개 시점에 당신이 1,650달러에 100주를 매입했다고 가정해 보자. 그 후 2 : 1 주식 분할이 9번 있었으므로 지금은 51,200주를 보유한 셈이 된다. 지난 1년간 거래 시 1주당 60달러 정도였으므로, 이 가격을 대입하면 당신의 투자액은 약 300만 달러가 된다. 월마트 주식으로 수년간 많은 사람이 행복을 맛본 것은 사실이다. 월턴가의 순자산도 그렇게 만들어졌다. 주식이 가져온 수익은 우리 가족이 꿈꿔 온 모든 것을 능가할 정도였다.

앞에서 말한 100주가 어떻게 달라졌는지 도표로 정리하면 아래와 같다.

주식	100% 분할	분할일 당시의 주가($)
100		
200	1971년 5월	46/47 OTC
400	1972년 3월	46/47 OTC
800	1975년 8월	23 NYSE
1,600	1980년 11월	50 NYSE
3,200	1982년 6월	$49\frac{7}{8}$ NYSE
6,400	1983년 6월	$81\frac{5}{8}$ NYSE
12,800	1985년 9월	$49\frac{3}{4}$ NYSE
25,600	1987년 6월	$66\frac{5}{8}$ NYSE
51,200	1990년 6월	$62\frac{1}{2}$ NYSE

공개 상장과 관련해 한 가지 생각나는 에피소드가 있다. 론과 내가 뉴욕을 떠나던 날 공항에서 볼티모어의 자산운용사 T. 로웨 프라이스(T. Rowe Price)에서 근무하는 사람을 만났다. 당시 우리는 매우 흥분한 데다 우리 회사의 가치에 대한 자부심으로 부풀어 있었다. 그래서 어떤 식으론가 우리 회사 주가가 크게 오를 것이라는 확신을 그에게 보여 주었다. 그는 볼티모어로 돌아가서 회사 명의로 대량의 주식을 매입했다. 10~15년간 주식을 보유한 덕분에 그의 회사는 해당 업계에서 독보적으로 성장할 수 있었다. 우리 기업은 분할을 거듭했고, 그들은 계속 주식을 매각했다. 정확한 액수는 알 수 없으나 그 회사는 이 투자로 수백만 달러를 벌었을 것이다.

우리가 기업을 공개하기 전에 상장을 안 하면 좋겠다는 강한 생각이 들었죠. 나는 항상 우리 회사가 상장하지 않아도 잘될 거라고 생각했기 때문이었죠. 사실 회사 문제로 이번처럼 심각하게 고민을 해 본 적이 없었어요. 그래서 그 무렵 회사와 무관한 관심사를 찾아서 정신을 쏟기로 했죠. 우리의 모든 재정 상황을 공개해서 남들의 이목을 끄는 것 자체가 몸서리쳐지게 싫었어요. 회사를 상장하면 온갖 질문을 받게 돼요. 가족에 관한 질문도 빠지지 않았죠. 펼쳐 놓은 책처럼 아무것도 숨길 수가 없었고, 나한테는 그게 너무 스트레스였어요.

공개 상장할 때 발생하는 문제점에 대해서는 헬렌의 생각이 옳았다. 그녀가 우려한 대로 우리는 원치 않는 사람들의 관심 때문에 고통을 겪어야 했다. 하지만 그날 뉴욕에서 집으로 돌아올 때, 빚을 다 청산했다는 생각에 마음이 홀가분했다. 내 인생에 몇 번 느껴 보지 못한 안도감이었다. 우리 가족의 월마트 지분은 61퍼센트로 줄어들었지만, 덕분에 여러 은행에 남아 있던 대출을 깨끗이 정리할 수 있었다. 그날 이후로 월마트 때문에 개인 명의로 단 한 푼도 돈을 빌린 적이 없다. 회사는 대출 없이 자력으로 자금을 계속 조달하는 방식으로 운영되고 있다. 공개 상장을 계기로 회사를 키우기 위해 짊어졌던 부담을 모두 내려놓을 수 있었다. 그동안 어깨를 짓누르던 짐이 모두 사라진 것이다.

시간이 흘러 또다시 상장을 하게 되었다. 주주의 범위를 확대해 뉴욕증권거래소(NYSE)에서 월마트 주식 거래가 이루어지도록 하기 위한 것이었다. 그러나 우리 가족은 월마트 주식의 극히 일부만 상장 주식으로 내놓았다. 나는 여기서 월마트의 차별성이 만들어졌다고 생각한다. 앞에서도 말했듯이, 우리 가족은 월마트 주식을 계속 보유하고 있었는데, 순이익이 여기서 발생하기 때문이다. 세월이 흐르면서 이렇게 생각하는 사람도 있었을 것이다. '주식 투자는 너무 힘들고 머리 아프니까 그만하고 싶어. 꼭 이렇게 해야 하는 건 아니잖아. 다른 사람에게 맡기고 싶어.' 우리 가족이 이런 반응을 보였다면 나는 은퇴를 선언하고 회사 경영에서 손을 뗐을 것이다. 그리고 네덜란드 투자자나 케이마트 또는 페더레이티드 등 누군가에게 우리 가족이 보유한 주식을 넘겼을 것이다. 하지만 나는 지금처럼 회사를 키우고 발전시키는 일에서 큰 즐거움을 느낀다. 동료와 파트너가 훌륭한 실적을 달성하는 모습을 보는 것도 나에게는 큰 행복이다. 그래서 나는 주식을 포기할 생각이 전혀 없었다.

우리 회사에서 직접 근무해 본 사람 아니고서는 북서부 아칸소주에는 우리 회사 주식을 지지해 주는 사람이 거의 없었다. 나는 늘 이 점이 흥미로웠다. 우리가 이곳에 1~3개의 매장을 운영하던 시절의 모습을 직접 보았거나 로터리클럽 및 상공회의소 대표를 맡았던 내 모습을 기억하는 사람들은 우리의 성공이 좀 수상하다고 생각한 모양이다. 그들은 우리가 잠깐 운 좋은 시절을 보내는 것이며, 장기적으로는 이런 성장을 이어 가지 못할 거라고 예견했다. 그렇다고 해서 이 지역이 좀 이상하다거나 내가 특별하다고 주장하는 것은 아니다. 고향에서 같이 자란 사람이 성공하면 흔히 고향 사람들이 가장 나중에 가서야 인정해 주는데, 이것은 인간의 본성이 아닐까 싶다.

어느 기업이나 그렇듯이, 우리도 주가가 계속 상승해 새로운 투자자가 최대한 많아지기를 기대했다. 사실 우리가 초창기에 기업 상장에 대처한 방식은, 월마트 운영과 관련된 모든 점이 그랬듯이, 매우 특이했다. 대부분의 상장 기업은 연례 주주총회를 개최하고, 월스트리트 주식 애널리스트를 위한 시간을 따로 마련해서 기업을 소개하고 그들의 지지를 호소했다. 이미 말했듯이, 마이크 스미스는 훌륭한 아이디어를 많이 떠올리며, 독특한 제안을 자주 내놓았다. 우리가 기업을 상장한 직후에 그는 주주총회를 특별한 행사로 만들어 보자고 제안했고, 우리는 그 아이디어를 적용했다.

대부분의 회의가 대도시의 호텔 연회장에서 열렸다. 의사록을 읽고 몇 가지 사안에 대해 주주들의 동의를 얻는 등 공식적인 절차를 빠르게 진행한다. 내가 알기로 그런 총회는 회사가 설립된 지역, 예를 들자면 윌밍턴이나 델라웨어 등지에서 열리는 경우가 많다. 거기에는 참석자가 많지 않기를 바라는 마음이 담겨 있다. 하지만 우리는 정반대로 했다. '괴짜 같다'는 이미지가 강해서 참석자가 많지 않을 터였으므로, 가능한 한 많은 사람이 올 수 있도록 주말 내내 참석자를 겨냥한 행사를 마련했다. 그리고 뉴욕, 시카고 등 지역을 가리지 않고 초대장을 보냈다. 총회에 오가는 비용은 참석자가 부담했지만, 일단 참석하면 즐겁게 지낼 수 있도록 준비했다.

마이크 스미스 ──

연례 총회를 멋진 행사로 만들어 보자는 아이디어는 내가 제안했지만, 샘은 그렇게 하도록 허락한 이유를 전부 말해 주지 않았어요. 월마트의 첫 번째 연례 총회는 특히 기억에 남습니다. 나는 총회를 준비하려고 하루 일찍 도착했어요. 샘의 친구인 프레드 피

컨스도 뉴포트에서 왔는데, 그는 날짜를 착각해서 하루 일찍 온 거였죠. 자기 사무실에서 그 말을 들은 샘은 프레드를 위해 곧바로 회의를 마련했어요. 바로 다음 날이 정식 연례 총회인데 말이죠. 우리는 창고 옆에 있는 커피숍 테이블에 둘러앉았습니다. 모두 여섯 명이었어요.

이듬해에 나는 이렇게 제안했습니다. "샘, 이제 월마트도 상장 기업이니 제대로 형식을 갖춰서 총회를 열어야 해요. 주주들도 정식으로 초대하고요. 이번에는 리틀록에서 하면 어떨까요? 당신은 아칸소주 출신이고 리틀록이 아칸소주의 주도(州都)잖아요. 사람들도 벤턴빌까지 오는 것보다는 리틀록으로 가는 게 더 편할 겁니다." 샘은 달갑지 않아 했지만, 내 제안대로 해 보라고 하더군요. 그래서 두 번째 연례 총회는 리틀록의 '코치맨스인'이라는 작은 모텔에서 열렸습니다. 그런데 한 사람도 오지 않았죠. 샘은 "마이크, 자네 아이디어는 여기까지인가 봐"라고 하더군요.

나는 몇몇 주식 애널리스트가 이 기업을 본격적으로 추적하도록 만들고 싶은 마음이 간절했습니다. 그래서 어느 주말에 벨라비스타로 이들을 모두 초대하자는 아이디어를 냈죠. 벨라비스타는 벤턴빌 북쪽으로 얼마 멀지 않은 곳이었는데, 골프장과 테니스장, 호수 등이 모두 갖춰져 있어서 이들을 초대하기에 제격이었거든요. 하지만 내 제안을 듣고 샘이 보인 반응은 지금도 잊을 수가 없어요. "내가 듣기에는 그냥 엄청난 돈을 낭비하자는 말 같군." 그래도 샘은 실행해 보라고 허락해 줬답니다.

다행히 그 아이디어는 대성공을 거뒀다. 나는 회사 직원을 공항에 보내 손님들을 맞이하고 주말에는 운전사 역할을 하도록 했다. 손님 중에는 당시 우리 회사에 대출을 해 준 은행가도 있었다. 우리의 목적은 이런 투자자에게 우리가 무슨 일을 하는지, 어떻게 업무를 처리하는지 직접 보여 주는 것이었다. 그리고 우리 매장 관리자 한 사람 한 사람을 직접 만나 기업의 경영 철학을 확인하도록 해 주고 싶었다. 벤턴빌에 와서 우리가 어떤 사람들인지 눈으로 보고 우리의 성실성과 헌신적인 태도, 직업윤리, 경쟁업체를 따돌리고 우수한 성과를 내는 근거 등을 하나하나 직접 확인하기를 바랐다. 뉴욕에 앉아서는 그런 것들을 세세히 파악하기가 불가능했다. 아칸소주에 본사가 있으며 괴짜라는 평판을 듣는 우리의 경영 방식은 주변에서 흔히 접할 수 있는 소매업체의 가치나 접근법과는 판이하게 달랐다. 그래서 투자자들에게 직접 눈으로 확인시켜 주어야만 했다.

투자자들이 벤턴빌에 오면 일단 금요일 주주총회를 마무리하고 곧이어 저녁 시간에 즐거운 피크닉을 마련했다. 한번은 어느 부인이 정식 드레스를 입고 저녁 식사 장소에 나타나서 많은 사람이 의아한 눈초리로 바라보기도 했다. 토요일 아침에는 투자자들을 일찍 한자리에 불러모아 함께 업무 회의를 했다. 머천다이징, 자금의 흐름, 물류를 포함해 여러 가지 업무 사항을 협의하는 모습을 가감 없이 보여 주었다.

지금은 비교 대상이 없을 정도로 규모가 크고 시끌벅적한 총회를 열지만, 초창기에는 전혀 다른 양상이었다. 토요일에 총회가 끝나면 항상 특별 행사가 기다리고 있었다. 한번은 골프 토너먼트 대회가 열렸는데, 그 정도는 그렇게 특이한 것도 아니었다. 또 다른 해에는 불쇼울즈 호수에서 다같이 낚시를 했다. 주주들을 모두 데리고 슈거 크리크에 래프팅을 하러 간

적도 있다. 가장 기억에 남는 특이한 행사는 슈거 크리크 강둑에서 하룻밤 캠핑을 한 것인데, 그야말로 난장판이었다. 밤새 코요테와 늑대가 울부짖는 소리에 시달렸고, 애널리스트의 절반이 모닥불 주변에 모여 앉아서 밤을 새웠다. 그제야 침낭에서 자는 캠핑에 익숙지 않은 사람들을 데리고 이렇게 모험을 하는 것이 바람직하지 않다는 걸 깨달았다.

마이크 스미스 ─────

이런 모임은 매우 성공적이었어요. 직원들은 밤새 바비큐를 즐겼고 애널리스트와 다른 대주주도 합세해 즐거운 시간을 보냈죠. 그런데 시간이 흐르면서 상황은 샘 월턴의 취향을 조금씩 벗어나기 시작했어요. 몇몇은 너무 취해서, 보트에 타긴 했지만 제대로 앉아 있지도 못할 정도였죠. 바비큐 쪽에도 맥주를 지나치게 많이 마시는 사람이 있었고요. 샘은 청교도도 엄격한 금주가도 아니었지만, 사람들이 술에 취하는 꼴을 참지 못했습니다. 결국 모든 행사에서 술이 금지되었죠. 그러자 행사의 분위기가 예전과 많이 달라졌습니다.

아무튼 그 상황은 내가 보기에 심각한 편이었다. 그래도 그 외에는 다 괜찮았다. 당시 행사 덕분에 월스트리트에서 우리 회사에 대해 많은 이야기가 오갔다. 모두 긍정적인 평가였다. 아마 우리를 주의 깊게 살펴본 사람들은 우리 회사가 장기적인 목표 아래 진지하게 노력하고 있으며 바람직한 재무 철학을 가지고 있다는 점, 그리고 내부에 성장 가능성이 풍부하다는 점을 파악했을 것이다. 또한 우리가 성공으로 가는 과정을 즐길 줄 안다는 것도 이해했을 것이다. 물론 그중 몇몇은 우리가 약간 미쳤다고 생각했을 지도 모른다.

이는 상장 초기에 우리를 월스트리트에 알리고 이해시키기 위해 다른 기업보다 수십 배 이상 노력해야 했음을 보여 주는 하나의 예시일 뿐이다. 우리가 유독 더 많이 애써야 했던 이유 중에는 우리가 남들과 좀 다른 운영 방식을 고수한 탓도 있을 것이고, 뉴욕에서 워낙 떨어져 있기 때문이기도 했다. 뉴욕에서는 지금의 대기업 수준으로 사업을 해야 한다는 생각이 팽배해 있었다.

월스트리트의 관심을 끄는 과정에서 매우 다양한 사람을 만났다. 어떤 애널리스트는 우리의 진가를 알아보고 많은 도움을 주었는가 하면, 우리 회사는 언제 무너져도 이상하지 않은 모래성이라며 등을 돌린 사람도 있었다.

월마트를 충실하게 지지해 준 사람 가운데 마거리트 길리엄을 빼놓을 수 없다. 그녀는 퍼스트 보스턴의 애널리스트로서 수년간 월마트라는 기업에 흔들리지 않는 신뢰를 보여 주었다. 덕분에 그녀의 고객 투자자들은 상상도 못할 수익을 올렸다. 그녀가 작성한 보고서 중에서 내 마음에 쏙 드는 대목이 있어 아래 소개한다.

마거리트 길리엄, 퍼스트 보스턴 ──

> 월마트는 우리가 지금까지 추적했던 기업 중에서 경영 상태가 가장 우수한 편에 속합니다. 어쩌면 미국에서 경영 및 관리가 가장 우수한 기업이라고 해도 손색이 없을지 모릅니다. 한 투자자는 전 세계에서 가장 우수한 경영진을 갖춘 기업이라고 하셨습니다.

모르긴 해도 죽기 전에 월마트 같은 기업은 또 만나기 어려울 거라고 생각합니다.

한편, 1970년대 중반에 이곳으로 와서 우리를 만나고 간 또 다른 애널리스트가 있었다. 그녀를 처음 만난 순간을 지금도 잊을 수 없다. 종일 밖에서 사냥터를 뛰어다니다가 그녀와의 저녁 식사 약속에 맞춰 돌아왔는데, 내 꼴은 그야말로 엉망진창이었다. 당시 부동산 책임자였던 짐도 함께 식사할 예정이었는데, 그 녀석도 원래 정장을 차려입는 편이 아니라서 꾀죄죄한 모습으로 나타났다. 아무튼 우리 부자는 그런 모습으로 손님을 식당으로 모셨다. 그리고 매우 솔직하게 많은 사실을 알려 주었다. 이를테면 당시 우리가 생각하는 약점이 무엇인지, 어떤 문제점을 해결해야 하는지 숨기지 않았다. 더불어 우리의 경영 철학도 설명하고, 무엇보다 우리의 성장 가능성이 얼마나 큰지 보여 주었다. 그녀는 후자에 큰 관심을 보였지만, 뉴욕으로 돌아가서는 매우 부정적인 평가서를 작성했다. 지금까지 월마트를 대상으로 한 분석 중에서 단연 최악이었다. 아직 월마트 주식을 처분하지 않았다면, 안타깝지만 이미 돌이킬 수 없을 만큼 늦었다는 결론이었다.

최근 10~15년간 우리 주식을 추적한 애널리스트는 대부분 일관되게 우리를 지지해 주었다. 물론 이러저러한 이유로 잠시 등을 돌린 사람도 있었지만, 전반적으로는 우리 곁에 머물러서 응원해 주었다.

주식 투자에 관해 특별한 이론이 많지만 나는 그중 어느 것에도 귀를 기울이지 않는다. 아마 내가 월마트 외에는 다른 어디에도 투자하지 않는다는 것을 알면 많은 사람이 놀랄 것이다. 내가 그렇게 한 이유는, 월마트를 지금껏 이끌어 온 사람들이 회사를 깊이 연구하고, 우리의 장점과 경영 방식을 온전히 이해하고, 나처럼 장기적이고 전적으로 투자해 왔음을 잘 알기 때문이다.

스코틀랜드에 일단의 장기 투자자들이 있었는데, 다른 투자자들에 비해 실적이 아주 우수했다. 우리 회사의 성장 초창기에 스티브스 가족이 우리를 런던으로 초대했고, 그곳에서 처음으로 이 투자단의 관심을 끌게 되었다. 그들은 장기 투자의 가치를 굳게 믿는다고 솔직하게 말해 주었다. 또한 기초가 탄탄한 기업이라는 확신이 들고 경영진에 대한 신뢰가 있는 한, 수많은 펀드 매니저가 주식을 사고파는 방식을 따르지 않는다고 했다. 나는 드디어 말이 통하는 사람들을 만났다는 생각이 들었다. 그로부터 몇 년 후 함께 에든버러를 방문했는데, 그때도 많은 도움을 받았다. 캘리포니아에도 이와 비슷한 도움을 준 투자자 그룹이 있었다.

프랑스에는 피에르라는 투자자가 있었다. 피에르도 스코틀랜드의 투자자들과 비슷했다. 슈거 크리크에 처음 놀러 갈 때 피에르도 함께 갔는데, 그곳에서 그가 물에 빠져 죽을 뻔했다. 그래서 나는 그를 두 번 다시 보지 못할까 봐 몹시 걱정했다. 하지만 그는 우리 회사를 믿어 주었다. 직접 우리 회사 주식을 매수하는 것은 물론이고 프랑스 펀드 매니저들에게 추천하기까지 했다. 그는 무려 15년간 우리 회사를 지지해 주었으며, 그 기간 내내 우리 회사 주식으로 큰 수익을 올렸다.

월마트 장기 투자자들은 만족스러운 결과를 얻었다. 그도 그럴 것이, 미국 내 비즈니스에서 가장 높은 자기자본 이익률(ROE)을 유지해 그들에게 지속적으로 높은 수익을 안겨 주었기 때문이다. 1977~1987년 우리 회사의 평균 투자자 수익률은 46퍼센트였다. 경기 침체기에도 상황은 크게 달라지지 않았다. 일례로 1991년 자기자본 이익률은 32퍼센트를 넘겼다.

경영진이 가장 성가시게 느끼는 것은 무엇일까? 내 생각에 이만큼 큰 회사를 경영하는 데 시간을 바치는 사람이 가장 싫어하는 것은 자금 관리자들이 항상 투자자 계정을 휘저어 놓는 것이다. 주가가 40달러 또는 42달러가 되면 자금 관리자는 투자자에게 달려가서 이렇게 말한다. "이봐, 주가가 많이 올랐어. 빨리 매각하는 게 좋을 거야. 너무 부풀려졌어." 하지만 이런 염려는 무의미하다. 경영진이 회사를 잘 이끌어 가고, 직원과 고객을 잘 관리하며, 기본에 충실하려고 노력한다면, 그 회사는 성공할 수밖에 없다. 물론 이런 기본 사항을 제대로 판단하려면 분별력을 갖고 지속적으로 관찰해야 한다. 내가 월마트 주주거나 주식을 사려는 사람이라면, 우선 10곳의 월마트 매장에 가서 직원들에게 이렇게 물어볼 것이다. "여기서 근무하는 건 어떤가요? 회사에서 직원들을 어떻게 대하고 있습니까?" 직원들의 말을 들어 보면 주식 투자 여부를 결정하는 데 필요한 정보를 많이 얻을 수 있다.

비슷한 주제로 내가 자주 받는 질문이 있다. 방대한 주주를 가진 회사로서, 남들과 다르게 경영하라거나, 장기적인 전략 계획을 어느 정도 희생하고 좀 더 단기적으로 생각하라는 압박을 받느냐는 것이다. 나는 어느 정도까지는 두 가지 방법을 모두 사용해야 한다고 대답한다. 지금처럼 1년에 150개의 매장을 새로 설립하려면 아무래도 단기적인 계획에 주력해야 한다. 이는 어쩔 수 없는 부분이다. 하지만 이런 성장 속도를 유지하려면 적어도 5년 후를 계속 염두에 두어야 한다. 주식시장의 압박 때문에 우리는 내년에도 내후년에도 일관성을 유지할 수 있도록 먼 미래를 내다보고 계획하게 되었다. 여기서 말하는 일관성이란 수익성뿐만 아니라 매출, 총수익 등 전반적인 사항과 관련이 있다.

하지만 나는 개인적으로 지나치게 초조해하지는 않는다. 시간의 흐름에 따라 주가는 엄청나게 변동했다. 투자자들 사이에 소매업 투자가 크게 유행하자 우리 회사의 주가는 폭등했다. 그러다가 어느 애널리스트가 월마트의 전략은 하나부터 열까지 모두 틀렸다는 분석을 내놓자 주가가 나락으로 떨어졌다.

1981년에 '쿤스 빅 케이(Kuhn's Big K)'라는 가맹점 사업을 인수했다. 덕분에 미시시피 동부 지역에 처음으로 발을 내디뎠다. 일각에서는 월마트가 자기 능력으로는 도저히 감당할 수 없는 일을 벌이고 있으며, 애틀랜타와 뉴올리언스에서는 결코 성공하지 못할 거라는 분석이 나왔다. 세인트루이스나 다른 곳에 진출해 제대로 된 경쟁에 참여하게 되면 절대 수익을 내지 못할 거라는 분석도 있었다. 기업을 상장한 이래로 항상 우리가 몰락할 거라는 예상이 끊이지 않았다. 한 대형 기관투자자는 그런 분석 자료를 읽고 100만 주 또는 50만 주를 처분해 버렸고, 이는 우리 회사의 주가에 적잖은 타격을 주었다.

불과 몇 년 전만 해도 일부 소매업 애널리스트는 우리 회사가 너무 커지면 연간 20퍼센트의 성장률을 더는 유지하지 못할 것이라는 우려를 표명했다. 그때 나는 20퍼센트라면 너무 좋아서 기절할 거라고 응수했다. 연간 매출액이 250억 달러일 때 20퍼센트라면 50억 달러인데, 이는 대다수 소매업체의 매출액을 능가하는 금액이었다. 그런데도 사람들은 50억 달러가 증가하면 월마트에 치명타가 되리라고 생각한 것이다. 하지만 실제 상황이 어떻게 전개되었는지 보자. 월마트는 지금도 두 자릿수 성장률을 기록하는 초대형 기업이 되었다. 월마트가 20퍼센트 성장을 해낸다면 전국 뉴스에 유의미한 경제 지표로 보도될 것이다. 당시 애널리스트는 나름대로 완벽한 논리를 통해 20퍼센트 성장이 우리 기업에 치명타가 될 거라는 추론을 제시했을 것이다. 하지만 그들이 놓친 점이 있다. 심각한 경기 침체기에 모든 기업이 어려움을 호소했으나, 월마트는 기초가 튼튼해서 경기 침체에 큰 타격을 입지 않았다. 덕분에 어느 기업과 비교하더라도 월마트가 단연 돋보이는 것이다.

회사가 계속 성장하고 투자자가 많아지면, 비행기로 곧장 디트로이트나 시카고, 뉴욕으로 날아가서 우리 주식을 보유한 투자자나 은행가를 만나 기업 인수를 제안하고픈 유혹이 생긴다. 월마트 주식은 상장 직후부터 빠른 상승세를 보였지만, 나는 외부인에게 기업을 팔아넘기기 위해 애쓰기보다는 매장에서 일하는 동료들, 즉 사내 사람들에게 시간을 투자하는 편이 더 낫다고 생각했다. 뉴욕이나 보스턴 홍보 전문가의 의견이나 연설이 장기적으로 우리 회사의 주식 가치에 큰 의미가 있다고 생각하지 않았다. 결국에는 기업의 실질적인 가치가 주가에 반영될 것이라고 믿었다. 그렇다고 해서 회사의 최근 상황을 월스트리트에 알리는 일을 게을리했다는 뜻은 아니다. 주주총연맹(United Shareholders Association)에서 수십 년간 진행한 투표 결과에 따르면, 월마트가 미국 1위 기업이며, 그 비결은 바로 주주에 대한 기업의 책임감이라고 한다.

내가 오랫동안 걱정한 것은 주가가 아니라, 언젠가 매장 관리자가 고객을 제대로 관리하지 못하거나 동료에게 동기를 부여하고 관리하는 업무를 소홀히 하는 사태가 발생하는 것이었다. 또한 회사가 커지면서 팀으로 함께 일하려는 마음가짐이 흐트러지거나, 동료들에게 한 가족이라는 개념을 실현 가능하고 현실적이며 유의미한 것으로 각인시키지 못할까 봐 걱정하게 된다. 이런 사안은 우리가 잘못된 길로 들어섰다는 이론적인 주장보다 훨씬 현실적인 문제다.

뉴욕의 소매업 애널리스트나 금융기관에서 컴퓨터로 설정한 10년 계획에는 특정 복리를 적용한 목표치가 설정돼 있을지 모른다. 하지만 기업가로서 그런 목표치에 일일이 부응하는 것은 사실상 불가능하다. 그런 수치에 맞추려고 애쓰다가 더 중요한 것을 놓칠 우려가 있다. 그보다는 매일, 매주, 매분기에 매출과 수익을 공개한다면, 회사가 문제없이 운영되고 있으며, 바람직한 성장률을 유지하고 있다는 것, 시장 안에서 마땅히 존중받는 자리를 유지할 것임을 입증할 수 있다. 15퍼센트, 20퍼센트, 25퍼센트 같은 구체적인 수치는 중요하지 않다. 그보다는 향후 10년간 회사를 일관성 있게 이끌어 간다면 동료와 고객(상당수의 고객은 이제 우리 회사 주주가 되었다)에게 더 나은 서비스를 제공할 수 있을 것이다.

설령 회사가 누군가의 이론적 기대나 예상에 미치지 못하더라도, 나는 개의치 않는다. 그로 말미암아 주가가 어느 정도 타격을 받을 수도 있지만, 장기적으로 보면 우리는 안정세를 회복할 것이라고 확신한다. 시장의 기대치나 주변에서 하는 말은 신경 쓰지 않는다. 그런 것에 진지하게 귀를 기울였다면 애초에 소도시에서 할인 매장을 시작하지도 않았을 것이다.

CHAPTER 8

성장에 박차를 가하다

샘은 1970년에 나를 신규 매장 개설 담당 지역 관리자로 고용했습니다. 당시 월마트 매장은 18개였고, 몇 개의 잡화점이 더 있었죠. 연 매출은 약 3,100만 달러였어요. 나는 가족을 모두 데리고 이사했습니다. 밴에 싣고 온 가구를 새집으로 옮기는데 사무실에서 연락이 왔어요. "미주리주에 가서 새 매장을 준비해 줄 수 있을까요?" 그때 우리는 아기가 셋이나 있었고, 이삿짐을 실어 온 밴도 처리해야 했죠. 그래도 아내는 출장을 가라며 옷을 챙겨 주었습니다. 그렇게 집을 나온 지 2주 만에 돌아왔는데, 매장 관리자 회의가 잡혀서 또다시 2주 넘게 집에 들어가지 못했어요. 그때는 하루에 적어도 16시간 이상 근무했죠.

_ 잭 슈메이커(월마트 전 최고운영책임자)

이제는 빚이 전혀 없어서 핵심 전략을 적용해 본격적인 날갯짓을 할 수 있었다. 간단히 말하자면, 다른 사람이 모두 무시하는 소도시에 적당한 크기의 할인 매장을 설립하는 것이 우리의 목표였다. 당시 케이마트는 인구 5만 명 미만 도시에는 입점하지 않았고, 깁슨스도 10,000~12,000명 이하 도시는 거들떠보지 않았다. 하지만 우리는 우리의 사업 전략이 인구

5,000명 이하의 소도시에서도 효과가 있을 거라고 자신했다. 주위를 둘러보면 이렇게 사업을 확장할 곳은 얼마든지 있었다.

월마트의 성공담을 가장 간략하게 듣고 싶다면, 한 마디로 요약할 수 있다. "아무도 거들떠보지 않는 소도시에 파고든 것이 월마트의 성공 비결입니다." 아주 오래전 할인업계에서 우리 기업의 인지도가 조금 생길 무렵, 업계 사람들은 우리를 그저 우연히 이런 아이디어를 찾아낸 시골뜨기로 취급했다.

어쩌면 그런 아이디어에 착안한 것은 우연이었을지 모른다. 하지만 이를 실행에 옮길 방법을 생각해 내지 못했다면, 그 전략은 무용지물이 되었을 것이다. 우리가 생각해 낸 방법은 하나의 시장 영역에 진출한 다음 그곳을 장악함으로써 일대를 완전히 잠식하는 것이었다. 할인업계가 한창 성장하던 초창기에는 유통 시스템을 이미 갖춘 전국 규모의 기업이 많았다. 일례로 케이마트는 전국 곳곳에 매장을 유지하는 방식으로 성장했다. 하지만 우리는 그런 방식을 감당할 여력이 없었다.

대형 업체는 대도시 위주로 확장하면서 전국으로 흩어졌다. 그 과정에서 지나치게 사세를 확장하며 부동산을 사들이면서 토지 용도 지정법, 지방 정치 등에 깊이 연관되게 되었다. 덕분에 우리가 침투할 만한 지역이 꽤 많이 남아 있었다. 우리의 성장 전략은 필요에 의해 만들어진 것이지만, 꽤 초창기부터 이것이 전략이라는 점은 충분히 인지하고 있었다. 일단 매장을 지을 때, 물류 센터나 창고가 각 매장을 관리 및 통제할 수 있는 방식으로 설립했다. 그리고 지역 관리자와 벤턴빌의 본사가 서로 연락을 주고받을 수 있어야 했다. 필요하다면 벤턴빌 직원이 직접 매장에 가서 지원하도록 할 생각이었다. 그리고 모든 매장은 물류 센터에서 자동차로 하루 안에 갈 수 있는 거리에 두기로 했다. 그래서 우리는 창고에서 하루 동안 차로 최대한 멀리 가서 매장을 확보했다. 이런 식으로 해당 시장 영역이 포화상태가 될 때까지 주 또는 카운티 단위로 매장을 추가했다.

그렇게 해서 아칸소주 북서부 지역이 포화상태에 도달했다. 다음에는 오클라호마주, 미주리주를 포화상태로 만들었다. 그다음엔 네오쇼, 조플린, 모넷, 오로라, 네바다, 벨턴, 해리슨빌을 정복했다. 다음 순서는 캔자스주의 포트 스콧과 올레이스였다. 어떤 지역은 그냥 넘어갈 때도 있었다. 루이지애나주 러스턴에 23호 매장을 개점했을 때가 그랬다. 당시 벤턴빌과 러스턴의 중간에 있던 아칸소주 남부 지역에는 매장이 하나도 없었다. 그래서 그 지역을 다시 차근차근 메우기 시작했다. 사실 그 시절에는 미래에 대한 구체적인 계획이 없었다. 그저 이런 식으로 매장을 계속 늘려 가는 것이 전부였다. 테네시, 캔자스, 네브래스카 등 장악하기로 마음먹은 곳은 모두 침투했다.

하지만 도심지를 공략할 때는 미리 생각하려고 노력했다. 사실은 도심지 진출을 한 번도 계획한 적이 없다. 오히려 도시를 둘러싸는 고리 형태로 매장을 계속 추가한 다음, 우리 매장이 있는 지역까지 도시가 확장되기를 기다리는 편이었다. 이 전략은 거의 모든 지역에서 성공을 거뒀다. 털사에는 아주 오래전에 매장을 열었는데, 브로큰 애로와 샌드 스프링스에 매장이 있었다. 우리는 캔자스시티를 중심에 놓고 미주리주 쪽에 있는 워런즈버그, 벨턴, 그랜드뷰와 캔자스강 건너편에 있는 보너 스프링스 및 레번위스에 매장을 확보했다. 댈러스에서도 같은 방식으로 매장을 추가했다.

이런 포화 전략은 매장 관리와 물류에 유용할 뿐만 아니라 다양한 장점이 있었다. 우리는 사업 초창기부터 광고에 거액을 들이는 것이 별로 효과가 없다고 생각했다. 포화 전략은 오히려 광고 비용을 크게 아끼는 데 도움이 되었다. 우리처럼 시골 소도시 위주로 확장하면, 대대적인 광고를 하지 않아도 고객 사이에 우리 매장에 대한 입소문이 빠르게 퍼지는 것을 볼 수 있었다. 아칸소주에 75개, 미주리주에 75개, 오클라호마주에 80개의 매장이 있을 때는 사람들이 우리가 누군지 잘 알고 있었다. 그리고 가격을 할인하지 않는 상점을 제외하고는 다들 우리 매장이 입점하기를 학수고대했다.

이런 방식을 고수한 덕분에 수많은 신문에 광고를 내지 않고 월 1회 광고지를 돌리는 것으로 버틸 수 있었다. 월마트는 대규모 광고를 낸 적이 한 번도 없다. 지금도 기업의 규모에 비하면 광고를 많이 안 하는 편이다. 지금도 그렇지만, 당시 우리의 경쟁 상대는 우리 자신이었다. 일례로 미주리주 스프링필드 지역은 약 160킬로미터 이내에 월마트 매장이 40개나 있다. 케이마트가 그 지역에 매장 3개를 열었지만 이미 월마트가 장악한 시장이라서 자리를 잡는 데 어려움이 컸다.

대부분의 경우 이미 효과가 입증된 방식을 그대로 반복하면서 전략적인 지역에 매장을 계속 추가했다. 어떤 시장에 어느 정도 크기의 매장을 지을 것인지만 결정하면 되었기 때문에 다른 것은 고민할 필요가 없었다. 매장의 크기는 다섯 종류였는데, 모두 2,800~5,600제곱미터의 면적이었다. 아무리 작은 시장이라고 해도 그냥 넘어가는 법이 없었다. 나는 잡화점을 운영하던 시절에 경쟁업체의 매장을 직접 보러 다녔기 때문에, 해당 지역에 유리한 제품이나 매장이 무엇인지 빨리 파악할 수 있었다. 버드와 나는 위치 선정과 관련해 원하는 것이 분명히 정해져 있었다.

월마트의 성장과 성공에 도움이 되었던 아이디어를 모두 이야기하자면 끝이 없을 것이다. 그중에서 포화 전략은 지금도 여전히 핵심 아이디어로 활용되고 있다. 물론 지금은 몇몇 도시에 곧바로 입점하는 경우도 있다. 하지만 부동산에 있어서 가장 주력하는 것은 남들보다 먼저 사업 영역을 확장해 매장 주변에 인구가 늘어나도록 유도하는 것이다. 처음에도 그랬듯이, 우리는 소도시를 주로 공략했다. 차를 타고 지나가다가 우리 매장을 처음 보는 사람이 많았다. 그렇게 인지도를 높였고, 그에 따라 고객도 점차 늘어났다. 내가 정말 신기하게 생각하는 것은, 이 방법의 효과가 상당히 빠르게 나타났다는 점이다. 우리는 플로리다에서 북부에 사는 새로운 친구들을 많이 만들었다. 북쪽에 사는 사람들은 겨울에 플로리다에 왔다가 우리 매장을 처음 보게 되었는데, 이제는 자기네 지역에도 월마트가 하루빨리 생겨야 한다고 말한다.

믿지 않을지 모르지만, 북부 지역에도 월마트 매장을 열어 달라는 내용의 편지가 자주 온다. 월마트 고객이었다가 북부로 가서 살게 된 사람들이 우리 매장을 그리워하는 것이다. 리오그란데 밸리도 마찬가지다. 노스 다코타, 사우스 다코타, 미네소타에 거주하는 농부들이 겨울에 남쪽 지방에 왔다가 우리 매장을 알게 된 것이다. 이런 지역에는 아직 월마트라는 상호가 전혀 알려지지 않았는데도 매장을 열어 달라는 요청이 쇄도하고 있다. 덕분에 지금도 계속 사업을 확장하면서 포화 전략에 힘쓰고 있다. 월마트에 우호적인 지역을 모두 포화시키려면 아직 갈 길이 멀다.

경비행기가 없었다면 당시에 그 많은 일을 어떻게 처리했을까 생각하니 아찔하다. 맨 처음 비행기를 마련한 이유는 업무 출장 때문이었다. 여러 매장을 오가면서 긴밀하게 연락을 주고받으려면 어쩔 수 없었다. 그런데 일단 사업이 커지고 나서 보니 비행기는 부동산을 알아보는 데 정말 유용한 도구였다. 다른 소매업체에 비하면 우리는 10년이나 일찍 공중에서 내려다보며 부동산을 알아보기 시작했다. 비행기에서 보면 차량 흐름을 한눈에 파악할 수 있고, 도심이 어느 방향으로 확장되는지 이해할 수 있게 된다. 그리고 경쟁업체의 입지도 평가할 수 있다. 이런 정보를 토대로 우리의 부동산 전략이 만들어졌다.

이 일은 내가 직접 해야 직성이 풀린다. 비행기 고도를 최대한 낮추고 측면으로 기울인 다음 도심을 가로질러 날아가는 것이다. 원하는 지점이 정해지면 착륙 후 그곳의 소유권자를 찾아가 곧바로 협상을 시작한다. 이런 점 때문에 제트기를 좋아하지 않는다고도 할 수 있다. 경비행기와 달리 제트기는 고도를 한껏 낮춰서 지상의 상황이 어떤지 관찰할 수 없으니 말이다. 매장이 120~130개로 늘어나기까지 버드와 나는 모든 매장 부지를 이런 식으로 직접 선정했다. 매장 위치 선정까지의 과정이나 결과에 대해 늘 자신만만했다. 아마 소매업체 경영인 중에서 나처럼 경비행기로 비스듬히 날면서 개발 패턴을 분석하는 사람은 많지 않을 것이다. 그런 노력이 성공에 큰 도움이 되었다.

우리 매장이 400~500개로 늘어날 때까지 나는 모든 부동산 거래에 직접 관여했다. 비행기로 최대한 여러 부지를 돌아보면서 꼼꼼하게 따지지 않고는 계약서에 사인하지 않았다. 유리한 장소를 선정해 적절한 가격에 매입하는 것은 그곳에 설립할 매장의 성공 여부에 매우 중요한 사안이다. 특히 부동산 매입 문제는 항상 우리 가족이 관여했다. 한동안 짐이 맡아서 처리했고, 롭은 지금까지도 직접 부동산을 보러 다니면서 모든 부동산 관련 회의에 빠짐없이 참석하고 있다.

좋은 장소를 찾아내면 곧바로 확보해 매장을 설립했다. 매장 내 진열대나 비품은 우리가 직접 만들었으며, 지금도 그렇게 하고 있다. '매장 개설 계획(Store Opening Plan)'이라는 것이 존재했지만, 실제로 매장을 열 때면 보조 관리자를 모두 호출하는 등 인력을 최대한 동원해야 했다. 알 마일스의 경우 아마 100여 개의 매장을 짓고 300개가 넘는 매장을 열었을 것이다. 이는 결코 쉬운 일이 아니다. 매장 직원을 고용해서 교육하는 것은 물론이고, 진열대를 일일이 조립하고 상품을 주문하고 광고를 계획해야 한다. 모두 힘을 합치지 않고는 불가능한 일이었다. 매장 개설에 관해서는 에피소드가 정말 많다. 한번은 더는 모텔에 돈을 쓰고 싶지 않아서 한 직원의 집에서 자기로 했다. 그런데 그 집은 주문한 가구가 아직 도착하지 않은 상태여서, 다들 침낭에 의존해 맨바닥에서 자야 했다.

페럴드 아렌드는 월마트 초창기에 큰 변화를 주도한 인물이다. 나와 달리 그는 매우 조직적으로 일을 처리한다. 나는 그에게 독일인이라서 조직적이고 꼼꼼한 것 같다는 말을 자주 했다. 하루에 열 가지 일을 처리해야 하면, 페럴드는 일단 그 열 가지를 다 적은 다음 하나씩 차근차근 처리했다. 그리고 자기가 지시한 일을 직원들이 어떻게 처리하는지 일일이 확인했다. 하지만 그 시절에 나는 눈앞의 일을 처리하기에 급급해서 직원들까지 챙길 여유가 없었다.

나는 준비가 되면 곧바로 다음 매장이나 다른 도시로 떠나야 한다는 생각이 강한 편이다. 그럴 때면 잠시도 다른 사람을 기다려 줄 여유가 생기지 않는다. 그래서 조종사를 따로 두는 것이 편하지 않았다. 내가 당장 떠나고 싶을 때 조종사가 이륙할 준비가 된 경우는 거의 없었다. 사실 나는 비행기 조종을 매우 좋아한다. 전국 곳곳을 다니며 직접 길을 찾아내고, 날씨를 관찰하고, 모든 과정을 직접 통제할 수 있기 때문이다. 하지만 가장 중요한 것은, 내가 출발하고 싶을 때 바로 떠날 수 있다는 점이다. 특히 서둘러 길을 떠나야 할 때 다른 사람을 고려할 필요가 없다.

　게다가 나는 사람들이 일하는 모습을 지켜보는 걸 좋아한다. 그런데 기업용 비행기 조종사는 직업 특성상 비행하지 않는 시간(downtime)이 많기 마련이다. 그래서 처음으로 비행기 조종사를 몇 명 고용했을 때, 그 시간에 대해 한 가지 제안을 한 적이 있다. "여러분, 우리 회사에서 조종사로 일하고 싶으면, 비행하지 않는 시간에 매장에 나가서 모든 부서의 재고가 어디 있는지 확인해 보세요." 나는 이 아이디어가 매우 좋다고 생각했다. 조종사라고 해도 사업에 대해 좀 배우면 경영진에게 도움을 줄 수 있고, 그 과정에서 즐거움을 얻을 수 있지 않을까. 하지만 고작 3개월 만에 그 생각이 잘못되었음이 드러났다. 조종사들이 거세게 불평불만을 쏟아 낸 것이다. 비행하지 않는 시간에도 기상 상황을 확인하고 비행기를 정비하느라 바쁜데, 그 점을 전혀 모르는 것 같다는 불평이었다. 결국 내가 한발 물러서야 했다. 지금은 우리 직원들이 각자의 업무에 집중하듯이, 조종사에게도 비행 업무만 맡기고 있다.

잭 슈메이커 ——

　　내가 합류한 후 개점한 첫 매장은 미주리주 세인트로버트의 21호 매장이었습니다. 매장 개설을 담당하는 팀원들은 건축 공사가 끝나야 매장을 넘겨받을 수 있었죠. 하지만 매번 계획대로 일이 진행되지는 않았어요. 21호 매장이 우리에게 넘어온 시점에는 주차장이 아직 완공되지 않은 상태였죠. 아직 자갈이 정리되지 않았고 주차선 표시도 없었어요. 그래서 해당 매장 담당자인 게리 레인보스와 나는 개점 후 혼란을 줄일 방안을 고민했습니다.

그러다가 스낵바를 운영하는 상인이 트럭 뒤에 커다란 노란색 통들을 연결한 다음 거기에 요리에 사용하고 남은 오일을 넣어 가지고 다니는 것을 보고 아이디어를 얻었죠. 우리는 그 상인에게 거래를 제안했습니다. 그의 트럭에 매달린 기름통들을 매장 개점일에 사용하게 해 주면 앞으로 요리용 오일을 저렴한 가격에 제공하기로 말이죠. 우리는 기름통들에 깃발을 달고 밧줄로 연결한 다음 그걸로 임시 주차장을 만들었습니다.

그 시절에는 그런 식으로 문제를 해결했죠. 샘은 일을 처리할 수만 있다면 창의적인 방법을 얼마든지 수용해 줬어요. 덕분에 우리는 자유롭게 해결책을 구상할 수 있었습니다. 제때 일을 끝내려면 서둘러야 할 때도 많았죠.

다른 매장을 개점할 때도 흥미로운 에피소드가 있었습니다. 40번 주간(州間) 도로 근처인 아칸소주 모릴턴에 마침내 매장을 새로 짓게 되었어요. 샘이 그토록 자랑스러워하던 코카콜라의 낡은 공장 부지에 있던 매장을 이전한 거였죠. 그때 페럴드 아렌드가 내 상사였는데, 3주 만에 신규 매장 설립이라는 신기록을 달성하는 거라고 설명해 주더군요. 그런데 알고 보니 페럴드가 1주일을 착각한 거였습니다. 매장 개점까지는 불과 2주밖에 남지 않은 상황이었어요. 페럴드와 나는 필사적으로 노력했지만, 결국 계획한 날짜에 맞추지 못했습니다. 추수감사절에 개점했는데, 매장 상태는 엉망진창이었죠.

샘이 직접 차를 몰고 매장을 보러 왔고, 내가 매장 입구에서 그를 맞이했습니다. 제대로 준비되지 않은 매장을 보여 줘야 해서 정말 난감했죠. 하지만 샘은 우리가 그동안 얼마나 애썼는지 이미 알고 있었습니다. 당시 느낌을 솔직하게 말하면 우리 두 사람이 크게 상처받을 거라고 생각했는지, "수고 많았습니다. 매장이 아주 멋지군요", 그 말만 남기고 돌아가더라고요.

나는 매장에서 중요한 업무가 제대로 처리되는지 점검하는 데 많은 시간을 할애했는데, 그 때문에 임원들은 부담감을 많이 느꼈을 것이다. 내가 그들에게도 매장에 직접 가 볼 것을 기대했기 때문이다. 나는 매일 반복되는 운영 관련 업무는 다른 사람에게 대부분 위임하는 편이었다. 초반에는 페럴드 아렌드와 론 메이어에게 주로 위임했고, 나중에는 잭 슈메이커와 데이비드 글래스, 돈 소더퀴스트에게 맡겼다. 내 역할은 인재를 채용한 다음 그들에게 가능한 한 많은 권한과 책임을 맡기는 것이었다.

내가 실무형 관리자인지, 적당한 거리를 두는 타입인지 물어보는 사람이 많다. 내가 생각하기에는, 직접 발로 뛰거나 여러 매장을 돌아다니면서 눈에 보이는 모든 것을 일단 찔러 보는 편이라는 표현이 더 정확할 것 같다. 그렇게 해야만 일이 어떻게 진행되는지 확인할 수 있다. 나는 회사의 운영진이 각자 알아서 결정을 내리도록(때로는 실수를 하도록) 허용하지만, 잘못을 비판하고 조언을 하기도 한다. 숫자에 관한 탁월한 감각 덕분에 각 매장의 운영 관련 수치 자료는 모두 꿰고 있다. 그 밖에도 여러 가지 출처의 수많은 정보를 놓치지 않으려고 노력한다. 그런 의미에서 보면, 나는 타고난 재능에 크게 의존하는 경영자에 가깝다고 할 것이다. 내 장점은 최대한 발휘하고 약점은 다른 사람을 통해 보완하고자 노력하고 있다.

이미 말했듯이, 내가 숫자를 잘 외운다는 것은 오래전부터 인지하고 있었다. 이름이나 내가 원하는 다른 것은 쉽게 외워지지 않는데, 숫자는 금방 외워지고 오래 기억할 수 있었다. 나는 토요일에는 어김없이 새벽 2~3시에 사무실에 나와서 주간 통계 자료를 모두 검토했다. 토요일 오전 회의를 준비하는 면에서는 나보다 선수 치는 사람이 없었다. 그렇게 자료들을 먼저 검토한 후 매장의 상황을 살펴보았다. 그러면 오랫동안 가 보지 못한 매장이어도 생각나는 점이 있어서, 필요한 경우에는 매장 관리자에게 알려 주곤 했다. 그러면 시간이 흐른 뒤에도 이번 주에 그 매장에서 어떤 일이 있으며, 직원 월급이 얼마인지도 기억할 수 있었다. 나는 매주 토요일 아침마다 모든 매장에 대해 이렇게 한다. 대략 세 시간 정도 걸리지만, 일단 이렇게 하고 나면, 회사가 어떻게 돌아가는지 해당 매장 관계자만큼 잘 알게 된다. 심지어 그들보다 내가 더 훤히 파악할 때도 있다.

하지만 나에게 체계적으로 정리를 잘하느냐고 묻는다면, 절대 그런 사람이 아니라고 대답할 것이다. 일을 체계적으로 처리하려고 애쓰면 속도는 현저히 느려진다. 나는 그런 상황을 너무 답답해하며 견뎌 내지 못한다. 그러나 할 일이 무엇인지, 현재 진행 상황이 어떤지는 자주 확인한다. 다만 스케줄에 너무 얽매이지 않을 뿐이다. 이런 내 업무 방식 때문에 비서 로레타 보스는 스트레스가 이만저만이 아니었다. 후임 베키 엘리엇도 마찬가지였다. 그 정도로 나는 무계획적이고 즉흥적이다.

로레타 보스 파커, 25년간 샘 월턴의 개인 비서로 근무 ──

샘은 항상 그런 식이었어요. 사고 속도가 보통 사람들보다 열 배는 빠를 거예요. 일단 일을 시작하면 남들보다 두세 걸음 앞서가지만, 생각의 흐름에 따라 금방 방향을 바꾸곤 하죠. 뭔가 할 일이 생각나면, 미리 계획된 일이 무엇이든 관계없이, 새로 떠오른 일부터 해결하려고 합니다. 당장 그것부터 처리하고 보자는 식이죠. 다들 하루 업무 계획이 있잖아요. 그런데 샘은 그런 걸 다 무시하고 갑자기 회의를 소집할 때가 많았어요.

초기에는 당황스러운 순간이 정말 많았죠. 샘의 일정을 정리해서 보고했는데도 하나도 기억하지 못했어요. 당시 달력을 두 개 사용했어요. 하나는 샘의 책상에 놓고 다른 하나는 제가 관리했죠. 한번은 댈러스에서 손님이 오실 예정이었어요. 샘을 직접 만나려고 비행기로 오는 손님이었죠. 그런데 8시에 샘의 집무실에 들어가 보니 자리에 안 계신 거예요. 알고 보니, 그날 새벽 5시에 다른 도시로 출장을 떠나셨더군요. 댈러스에서 오신 손님에게는 "사장님이 자리에 안 계십니다"라며 대신 사죄해야 했죠.

그런 일이 몇 번 반복된 후에야 더는 샘의 일정을 미리 정하지 않기로 마음먹었습니다. 샘도 "그래, 아무 계획도 정하지 않는 편이 좋겠어"라고 했죠. 그런데 샘은 나에게 알리지 않고 직접 약속을 잡았다가 잊어버리는 경우가 많았습니다. 그럴 때도 뒷감당은 내 몫이었죠. 25년 정도 비서로 일했는데, 이 문제는 전혀 나아질 기미가 보이지 않았습니다. 내가 아니라 다른 사람이 비서로 일해도 이건 극복할 수 없을 거예요.

토요일 새벽에 각종 통계 자료를 확인하고 주간 회의에 참석하는 것 외에는 정기적으로 반복되는 일과가 거의 없었다. 출장 시에는 항상 작은 녹음기를 들고 다녔다. 업무 관계자와 대화 중에 좋은 아이디어가 떠오르면 녹음해 두었다. 노란색 노트도 항상 손에 들고 다녔는데, 거기에 처리해야 할 업무를 간단한 목록으로 적어 두었다. 그 목록에 따라 임원이나 직원들에게 이러저러한 요청을 했기 때문에, 그들은 내 노트를 몹시 싫어했을지도 모른다. 하지만 그 노트가 우리 회사의 성장에 크게 이바지했다는 데는 의문의 여지가 없다.

데이비드 글래스 ──

샘 월턴은 일단 무엇을 해야겠다는 생각이 들면 무서울 정도로 집념을 보입니다. 같이 일하거나 보좌하는 사람은 지치기 쉽죠. 샘이 아이디어를 제시하면 우리 모두 머리를 맞대고 검토합니다. 간혹 지금 당장 시행하기 어려울뿐더러 앞으로도 시도할 가망이 적다는 결론이 나올 때도 있습니다. 그러면 샘도 곧바로 수긍하고 없던 일로 합니다. 하지만 자기가 옳다고 확신하는 아이디어는 우리가 아무리 퇴짜를 놓아도 아랑곳하지 않고 거듭 제안합니다. 몇 주가 걸려도 상관하지 않아요. 결국에는 모든 사람이 두 손을 들게 만들죠. 이렇게 계속 샘과 싸우느니 그 아이디어를 시행하는 게 더 낫겠다는 생각이 들 정도니까요. 사람을 지치게 해서 자기 주장을 관철하는 데 정말 탁월한 사람입니다.

넘쳐나는 일을 모두 처리할 수 있었던 한 가지 비결은 매일 아침 일찍 출근하는 것이었다. 토요일 회의에 대비해 각종 통계 자료를 검토할 필요가 없을 때도 새벽에 사무실로 향했다. 늘 4시 반에 출근했는데, 이른 아침 시간에는 아무에게도 방해받지 않고 생각을 정리하고 계획을 세우고 업무를 처리할 수 있어서 매우 좋았다. 또한 아침에 편지를 쓰거나 회사 사보인 〈월마트 월드〉에 기고할 글을 완성하곤 했다.

A. L. 존슨, 월마트 부회장 ――

내 생각에 샘 월턴의 가장 큰 장점 중 하나는 예측이 전혀 불가능하다는 거예요. 그는 정말 독특하고 주도적이죠. 사고방식도 매우 독립적입니다. 대충 검토하거나 아예 훑어보지도 않고 결재해 주는 일은 결코 없었어요. 어떤 사안이든, 누구의 의견이든 예외는 없었죠.

나는 머천다이징 관리자였는데, 그 시절에는 컴퓨터를 업무에 사용하는 경우가 거의 없었어요. 그래서 6년간 금요일 아침마다 모든 수치를 정리한 자료를 샘의 사무실에 가져다주었습니다. 아침마다 내가 모든 수치를 일일이 확인했지만, 샘은 자기 노트에 옮겨 쓴 다음 일일이 다시 계산해서 확인하곤 했어요. 그가 나를 믿지 못해서 그러는 게 아니라는 것은 알고 있었습니다. 모든 자료를 확인하는 게 자기 일이라고 생각해서 그러는 거였죠. 가끔 계산 방식이 달라서 결과를 두고 의견 충돌이 있었는데, 그럴 때면 바짝 긴장이 되곤 했죠. 그러니까 한마디로, 자료를 만들어서 샘 월턴에게 제출하면 그대로 승인해 줄 거라고 절대 기대할 수 없었다는 겁니다.

샘 월턴은 훌륭한 동기부여자로 유명합니다. 사실 외부에 알려진 것은 빙산의 일각에 불과하죠. 그런 면에서 그는 단연 독보적이에요. 샘은 자신이 동기부여한 사람을 계속 확인합니다. 그게 그의 경영 스타일이죠.

사람들은 월마트를 시작한 이래로 앞일이 훤히 예측된 순간이 있었느냐고 자주 묻는다. 하지만 그런 느낌을 받은 적은 없다. 내가 아는 것은 우리가 계속 활동적으로 움직이고 있다는 것과 작은 성공을 여러 차례 거뒀다는 것뿐이다. 우리는 그 과정에서 즐거움을 발견했고, 계속 그런 과정을 반복하면 되리라 생각했다. 그리고 고객이 좋아하는 것이 무엇인지도 어느 정도 파악했다. 사실 당시에도 상황이 통제 불능으로 치닫거나 수치상 문제가 발견되면 모든 수단을 동원해서라도 그동안 공들여 키운 회사를 지켜 낼 거라고 입버릇처럼 말하곤 했다. 다행히 지금까지 그런 비상사태는 한 번도 발생하지 않았다.

페럴드 아렌드 ──

실은 아주 멋진 아이디어였어요. 이런 소도시는 아직 경쟁 구도가 형성되지 않았기 때문에 본격적으로 할인 사업을 하기에 아주 적합했죠. 초창기에는 경쟁할 만한 대상이 없었어요. 소도시에는 할인 매장이 아예 없었으니까요. 그래서 우리가 할인 행사를 시작하자, 대도시가 아닌 대부분의 지역에서는 매우 신기한 아이디어라고들 했습니다. 호기심을 느낀 고객들은 가만히 있지 않았어요. 할인 매장에 가 본 경험이 있는 도시 친구나 친척들에게 물어봤겠죠. 그러고는 자신이 사는 소도시에 생긴 할인 매장에 벌떼처럼 몰려들었습니다. 저렴한 가격으로 물건을 사려고요.

주변에 경쟁업체가 없었다는 말은 맞는 것 같다. 할인업계로 범위를 좁힌다면 당시 경쟁 상대는 없었다. 하지만 우리에 관해 꽤 오랫동안 오해를 불러일으킨 역설적인 문제가 있다. 동부 지역에서 20년 전으로 거슬러 올라가 보면, 사람들은 아무도 월마트를 경쟁 상대로 여기지 않는다면서, 설령 경쟁하게 되더라도 월마트는 적절하게 대처하지 못할 거라고들 했다. 하지만 그들이 한 가지 간과한 점이 있다. 우리는 잡화점 운영에서 시작된 기업이라는 것과 우리가 장사를 처음 시작한 곳이 미국 내 잡화점 체인 사업의 출발점이라는 것이다. 벤 프랭클린 가맹점을 운영하던 시절에 나는 이미 스털링이나 TG&Y, 쿤스 매장을 비롯해 여러 가지 형태의 지역 상점과 끊임없이 경쟁했다. 이렇게 소도시에서 할인 매장으로서 경쟁해 보지는 않았지만, 업체나 기업 간 경쟁에 결코 아둔한 편은 아니었다. 깁슨스를 비롯한 몇몇 지역 매장은 할인업에 뛰어들 가능성이 있었으므로 특히 예의 주시했으며, 그럴 경우 어떻게 대처할지도 잘 알고 있었다. 비용을 최대한 낮춰서 우리 매장 제품을 최저가로 만든다면 누구와 경쟁하더라도 지지 않을 것이었다.

회사가 성장하는 과정을 모두 지켜보고 관리한 기간이 내게는 개인적으로 가장 신나고 행복한 때였다. 소매업 역사 전체를 통틀어 봐도 이런 성장을 이룬 기록은 찾아볼 수 없을 것이다. 정유업에 비유하자면 유전을 발견한 것이나 다름없었다. 그야말로 모든 면에서 '대박'이었다. 적어도 오클라호마나 텍사스에서는 그렇게들 이야기했다.

유능한 인재는 계속 영입했지만, 당시에는 머천다이징, 부동산, 건축, 경쟁업체 연구, 자금 조달, 장부 정리 등 거의 모든 업무에 내가 직접 관여하고 있었다. 당연히 근무 시간은 엄청나게 늘어났지만, 사업이 잘되는 기쁨에 도취해 피곤한 줄도 몰랐다. 몇 년 후 도표로 정리된 자료를 보기 전에는 1970년대에 우리가 기록적인 성장을 이뤘다는 것조차 실감하지 못하고 있었다.

연도	매장 개수	매출액
1970년	32	3,100만 달러
1972년	51	7,800만 달러
1974년	78	1억 6,800만 달러
1976년	125	3억 4,000만 달러
1978년	195	6억 7,800만 달러
1980년	276	12억 달러

1970년대 초반에 서로 경쟁 관계가 아니었던 몇몇 할인업체가 함께 협동 연구팀을 만들었다. 대부분 지역 기반의 할인업체였다. 그때 다른 업체들의 실적과 비교해 보고서야 월마트의 실적이 단연 월등하다는 것을 깨달았다. 그들도 어안이 벙벙해했다. 우리가 새로 준비하는 매장이 몇 개인지 듣고는 믿기지 않는다는 표정이었다. 그때 우리는 1년에 50개의 매장을 새로 설립했지만, 그들은 고작 3~6개 늘리는 수준이었다. "도대체 어떻게 매장을 그렇게 많이 늘릴 수 있는 겁니까? 이론적으로 불가능하지 않아요?"라는 질문도 많이 받았다.

하지만 그들이 불가능하다고 생각하는 일을 우리는 실제로 해내고 있었다. 일이 진행되는 상황도 정확히 파악하고 있었다. 매출과 함께 수익도 증가했다. 1970년에는 수익이 120만 달러였으나 1980년에는 4,100만 달러가 되었다. 서류상으로 보면, 우리에게 과분한 결과였다. 한시도 쉬지 않고 앞만 보며 달렸고, 모든 인력과 재능을 총동원했을 뿐, 다른 비결은 없었다. 하지만 오해는 마시라. 그렇다고 해서 소위 '성장통'이 전혀 없었던 것은 아니다.

페럴드 아렌드 ──

무엇보다도 인력 문제가 시급했어요. 좋은 사람을 찾으면 서둘러 교육을 했습니다. 조금도 여유가 없는 상태에서 회사를 운영하다 보니 매장에 여유 인력을 두지 못했죠. 기존의 매장 직원은 정말 빠르고 정확하고 능숙하게 일을 처리해야 했어요. 이전에 헤스테드와 뉴베리에서 근무했는데, 그런 회사에서는 근무 경력이 적어도 10년은 돼야 교육 담당자가 될 수 있었습니다. 하지만 월마트는 달랐죠.

샘 월턴은 소매업 경험이 전혀 없는 사람도 일단 채용한 후 6개월 정도 우리와 함께 일하게 했어요. 그게 바로 업무 교육이었죠. 그리고 매장의 물품을 주문, 관리하고 직원을 돌보는 쪽으로 잠재력이 있다고 판단되는 사람에게는 기회를 열어 줬어요. 매장의 보조 관리자로 임명하는 거였죠. 보조 관리자로 임명된 사람은 새로운 지역에 가서 신규 영업점을 개설하는 일을 맡게 됩니다. 그리고 신규 매장이 완공되면 매장 관리자로 승진하는 거죠.

나는 보조 관리자 대부분이 매장을 직접 운영하기에는 역량이 턱없이 부족하다고 생각했습니다. 하지만 샘 월턴이 보란 듯이 내 생각이 틀렸다는 걸 증명했죠. 샘의 방식대로 하다 보면 내가 틀렸다는 것을 인정할 수밖에 없었습니다. 경험이나 요령은 부족해도 열정과 의욕을 가지고 최선을 다하는 사람은 자신이 부족한 점을 어떻게든 보완해 내더라고요. 열에 아홉은 그런 사람들로, 모두 매장 운영을 성공적으로 해냈습니다. 이 또한 월마트가 고속 성장할 수 있었던 원동력 중 하나죠.

이런 성장이 이루어지는 동안 가능한 한 많은 머천다이징 프로그램을 도입해서 매장을 아낌없이 지원했다. 하지만 1970년대 초반에 월마트 매장 관리자는 제품 판촉이나 상품 이동을 여전히 거의 혼자서 감당해야 했다.

토머스 제퍼슨, 초창기 월마트 지역 관리자, 스털링 스토어에서 스카우트되었으며 후에 운영 관리자가 되었음 ——

대부분의 매장에서는 1년에 여러 차례 판촉 행사를 했습니다. 그 시절에는 주말에 보도에서 팔리는 상품이 매장 내에서 발생하는 매출만큼이나 많았죠. 주차장 한쪽에 밧줄로 구역을 표시한 다음 밴드를 부르고 어마어마한 물량을 풀어 할인 행사를 했어요. 1인 승 소형 보트 몇 대를 받침대 위에 올려놓고 보트마다 한 가지 물품을 잔뜩 채운 다음, '할인 상품'이라는 글자를 커다랗게 써 붙였죠. 우리는 그걸 '보트로드(boatload) 세일'이라고 불렀어요. (물론 그 소형 보트도 판매하는 상품이었죠.)

지금도 이런 할인 행사를 하는 곳이 있지만, 우리가 했던 행사에 비하면 아무것도 아닙니다. 그리고 지금은 그런 식의 행사에 사람들이 많이 몰리지도 않죠.

이 모든 일이 1970년대 초반에 진행되었다. 할인 매장이 없는 소도시를 중심으로 월마트 매장은 계속 늘어나고 있었기 때문에, 페럴드 아렌드와 론 메이어, 밥 손턴과 나는 물류 문제로 골머리를 앓고 있었다. 그로 인한 스트레스에 나는 거의 폭발 일보 직전이었다. 나는 벤턴빌의 창고를 돌아다니며 직접 챙기기도 했다. "이건 어디로 가는 겁니까?" "이 제품은 누가 매입했죠?" "이건 재고 물량이 너무 많은 것 같군요." 그럼에도 매장 근무자들은 물건이 부족하다며 빨리 보내 달라고 아우성쳤고, 우리는 제때 물품을 공급하지 못해 쩔쩔매곤 했다.

한번은 경영진이 회사가 직접 트럭을 매입해야 한다고 입을 모았다. 나는 그런 변화가 걱정스러웠지만, 일단 트럭을 매입하기로 했다. 이미 트랙터 2대와 트레일러 4대가 있었지만, 창고 직원들은 트랙터 4대, 트레일러 6대가 있어야 한다고 주장했다. 내가 보기에는 다소 과도한 요구 같았다. 그래서 내가 창고를 둘러보러 갈 거라는 소식이 전해지면 당장 사용하지 않는 트랙터나 트레일러는 내 눈에 띄지 않도록 건물 반대편으로 옮겼다고 한다. 일단 트랙터나 트레일러가 놀고 있는 것을 보면 추가로 구매해주지 않을 거라고 생각한 것이다.

토머스 제퍼슨 ──

우리는 빠르게 성장했으나, 계속 뒤처지는 분야도 있었어요. 물류에서는 항상 뒤처져 있었죠. 때 맞춰서 창고를 세운 적이 없었으니까요. 새 창고를 오픈하기 전에 관리해야 할 매장이 너무 많아져서 쩔쩔매곤 했죠. 지금은 물류 센터가 실수요의 1.5배예요. 하지만 그 시절에는 화물을 각 매장에 운송하기까지 시간이 얼마나 지체됐는지 모릅니다. 그래서 아주 비싼 임대료를 내면서 외부 창고를 임대했죠. 그래도 물건이 너무 많아서 감당하기 어려웠습니다. 하나의 외부 창고 주변에 물건이 잔뜩 실린 트레일러가 500대나 세워져 있을 때도 있었으니까요. 그걸 다 처리하는 데 시간이 얼마나 걸렸을지 상상해 보세요. 짐을 다 내리기조차 버거운 일이었죠. 하지만 그다음 날이면 화물을 꽉 채운 밴 60대가 또 들이닥쳤습니다. 그러면 밴에서 또 일일이 짐을 내려야 했죠. 매장에서 애타게 기다리는 상품을 일주일이나 열흘 가까이 창고에 그냥 쌓아 둘 때도 많았어요.

문제는 정말 심각했다. 나는 고심 끝에 1970년대에 이 문제를 해결해 줄 사람을 영입하는 데 주력했다. 우선 미주리주에서 여전히 할인업에 종사하고 있던 데이비드 글래스와 벤 프랭클린 가맹점을 운영하고 있던 돈 소더퀴스트가 우리 회사에서 일하게 되었다. 둘 다 실력이 뛰어난 사람으로, 회사는 여러 면에서 그들의 도움이 필요한 상황이었다. 특히 물류나 업무 체계화 같은 일은 내가 손대기 어려운 분야였다. 이미 말했듯이, 론 메이어는 물류 시스템을 잘 아는 사람으로서 제품 집결(merchandise assembly), 크로스도킹, 환적(transshipment) 등의 개념을 도입했다. 하지만 데이비드 글래스가 1976년에 비로소 마음을 바꿔 먹고 우리 회사 경영진에 합류하기 전까지는 물류 시스템이 제대로 운영되지 않았다고 해도 과언이 아닐 것이다. 데이비드야말로 지금처럼 정교하고 효율적인 시스템을 구현하도록 이끌어 준 장본인이다.

론과 페럴드가 회사 경영을 도와주고 있었고, 데이비드는 1970년대 중반에 합류했다. 그 전에 잭 슈메이커가 등장해 나에게 큰 힘을 실어 주었다. 그는 새로운 매장 개설에 경험이 많고 실적도 좋았다. 크로거 슈퍼센터의 관리자 경력도 있었는데, 이는 식료품과 일반 잡화를 통합한 매장으로, 요즘 주변에서 볼 수 있는 대형 할인점과 비슷한 것이었다. 그렇게 경력이 많긴 했지만, 내가 그를 고용할 시점에는 아직 애송이나 다름없었다. 그 무렵에 대학 졸업자를 채용하기 시작했는데, 잭 슈메이커가 스타트 테이프를 끊어 준 셈이었다. 조지아 기술대학 출신답게 당시 우리 회사에 절실했던 시스템과 조직을 갖추는 문제에 좋은 안목과 정보를 가지고 있었다.

지금 내 주변에는 내가 취약한 부문을 보완해 주는 인재들이 대기하고 있다. 초창기의 폭발적인 성장에 대처하려면 회사를 잘 조직할 필요가 있었지만, 나는 조직하고 정리하는 업무에 약한 편이었다. 만약 적절한 인재를 찾지 않고 내 힘으로 모든 것을 처리했다면 1970년대를 넘기지 못하고 회사가 무너졌거나 1980년대에 이룩한 놀라운 성장에 큰 차질이 빚어졌을 것이다. 이때 회사 내부를 조직화하고, 물류 센터 개발에 필요한 기초를 세우고, 데이터 프로세싱 기기를 각 매장에 도입한 것이 훗날 기업의 유지 및 발전에 큰 도움이 되었다.

잭 슈메이커 ──

하루는 샘과 페럴드가 나를 불러 이렇게 말했습니다. "듣자 하니 당신이 기업 내부 방침을 만드는 데 경험이 있다고 하더군요." 실제로 나는 크로거와 미니애폴리스의 코스트투코스트 하드웨어 스토어에서 그런 매뉴얼을 제작한 경험이 있었죠.

"슈메이커 씨가 우리 회사의 기업 방침과 업무 절차를 정리해 설명서로 만들어 주면 좋겠습니다."

"제안은 감사하지만, 사실 그건 내가 원하는 업무가 아닙니다. 나는 머천다이징 업무를 하고 싶습니다."

"그러시군요. 하지만 지금은 매뉴얼 만드는 것이 급선무입니다. 매뉴얼을 최종 완성하려면 시간이 얼마나 걸릴까요?"

경험상 매뉴얼을 만들려면 적어도 6개월에서 1년은 걸릴 것 같았어요. 하지만 나는 이렇게 대답했죠. "90일 이내로 끝낼 수 있습니다."

그러자 샘 월턴이 이렇게 바꿔 버리더군요. "아닙니다, 60일을 드리겠습니다."

샘은 어떤 것이든 느긋하게 기다리는 사람이 아니었어요. 인내심이 별로 없죠. 그게 바로 서로 통한 부분이었습니다. 나도 행동이 앞서는 편이거든요. 아무튼 우리는 정확히 59일 만에 360쪽 분량의 매뉴얼을 완성해 냈습니다.

나중에 다시 설명하겠지만, 잭은 우리 회사의 고위 경영진 가운데 논쟁의 여지가 가장 많은 사람이었다. 하지만 업무를 체계화하는 일에 곧바로 합류해 준 것은 정말 고마운 일이었다. 그는 장사꾼으로서도 손색이 없었다.

토머스 제퍼슨 ──

메이어가 근무하고 있었고 슈메이커가 합류한 지 얼마 되지 않았던 시기에 컴퓨터가 매장 운영에 본격적으로 도입되기 시작했습니다. 그 전에는 모든 매장에서 클래스5 금전 등록기를 사용했죠.

모든 업무가 수작업으로 처리되어 속도가 매우 느렸어요. 그런데 론이 나서서 샘 월턴을 설득한 덕분에 싱어의 전자 현금 등록기를 전 매장에 보급하게 되었죠. 문제는 그 제품이 정말 사용하기 까다로웠다는 거예요. 매장 관리자 중 알 마일스를 제외하고는 아무도 그 기기를 잘 사용하지 못했어요. 메이어가 생각한 변화는 옳은 방향을 제시하긴 했지만, 사용하기 어려운 제품을 선택한 것이 안타까웠습니다.

매장 내 컴퓨터 도입에 관해서는 슈메이커의 공이 컸어요. 사실 우리 중에는 매장에 컴퓨터가 필요하다고 생각한 사람이 많지 않았습니다. 하지만 슈메이커는 관련 정보를 철저히 조사했죠. 그러고는 샘을 설득해서 매장에 컴퓨터를 도입했습니다. 우리는 어차피 잘 모르니까 그가 이끄는 대로 따라갔죠. 지금 생각해 보니, 매년 새로운 기기가 들어와서 다들 사용법을 익히느라 정신이 없었던 것 같아요. 그게 바로 월마트의 커뮤니케이션 시스템의 시작이었다고 생각합니다. 하지만 매장 관리자와 직원들은 너무 바빠서 그런 변화나 흐름의 의미를 생각할 여유조차 없었죠.

1970년대에 소매 기업으로서의 입지는 더욱 굳건해졌다. 그때부터 우리는 더 크게 성장하기 위한 발판을 만들기 시작했다. 놀랍게도 경쟁업체들은 우리를 발 빠르게 따라잡거나 우리의 독주를 막으려고 애쓰지 않았다. 새로운 도시에 월마트를 개점하면 현지 잡화점 고객들이 벌떼처럼 우리 매장으로 몰려들었다. 기존 잡화점들은 얼마 지나지 않아 월마트에 대항해서 장사를 계속하려면 자신들도 할인 경쟁에 뛰어드는 것 외에는 방법이 없다는 것을 깨달았고, 그들 중 대다수가 결국 할인점으로 업종을 변경했다. 일례로 쿤스 빅 케이는 할인 체인점으로 전환했고, 스털링은 매직 마트라는 할인 체인점 사업을 시작했다. 덕월도 할인 사업에 뛰어들었다.

　이런 기업들은 대부분 물류 센터나 시스템을 이미 갖추고 있었지만, 우리는 처음부터 시작해야 했다. 그래서 서류상으로 비교하자면 우리가 턱없이 부족해 보였다. 하지만 주변 기업들은 할인다운 할인을 해 주지 않았고, 기존의 잡화점 개념을 오랫동안 놓지 못했다. 45퍼센트의 이윤에 이미 익숙해져서 쉽게 포기할 수 없었을 것이다. 8달러에 판매하던 블라우스를 5달러에 팔면 이윤이 30퍼센트로 줄어드는데, 이런 변화를 받아들이기 어려웠을 것이다. 하지만 월마트는 비용과 각종 지출을 최대한 낮춰 최저가 정책을 고수했다. 기존의 잡화점 운영 방식을 과감하게 내려놓았기에 새로운 변화를 예고할 수 있었다.

CHAPTER 9

파트너십을 구축하다

당신들이 여기에 이룩해 놓은 것이 공산주의보다 낫습니다. 어떤 사회주의도 비할 바가 아니죠. 심지어 자본주의보다 더 낫다고 할 수 있습니다. 나는 이것을 '계몽된 소비주의'라고 이름 붙이고 싶습니다. 모든 사람이 팀을 이뤄 함께 일하고, 고객이 다시 왕이 되는 곳이니까요.

_ **폴 하비**(라디오 해설가, 월마트 연말 총회에 참석)

월마트의 성공을 일궈 낸 것들을 나열하자면 머천다이징, 물류, 기술, 시장 포화 전략, 부동산 전략 등 셀 수 없이 많다. 이런 것들에 대해 자랑스럽게 말해 온 건 사실이지만, 우리가 믿기 어려울 정도로 놀라운 성공을 거둔 진정한 비결은 아니다. 우리가 고도의 성장을 이룩한 비결을 한 마디로 요약하자면, 관리자와 동료의 우호적인 관계일 것이다. 여기서 말하는 '동료(associates)'는 매장이나 물류 센터에 근무하는 직원들, 그리고 시급을 받고 열심히 일하는 트럭 운전사를 모두 포함한다. 우리는 이런 동료와 매우 돈독한 파트너십 관계를 맺고 있다. 이것이야말로 우리 회사가 모든 경쟁사를 물리치고, 심지어 우리 자신의 예상마저 월등히 넘어선 유일무이한 비결이다.

만약 이렇게 말할 수 있다면 얼마나 좋을까? "이런 파트너십은 처음부터 나의 마스터플랜에 포함되어 있었습니다. 과거에 대형 소매업 회사를 세우는 것을 꿈꿨는데, 모든 직원에게 회사 지분을 나눠 주기로 마음먹었죠. 그렇게 해서 직원들이 회사의 수익성을 좌우하는 많은 결정에 참여할 기회를 줄 생각이었습니다. 실제로 우리는 초창기부터 다른 회사보다 급여를 더 주었고, 직원과 경영진을 동등하게 대우했습니다." 이게 진짜라면 좋겠지만, 어디까지나 개인적인 희망 사항일 뿐, 실제로는 그러지 못했다.

초창기에 내가 워낙 구두쇠처럼 굴다 보니 직원들에게 급여를 넉넉하게 주지 못했다. 관리자들은 큰 불만이 없었다. 매장을 늘리기 시작할 때부터 매장 관리자와 동업 관계를 맺었기 때문이다. 앞서 소개한 윌러드 워커, 찰리 바움, 찰리 케이트 등은 각자의 매장에서 따로 수익을 챙길 수 있었다. 하지만 매장 직원에게는 시간당 임금을 주는 것 외에는 거의 신경을 쓰지 못했다. 아마 당시의 임금은 생활을 근근이 이어 갈 수 있을 정도였을 것이다. 그렇지만 나뿐만 아니라 당시에 소매업, 특히 독자적인 잡화점을 운영하는 사람들은 다 그렇게 직원들을 처우했다.

찰리 바움 ──

나는 1955년 5월에 페이엣빌의 매장을 인수했어요. 그때 샘 월턴은 매장에 근무하는 여직원에게 시간당 50센트를 지급했죠. 하지만 나는 첫 급여 명세서를 나눠 준 후 '이건 너무해. 급여가 적어도 너무 적잖아'라고 생각했고, 그다음 주에 주급을 시간당 75센트로 인상했습니다. 그러자 샘 월턴이 전화를 걸어서는 "찰리! 시간당 임금을 25센트나 올려 준 건 좀 심해요. 5센트 정도 인상하는 걸로 충분할 텐데요"라고 하더군요. 하지만 나는 샘의 말을 듣지 않고 시급 75센트를 고수했습니다. 우리 직원들이 그 정도 받을 만큼은 일한다고 생각했으니까요. 당시로서는 우리 매장이 좀 큰 편이라 돈이 잘 벌리는 편이었어요.

내가 그 정도로 악착같이 굴었는지는 잘 기억나지 않는다. 하지만 찰리라면 그 상황을 정확히 기억할 것이다. 실제로 직원들의 급여는 많지 않았다. 일부러 냉정하게 굴었던 것은 아니다. 모든 직원이 잘되기를 바라는 마음은 진심이었다. 그러나 사업 초창기부터 워낙 심한 경쟁에 시달렸고 무슨 수를 써서라도 성공하겠다고 결심했기 때문에 가장 중요한 점을 놓치고 있었다. 그것은 바로 훗날 월마트 성공의 초석이 된 중요한 원칙이었다. 소매업에서는 (직원들의 급여를 얼마나 삭감할 수 있을지 모르지만) 인건비가 간접비에서 가장 중요한 부분 중 하나다. 그리고 수익을 유지하려면 어떻게든 간접비를 줄여야 한다. 이는 그때나 지금이나 변함없는 사실이다. 문제는 당시에 수익을 6퍼센트 이상으로 유지하는 데 급급해 직원들의 기본적인 필요를 세세히 살피지 못했다는 것이다. 지금도 그 점을 생각하면 마음이 아프다.

그런데 내가 깨닫지 못한 더 무거운 진실이 있었다. 가격을 내릴수록 더 많이 벌 수 있다는 할인업계의 원칙처럼 일종의 역설적인 진실이다. 그것은 바로 월급이나 인센티브, 보너스, 주식 할인 등 어떤 형태로든 동료와 수익을 많이 공유할수록 회사가 더 많은 이익을 얻는다는 것이다. 어떻게 그런 결과가 가능할까? 경영진이 동료를 대하는 방식이 곧 동료가 고객을 대하는 방식이 되기 때문이다. 동료가 고객을 우대하면, 고객이 계속 그 기업을 찾을 것이므로 결국 기업의 수익이 증가하는 것이다. 반짝 할인 행사나 화려한 광고로 고객의 관심을 끌 수 있을지 모르지만, 그런 고객은 일회성 방문으로 끝날 확률이 높다. 월마트가 높은 수익을 유지하는 비결은 바로 월마트 상품에 만족해 계속 찾아오는 단골 고객이다. 이들은 다른 매장에 비해 월마트에 가면 직원들이 고객을 더 깍듯이 대우해 준다고 느낀다. 사실 월마트의 경영 방침 중에서 가장 중요한 것은 매장 직원과 고객의 상호작용이다.

한동안 그 개념을 제대로 이해하지 못했다. 나의 커리어를 돌아볼 때 유일하게 깊이 후회되는 점은, 1970년 공개 상장 직후에 동료들을 이익 분배 계획에 포함하지 않은 것이다. 당시 계획에는 관리자만 포함되어 있었는데, 동료들도 이익을 분배받을 자격이 있다는 점을 아무도 생각하지 못했다. 나도 개인 채무를 해결하는 데 급급해 이익 분배 계획에 보완할 점이 있는지 차근차근 살피지 못했다. 우리 회사를 흠잡기 좋아하는 사람들은 우리가 그저 노조가 생기는 것을 막으려고 이익 분배 프로그램이나 기타 혜택을 제공하는 것이라고 주장한다. 사실 미주리주 클린턴에 20호 매장을 열었을 때 소매점원 노동조합(Retail Clerks Union)이 우리를 겨냥해 파업을 시도했다. 미주리주 멕시코에 25호 매장을 열었을 때도 비슷한 일이 있었는데, 그런 상황에 대응하는 방안으로 이익 분배 제도 등을 마련해 노조 형성을 미리 방지했다는 것이다.

하지만 이는 일부분만 진실이다. 위 두 매장에서 노조 문제가 발생한 것은 사실이나, 우리는 합법적이고 공명정대하게 노조에 맞서 대응했고, 마침내 승소했다. 사실 노조 설립 선거에서 한 번도 진 적이 없다. 그리고 이익과 혜택을 동료와 나누려는 계획은 회사를 공개 상장하기 전부터 있었다. 그 아이디어는 내가 아니라 아내 헬렌이 제안한 것이었다.

헬렌 월턴 ——

그때 우리 부부는 여행 중이었어요. 차로 이동하면서 남편의 연봉이 얼마인지, 그리고 고위 임원을 놓치지 않기 위해 그들에게 어느 정도의 급여와 혜택을 제공하는지 이야기를 나눴죠. 그런데 매장에 근무하는 직원들에게는 혜택이 전혀 없다고 하더군요. 그 말을 듣고서야 회사가 직원에게 해 주는 것이 거의 없다는 걸 처음으로 깨달았습니다. 그래서 나는 매장 직원들이 우리 회사에 계속 남아 있지 않으면 고위 경영진도 오래 버틸 수 없다고 말해 줬죠. 그때는 남편이 내 말을 귀담아듣지 않는 것 같았어요. 그래서 그 상황을 지금까지도 기억하는 거고요. 하지만 한참 후에 남편이 내 말을 진지하게 들었다는 걸 알게 되었죠. 남편은 옳은 말이라고 생각되면 가감 없이 그대로 받아들이는 편이었어요.

소매점원 노동조합을 비롯해 몇몇 노동조합과 작은 충돌이 몇 차례 있었기 때문에 월마트가 현재와 같은 방향으로 발전하게 되었다고 할 수도 있을 것이다. 매장을 건축할 때 건축 노동자들이 노동조합을 결성했고, 물류 센터에는 팀스터(Teamsters, 미국에서 가장 큰 규모의 민간 부문 노동조합 – 옮긴이)가 만들어졌다. 월마트를 탐탁지 않게 생각하는 노동조합들은(아마도 우리 회사에서 노동조합을 조직할 만큼 운이 좋지 않았기 때문에 우리를 좋아하지 않는 듯하다) 우리가 동료들에게 이익 분배 제도를 비롯한 여러 가지 혜택을 제공하는 유일한 이유가 바로 자신들의 존재 때문이라고 모든 사람이 믿도록 만들고 싶을 것이다. 하지만 진실은 그렇지 않다. 우리는 동료를 파트너로 대우하는 아이디어를 실험했고, 거기에 숨겨진 발전 가능성을 알아보았다. 우리 동료들도 회사가 발전할수록 자신들에게 돌아오는 이익이 늘어난다는 것을 빠르게 이해했다.

월마트에는 노조가 필요하지 않다는 내 신조는 한순간도 흔들린 적이 없다. 이론적으로 노조가 무엇을 주장하는지 알고 있다. 노동자들은 그들을 대표해 줄 누군가가 필요하다는 것이다. 하지만 역사를 돌이켜 보면 미국에서 발생한 노조는 대부분 회사에 분열을 초래했다. 경영진과 동료들을 대립 구도에 밀어 넣고 노조는 독립적인 개체로서 중재자 역할을 한다고 주장하는데, 사실 노조의 기본 전제는 양 진영의 분열이라고 할 수 있다. 뿐만 아니라 양측이 직접 의사소통하지 않은 채 양편으로 갈라지면 고객을 돌보는 데 소홀해지고, 경쟁력을 유지해 시장점유율을 확보하는 면에서 약해지기 마련이다.

월마트의 파트너십 프로그램은 수익 분배, 인센티브 및 보너스, 주식 할인가 매입 같은 혜택을 제공하며 동료가 회사 운영에 참여하도록 도와주기 위해 진정성 있는 노력을 기울이고 있다. 따라서 노조가 활동하는 어떤 기업도 비교가 되지 않을 정도로 경영진과 노동자 양측의 만족도가 높은 편이다.

할인업계나 월마트가 진출한 지역 내에서는 우리 회사가 꽤 경쟁력 있지만, 그렇다고 해서 우리 회사의 급여가 가장 높다는 말은 아니다. 좋은 직원을 유치하거나 계속 근무하게 하려면 회사의 경쟁력을 잘 유지해야 한다. 그러나 장기적으로 우리 회사 동료들은 회사를 믿고 올바른 방향으로 가도록 노력함으로써, 그들 역시 재정은 물론이고 다른 여러 가지 측면에서 만족할 만한 가치를 쌓아 올렸다. 지금까지 우리는 수많은 동료와 이런 관계를 유지해 왔다.

한편, 우리 회사에 큰 문제가 발생하거나 노조가 생길 가능성이 심각하게 커진 경우도 있었다. 그런데 그런 상황에 처할 때는 언제나 경영진에게 잘못이 있었다. 동료들의 말에 제대로 귀를 기울이지 않았거나 동료를 잘못 대우한 것이 문제의 주요 원인이었다.

언제가 되었든 동료들이 노조가 필요하다고 말한다면, 이는 경영진이 직원 관리를 소홀히 해서 경영진과 동료가 함께 일하는 분위기가 와해되었기 때문일 것이다. 대개 각 부문 책임자가 어떻게 행동하는지 추적해 보면, 이런 문제가 바로 드러난다. 책임자답지 못한 행동을 했거나 책임자의 의무를 저버린 것은 금방 드러나기 마련이다. 안타깝게도 클린턴과 멕시코 매장에서 이런 문제가 발견되었다. 그곳 매장 관리자는 주변 사람의 말에 귀를 기울이지 않았고, 직원을 대하는 태도가 매우 폐쇄적이었다. 직원들과의 의사소통이 부족했고, 필요한 사항조차 제대로 알려 주지 않았다. 관리자가 그런 태도로 일관하면 매장 운영에 문제가 발생할 수밖에 없다.

우리는 전통적인 방식으로 이런 상황을 타개했다. 우선 노사 갈등 전문 변호사 존 테이트를 고용했다. 존은 관련 소송에서 여러 차례 승소한 실력 있는 전문가였다. 존의 조언을 듣고 나니 월마트 내 경영진과 동료의 관계를 개선해야겠다는 생각이 더 강해졌다. 경영진으로서 매장 관리자는 직원을 잘 관리하고 따뜻하게 대하며 매장 경영에 참여하도록 유도해야 한다. 노조와 맞서 싸우려고 전문 변호사를 찾아다니거나 이들을 선임하기 위해 시간과 돈을 낭비해서는 안 된다.

위에서 말한 갈등을 겪은 식후에 우리는 존의 도움을 받아서 매장 관리자들을 대상으로 세미나를 개최했다. 장소는 미주리주의 한 리조트였다. 또한 '위 케어(We Care)'라는 프로그램을 도입했다. 동료들이 어려움을 겪을 때 경영진에게 알려 주면 우리가 나서서 해결 방안을 찾아 주는 것이었다. 이를 통해 우리는 동료들에게 명확한 메시지를 전달할 수 있었다. "월마트는 노조가 없는 회사입니다. 노조가 없어서 오히려 더 좋은 기업이라고 생각합니다. 여러분은 모두 우리의 파트너입니다. 경영진은 항상 여러분의 의견에 귀를 기울일 준비가 되어 있습니다. 문제가 있다면 언제든지 알려 주세요. 함께 협력해서 해결해 봅시다." 물론 노조가 할 말이 있으려면 경영진이 이렇게 주장해야 할 것이다. "이봐요, 시급은 3달러 인상해 줄 수 있어요. 어디 한번 파업해 보지 그래요?"

우리가 직원을 '동료'라고 부르는 이유에 대해 온갖 추측이 난무했다. 저마다 자기 추측이 옳다고 주장한다. 그중에 맞는 말이 있을지도 모른다. 하지만 내가 기억하는 이유는 매우 단순한 것이었다. 오래전에 제임스 캐시 페니 매장에서 시급을 받고 일하는 직원을 '동료'라고 부르는 것을 봤는데, 그 순간이 오랫동안 기억에 남았다. 하지만 실제로 월마트 직원을 '동료'라고 불러야겠다고 생각한 것은 영국을 여행할 때였다.

헬렌 월턴 ———

204

우리 부부는 휴가차 영국에 가서 윔블던 테니스 경기를 관람했어요. 하루는 런던 시내를 걷고 있었는데, 샘이 어느 매장 앞에서 멈추는 거예요. 그는 세계 어느 곳에 가더라도 매장을 발견하면 걸음을 멈추곤 했죠. 그런 일에는 이미 익숙했어요. 그때 이탈리아에서 남편이 커다란 할인 매장을 둘러보는 사이에 우리 차에 도둑이 들었어요. 소지품을 많이 도난당했죠. 그런데도 남편은 영국에서 또 소매업 매장을 살펴보면서 이렇게 말했어요. "저 간판 좀봐. 멋지지 않아? 우리도 저렇게 해야겠어."

아내가 말한 매장은 루이스 컴퍼니였을 것이다. 그 간판에는 동업자들의 이름이 빼곡하게 쓰여 있었다. 어떤 이유인지 몰라도 동업자의 이름을 간판에 모두 기재한다는 아이디어에 마음이 끌렸다. 나는 휴가를 마치고 돌아오자마자 모든 매장 직원을 '동료'라고 부르기 시작했다. 어떤 사람은 칭호를 바꾼다고 해서 과연 크게 달라질 것이 있겠냐고 할지 모른다. 맞는 말이다. 칭호만 바꾸고 동료로 대우하는 실질적인 조처를 하지 않으면 무의미한 변화였을 것이다. 하지만 우리는 사내의 모든 동료를 공평하게 대우하기로 했다. 단언컨대 월마트 역사에서 가장 현명한 변화였다.

1971년에 본격적인 변화가 시작되었다. 지난해까지 큰 실수를 저지른 것을 인정하고, 그해부터는 모든 동료에게 이익을 분배하는 방안을 모색했다. 내가 내린 결정 중에서 가장 자랑스러운 것이다. 이런 이익 배당은 월마트가 계속 발전하게 해 준 묘책이었다. 적어도 1년 이상 또는 연간 1,000시간 이상 근무한 동료에게는 모두 이익 배당이 돌아가도록 했다. 이익 성장을 기반으로 한 공식에 따라 이익 배당 대상자 임금의 1퍼센트를 개인 플랜에 넣어 주고, 퇴사할 때 현금이나 월마트 주식 중 하나로 찾아가게 했다. 이런 퇴직 플랜이 그 자체로 독특한 아이디어는 아니었다. 내가 자랑스럽게 생각하는 것은 이를 실제로 시행했다는 것이다. 최근 10년간 우리 회사가 지급한 직원 임금의 평균 6퍼센트는 퇴직 프로그램을 통해 지급되었다. 일례로 작년의 할당액은 1억 2,500만 달러였다. 현재 이익 분배 업무를 맡은 직원들과 동료 위원회는 수년간 월마트 주식에 투자액 대부분을 묶어 두고 있다. 그것은 동료들의 공동 계좌 또는 수많은 동료들의 개인 계좌에서 믿을 수 없을 정도로 불어났다. 이 책을 집필하는 시점을 기준으로 할 때, 이익 공유액은 18억 달러에 육박한다. 이는 회사 지분 중에서 동료이자 파트너에게 돌아가는 몫이다.

밥 클라크, 아칸소주 벤턴빌 월마트 매장의 트럭 운전사 ──

나는 1972년에 샘 월턴과 일하게 되었습니다. 그때는 트랙터가 고작 16대뿐이었어요. 첫 달에 운전사를 대상으로 하는 안전 교육에 참석했는데, 샘도 항상 교육에 왔죠. 그날 참석자는 15명 정도였습니다. 그때 샘 월턴이 했던 말이 잊히지 않아요. "여러분이 저와 함께 20년간 일해 주시면 이익 배당금으로 10만 달러를 약속하겠습니다." '세상에, 나 같은 사람은 평생 한 번도 만져 보지 못할 돈이잖아!' 사실 그때 돈이 모자라서 고민이 많았거든요. 그런데 최근에 받은 급여 명세서를 보니, 이익 배당금이 707,000달러라고 돼 있지 뭐예요. 앞으로 이익 배당금이 이보다 더 많아지지 않을 이유도 없죠.

나는 오랫동안 주식 거래를 하면서 투자 수익으로 내 집도 짓고 이것저것 살 수 있었습니다. 사람들이 월마트에 근무하는 게 어떠냐고 물으면, 이전에 다들 알 만한 대기업에서 13년간 운전사로 근무했지만 수중에 700달러밖에 없었다고 말해 준 다음, 이제 내가 받을 이익 배당금을 자랑스럽게 공개하면서 이렇게 되묻습니다. "내가 월마트에 대해 어떻게 생각할지 더 말씀드리지 않아도 잘 아시겠죠?"

조지아 샌더스, 오클라호마주 클레어모어 월마트 12호 매장에서 시급을 받고 근무하다가 퇴직한 동료 ——

나는 1968년 4월부터 근무했습니다. 카메라, 전자제품, 소형 가전 판매장에서 일했어요. 처음에는 최저 시급인 1.65달러를 받았지만, 1989년 퇴직할 무렵에는 시급이 8.25달러였습니다. 회사를 떠나면서 이익 배당금 20만 달러를 받았어요. 정말 투자하길 잘했다는 생각이 들었죠. 덕분에 여행도 많이 다니고 새 차도 샀어요. 그렇게 썼는데도 아직 처음 근무할 때보다 돈이 많아요. 지금까지 여러 해 동안 월마트 주식을 사기도 하고 팔기도 했습니다. 그사이에 몇 차례 분할이 있었죠. 이렇게 투자한 돈으로 어머니에게 집을 사 드렸어요. 나에게 월마트는 정말 최고의 직장이었습니다.

조이스 맥머리, 아칸소주 스프링데일 월마트 54호 매장의 교육 담당자 ——

월마트는 나에게 숨 쉬는 공기이자 인생 그 자체라고 할 수 있죠. 샘 월턴은 동료에게 정말 많은 것을 나눠 줬습니다. 나도 그에 보답하고 싶은 마음이 정말 큽니다. 내가 근무한 지 15년이 되었을 때 샘 월턴이 직접 배지를 달아 줬어요.

나는 월급을 모두 월마트 주식을 매수하는 데 사용했고, 따로 돈을 더 마련해서 추가로 매수하기도 했습니다. 내 배당금이 얼마나 되는지 다들 상상도 못할 겁니다. 올해 475,000달러예요. 원래는 올해 퇴직해서 실업수당을 받을 생각이었어요. 하지만 이제 겨우 마흔이라는 생각에 마음을 고쳐먹고 좀 더 근무하기로 했죠. 배당금으로 받을 돈은 어디에 쓸지 아직 정하지 않았어요. 물론 은퇴 준비를 해야겠죠. 우선 피아노를 사고 싶어요. 언젠가는 꿈꾸던 집을 직접 짓고 싶네요. 하지만 월마트 주식은 가능한 한 오래 가지고 있을 겁니다.

진 켈리, 본사 사무실에서 화물 관련 클레임 업무를 맡았던 동료 ──

나는 미주리주 멕시코의 농장에서 유년기를 보냈어요. 그리고 스무 살에 25호 매장에서 일하기 시작했죠. 내가 벤턴빌에 처음 왔을 때는 운송부 직원이 9명이었는데, 지금은 61명으로 늘었습니다. 처음에는 오빠가 나에게 일을 그만두라고 종용했어요. 월마트 말고 어디를 가도 시급을 더 많이 받을 거라고요. 하지만 1981년에 내 이익 배당금은 8,000달러였습니다. 1991년에는 228,000달러였죠. 그때 오빠에게 어디든 이 정도 받을 수 있는 직장이 있다면 당장이라도 사표를 쓰겠다고 말했습니다. 자기가 근무하는 기업에 대한 신뢰가 있어야 한다고 생각해요. 그런 회사에 충성하면 그만한 대가를 돌려받게 됩니다. 나는 월마트에서 꾸준히 근무한 것을 다행이라고 생각합니다. 이 돈이 아니었다면 내 딸 애슐리가 대학에 다니지 못했을 거예요.

이들 외에도 수많은 파트너가 오랫동안 월마트와 함께 걸어왔다. 이익을 분배하기 시작한 무렵에 다른 금융 파트너십 프로그램도 개시했다. 동료라면 급여 공제 방식으로 시가보다 15퍼센트 저렴하게 주식을 살 수 있는 직원용 주식 매입 프로그램을 제공했다. 현재 동료의 80퍼센트 이상이 월마트 주식을 보유하고 있는데, 이익 분배를 통해 그렇게 하거나 직접 주식을 매도하는 방식을 사용하고 있다. 나머지 20퍼센트는 아직 이익 분배 혜택의 자격을 갖추지 못했거나 월마트 근속 기간이 부족한 사람들이다. 이 밖에도 모든 동료를 파트너로 유지하기 위해 다양한 인센티브 및 보너스 프로그램을 운영하고 있다.

가장 반응이 좋았던 보너스 제도 중 하나는 '손실 인센티브 제도(shrink incentive plan)'였다. 이는 파트너십 원칙을 잘 반영할 뿐만 아니라, 내가 알기로는 가장 정확한 이익 분배가 가능한 방법이다. 알다시피 손실, 즉 고객이나 직원의 절도 및 재고관리 상의 오류로 발생하는 손실은 소매업의 수익성에 가장 치명적인 문제점 중 하나라고 할 수 있다. 그래서 1980년에 우리는 한 가지 중대한 결정을 내렸다. 바로 손실을 줄이면 회사의 수익성이 얼마나 증가하는지 동료에게 공개하는 것이었다. 이는 손실이라는 문제를 근절할 수 있는 최상의 방법이었다. 어떤 매장이 회사가 정한 목표보다 손실을 낮게 유지하면 그 매장의 모든 동료에게 무려 200달러의 보너스를 지급했다.

경쟁사를 생각하면, 우리 회사의 손실을 공개하는 것이 조심스럽게 느꺼진다. 그렇지만 우리 회사의 손실률은 업계의 절반 수준에 불과하다. 뿐만 아니라 우리 동료는 함께 일하는 동료 직원들에 대한 자부심과 신뢰도가 매우 높다. 사실 대다수 직원과 고객은 매장 물품을 몰래 훔치지 않는다. 훔쳐 본 적이 있는 사람도 멍석을 깔아 주면 그러지 못할 것이다. 그리고 매장 직원의 입장에서 생각해 보면, 수시로 매장 물건을 훔치는 동료와는 함께 근무하고 싶지 않을 것이다. 이런 점을 생각할 때, 정직하게 근무하는 태도에 직접적인 보상을 제공하면, 직원의 사기를 북돋울 뿐만 아니라 몰래 훔치는 고객이나 직원을 발견했을 때 적극적으로 대응하도록 유도할 수 있다. 이런 분위기가 조성되면 매장 내 모든 직원이 한마음으로 손실을 줄이기 위해 노력하게 된다. 손실이 줄면 매장에서 일하는 동료만 보너스를 받는 것으로 끝나지 않는다. 월마트의 수익도 높아지며, 이는 월마트 주식에 투자하는 동료들에게도 반가운 소식일 것이다.

그리 복잡한 이야기가 아니다. 이론은 매우 단순하다. 하지만 매장 내 관리자들이 전체 과정에서 동료가 얼마나 중요한 역할을 하는지 이해하고 그들을 잘 대해 주지 않으면 진정한 파트너십을 구축할 수 없다. 말만 번지르르한 정책으로는 파트너십 구축은 고사하고 이익 분배도 제대로 이행할 수 없다. 이익 분배를 약속하는 기업은 많지만, 직원을 진정한 동업자로 여기는 경우는 찾아보기 힘들다. 그래서 직원이 정말 중요한 존재라고 생각하지 않으며, 직원을 관리하는 데 노력을 기울이지 않는다. 요즘 소매업 등의 업계에서 일하는 경영진이 반드시 달성해야 하는 과제는 바로 서번트 리더십(servant leadership)이다. '섬기는 지도자'가 되는 데 성공한다면 관리자와 직원이 진정한 의미에서 한 팀이 되어 무엇이든 다 해낼 수 있을 것이다.

월마트가 본격적으로 도시에 진출해서 치열한 경쟁에 참여하면 이런 방향성을 상실할 거라는 예측이 오랫동안 이어져 왔다. 많은 사람이 우리의 경영 방식은 각종 권리를 빼앗긴 채 살거나 한 번도 사회적으로 우월감을 느껴 보지 못한 궁핍한 사람들에게는 효과가 없다고 생각한다. 월마트의 운영 방식은 과거에 물건을 훔친 적이 있거나 인생의 대부분을 자존감이 낮은 상태로 살아온 사람들에게는 어울리지 않는다는 것이다.

하지만 이와 관련해 몇 년 전 댈러스 근처의 매장을 방문한 경험을 이야기하고 싶다. 텍사스주 어빙에 있는 880호 매장이었다. 직원과 고객이 모두 젊은 편이었고, 다수가 소수민족 출신이었다. 문제는 매장 관리자가 아주 불량한 태도로 직원을 대하는 것이었다. 어쩌면 그는 이렇게 생각했을 것이다. '백인, 흑인, 멕시코 출신 구분할 것 없이 다들 아직 젊고 가난해. 이런 사람들은 물건을 훔칠 가능성이 크지. 직원들이 나를 속이기 시작하면 속수무책으로 당할 수밖에 없을 거야.' 내 추측이 맞는지 모르지만, 아무튼 그 사람은 직원을 '섬기는' 자세를 갖춘 관리자가 아니었다.

그곳은 내가 그때까지 둘러본 월마트 매장 중에서 최악이었다. 매출 현황을 보니 6퍼센트나 감소한 상황이었다. 월마트 매장이 이렇게 부진한 것은 매우 드문 경우였고, 6퍼센트라는 수치도 굉장히 충격적이었다. 연간 손실액은 50만 달러를 넘어 매장을 아예 닫아 버려야 하나 하는 생각도 들었다. 당시 지역 관리자는 에드 너지라는 괴짜였는데, 그는 이런저런 규칙을 어기거나 다른 사람의 화를 돋우는 행동이 잦았다. 그렇게 항상 문제를 일으키고 다녔지만, 새로운 시도를 하는 데 거침이 없었고, 그런 모습은 나의 젊은 시절을 보는 것 같았다. 우리는 에드를 그 매장에 투입했는데, 그는 매장 관리자와 면담을 하고 각 부서 책임자에 대해 교육을 실시했다. 그리고 매장 직원들에게 실현 가능한 목표를 부여했다. 직원들이 열심히 일하려는 마음을 갖도록 따뜻한 말로 격려하면서, 월마트가 다른 기업과 무엇이 다른지, 그리고 소극적인 태도로 일관할 때 어떤 것을 놓치게 되는지 알려 주었다.

직원들은 매장 곳곳에서 물건을 마음대로 훔치고 있었고, 고객이 물건을 가져가도 보는 둥 마는 둥 했다. 그도 그럴 것이, 매장을 통제하는 사람이 아무도 없었다. 환불 업무를 처리하거나 계산대를 지키는 사람도 없었고, 계산하지 않고 물건을 가져가도 아무도 제지하지 않았다. 들킬 걱정이 없었으므로 마음만 먹으면 누구나 훔칠 수 있는 상황이었다. 우리는 매장 전반의 모든 진행 상황을 확인하기 시작했다. 직원들에게 정직함의 중요성을 강조했고, 매출을 늘리기 위해 노력하자고 호소했다.

1년 반 만에 매장은 완전히 달라졌다. 적자는 2퍼센트까지 낮아지더니, 얼마 안 가서 흑자로 돌아섰다. 바로 그 무렵에 나는 직접 매장을 방문했다. 40년간 거의 2,000개의 매장을 방문했지만, 이번만큼 뿌듯한 적도 없었을 것이다. 무엇이 옳고 그른지 정확히 판단하고 솔선수범하는 자세를 가진 사람을 투입하자, 어디부터 손을 대야 할지 모르겠다고 할 정도로 심각했던 매장 상태가 크게 개선되었다.

어떻게 이런 일이 가능했을까? 지역 관리자였던 너지는 이 매장의 각 부서 책임자를 따로 불러 지역 내의 우수한 매장에 근무하는 부서 책임자와 친해지도록 도와주었다. 후자들은 주말 회의에서 부서 업무를 논의하곤 했는데, 바로 이 자리에 880호 매장의 부서 책임자들을 초대한 것이다. 너지는 이들에게 각자 업무상 달성해야 할 목표를 세우라고 지시했다. 그들은 우수한 매장에 근무하는 사람들과 어울리면서 자신도 더 잘해 보려

212

는 마음을 갖게 되었다. 그리고 자기가 일하는 매장의 문제점을 어떻게 해결할지 고민하기 시작했다. 우수 매장의 운영 현황을 알려 주는 각종 통계 수치를 보면서 자신의 행동과 결정이 수치에 직접적인 영향을 미친다는 것을 깨닫고, 자기 매장의 매출액에 신경을 쓰게 되었으며, 예전과 달리 적극적으로 대처하려는 마음을 갖게 되었다.

그러나 가장 칭찬할 만한 변화는 따로 있었다. 매장에서 물건을 함부로 훔치는 관례를 뿌리 뽑고자 적극적으로 노력하는 과정에서, 동료들은 매장 뒷문에 쌓아 놓은 빈 상자를 일일이 확인하기 시작했다. 한번은 거기서 발견된 유모차용 대형 상자에 400달러 상당의 테이프가 들어 있었다. 다행히 뒷문에서 그 상자를 빼가려던 사람도 붙잡혔다. 관리자들은 다음 날 오전 회의에서 상자를 발견해 도둑을 잡은 여직원을 공개하고 '영웅'이라고 치켜세웠다. 사람들은 환호하며 박수를 보냈다. 이처럼 매장 문화는 빠르게 변하고 있었다. 사실 이것은 내가 잡화점을 운영하던 시절부터 알고 있던 비법이었다. 직원들에게 책임을 맡기고 잘 해내리라 믿어 주고 계속 지켜보는 것 말이다.

사실 도시에서는 우리의 접근 방식을 적용하기가 쉽지 않았다. 할인업계에서 일하기를 원하는 교육받은 사람이나 높은 도덕성과 성실성을 갖춘 이를 찾기란 쉽지 않았다. 아이오와나 미시시피주의 소도시 출신이라면 우리가 제안하는 급여에 만족했으나 휴스턴, 댈러스, 세인트루이스 출신들은 그렇지 않았다. 달리 말해서, 우리의 경영 철학은 도시보다 시골에서 더 환영받는 것 같았다.

하지만 여기서 짚고 넘어가야 할 것이 있다. 영리하고 의욕적이며 사람 좋은 관리자라면 어느 지역에서든지 사람들이 말하는 '월마트 매직'을 시행할 수 있다. 물론 지역에 따라 시간은 조금 더 걸릴지 모른다. 더 많은 사람을 만나 봐야 할 수도 있고, 사람을 고용하는 기술도 더 다듬어야 할지 모른다. 그렇지만 결국에는 어디에서나 우리가 사용하는 이런 동기부여 방법이 효과를 볼 거라고 생각한다. 고용한 사람을 잘 대해 주고 적절한 교육을 받을 기회를 제공한다면 말이다. 선의로 사람들을 대하고 공평하게 처우하면서 원하는 바를 요구한다면 그들도 결국 우리 편이 되기로 마음먹을 것이다.

또 하나 언급하고 싶은 것이 있다. 시골은 사람들이 원래 친근해서 소매업 종사자가 되기에 유리한 곳이고, 우리가 그런 시골 출신이라서 월마트가 대성공을 거뒀다고 생각하는 것은 잘못된 추론이다. 시골 출신 직원이 많은 것은 사실이지만, 그들도 우리 기업의 문화를 수용하고 다른 사람들과 똑같이 소매업 전반에 대해 차근차근 배워야 했다. 게다가 천성적으로 수줍음이 많고 고객에게 말을 걸거나 친절하게 도움을 주는 면에서 어려움을 겪는 사람이 많아서, 오랜 시간을 들여 고객 응대 방식을 가르쳐야 했다. 우리 기업을 지켜보는 사람들 중 일부는 도시 출신 직원은 소매업 종사자로서 부족한 면이 많을 거라는 생각에 너무 집중하는 것 같다. 반면 매장 관리자가 직원을 올바른 방향으로 이끌어 주지 못한 결과라는 점은 쉽게 간과하는 듯하다. 우리가 오래전에 성공을 거두지 못했다면, 이와 정반대의 논리를 펼치는 사람도 있었을 것이다. 즉, 수준 높은 직원을 충분히 확보하지 못하는데 어떻게 미국 내 소도시를 중심으로 소매업 제국을 건설할 수 있겠느냐고 말이다.

월마트 파트너십 프로그램에서 처음부터 매우 중요하게 여긴 요소는 기업 운영에 관한 각종 통계 자료를 거의 다 동료들에게 공개하는 것이었다.

이렇게 기업 내부 자료를 공개하는 것은 매우 이례적인 행보였다. 하지만 회사가 어떻게 돌아가는지 알려 주면 직원들이 각자 업무에 최선을 다하도록 유도할 수 있다. 사실 이보다 더 효과적인 방법은 없다고 해도 과언이 아니다. 내가 이익 분배를 시행하는 데는 좀 늦은 감이 있었지만, 그래도 할인업계에서는 우리가 최초로 회사 운영을 공개하고 동료에게 권한을 나눠 주고 그들을 격려하는 방식을 채택했다. 지금도 이런 행보를 보이는 기업은 많지 않다. 나는 매장을 다니며 직원들을 만나서 회사가 어떻게 운영되는지 통계 수치를 직접 알려 주곤 했다. 그러나 본격적으로 파트너십 방식을 채택한 후에는 기업 경영에 관한 더 많은 정보를 공유하는 공식적인 방법을 도입했다.

동업의 핵심은 정보와 책임을 나눠 갖는 것이다. 그렇게 해야 책임감과 주인 의식을 갖게 된다. 월마트가 성장함에 따라 기업 관련 수치를 이제는 세상 사람들과 공유해야 하는 현실을 받아들여야 했다. 이는 우리의 경영 철학에서도 당연히 도출되는 결과다. 결국 우리에 대한 거의 모든 사실이 외부에 공개된다. 각 매장의 경우 수익, 구매 내역, 매출액, 가격 인하 관련 정보가 공개된다. 이런 정보는 정기적으로 공개되는데, 매장 관리자와 보조 관리자에게만 공유하는 것이 아니다. 매장의 모든 직원, 거래업체와 시급을 받는 직원 또는 아르바이트생에게도 같은 정보를 제공한다. 물론 그렇게 공개된 정보는 일정 부분 외부로 흘러나갈 것이다. 하지만 그로 인한 손실보다 함께 일하는 사람들과 기업 관련 정보를 공유할 때 발생하는 가치가 훨씬 더 크다고 생각한다. 우리는 오래전부터 정보를 손에 쥐고만 있지 않고 공유해 왔다. 실제로 최근에 읽은 자료에 의하면, 이것이 바로 오늘날 비즈니스의 최신 동향 중 하나라고 한다.

내가 가장 기분이 좋을 때는 바로 매장을 둘러보러 나갈 때다. 한번은 어떤 부서 책임자가 활짝 웃으며 나에게 다가왔다. 그는 자기 실적을 보여 주며 이번에 사내 5위를 차지했다고 자랑하면서 내년에는 1위를 해 보겠다고 포부를 밝혔다. 이렇게 여러 매장에서 제 몫을 해내는 직원을 만나면 더없이 뿌듯하다.

어떤 매장 관리자는 매장의 통로 끝에 있는 목탄, 베이비 오일, 런치박스 같은 제품을 잔뜩 진열한 곳으로 나를 데려가서는 수익성이 높아서 이런 제품을 선택했다며 지금까지 그 제품이 얼마나 많이 팔렸는지 자랑하듯 알려 준다. 그럴 때면 내 눈앞에 있는 그 사람이 뭐라 말할 수 없을 정도로 자랑스럽게 느껴진다. 인사치레가 아니라 진심으로 그가 자랑스럽다. 우리가 관리자로서 어떤 물건을 상품화하거나 제품을 사고팖으로써 이익을 얻을 때 느끼는 머천다이징의 짜릿함을 직원이나 동업자에게 온 마음을 다해 심어 준다면, 이 세상 그 누구도 우리를 막을 수 없을 테니까 말이다.

버니 마커스, 홈디포 공동 설립자 겸 대표 ──

우리는 샘과 월마트를 참 좋아합니다. 바로 직원들을 대하는 방식 때문이죠. 샘 월턴은 동기를 북돋워 주는 재능이 뛰어난 사람입니다. 게다가 금전적인 인센티브도 무시할 수 없죠. 우리도 직원들에게 주식을 나눠 줘 주인 의식을 고취하는 방안을 만들었는데, 월마트처럼 우리 회사에서도 아주 효과가 좋았습니다.

샘 월턴이 거느린 직원 수는 대략 40만 명입니다. 그렇게 큰 기업에서 대다수 직원이 회사에 만족하는 건 정말 대단한 일이에요. 샘 월턴은 직원의 사기를 높여 주는 것이 얼마나 중요한지 알고 있어요. 하지만 정작 샘에게 "요즘 사업은 어떠세요?"라고 물으면 그는 고개를 저으며 이렇게 말할 겁니다. "버니, 지금 문제가 많아요. 저기 계산대에 줄이 너무 길어요. 우리 직원들이 더 분발해야 합니다. 어떻게 하면 직원들에게 동기를 부여할 수 있을지 고민해야 해요." 폐업 위기에 처한 다른 소매업 전문 기업의 CEO에게 요즘 사업이 어떠냐고 물으면, 그들은 속내를 감추고 자기 회사를 자랑하기 바쁠 겁니다. 그야말로 허세를 부리는 것이죠. 하지만 샘 월턴은 절대 그러지 않습니다. 그는 매우 솔직하고 현실적이며, 자만하지 않습니다. 샘 월턴이야말로 이 시대 최고의 기업가예요. 그 점에 대해서는 어떤 이의도 없다고 생각합니다.

수많은 직원을 격려해 각자의 자리에서 최고의 성과를 내도록 유도하는 것은 쉬운 일이 아니다. 월마트는 오랫동안 이를 위해 다양한 프로그램을 개발하고 여러 가지 방법을 시도했다. 하지만 어떤 방법도 '감사하는 마음'이라는 중요한 요소가 빠지면 무용지물이 된다. 사람은 누구나 칭찬받기를 원한다. 그래서 우리 회사에서는 칭찬할 만한 점, 정상적으로 진행되는 일을 찾아내기 위해 적극적으로 노력한다. 직원들이 최선을 다하는 것을 우리가 잘 알고 있으며, 그들이 우리에게 귀한 존재라는 점을 알려 주려는 것이다.

물론 부족하거나 잘못된 점에 대해서는 칭찬할 수 없다. 그것은 엄밀히 말해서 상대를 기만하는 것이다. 부족한 점이 있다면 어떻게 개선할지 알려 주고 도와야 한다. 그렇게 가식 없이 그 사람을 대하는 것이 결국에는 그에게 가장 도움이 된다. 그리고 문제가 발견되면 그것을 바로잡아야 관런 직원에게 도움이 될 뿐만 아니라 회사의 수익에도 도움이 된다. 어쨌든 직원이 자신의 몫을 제대로 해내게 만드는 가장 좋은 방법은 회사가 그의 노고에 감사하고 있음을 분명히 알려 주는 것이다. 별로 대단할 것도 없는 간단한 일이지만, 모든 사람에게 큰 효과가 있다.

앤디 심스, 아칸소주 로저스 월마트 1호점 관리자 ──

나는 웨스트 텍사스에 있는 월마트 매장에서 근무했습니다. 우리는 항상 샘 월턴이 직접 매장을 둘러보러 나올 때를 손꼽아 기다렸어요. 유명한 운동선수나 영화배우, 국가원수를 만나는 것처럼 말이죠. 그런데 회장님을 실제로 만나면 가슴이 마구 떨린다기보다는 오랜 친구를 만난 것처럼 편안했어요. 많은 사람이 우러러 보는 존재지만, 부담 없이 다가갈 수 있는 분이었죠. 만약 대통령이나 지위가 높은 사람이 매장에 온다면, 우리 같은 직원들에게 당신은 어떻게 생각하느냐고 묻겠어요? 회장님은 그렇게 하셨어요. 나 같은 사람의 생각이나 감정에 관심을 보이는 것 자체가 신기했죠.

일단 회장님이 다녀가고 나면 매장의 모든 직원이 한 가지를 깨닫게 됩니다. 바로 회장님이 우리의 노고에 진심으로 고마워한다는 것이죠. 아무리 사소해 보이는 일을 하는 직원도 절대 소외시키지 않아요. 오랜 친구를 만나서 안부를 주고받은 기분이랄까요. 그런 면에서 샘 월턴은 결코 우리를 실망시키는 법이 없었습니다.

진정한 파트너십에는 또 한 가지 언급해야 할 중요한 측면이 있다. 바로 경영진이 동료와 거리를 두고 지내거나 어려움을 겪는 동료의 말에 귀를 기울이지 않는다면 결코 동료와 진정한 파트너가 될 수 없다는 것이다. 그렇게 하는 것이 경영진으로서는 매우 지치고 때로는 답답한 일일 수도 있다. 하지만 온종일 진열대에 상품을 정리하고, 창고에서 물건을 카트에 가득 옮겨 담아 매장으로 끌고 오느라 지치고 답답하고 힘든 직원들을 생각해야 한다. 이들은 잠깐이라도 앉아서 쉬지 못할 때가 많다. 게다가 이들이 겪는 문제는, 경영진을 찾아가서 도움을 청하지 않는 한 해결하기 힘든 경우가 많다. 경영진이 자신들의 호소에 귀를 기울이고 기꺼이 도움을 주려 한다면, 직원들은 큰 위로와 격려를 받게 된다. 그러므로 우리는, 회사가 아무리 커지더라도, 오픈도어(open-door) 방침을 고수하는 데 노력을 아끼지 않을 것이다.

데이비드 글래스 ──

> 월마트 매장을 둘러보다 보면 이런 장면을 보게 될 겁니다. 이를 테면 미시시피주 필라델피아 매장에서 누군가가 급하게 뛰어나가 픽업트럭을 몰고 벤턴빌로 가는 모습 말이죠. 그 사람은 벤턴 빌에 도착한 후 로비에 앉아서 회장이라는 사람을 기다릴 겁니다. 500억 달러 규모의 기업 총수 가운데 시급을 받는 직원이 언제든지 다가갈 수 있는 사람이 과연 몇 명이나 될까요? 내가 알기로 대기업에 근무하는 사람은 대부분 자기가 다니는 회사의 총수를 찾아가는 것은 고사하고 얼굴조차 본 적도 없을걸요.

그렇다고 해서 나를 찾아온 직원이 항상 내 말을 고맙게 여긴 것은 아니다. 그들이 가져온 문제점이나 고충을 내가 해결해 주지 못한 경우도 있었다. 나를 찾아온 직원이라고 해서 무작정 편을 들어줄 수도 없는 노릇이다. 하지만 그 사람의 말이 옳다고 여겨질 때는 그의 상사인 매장 관리자나 그 문제를 일으킨 사람을 찾아내 필요한 조처를 취했다. 그런 결과가 없다면 회장의 집무실을 개방한다는 사내 정책이 무용지물이 되어 버렸을 것이다. 그리고 동료들은 경영진의 오픈도어 정책이 허울뿐이라며 더는 신뢰하지 않았을 것이다. 전국 곳곳을 다니며 매장 직원들에게 "여러분은 내 동업자입니다"라고 말할 수 있으려면, 적어도 그들이 속상하고 힘들 때 마음을 터놓을 상대가 되어 주어야 한다고 생각한다.

딘 샌더스, 월마트 운영 부사장 ──

늘 생각하던 것이지만, 샘에게는 매장에서 일하는 직원이나 관리자가 왕이었어요. 샘은 그들을 정말 아껴 줍니다. 그 사람들도 언제든지 샘에게 다가갈 수 있다고 생각하죠. 그는 매장을 직접 돌아본 후에 나를 불러 놓고 이렇게 말합니다. "아무개에게 매장을 하나 맡겨 봐요. 그는 매장을 직접 운영할 준비가 된 것 같아요." 내가 그 사람의 경력이나 경험 수준 등이 걱정스럽다고 이의를 제기하면 샘은 또 이렇게 말하죠. "그렇긴 해도 일단은 매장을 맡겨 봐요. 어떻게 하는지 지켜봅시다." 그렇지만 샘 월턴은 매장 내 직원을 함부로 대하는 관리자에게는 일말의 자비도 보이지 않았어요. 직원을 함부로 대한 상황이 발각되면 즉시 그 문제를 우리에게 가져왔죠.

월마트에 근무하는 사람은 모두 우리의 파트너, 즉 동업자라는 말은 결코 빈말이 아니다. 동업 관계는 반드시 돈이 관련된다. 어떤 사업에서든 동업자는 돈으로 맺어진 관계지만, 상호 존중과 같이 서로를 인간적으로 대하는 태도도 꼭 필요하다. 월마트는 40만 명이 한마음으로 똘똘 뭉친 특별한 조직이다. 모든 사람이 상대방을 동업자로 존중하며, 대부분은 개인의 자존심보다 팀의 필요를 더 중시하고 있다.

CHAPTER 10

한발 물러서다

"매기, 당장 이리 와!" 샘이 트럭 운전석에서 고함쳤다. "이리 오란 말이야!" 그러자 샘의 친구이자 텍사스주 잭슨빌 출신의 백화점 소유주 로이스 벨이 껄껄 웃으며 소리 질렀다. "샘이 외치는 소리를 들어봐요. 그래 봐야 아무 소용 없는데 샘은 종일 저렇게 소리를 지를 거란 말이죠."

_〈사우스 포인트〉, 1990년 2월호

1974년 무렵 나는 회사의 실적에 대해 기분이 매우 좋은 상태였다. 누구의 기준으로 보더라도 우리는 엄청난 규모의 지역 할인 가맹점을 구축한 상태였다. 8개 주에서 100개 가까운 매장이 운영되고 있었다. 총 매출액은 1억 7,000만 달러에 가까웠고, 순수익은 600만 달러 이상이었다. 주식은 두 번 분할되었으며, 우리는 뉴욕증권거래소에 상장되어 있었다. 그 무렵에는 거의 모든 직원이 이익 분배 대상이었으므로 회사 전체에 활기가 넘쳤다. 월스트리트에서도 우리 회사의 전략을 인정해 주었다. 나에 대해서는 고개를 갸웃하는 사람도 론 메이어를 비롯한 다른 경영진은 신뢰하는 것 같았다.

당시 56세였던 나는 개인 채무가 전혀 없었다. 소매업에 처음 발을 들일 때에 비하면, 순자산이 내 상상을 훨씬 초월한 상태였다. 자녀는 모두 대학 교육을 마치고 독립했다. 한마디로 내 인생에서 더 바랄 것이 없다고 해도 좋을 정도로 모든 것이 만족스러웠다.

지난 세월 동안 나의 승리욕을 월마트 경영에만 쏟아부었다는 인상을 받았다면, 그건 아니라고 말하고 싶다. 나는 메추라기 사냥이나 테니스에도 월마트 사업 못지않은 열정을 쏟고 있다. 많은 기업인이 골프를 즐기지만, 내가 느끼기에는 너무 싫증이 나고 시간을 많이 뺏기는 것 같다. 골프는 테니스처럼 정면으로 맞붙어서 매 순간 집중해야 하는 긴장감이 없어서 아쉽다.

헬렌 월턴 ──

우리가 처음 만났을 때 샘은 골프를 좋아했어요. 하지만 실수를 하면 지나치다 싶을 정도로 속상해했죠. 샘이 군 복무 중일 때 장교들과 골프를 치러 간 적이 있어요. 그 자리에 대령도 있었던 걸로 기억해요. 그런데 샘이 친 골프공이 숲속으로 날아가 버렸어요. 그러자 남편은 불같이 화를 내며 골프채를 나무에 내리쳐서 부러뜨렸죠. 그러고는 집에 와서 골프채를 내던지며 "이제 골프는 끝이야"라고 했어요. 그 후로는 테니스에만 집중하고 있죠.

비행기로 출장을 갈 때는 테니스 라켓을 반드시 챙겼다. 출장지에 가면 테니스를 함께 칠 친구를 항상 찾을 수 있었다. 어떤 이유에선가 해가 중천에 뜬 정오에 테니스를 치는 습관이 생겼다. 햇살이 강렬할수록 내가 더 공격적으로 경기하는 느낌이 든다. 벤턴빌로 이사했을 때부터 정기적으로 테니스를 쳤다. 하지만 2년 전부터는 다리가 따라주지 않아서 포기했다.

조지 빌링슬리, 테니스 파트너 ──

10년 정도 샘과 햇빛이 가장 강한 정오에 만나서 테니스를 쳤어요. 대부분 그의 집에 딸린 테니스장이었죠. 업무 시간에 동료를 데려와서 테니스를 치는 건 그에게 상상도 못할 일이죠. 아마 그래서 점심 시간에 경기하는 걸 좋아하는 것 같아요. 일단 테니스 코트에 입장하면 샘은 어마어마한 승부욕을 드러냅니다. 상대방의 게임 전략을 철저히 연구하죠. 자신의 장단점은 물론이고 상대방의 장단점도 모두 꿰뚫고 있어요. 샘의 이마 쪽으로 공을 치면 무조건 1점을 뺏긴다고 봐야 해요. 샘은 그런 공을 보란 듯이 코트 반대편으로 날려 버리죠. 그건 아무도 받아치지 못합니다. 샘은 테니스를 정말 좋아해요. 1점도 그냥 내주는 법이 없죠. 그리고 절대 포기하지 않습니다. 하지만 경기 진행은 매우 공평하게 하죠. 테니스, 사업, 인생에서 규칙은 모두 같다고 생각하고 규칙은 일단 지켜야 한다고 생각하는 사람입니다. 경쟁심이 강하긴 하지만 테니스 상대로 아주 훌륭해요. 게임의 승패에 항상 승복하고 신사적이죠. 자기가 졌을 때도 이렇게 말합니다. "오늘은 안 되겠네. 자네 경기는 아주 훌륭했어."

로레타 보스 파커, '테니스 담당 부사장'으로 알려짐 ——

> 샘 월턴은 출장을 갈 때면 테니스 치는 날을 따로 정합니다. 하지만 착륙하기 불과 몇 분 전에야 그 날짜를 비행 담당자에게 무전으로 통지하죠. 그러면 비행 담당자가 나에게 전화로 일정을 알려 줍니다. 11시쯤 전화를 받고 사장님과 테니스 칠 사람을 찾아야 해요. 12시면 샘이 테니스장에 도착할 테니 그 전에 사람을 구해야 하죠.

체계적이면서 마음껏 경쟁할 수 있는 스포츠와 운동에 대한 욕구는 테니스를 통해 해소할 수 있었다. 월마트 사업을 제외하면 내가 가장 좋아하는 일은 바로 새 사냥이었다. 이것만큼 온 마음을 다해 몰두하는 일은 내 인생에 없는 것 같다. 사냥을 워낙 좋아해서 초창기부터 출장을 떠날 때면 사냥 계획을 포함하곤 했다.

유년기에는 메추라기 사냥을 그렇게 많이 해 본 적이 없다. 그런데 사냥에 심취한 헬렌의 아버지를 만나고 크게 달라졌다. 클레어모어에 갈 때면 어김없이 헬렌의 아버지나 오빠(프랭크와 닉)와 사냥하러 가서 즐거운 시간을 보냈다. 장인과 나는 둘 다 사격 실력이 평균 이상이었고, 사냥터에 가면 사냥 결과를 두고 진지하게 경쟁했다.

이미 말했듯이, 벤턴빌이 마음에 든 이유 중 하나는 내가 네 주를 오가며 메추라기 사냥철을 마음껏 즐길 수 있기 때문이었다. 사냥철이면 거의 매일 오후 3~4시에 퇴근해 사냥터에 두 시간 넘게 머물렀다. 사냥개를 태울 수 있는 낡은 사냥용 차도 있었다. 그 차를 몰고 사냥감이 나타날 만한 목장이나 농장을 휘젓고 다녔다. 한번 갔던 목장이나 농장에 다시 가려면 매장에서 가져온 체리 초콜릿 한 상자를 주인에게 선물로 주기도 했고, 주인이 원하면 사냥한 새를 내주기도 했다. 그렇게 벤턴빌 주변의 계곡과 언덕 구석구석을 누비고 다녔다.

존 월턴 ——

> 아버지는 60대 중반인데도 체력을 따라가기가 쉽지 않았어요. 나도 체력이 나쁜 편이 아닌데 말이죠. 아버지와 달리 나는 산책을 즐깁니다. 야외 활동을 하더라도 편안함을 추구하죠. 아버지와 함께 야외에 나가면, 어느 순간 정신을 차려보면 아버지가 사라지고 없을 때가 많아요. 셔먼 장군이 조지아를 행군하는 것처럼 사냥하는 분이거든요.

사냥 허가를 받을 때면 항상 벤턴빌 광장에 있는 잡화점을 운영하는 샘 월턴이라고 나를 소개했다. 이렇게 해 두면 사업에도 도움이 된다. 농장에서 일하는 사람들이 시내에 물건을 사러 나오면, 자기 농장에 와서 사냥한 다음 사탕을 선물로 남기고 간 사람의 가게를 찾아가기 마련이다. 지금도 자기 아버지로부터 내가 그들의 농장에 와서 사냥했다는 이야기를 들었다고 말하는 사람들을 만나곤 한다.

사업이 확장되면서 비행기로 이동하는 일이 잦아졌는데, 그럴 때면 비행기에 사냥개들을 태워서 데리고 다녔다. 매장을 둘러보지 않을 때 짬이 나면 언제든 사냥터로 달려갈 생각이었다.

하지만 사냥개들을 데리고 나갔다가 어려움을 겪기도 했다. 보통 개들은 자동차 트렁크에 재우는데, 올로이는 사냥개라기보다는 애완견에 가까운 편이라 숙소에 데리고 들어가서 내 옆에 재웠다. 미안하지만 숙소 관계자들에게는 알리지 않았다. 한번은 올로이가 스컹크와 싸움이 붙었는데, 렌터카에 스컹크의 지독한 냄새가 배고 말았다. 그 차를 빌린 다음 고객은 아마 이 차 내부에서 도대체 무슨 일이 있었는지 의아했을 것이다. 나는 개의 뒷다리를 잡고 호숫물에 집어넣다시피 해서 스컹크 냄새를 없애 보려고 애썼지만 별 소용이 없었다.

올로이는 사냥개 중에서 가장 과대평가된 녀석일 것이다. 사실 이 개는 사냥에 전혀 소질이 없었다. 새를 잡으러 나간 사냥터에서 엉뚱하게도 토끼를 찾아내는 일이 많았다. 하지만 동료와 고객들은 매장에서 올로이를 보면 매우 좋아해 주었다. 그래서 개 사료 제품을 출시할 때 올로이의 사진과 이름을 포장지에 넣었더니, 날개 돋친 듯 팔려 나갔다. 올로이는 또 다른 특징도 있었다. 녀석은 테니스를 칠 때 정말 유용한 역할을 했다. 내가 테니스장에 갈 때 뒤따라와서 코트 옆에 누워 있다가 공이 코트 밖으로 날아가면 즉시 달려가서 물어 오곤 했다. 공이 울타리 너머 어디로 날아가든 어김없이 찾아왔다.

사냥할 때 정말 기분 좋은 일은 사냥개들이 서로 협력하며 훈련하는 모습을 지켜보는 것이다. 사냥꾼도 사냥개들과 호흡을 맞춰야 한다. 개들에게 열심히 뛰어다니도록 동기를 부여하는 것도 사냥꾼의 역할이다. 물론 사냥개들도 각자의 역할을 성공적으로 해내야 한다.

〈사우스 포인트〉, 1990년 2월호 ──

"조지, 이쪽으로 와! 너 방금 엉덩이에 총을 맞을 뻔했잖아!" 샘이 소리를 지르고는 옆에 있던 동료에게 말했다. "조지는 훌륭한 사냥개가 될 거야. 바람에 스치는 냄새도 놓치지 않고, 얼마나 열심히 뛰어다니는지 몰라. 자기가 뭘 좀 아는 것처럼 행동하지 않아? 실은 자기도 잘 모르면서 저러는 걸지도 몰라. 아무튼 조지는 다른 사냥개를 도와주거나 협동해서 사냥할 줄 알아. 훈련을 받아서 그런 게 아니라 본능적으로 아는 것 같아. 나를 따라다니려면 그 정도 감각은 있어야지."

사냥개를 직접 훈련시킨 일은 개인적으로 매우 자랑스럽게 생각한다. 친구들은 조련사를 따로 뒀지만, 나는 한 번도 조련사에게 맡긴 적이 없다. 평범한 세터나 포인터(둘 다 사냥개의 일종 - 옮긴이) 강아지를 데려다가 같이 놀아 주고 큰 소리를 지르며 훈련시키는 것은 나에게 큰 즐거움이었다. 사냥개는 일단 새를 찾아내고, 새를 잡은 후에는 주인이 올 때까지 참고 기다리는 법을 배워야 한다. 물론 내가 감당하지 못한 개도 있었다. 그러면 장인이 내가 실패한 개를 데려다가 성공적으로 훈련시키곤 했다. 그분은 내가 포기해 버린 개를 데려다가 제대로 훈련시킨 다음 나에게 돌려주는 것을 좋아하셨다.

사냥개를 훈련시키는 것도 좋지만, 날씨와 관계없이 야외로 나가는 것도 매우 좋아한다. 일단 밖에 나가면 월마트나 사업에 대해 모두 잊어버리고 오로지 메추라기 떼만 쫓아다닌다. 나와 가장 친한 사람 가운데 메추라기 사냥을 좋아하는 벗들이 있다. 내 편견일지 모르지만, 메추라기 사냥꾼은 대체로 자연과 야생동물을 보전하는 것이 얼마나 중요한지 잘 알고 있으며, 스포츠 정신을 갖춘 선량한 사람들이다. 나도 그런 가치를 매우 중요하게 생각한다.

메추라기 사냥은 집 근처에서 즐기는 편이지만, 버드와 나는 몇 년 전에 텍사스 메추라기 사냥에 푹 빠졌다. 그래서 각자 텍사스 남부의 관목지대에 있는 목장을 임대하게 되었다. 리오그란데 계곡의 북쪽에서 그리 멀지 않은 곳이다. 내가 임대한 목장은 평범하지만, 버드가 임대한 곳은 꽤 화려한 편으로 수영장도 갖춰져 있다.

〈사우스 포인트〉 ——

샘 월턴의 캄포 차포테(Campo Chapote)는 광활한 텍사스 남부 지방 중심부 어딘가에 있다. 그곳에는 트레일러 형태의 집이 옹기종기 모여 있다. 이는 부유한 남부 상류층의 메추라기 사냥이 아니다. 마호가니 재질의 개 수레에 은색 마구로 수레를 끌고 다닐 노새를 묶어 놓고, 벨기에산 엽총을 든 귀족이 흰 코트를 입은 시종을 거느리고 다니는 모습과는 거리가 멀다. 샘은 '남부 조지아 메추라기 사냥'이라고 이름 붙였고, 그 이름에 어울리는 행사를 만들려고 했지만, 그의 의도대로 되지는 않았다. 이곳에 가면 호스트가 수건을 챙겨 주고 어느 트레일러에서 자야 할지 알려 주면서 이렇게 덧붙일 것이다. "천장에서 소리가 나도 크게 신경 쓰지 마세요. 쥐가 왔다 갔다 하는 거니까요."

버드 월턴 ——

한번은 샘과 남부 조지아 플랜테이션 농장에서 열린 메추라기 사냥 대회에 초대를 받았어요. 주최 측이 착륙장에 우리를 데리러 나오기로 했죠. 비행기로 가서 보니 그곳에 온갖 기업의 제트기가 줄지어 착륙해 있더군요. 우리를 데리러 나온 사람은 메르세데스를 끌고 왔어요. 그런데 샘이 제트기 뒤편을 열자 사냥개 다섯 마리가 튀어나왔죠. 그걸 본 메르세데스 운전자의 표정이 얼마나 웃겼는지 모릅니다. 손님이 개를 데려올 거라고는 상상도 못했겠죠. 결국 그 메르세데스에 개들을 다 태우고 갔습니다.

이런 에피소드에서 알 수 있듯이, 나는 일에 미친 사람이 아니다. 다른 사람들처럼 노는 것도 정말 좋아한다. 1974년으로 돌아가서 생각해 보면, 나 자신을 위한 시간을 갖고 싶어서 안달이 나 있었다. 그래서 론 메이어와 몇몇 경영진에게 회사 일을 맡겨 버리고, 나가서 휴식을 즐기곤 했다. 바로 그 무렵에 아내와 몇 차례 해외여행을 떠나기도 했다. 물론 여행지에서도 현지 매장을 구경하고 사업을 구상하는 데 적잖은 시간을 보낸 걸 인정할 수밖에 없지만 말이다.

1945년에 소매업을 시작한 이래 처음으로 사업에서 조금씩 손을 떼기 시작했다. 일상적으로 반복되는 결정을 내리는 일에 덜 관여하기로 했다. 기업의 대표이자 CEO 자리는 계속 유지하고 있었지만, 론 메이어와 페럴드 아렌드를 부사장 자리에 앉히고 경영 업무를 대부분 위임했다. 당시 45세였던 페럴드가 머천다이징 부문을 맡고, 40세였던 론 메이어는 재무와 물류 업무를 관할했다. 회사가 폭발적으로 성장하고 있었기 때문에 본사 사무실에도 인력을 증원했다. 론은 데이터 처리, 재무 및 물류 업무를 담당할 직원을 대거 고용했다.

월마트 역사를 돌이켜 볼 때, 이 부분은 지금도 마음 편하게 이야기하기가 어렵다. 사람마다 그 상황을 바라보는 시각이나 평가가 다를 것이다. 여기서는 내 관점으로 당시 상황이 어떻게 전개되었으며 어떻게 대처했는지 설명해 보려고 한다.

지금 와서 그때를 다시 생각해 보니, 그 결정으로 내가 회사를 둘로 나눠 버린 것 같다. 사람들은 두 파벌로 나뉘어 한 치의 양보도 없이 치열하게 경쟁했다. 매장 관리자 대다수를 포함해 오랫동안 월마트에 근무한 이들은 페럴드의 편에 섰고, 근무 기간이 비교적 짧은 직원들은 론 덕분에 취직한 터라 그를 전폭적으로 지지했다. 다들 론과 페럴드의 사이가 좋지 않다는 것을 알고 있었고, 둘 중 한 편에 서야 한다는 압박을 느꼈다. 게다가 나의 잘못된 행동으로 그 상황이 열 배 이상 복잡해졌다. 사실 내 성격에 전혀 어울리지 않는 행동이었다.

월마트 매장이 급격히 증가함에 따라 업무를 조직하는 면에서 페럴드가 매우 중요한 역할을 해 주었다. 하지만 최신 기술과 정교한 시스템이 필요했기 때문에 당시로서는 회사의 미래를 위해 론이 무조건 필요하다고 생각했다. 론은 능력만 출중한 것이 아니라 야심도 강한 편이었다. 그는 언젠가 자기가 직접 회사를 운영해 보고 싶다는 포부를 드러냈고, 나는 그런 꿈을 존중해 주었다. 사실 론은 월마트를 직접 운영하기를 원했고, 그의 마음은 나도 잘 알고 있었다. 한번은 나에게 와서 월마트 경영권을 가질 수 없다면 나가서 다른 회사를 차리겠다고 말하기도 했다.

나는 며칠간 그의 말에 대해 생각해 봤는데, 론이 회사를 정말로 떠날 것 같은 불안감이 엄습했다. '나는 이제 나이가 많아. 어쩌면 론과 내가 공동으로 경영을 맡아도 될 거야. 론에게 회장 겸 CEO 자리를 내주고 나는 한 발 물러서서 좀 여유롭게 지내는 것도 나쁘지 않겠지. 예전처럼 매장을 둘러보는 일이나 하면서 지내면 되지 않을까.'

그래서 나는 집행위원회 위원장을 맡기로 하고, 론에게 월마트의 회장 겸 CEO를 맡겼다. 페럴드는 사장이 되었다. 내 사무실은 고위 간부 사무실이 줄지어 있던 복도의 가장 안쪽이었는데, 그곳도 론에게 넘겨주고 나는 론이 쓰던 사무실로 옮겼다. 이제 론에게 전적으로 경영권을 넘겨주고 참견하지 않기로 마음먹었다. 그저 론이 회사를 어떻게 이끌어 가는지 확인만 할 생각이었다. 지금까지 회사 운영에 대한 많은 부분을 다른 사람들에게 위임해 왔으므로 같은 방식으로 계속 밀고 나가면 모든 일이 잘될 거라고 생각했다.

1974년에 나는 56세였지만 사실상 은퇴할 준비는 전혀 되어 있지 않았다. 그래도 예전에 비하면 한 걸음 뒤로 물러나 여유로운 시간을 즐길 수 있게 되었다. 물론 론 메이어가 보기에는 내가 조금도 달라진 게 없었을 것이다. 사실 은퇴는 지금까지 내가 저지른 실수 중에서 가장 큰 실수였다. 사실은 대표직에서 사임한 후에야 그것이 실수였음을 깨달았다. 나는 론의 방식에 간섭하지 않으려고 노력했다. 문제는 내가 이전 방식을 하나도 바꾸거나 양보하지 않고 그대로 고수했다는 것이다. 마음 한편으로는 내 아이디어대로 회사가 운영되기를 원했고, 다른 한편으로는 론이 회사 운영과 조직의 기반을 성공적으로 다지기를 기대했다.

결국 나는 마음과 달리 회사와 충분한 거리를 두지 못했다. 그런 상황이 론에게는 적잖이 부담스러웠을 것이다. 론이 아니라 회사를 직접 경영하고 싶은 마음을 가진 40세 경영인이라면 누구나 그렇게 느꼈을 것이다. 아무튼 회사는 두 편으로 양분되고 있었다. 입사한 지 얼마 안 된 젊은 직원들은 론의 편을 들었고, 경영진에 합류한 지 오래되고 각자의 매장을 운영하는 사람들은 페럴드를 지지했다. 편 가르기가 얼마나 심각한지 알게 된 후로 한시도 마음이 편치 않았다. 심지어 만나는 모든 사람을 의심의 눈초리로 보게 되었다.

알 마일스, 월마트 부사장으로 퇴직 ——

> 회사는 론과 페럴드를 중심으로 양분되어 있었습니다. 그때 나는 주로 현장에 근무해서 둘 중 어느 쪽도 아니었어요. 하지만 현장에서도 회사가 두 편으로 나뉘고 있다는 걸 피부로 느낄 수 있었죠. 다들 론과 페럴드 중 누구를 따를지 결정해야 한다는 것을 알고 있었어요. 사내 분위기는 급격히 와해되었습니다. 전에는 그런 적이 한 번도 없었는데 말이죠. 그리고 다들 불편해하는 상황이 자주 발생했어요. 매장을 운영하고 직원을 돌보는 데 진지하게 집중하는 모습을 더는 찾아볼 수 없었죠. 나 같은 지역 관리자는 토요일 아침에 모여서 전화기를 붙들고 있었어요. 이런 식이라면 결국 큰일이 나고 말 거라는 불안감이 엄습했습니다. 과장이 아니라 다들 정말 그렇게 생각했어요. 그 무렵 샘 월턴은 사무실에서 더 많은 시간을 보냈는데, 상당히 격앙된 모습이었죠.

나는 결국에는 일이 다 잘 풀릴 거라는 희망의 끈을 놓지 않았다. 그리고 실제로 그렇게 힘든 시기에도 월마트의 실적은 고공행진을 계속했다. 이로써 경영상의 실수라거나 실력 부족이라는 오명은 씻을 수 있었다. 월마트에는 아직 물러서고 싶지 않은 반만 은퇴한 창립자가 있었고, 큰 포부를 품은 열정적인 젊은이들과 오랫동안 매장을 지켜 온 관리자들이 심각한 대립 구도를 이루고 있었다.

회사에 근무한 기간 전체를 통틀어 보면 그때가 유일하게 힘든
시기였습니다. 힘든 적이 한 번밖에 없었다는 것도 사실 놀랄 만
한 일이죠. 샘은 직원들이 서로 경쟁해야 한다고 생각합니다. 그
래야 각자의 능력이 최대한 발휘되니까요. 물론 샘의 생각이 옳
았습니다. 하지만 이번에는 좀 달랐어요. 샘이 일선에서 물러나자
모두가 어려운 상황에 직면했습니다. 론을 따르는 직원들은 론의
말만 듣고, 나를 따르는 직원들은 나만 바라보고 있었죠. 샘은 승
부차기가 필요한 문제는 자기가 정해 주겠다고 했습니다. 그런데
샘이 미처 생각하지 못한 문제들이 발생한 거죠. 샘은 상황이 얼
마나 안 좋은지 알게 되자 곧바로 개입해서 해결해 주려고 했습
니다.

이런 상황은 결국 내가 자초한 것이다. 그러니 모든 비난은 내가 받아야
한다고 생각한다. 하지만 어떤 업무는 론의 처리 방식이 적합하지 않았다.
론이 사람을 대하는 기술은 늘 염려스러웠다. 우리 회사만의 독특한 강점
은 매장 직원이 곧 경영진이라는 것인데, 직원들이 편을 나누는 상황은 이
를 심각하게 훼손하고 있었다. 그리고 개인적인 스타일이라고 할 만한 몇
가지 사안도 마음에 들지 않았다. 대다수 기업의 환경에 비춰 보면 특별하
달 것이 없을지 몰라도, 우리가 오랫동안 고수해 온 월마트 방식과는 맞지
않았다.

이 일은 사실 나에게도 큰 시련이었다. 회사에 어떤 문제가 생겨도 수
면에 영향을 받은 적이 없었는데, 이번에는 밤에 잠을 이루지 못했다. 론

을 실망시키거나 떠나보내고 싶지 않았다. 하지만 회사가 잘못된 방향으로 가고 있었다. 결국 1976년 6월 어느 토요일에 그를 호출했다. 내가 회장직을 사임한 지 30개월이 지난 시점이었다. "론, 할 말이 있어요. 나는 내가 물러날 때가 되었다고 생각해서 사임했어요. 그런데 지금 보니 내 생각이 틀렸던 것 같군요. 내가 너무 많은 일에 관여하다가 갑자기 손을 떼 버렸어요. 그 때문에 당신이 큰 시련에 직면한 것 같아요." 나는 다시 회장 겸 CEO로 복귀하겠다고 밝혔고, 론에게 부회장 겸 최고재무책임자(CFO)를 맡아 달라고 제안했다.

론은 탐탁지 않아 했다. 그 마음을 충분히 이해할 수 있었다. 론은 직접 회사를 경영하기를 원했고, 그것이 좌절되자 회사를 떠나겠다고 했다. 당시에는 아무도 믿어 주지 않았지만, 론의 지휘하에 이루어지는 몇 가지 상황이 마음에 들지 않았고, 그중 몇 가지는 심각하게 거부감이 들었다. 하지만 나는 론 메이어가 회장직에서 물러난 후에도 계속 남아서 함께 회사를 키워 주기를 간절히 바랐다. 그래서 그에게 남아 달라고 간곡히 부탁했다. "론, 우리는 정말 당신이 그리울 겁니다. 당신의 도움이 절실해요. 당신이 떠나면 우리는 많은 어려움을 겪게 될 겁니다." 그가 회사에 남기만 한다면 무슨 부탁이든 다 들어주겠다고 했지만, 론은 이미 떠나기로 마음을 굳힌 것 같았다.

론은 분명히 실망스럽고 불쾌했을 것이다. 그런데도 나에게 이렇게 말해 주었다. "샘, 당신은 이대로 가면 모든 게 무너지기 시작할 거라고 생각하는군요. 다른 사람들도 그런 불안감을 느끼게 되겠죠. 하지만 이 회사는 그렇게 쉽게 흔들리지 않아요. 현장 중심으로 기초가 탄탄하게 잡혀 있지 않습니까. 매장 관리자와 동료들이 회사를 얼마나 아끼고 사랑하는지 아실 겁니다. 우리 고객들도 마찬가지고요. 게다가 경영 철학도 어디 하나 흠 잡을 곳이 없어요. 그러니 이대로 쭉 가더라도 전혀 문제없을 겁니다. 나는 그렇게 생각합니다." 론이 회사에 대해 강한 확신을 표현해 주어서 얼마나 고마웠는지 모른다. 그 말에는 론의 진심이 담겨 있었기에 오랫동안 기억에 남았다.

회사 내에는 그 일이 '토요일 밤의 대학살'이라고 알려졌다. 그 후로 '대탈출'이 시작되었다. 가장 먼저 론이 이끄는 팀에서 근무하던 고위 관리자들, 그러니까 재무 책임자, 데이터 처리 담당자, 물류 센터 운영자 등이 줄줄이 론의 뒤를 따라 떠나 버렸다. 월스트리트에서 이런 사태를 보고 어떤 평가를 했을지 충분히 짐작할 수 있을 것이다. 회사에 대한 부정적인 평가가 물밀듯 쏟아져 나왔다. 그들은 오래전부터 그래 왔듯이, 우리 경영진이 날로 커지는 회사를 감당하지 못할 거라는 우려를 강하게 표명했다. 그들은 론 메이어가 이끄는 경영진 덕분에 회사가 잘돼 온 거라고 생각했다. 그 전에 우리가 쌓아 온 회사 기반이나 경영 원칙, 즉 비용을 최소화하고, 동료에게 고객을 잘 응대하는 방법을 교육하고, 온몸이 부서져라 노력한 것은 다 무시하고 말이다.

이런 혼란 중에도 잭 슈메이커는 꾸준히 회사 운영에 큰 힘을 실어 주고 있었다. 그는 우리 직원 중에서 가장 똑똑하고 자신감이 넘치는 젊은이 중 한 명이었다. 슈메이커 같은 사람이 있었기에 한바탕 폭풍을 겪었어도 회사는 정상 궤도로 복귀할 수 있었다. 그런데 슈메이커가 연배가 높고 근속 기간이 긴 사람들을 제치고 운영 및 머천다이징 부문 부사장으로 임명되자, 상당수의 관리자가 또 회사를 박차고 나가 버렸다. 말 그대로 '대탈출'이었다. 이 사태가 끝나고 보니 고위 경영진의 3분의 1이 사라지고 없었다. 사업에 몸 바쳐 일해 온 긴 세월을 돌이켜 봐도 이때만큼 암울한 적이 없었다. 솔직히 말해서, 이대로 회사를 유지하는 게 가능할지 확신이 서지 않았다.

뉴포트에서 임대차 계약을 갱신하지 못했을 때도 느꼈지만, 실수는 대부분 기회로 바꿀 수 있다. 지나고 보니, 당시 일도 우리 회사의 역사에서 아주 의미 있는 변화를 가져다주었다. 나는 아칸소주 해리슨의 엉망진창이었던 매장 개점 행사에서 데이비드 글래스를 처음 만났는데, 그 후로 그를 영입하려고 얼마나 애를 썼는지 모른다. 그는 스프링필드 지역에서 할인 약품 가맹점을 장악하고 있었다. 그만한 사업 수완을 가진 사람은 쉽게 만날 수 없을 거란 생각이 들었다. 한동안 론 메이어에게 데이비드를 고용하라고 종용했지만, 그는 데이비드를 영입하려고 노력하지 않았다. 론이 회사를 떠난 뒤 곧장 데이비드를 직접 찾아가서 우리 회사로 와 달라고 설득했다.

데이비드는 회사 재무와 물류 부문의 수장이었고, 잭 슈메이커는 운영과 머천다이징 부문을 맡고 있었다. 두 사람으로 인한 사내 세력 다툼도 절대 만만치 않았다. 하지만 두 사람의 재능이나 열정은 하나의 기업으로서 충분히 감당할 수 있는 수준이었다.

두 사람은 성향이 완전 반대였다. 그러나 둘 다 굉장히 예리하고 똑똑했다. 같은 회사에 근무하는 한, 그 둘을 포함해서 모든 사람이 같은 방향으로 움직여야 했다. 그렇게 해서 또 한 번 월마트는 모든 사람의 예측이 틀렸다는 것을 증명해 냈다. 월마트의 기존 실적보다 월등한 성장을 이룩한 것이다.

데이비드는 단시간에 월마트를 더욱 강하게 바꿔 놓았다. 론 메이어가 우리가 처음 사용한 물류 체계를 만들었지만, 솔직히 말해서 데이비드 글래스가 물류에서는 한 수 위였다. 내가 매우 중시하는 우리 회사의 강점 중 하나가 바로 물류 체계에 대한 데이비드의 전문 지식과 기술이다. 그는 회계 시스템을 개선하고 강화하는 데도 큰 역할을 해냈다. 잭과 데이비드 덕분에 현재까지 월마트를 운영하고 확장해 온 주요 기술을 십분 활용할 수 있었다. 데이비드는 최고재무책임자로서 손색이 없었으며, 사람을 다루는 기술도 뛰어났다. 그가 새로 구성한 팀은 더 우수한 인재로 구성되어 이전 팀보다 업무 처리가 훨씬 능숙했다.

월마트의 역사에서 가장 눈에 띄는 점은 절실한 시기에 적절한 인재를 찾아 적합한 업무를 맡긴 것이다. 돈 휘터커는 초창기에 큰 도움을 주었고, 조직적이고 근면성이 돋보이는 독일인 페럴드 아렌드는 체계적인 조직을 만들어 주었다. 컴퓨터 천재 론 메이어는 회사 시스템이 잘 운영되도록 도와주었고, 매장 관리자다운 사고방식과 천재성을 겸비한 잭 슈메이커는 틀에 박힌 태도에서 벗어나 참신한 아이디어를 시도하게 해 주었다. 데이비드 글래스는 위기가 닥쳤을 때 냉정함을 잃지 않았고, 회사가 감당하기 힘들 정도로 커진 후에도 이를 잘 통제하고 이끌어 가도록 도와주었다.

버드와 나는 처음부터 지금까지 우리에게 없는 재능을 가진 인재를 찾으러 다녔다. 그렇게 영입한 사람들은 회사가 성장함에 따라 자기에게 꼭 맞는 자리로 찾아들어 갔다. 그래도 경영진에게서 찾아볼 수 없는 재능이 필요한 순간이 종종 찾아왔다. 그럴 때 바로 데이비드 글래스 같은 사람들이 나타나 주었다. 그렇지만 모든 일에는 다 때가 있는 것 같다. 벤 프랭클린에서 일하던 돈 소더퀴스트를 영입하려고 20년 가까이 노력했지만, 그는 마음을 열지 않았다. 한번은 사장 자리를 내주겠다고도 했지만 아무 소용이 없었다. 그런데 세월이 흘러 그가 절실히 필요한 순간이 있었는데, 그때는 그가 우리에게 와 주었고, 데이비드가 맡고 있던 팀에서 최고운영책임자의 역할을 손색없이 해냈다.

어떤 기업이든 몇몇 사람을 떠나보내거나 다른 직책으로 옮겨야 하는 시기가 찾아오기 마련이다. 회사에 크게 공헌한 사람이라고 예외가 될 수는 없다. 그럴 때면 내가 직원들 사이에 반목을 일으킨다는 원망을 듣지만, 이는 내 의도와 전혀 무관한 주장이다. 나는 직원들이 서로에게 자극을 받고 다양한 업무를 경험하면서 더욱 성장하도록 도와주려는 것이다. 그런데 그 과정에서 종종 자존심에 상처를 입는 사람이 생기는 것 같다. 그래도 나는 모든 직원이 가능한 한 많은 회사 업무를 고루 경험해야 한다고 생각한다. 이런 경험을 기반으로 전반적인 회사 업무를 잘 아는 사람만이 실력 있는 기업 경영인이 될 수 있다. 그러나 사내에서 개인적인 욕심이나 질투 등의 이유로 파벌을 형성하거나 경쟁하려는 태도는 절대 용납하지 않았다. 그런 분위기에서는 회사 식구들이 하나로 똘똘 뭉치지 못하며 서로를 응원하지 않게 된다. 나는 기회가 될 때마다 사람들에게 이렇게 말했다.

"회사에서는 개인적인 야망을 접어 두고 상대방이 누구든지 열심히 도와주세요. 우리가 모두 한 팀이라는 생각으로 노력합시다."

CHAPTER 11

기업문화를 만들다

샘은 기업 전반에 월마트 문화를 깊숙이 심어 놓았습니다. 그것이 이 기업의 성장에 큰 원동력이 되었죠. 이런 사례는 그야말로 전무후무할 겁니다. 그는 이 시대 최고의 사업가입니다.

_ **해리 커닝햄**(S.S. 크레스지 CEO였을 때 케이마트 창립)

수백 명의 임원, 매장 관리자, 동료가 토요일 아침마다 7시 30분에 모여서 회의하는 기업은 그리 많지 않다. 게다가 기업 총수가 나서서 미식축구팀 응원 구호를 외치며 회의를 시작하는 기업은 더더욱 찾아보기 어려울 것이다. 하지만 나는 아칸소 대학의 운동팀 레이저백의 응원 구호를 외쳐서 참석자들의 졸음을 쫓아 버리는 것을 아주 좋아한다. 토요일인 데다 위낙 이른 시간에 모이다 보니 눈에 졸음이 가득 내려앉은 사람이 적지 않기 때문이다. 독자들은 우리 회의장에 직접 와서 볼 수 없으니 그 구호를 소리 나는 대로 써 보자면……

후우우우우 피그, 수이!
후우우우우우우 피그, 수이!
후우우우우우우우우 피그, 수이! 레이저백!
(수이sooey는 돼지를 부를 때 내는 소리다. - 옮긴이)

다른 사람도 아니고 바로 내가 직접 나서서 구호를 선창하므로 다들 목청껏 따라 외치는 모습을 상상할 수 있을 것이다. 매장을 둘러보러 갈 때도 또 다른 구호를 외치는데, 그것이 바로 월마트 응원 구호다. 얼마 전 부시 대통령 부부가 벤턴빌을 방문했을 때 우리 동료들이 이 구호를 외쳤는데, 다들 어색해하는 표정이 역력했다. 도대체 어떤 구호일까 궁금해하는 분들을 위해 소개해 보자면……

나에게 W! (Give me a W!)
나에게 A!
나에게 L!
나에게 구불구불(squiggly)! (이때 모든 사람이 일종의 트위스트 동작을 한다.)
나에게 M!
나에게 A!
나에게 R!

나에게 T!

합치면 무슨 단어죠?

월마트!

무슨 단어라고요?

월마트!

누가 최고죠?

고객이 최고!

대부분의 회사에는 이런 구호가 없다는 걸 나도 알고 있다. 설령 구호가 있다 해도 기업 총수가 직접 나서서 선창하는 일은 없을 것이다. 마이크 '포섬' 존슨 같은 사람이 있는 회사도 그리 많지 않을 것이다. 마이크는 예전에 안전 감독자로 일했는데, 어느 일요일 오전 당시 회사의 법률 고문이었던 로버트 로즈를 과녁 삼아 감 씨 뱉기 대회를 벌여서 많은 사람을 즐겁게 해 주었다. '노래하는 트럭 운전사들' 같은 가스펠 합창단이나 '지미 워커와 회계사들'에 비할 경영진 합창단을 갖춘 기업도 아마 월마트를 제외하면 찾아보기 어려울 것이다.

열심히 일하자는 것은 항상 굳은 표정으로 중대한 사안을 고심하거나 매사 진지하고 심각하게 행동하라는 뜻이 아니다. 월마트에서는 사업상 중요한 문제 때문에 마음이 짓눌리면, 금요일 오전의 머천다이징 회의나 토요일 오전 회의에 가져와서 다른 사람들과 함께 고민하면 된다. 문제를 해결하는 과정에서도 이왕이면 즐거운 마음으로 임하는 것이 좋다고 생각한다. 이런 경영 철학은 '휘파람을 불면서 즐겁게 일하기'라고 요약할 수 있다. 그러면 업무 시간이 즐거울 뿐만 아니라 업무 결과도 훨씬 좋아진다.

우리는 열정과 의욕을 고취한다. 그리고 사람들의 관심을 끌고 기대감을 유지하기 위해 여러 가지 방법을 사용한다. 자유롭고 편안한 의사소통에 방해가 되는 요소는 모두 제거한다. 서로 한 가족처럼 편하게 대할 수 있는 분위기를 조성한다. 자신이 제일 중요하거나 잘난 사람이라고 생각해서는 안 된다. 응원 구호를 선창하거나 농담의 대상이 되거나 감 먹고 씨 뱉기 대회 같은 놀이에 모두가 참여해야 한다.

우리는 대단한 기업문화를 만들어 냈다고 으스대지 않는다. 우리보다 앞서 우수한 기업문화를 구축한 사례가 많다는 것을 잘 알고 있다. IBM 초창기에 톰 왓슨이 자신만의 슬로건과 그룹 활동을 통해 이룩한 성과는 우리와 크게 다르지 않아 보인다. 이미 말했듯이, 월마트는 다른 기업에서 좋은 아이디어를 발견하면 즉시 따라 하려고 노력한다. 아내와 나는 1975년 한국과 일본을 여행하면서 몇 가지 아이디어를 얻었다. 두 나라에서 관찰한 방식은 이곳에서 하는 사업에도 쉽게 적용할 수 있는 것들이었다. 문화적으로 다른 점도 많았다. 바닥에 앉는 것이나 장어와 달팽이를 먹는 것은 흥미로웠다. 하지만 거기도 사람이 사는 곳이었다. 나는 그곳 사람들에게 좋은 동기부여 방법이라면 이곳 미국에서도 분명히 효과가 있을 거라고 생각했다.

헬렌 월턴 ──

남편을 따라 테니스공 만드는 공장을 견학하러 갔어요. 서울의 동쪽 어딘가였던 것 같아요. 월마트에 테니스공을 납품하는 회사였죠. 아마 그래서 우리 부부를 특별한 손님으로 대접해 준 것 같아요. 내 인생에서 그처럼 지저분한 곳은 처음이었지만 남편은 아주 좋은 인상을 받았다고 하더군요. 그곳에서 만난 노동자를 통해, 그 회사에 응원 구호가 있다는 걸 알게 됐죠. 그리고 일과를 시작하기 전에 다 같이 체조를 하는 것도 보기 좋았다고 했어요. 남편은 하루빨리 미국으로 돌아가서 월마트 전 매장과 토요일 오전 회의에 그 새로운 아이디어를 시도해 보고 싶어 했죠.

1984년을 돌이켜 보니, 외부인들은 그제야 월마트 사람들이 굉장히 특이하다는 것을 깨닫기 시작한 것 같다. 바로 그해에 나는 데이비드 글래스에게 내기를 제안했다가 졌고, 결국 월스트리트에서 풀잎으로 만든 치마를 허리에 두르고 훌라 춤을 추는 벌칙을 수행해야 했다. 내가 옷을 갈아 입고 춤을 추면 데이비드가 촬영해서, 토요일 오전 회의에서 그 영상을 공개해 내가 벌칙을 수행했다는 사실을 모두에게 확인시켜 줄 거라고 생각했다. 그런데 현장에 도착해서 보니, 데이비드가 전문 훌라 댄서와 우쿨렐레 연주자 수십 명을 초청하고 신문사와 방송국 취재진도 불러 놓은 상태였다. 행사 허가를 놓고 경찰과 온갖 실랑이를 벌였고, 훌라 댄서들은 날씨가 춥다며 온풍기가 없으면 춤을 추지 않겠다고 으름장을 놓았다.

우여곡절 끝에 메릴린치 사장에게 건물 계단에서 춤을 춰도 좋다는 허가를 받았다. 결국 긴 풀잎 치마와 하와이안 셔츠를 입고 화환을 머리에 얹은 채 훌라 춤을 추었다. 내 생각에는 춤 솜씨가 그리 나쁘지 않았다. 아칸소주 출신의 괴짜 기업인이 이상한 옷을 입고 춤추는 모습이 찍힌 사진은 혼자 보아 넘기기에는 너무 아까웠을 것이다. 그 사진은 결국 전국으로 퍼져 나갔다.

우리 회사가 사람들의 이목을 끌기 위해 벌인 일들에 당황한 적이 거의 없었지만 이번에는 몹시 당혹스러웠다. 그러나 월마트에서는, 내가 그랬듯이 세전 수익이 8퍼센트를 넘길 수 없다는 주장을 두고 내기를 하면, 그에 상응하는 대가를 치러야 한다. 훌라 춤은 곰을 상대로 씨름하는 것에 비하면 아무것도 아니었다. 한때 텍사스주 팔레스타인의 창고 관리자였던 밥 슈나이더는 직원들과 생산 기록을 두고 내기를 했다가 벌칙으로 곰과 맞붙어야 했다.

그때 많은 사람이 월마트 회장이 별난 괴짜라서 그런 우스꽝스러운 짓을 한다고 생각했을지 모른다. 그런데 이런 일이 월마트 내에서는 늘 벌어진다는 것은 전혀 몰랐을 것이다. 실제로 이것은 우리 기업문화의 일부이며, 우리가 하는 모든 일에 고스란히 묻어난다. 토요일 오전 회의, 주주총회, 매장 개점 행사는 물론이고 그냥 평범한 영업일에도 우리는 재미있고 예측 불가능한 이벤트가 끊이지 않는 인생을 만들고자 노력하고 있다. '월마트'라는 말을 들으면 '즐거움'이라는 단어가 가장 먼저 떠오르게 하려는 것이다.

우리는 사람들의 관심을 끌기 위해 온갖 특이한 행동이나 이벤트를 시도한다. 이를 보고 그들도 뭔가 특이한 것을 생각해 보도록 유도하려는 의도도 있다. 매장 내에서 고객이나 함께 일하는 동료에게 즐거움을 주려고 기꺼이 창피를 무릅쓰는 것은 칭찬할 만한 일이다. 월마트의 파트너십과 핵심 가치를 지지하고 응원하기를 원한다면, 고정된 틀을 깨거나 단조로움을 거부하고 새로운 아이디어를 창출하고자 노력해야 한다.

월마트의 독특함, 이를테면 회사의 응원 구호나 노래 부르기, 내가 직접 훌라 춤을 추는 것 등이 그저 유치하고 황당하게 느껴질 수도 있다. 사실 한 기업의 부사장이라는 사람이 분홍색 타이츠와 긴 금발 가발을 착용한 채 백마를 타고 벤턴빌 시내를 돌아다니는 것은 상당히 기이한 장면이지만, 1987년 찰리 셀프는 그렇게 했다. 토요일 오전 회의에서 12월 매출액이 13억 달러를 넘지 못할 거라고 호언장담했다가 벌칙을 수행한 것이다. 론 러브리스 같은 전직 임원이 퇴직 후에도 매년 연말 회의에 참석해 '러브리스의 경제 지표 보고서'를 제출하는 것도 이례적인 풍경이다. 이 보고서는 길에서 발견되는 죽은 닭의 수치를 기반으로 한 각종 도표 자료를 제시한다. (경제가 어려워질수록 길가에서 식용 가능한 동물이 발견될 확률은 낮아진다.)

사장에게 살아 있는 돼지를 선물로 내밀어서 깜짝 놀라게 하는 것은 좀 어리석은 짓일지 모른다. 하지만 샘스 클럽의 한 직원은 미식 축구 관련 매출을 높이기 위한 회의에서 데이비드 글래스에게 돼지를 내밀었다. 처음에는 돈피를 줄 생각이었는데, 그럴 바에는 돼지 한 마리를 통째로 가져다주는 게 낫겠다며 계획을 바꾼 것이다. 이보다 더한 것도 있다. 500억 달러 규모의 회사 중에서 사장에게 작업복을 입히고 밀짚모자를 씌운 다음 당나귀를 타고 주차장을 한 바퀴 돌게 만드는 곳이 과연 있을까? 하지만 우리는 데이비드에게 해리슨 매장에 가서 그렇게 하라고 했다. 〈포춘〉과의 인터뷰에서 1964년 해리슨 매장 개점일의 당나귀와 수박 사건을 언급한 것에 대한 벌칙이었다. 〈디스카운트 스토어 뉴스〉라는 주간지 표지에 당나귀에 올라탄 월마트 사장의 사진이 실렸다. 월마트의 경쟁업체들은 그 사진을 보고 과연 뭐라고 했을까?

이런 문화의 일부는 우리가 소도시에서 사업을 시작한 것과 깊은 관련이 있다. 처음에는 매장 내부를 카니발 분위기로 꾸민 적도 있다. 그때는 소도시에만 우리 매장이 있었고, 지역 주민들로서는 월마트 매장에 가는 것 외에는 여가 시간을 보낼 만한 활동이 거의 없었다. 앞에서도 언급했지만, 우리는 사람들이 다니는 보도에서 대형 할인 행사를 벌였고, 그 기간에 더 많은 고객이 매장을 찾도록 주차장에서 밴드나 소규모 서커스 공연을 준비했다. 종이 접시에 경품 이름을 적어 놓고, 매장 지붕에 올라가서 아래로 던지는 행사도 있었다. 풍선도 같은 방식으로 활용했다. '문라이트 매드니스(Moonlight Madness)' 할인 행사는 정상적인 영업 시간이 끝난 후에 시작해 자정까지 열리는데, 몇 분마다 새로운 할인 또는 프로모션 행사가 발표된다.

쇼핑 카트로 빙고 게임도 했다. 카트마다 고유 번호가 있는데, 만약 그 번호가 호명되면 해당 고객은 카트에 담아 온 것을 전부 할인받았다. 매장 개점 행사에서는 서비스 카운터를 만들어 놓고 가장 멀리서 와 준 고객에게 사탕 상자를 선물로 주었다. 고객과 직원이 즐거워할 만한 행사라면 무엇이든 마다하지 않고 실행했다.

가끔 어이없는 실수를 저지르기도 했다. 한번은 조지 워싱턴의 생일인 2월 22일에 맞춰, 필 그린(타이드 세제를 세계 최대 규모로 진열한 장본인)이 페이엣빌 매장에서 TV를 22센트에 판매한다는 광고를 냈다. 딱 한 가지 문제가 있다면, 가장 먼저 TV를 찾아내는 사람만이 그 가격에 살 수 있다는 것이었다. 필은 제품을 매장 내 어딘가에 숨겨 놓고, 최초로 발견하는 사람에게 팔 거라고 했다.

그날 아침 필이 출근해 보니 매장 앞에 사람들이 잔뜩 모여들어서 출입문이 어딘지 안 보일 정도였다. 페이엣빌 주민들이 모두 모인 것 같았다. 그중에는 미리 와서 밤새 기다린 사람도 있었을 것이다. 우리는 어쩔 수 없이 건물 뒤편 출입구로 매장에 들어갔다. 출입문을 열어 주자 500~600명이 한꺼번에 쏟아져 들어왔다. 다들 22센트짜리 TV를 찾아내고야

말겠다는 의지를 불태우고 있었다. 그날 매장은 엄청난 매출을 기록했다. 하지만 매장 내부는 한마디로 아수라장이었다. 필도 제품을 가지고 숨바꼭질하는 건 두 번 다시 하지 말아야 할 행사라고 인정했다.

사업이 확장되면서 서커스 같은 접근법에서는 벗어났지만, 매장 내에 즐거움을 불어넣는 일은 계속 시도해 왔다. 우리는 동료와 경영진이 손잡고 지역사회에 도움이 되는 일을 하면, 모두가 상품을 팔거나 홍보하는 일에 직접 관여하는 것은 아니지만 모두 한 팀이라는 의식을 갖게 된다고 생각했다. 그래서 다음과 같이 특이한 아이디어를 몇 가지 생각해 냈다.

- 네브래스카주 페어버리 매장에는 지역 퍼레이드에서 활동하는 '쇼핑카트 묘기 팀'이 있다. 팀원들은 월마트 작업복을 입고 쇼핑카트를 밀면서 각종 묘기를 선보인다.

- 조지아주 시더타운 매장에서는 자선기금을 마련하기 위해 돼지에게 입맞추기 대회를 연다. 항아리마다 관리자의 이름을 적어 놓고 모금액을 받는데, 금액이 가장 많이 나온 항아리에 이름이 쓰인 관리자가 돼지에게 입을 맞춰야 한다.

- 루이지애나주 뉴이베리아 매장에는 슈링케츠(Shrinkettes)라는 치어리더 팀이 있다. 이들의 응원 구호는 손실량(shrinkage) 줄이기를 강조한다. "손실량을 어떻게 할까요? 완전히 없애 버려요!"

- 조지아주 피츠제럴드 매장은 '어윈 카운티 고구마 축제'에 출전해 당당히 1등을 차지했다. 매장 직원 일곱 명이 조지아주 남부 지방에서 생산되는 과일과 채소를 본뜬 의상을 입고 퍼레이드에 참가해 심사위원석 앞에서 월마트 응원 구호를 곁들인 퍼포먼스를 펼친 것이다.

- 미주리주 오자크 매장에서는 관리자들이 금요일 저녁에 분홍색 튀튀(발레리나가 입는 스커트 – 옮긴이)를 입은 채 트럭을 타고 도심의 광장을 한 바퀴 돌았다. 금요일 저녁이면 10대 청소년이 광장에 쏟아져 나오는 시간인데, 그 덕분인지 자선기금이 꽤 많이 모였다고 한다.

보다시피 우리는 미국 시골 마을의 다양한 전통을 매우 좋아한다. 군악대를 앞세운 퍼레이드, 치어리더, 의장대, 장식 차량 등을 빼놓을 수 없다. 어릴 때도 좋아했지만, 어른이 되어 일에 치이며 살다 보니 이런 것을 더 좋아하게 되었다. 게다가 우리는 온갖 형태의 경연대회를 좋아한다. 시 낭송, 노래자랑, 예쁜 아기 선발 대회 등 온갖 주제로 경연대회를 기획한다. 특별한 날을 정해서 매장 내 모든 직원이 행사 의상을 차려입을 때도 있다.

오클라호마주 아드모어 매장에서는 어느 날 매장 앞에 큰 건초더미를 만들고 36달러어치 동전을 건초더미에 던져 넣은 다음, 아이들에게 동전을 찾아오게 했다. 그리고 생각보다 많은 매장에서 여성복 패션쇼를 개최하는데, 나이가 많고 못생긴 남자 매장 직원이 패션모델로 등장한다. 매장 입구에서 고객에게 인사를 건네는 직원을 '그리터(greeter)'라고 하는데, 이들은 세간의 이목을 끄는 자리라는 이점을 활용해 보는 이들에게 즐거움을 선사한다. 아칸소주 헌츠빌 매장에서 그리터로 일하는 아티 호퍼는 지역 축제인 호그페스트를 포함해 휴일마다 색다른 의상을 입고 나타난다.

그 밖에 '문파이 많이 먹기 세계 챔피언 대회'도 있다. 앞에서 소개했듯이, 문파이를 적극적으로 홍보해서 600만 달러의 연 매출을 달성하기도 했다. 1985년에 앨라배마주 오니언터 매장의 보조 관리자 존 러브가 실수로 이 제품을 네다섯 배나 주문했다. 그런데 이 실수를 계기로 '문파이 많이 먹기 대회'가 시작되었다. 감당하기 어려울 정도의 물량에 놀란 그는 절박한 심정으로 이 대회를 열자고 제안했다. 그렇게라도 하지 않으면, 파이는 금방 상하기 때문에 버릴 수밖에 없었다. 사실 이것이 전화위복이 될거라고는 아무도 예상하지 못했다. 지금은 매년 10월 두 번째 토요일에 오니온터 매장 주차장에서 열리는 연례 행사로 자리 잡았다. 이 행사가 열리면 여러 주에서 구경꾼이 구름처럼 몰려오며, 전국 신문과 TV 방송에 대대적으로 보도된다. 이 책을 집필하는 순간을 기준으로 할 때, 문파이 먹기 세계기록은 1990년 '폭식계의 고질라'라는 별명을 가진 모트 허스트가 10분 만에 문파이 더블데커 16개를 집어삼킨 것이다.

요즘 같은 시대에 누가 많이 먹는지 겨루는 것은 진부하게 보일지 모른다. 사실 이보다 더 진부한 행사도 찾기 어려울 것이다. 하지만 많은 사람이 모인 자리에서 우스꽝스러운 일을 벌이면 다들 박장대소하게 되어 사기 진작에 매우 효과적이다. 모두 하하호호 웃는 자리로, 아무도 딱딱하게 격식을 차리지 않는다. 그리고 누군가는 벌칙을 수행해 모두에게 웃음을 선사한다. 아마 이 때문에 많은 사람이 문파이 많이 먹기 대회를 좋아하는 것 같다.

토요일 오전 회의를 예로 들어 보자. 가벼운 오락 행사와 어떤 일이 벌어질지 예측할 수 없다는 기대감이 더해지지 않았다면, 어떻게 수백 명이 토요일 아침마다 일찍 일어나서 웃는 얼굴로 회의에 오겠는가? 회의 참석자의 대부분은 매장 관리자 또는 벤턴빌 사무실에 근무하는 직원들이다. 회의에서 매장 간 실적을 비교하며 압박을 가하고, 사업상의 문제점을 지적하며 지루한 연설을 했다면, 그들이 회의에 적극적으로 참석하지 않았을 것이다. 그런 식으로 회의를 진행했다면, 총책임자인 내가 아무리 회의가 꼭 필요하다고 강조하더라도 모두 크게 반발했을 것이고, 결국 회의는 무산되었을 것이다. 하지만 토요일 오전 회의는 월마트 기업문화에서 가장 눈에 띄는 점이다.

오해는 없기 바란다. 그저 웃고 놀자고 모이는 것은 절대 아니다. 토요일 오전 회의는 사업과 긴밀한 관련이 있다. 회의의 주요 목적은 모든 참석자에게 회사의 모든 상황을 알리는 것이다. 어떤 경우에는 매장에 근무하는 동료 중에서 칭찬받을 만한 사람을 벤턴빌로 불러 모든 회의 참석자가 보는 자리에서 칭찬한다. 사람은 누구나 칭찬을 듣고 싶어 한다. 그래서 가능한 한 많은 사람을 칭찬할 자리를 마련하는 것이다.

물론 이 회의에서 긍정적인 이야기만 다루는 것은 아니다. 나는 우리 회사의 약점을 파악해야 한다고 생각한다. 우리가 어떤 면에서 부진한지, 그 이유는 무엇인지, 어떻게 개선해야 할지 함께 생각해 봐야 한다. 또한 어떤 문제가 예상되며, 이를 어떻게 해결하거나 대응할 것인지 논의해야 한다. 실수를 범한 것이 인정되고 해결 방안이 뚜렷한 경우에는 즉시 변경 사항을 주문하고 관련 업무를 해당 주말에 처리한다. 소매업계의 거의 모든 종사자가 쉬는 주말에도 말이다.

토요일 오전 회의는 경영 철학과 사업 전략을 논의하는 자리로, 모든 의사소통 노력의 핵심이라고 할 수 있다. 다양한 장소에서 수집해 온 아이디어를 공유할 때도 있다. 그리고 별로 재미는 없지만, 경영에 관련된 기사 중에서 우리 회사에 적용할 만한 점이 있으면 발췌해서 읽어 준다. 우리 회사 고위 임원 가운데 웨슬리 라이트와 콜론 워시번이 경영 관련 잡지나 기사를 모조리 회의에 가져오기 때문에 나는 유용한 도서나 기사를 놓칠 염려가 없다. 그 밖에 경쟁업체에 대한 논의도 이루어진다. 특정 업체에 대해 이야기할 때도 있고 일반적인 경쟁 구도를 검토하기도 한다. 일례로 월마트가 새로 등장한 전문 할인업체와의 경쟁에서 이기려면 어떻게 해야 할지 10분 정도 토의한다.

회의를 하다 보면 어떤 일이 불가능해 보여도 일단 시도해 보기로 결정할 때가 있다. 무조건 안 된다고 말리는 것이 아니라, 모두가 머리를 맞대고 가능한 방안이 있는지 고심하는 것이다. 내가 '월스트리트에서 홀라 춤추기'라는 벌칙을 수행한 것도 토요일 오전 회의에서 내기를 했기 때문이었다. 창피함을 견디느라 혼쭐이 났지만, 소매업계 다른 업체의 평균 수익이 4퍼센트에 불과할 때 우리 회사의 세전 수익은 8퍼센트를 넘겼으므로 후회는 하지 않는다.

알 마일스 ———

토요일 오전 회의의 장점이 있다면 전혀 예측할 수 없다는 것이죠. 어떤 날은 그야말로 영혼까지 탈탈 털릴 때도 있었어요. 누군가 자기 업무를 잘 처리하지 못하면, 공개적으로 맹렬한 비난을 당하는 것은 아니지만, 다들 지켜보는 곳에서 부드러운 말로 질책을 당하는 거죠. 가벼운 조언으로 끝날 때도 있어요. 한번은 사람들이 모두 있는 자리에서 회장님이 나에게 충고를 했습니다. 말하기 전에 잠깐 멈춰서 생각하는 습관을 들이라고 말이죠. 사실 그런 충고를 받을 만했어요. 한동안 내가 다른 사람을 비하하는 발언을 많이 했으니까요. 다른 부서를 겨냥해 공격적인 발언도 서슴지 않았죠. 사실 회의에서 그러면 안 되는 건데 말입니다. 아무튼 토요일 오전 회의라는 공개석상에서 충고를 받으니 그 내용이 한시도 잊히지 않더군요.

또 한번은 회장님이 나에게 3주 후에 열리는 회의에서 〈레드강계곡〉이라는 노래를 불러야 한다고 말했어요. 내가 심각한 음치라는 걸 알면서 일부러 노래를 시키는 것 같더군요. 매주 노래를 시킬 거라는 협박으로 많은 일을 시켰어요. 결국 나는 함께 노래할 사람을 몇 명 구했습니다. 혼자 부르는 건 상상조차 할 수 없었으니까요. 지나고 보니 회장님은 내가 공개석상에 나서는 걸 꺼리는 태도를 고쳐 주려고 한 것 같아요. 나는 결국 내 약점을 인정할 수밖에 없었죠.

아무튼 토요일 오전 회의에서는 이러저러한 이유로 재미있는 일이 벌어질 때가 많았는데, 모두 회장님이 철저히 준비한 것이었어요. 그분은 진지할 때와 편하게 웃을 때를 구분할 줄 아셨죠. 어떤 때는 권위적이었지만, 다른 때는 매우 민주적으로 일을 처리했어요. 회장님이 가장 중요하게 생각하는 건 딱 세 가지예요. 정보를 공유하는 것, 모든 사람의 짐을 조금이라도 덜어 주는 것, 거대한 조직을 잘 이끌어 가는 것. 믿기 어려울지 모르지만, 우리는 어떤 일이 있어도 토요일 오전 회의에 빠지지 않았습니다.

회의가 잘 진행되려면 일종의 쇼와 같이 구성해야 한다. 나는 회의가 어떻게 진행될지 뻔히 예상되도록 내버려 두지 않았다. 간단한 맨손체조를 할 때도 있고 노래를 부르기도 했다. 레이저백의 응원 동작을 따라 할 때도 있었다. 이런 걸 매번 일일이 계획한 것은 아니고, 자연스럽게 상황이 흘러가는 대로 대처한 것이다. 워낙 엉뚱한 행동이라서 따라 해 보려는 마음이 있어도 따라 하기가 쉽지는 않았을 것이다.

회의에 따로 손님을 초대할 때도 많았는데, 회의 참석자들에게는 누가 오는지 미리 알려 주지 않았다. 어느 날인가는 거래처 임원을 초대하기도 했다. 인지도가 거의 없지만 좋은 아이디어를 가진 중소기업 임원을 초청할 때도 있었고, GE의 CEO 잭 웰치 같은 유명 인사가 등장하기도 했다. '헤프티 백스'라는 우리 회사 제품의 홍보 모델이었던 코미디언 조너선 윈터스도 여러 차례 토요일 회의에 참석했는데, 덕분에 모든 참석자가 배꼽이 빠지도록 웃을 수 있었다. 그런가 하면 슈거 레이 레너드와 내가 모의 권투 시합을 벌인 적도 있다. 운동선수도 많이 초대했는데, 내가 가장 좋아했던 선수는 레이저백 출신 NBA 농구 스타 시드니 몽크리프였다. NFL에서 쿼터백을 맡았으며 수많은 명언을 남겨 많은 사람에게 존경받는 프랜 타켄턴 선수도 강연자로 우리 회의에 초대되었다. 최근에는 오클라호마주 출신의 컨트리 가수 가스 브룩스가 지인들에게 인사를 전할 겸 월마트를 찾아와 주었다.

돈 소더퀴스트 ───

우리 회의가 정말 좋았던 이유 중 하나는 즉흥적이었다는 겁니다. 회의의 안건이 따로 정해진 적이 없었죠. 물론 샘 월턴은 항상 노란색 노트에 논의할 사항을 미리 적어 옵니다. 다른 참석자 중 몇 사람도 그렇게 하고요. 하지만 샘은 회의가 시작하자마자 아무나 지목해서는 "오늘 회의는 처음부터 끝까지 자네가 한번 사회를 맡아 보게"라고 말합니다. 사실 회의는 사회자의 성격에 따라 많이 달라지죠. 그래서 나머지 참석자들은 모두 큰 기대를 걸

게 됩니다. 흥미로운 상황이 벌어질 수도 있고, 누군가 대단한 일을 하나 해낼 수도 있으니까요.

토요일 오전 회의는 처음에 네다섯 매장의 관리자가 한자리에 모여 머천다이징 업무에 대해 논의하는 것으로 시작되었다. 그런데 반대하는 세력이 많아서 지속하기가 정말이지 쉽지 않았다. 우선 헬렌부터 토요일 오전에 가족과 보낼 시간을 빼앗는 것은 좋지 않은 처사라면서 강력하게 반대했다. 회의 여부를 두고 투표할 기회가 있었다면 다들 반대표를 던질 것같은 순간도 몇 차례 있었다. 하지만 이미 말했듯이, 소매업에 발을 들인이상 토요일 근무를 당연히 받아들여야 한다는 것이 내 지론이다. 매장에서 근무하는 직원들이 토요일을 기꺼이 희생하고 근무하는데, 매장 관리자나 경영진이 나가서 골프를 치며 한가롭게 지내는 것은 내가 절대 용납할 수 없다.

우리 회사의 토요일 오전 회의는 외부 인사에게 공개된 적이 거의 없다. 사람들이 우리 기업문화를 폭넓게 이해하고 월마트 특유의 케미스트리를 직접 확인할 기회는 연례 주주총회일 것이다. 처음에는 애널리스트들에게 색다른 경험을 제공할 목적으로 시작되었다. 앞에서 이미 언급했듯이, 우리는 그들을 야외에 데리고 나가서 캠핑 등 다양한 여가 활동을 마련해주었다. 그런데 이 모임이 전 세계 최대 규모의 대기업 연례 총회로 발전한 것이다. 이제 주주와 기타 참석자 등 1만 명이 넘기 때문에, 페이엣빌에 있는 아칸소 대학의 농구장인 반힐 아레나에서 총회를 개최한다. 거기서 멀지 않은 곳에 버드 월턴 아레나 공사가 거의 마무리 단계인데, 이것이 완공되면 총회 장소를 그쪽으로 변경할 예정이다. 버드는 자신의 이름을 딴 경기장에서 월마트 연례 총회를 개최하는 것을 매우 자랑스럽게 여길 것이다.

어떻게 보면 연례 총회는 우리가 토요일 오전 회의에서 하던 쇼를 확장한 것이라고 할 수 있다. 우리는 유명 컨트리 가수 리바 매킨타이어를 포함해 분위기를 돋워 줄 연예인이나 외부 연사를 초빙했다. 다소 북적거리는 분위기만 빼면 전반적으로 다른 기업의 연례 총회와 크게 다르지 않다. 주주들에게는 지난 한 해의 성과와 내년의 목표 및 계획을 알리는 프레젠테이션을 제공한다. 이와 관련해서 월마트라는 기업이 돋보이는 이유는, 동료들의 회사 운영 참여도가 매우 높다는 것이다. 사실 이들 또한 우리에게 가장 중요한 주주들이다.

우리는 매년 가능한 한 많은 매장 관리자와 동료가 연례 총회에 참석하도록 준비한다. 그들이 회사 전반의 상황을 알고 큰 그림을 봐야 하기 때문이다. 그래서 각 매장과 물류 센터마다 연례 총회 참석자를 선출하게 했다. 지금은 회사가 너무 커져서 이렇게 하기조차 쉽지 않다. 물류 센터와 샘스 클럽에서는 매년 참석자를 초대하지만, 안타깝게도 월마트 매장 대표자는 2년에 한 번 참석하고 있다.

그런데 총회의 공식적인 프로그램은 다른 행사에 밀려 뒷자리로 빠지기 십상이다. 한번은 우리가 너무 즐겁게 노느라 본회의 소집하는 것을 거의 잊어버릴 뻔했다. 우리는 금요일 아침 7시에 모든 동료를 한자리에 모아서 진정한 의미의 준비운동을 시킨다. 회의를 위한 일종의 사전 회의라고 할 수 있다. 구호를 외치고 노래를 부르는 등 온갖 야단법석을 떨고, 퇴직하는 동료에게 진심을 담아 인사를 건넨다. 매장 전체 매출을 기준으로 가장 높은 비중을 차지한 부서와 전국적으로 가장 많은 매출을 올린 부서의 관리자에게 감사를 전하는 자리도 마련한다. 뿐만 아니라 베스트 드라이버로서 안전 부문 상을 받은 트럭 운전사도 초대한다. 아주 성공적인 제품 진열 방식을 생각해 냈거나 VPI(Volume-Producing Item : 직원이 집중 홍보 상품을 선정 및 진열하고 판매 성과에 대한 인센티브를 받는 제도-옮긴이) 콘테스트에서 입상한 동료에게 큰 박수를 보내기도 한다. 요점은 연례 총회가 주주들에게 감사를 전하는 기회이자, 매년 그들의 투자액으로 큰 수익을 내는 데 이바지한 당사자들을 주주에게 소개하는 자리가 되도록 하는 것이다.

연례 총회에 참석하는 동료는 대략 2,500명 정도다. 총회가 끝나면 헬렌과 나는 이들 모두를 집으로 초대한다. 월마트 카페테리아에서 준비해준 음식으로 점심 시간에 대규모 피크닉 행사를 개최하는 것이다. 아내로서는 이것을 준비하는 것이 큰 부담이었을 것이다. 회사 사람들이 집안 곳곳과 앞마당을 가득 메우고 식사하는 걸 묵묵히 참아 주는 아내를 만나기란 결코 쉬운 일이 아니다. 하지만 이렇게 동료들을 집에 초대하는 것이 그들을 가장 잘 대접하는 방법이라고 생각했고, 결과적으로 우리 부부도 그들과 즐거운 추억을 많이 만들었다. 이 기회를 통해 평소에 쉽게 만날 수 없던 동료와 개인적으로 가까워지기도 했다. 이 동료들은 매장에서 주로 리더 역할을 하는 편이어서 연례 총회에 오는 대표자로 선출된 사람들이었다.

그렇게 사람이 많고 정신없는 자리에서도 나는 질문을 던지곤 했다. "일리노이주 리치필드 매장의 요즘 현황은 어떻습니까?" "미주리주 브랜슨에서는 부서 관리자들이 어떻게 일하고 있죠?" 그러면 열정적인 이들 덕분에 아주 짧은 시간에 특정 매장이 어떻게 돌아가는지 자세히 파악하게 된다. 문제가 있다고 생각되는 매장은 1~2주 내에 직접 방문할 계획을 세운다.

모든 행사가 끝나면 게스트로 참석한 동료들에게 연례 총회를 녹화한 비디오테이프를 보내 준다. 총회에 참석하지 못한 동료에게 영상을 보여 주고 참석자의 소감을 들려줄 기회를 마련해 주는 것이다. 물론 사보 〈월마트 월드〉에도 총회를 자세히 보도하는 기사가 게재되므로, 사내 모든 직원이 총회에서 있었던 일을 알게 된다. 우리는 이런 모임을 통해 동료들의 애사심을 강화하고, 우리가 모두 공동의 이익을 추구하고자 합심해 노력하는 가족이라는 느낌을 심어 주고자 한다.

매장 관리자와 대주주는 월마트가 현재와 같이 많은 사람에게 사랑받는 기업이 되기까지 우리 동료들이 기울인 모든 노력을 높이 평가하며 매우 감사하게 여기고 있다. 우리는 이런 마음이 동료들에게 잘 전달되기를 바란다.

우리는 이익 분배 파트너십을 비롯해 다른 기업과 비교할 수 없는 독특한 기업문화를 구축했고, 이는 월마트의 중요한 경쟁력이 되었다. 물론 우리 같은 기업문화에서도 내재적인 문제점이 발견된다. 가장 큰 문제는 변화에 대한 저항이 크다는 것이다. 어떤 일 처리 방식에 익숙해지고 그 방식이 가장 좋다는 생각이 굳어지면, 다른 일도 모두 같은 방식으로 처리해야 한다고 생각하게 된다. 이 때문에 나는 지속적인 변화를 월마트 문화의 필수적인 요소로 만드는 것을 나의 개인적인 숙명처럼 여긴다. 지금까지 월마트가 큰 도약을 할 때마다 내가 나서서 변화를 강하게 밀어붙였다. 다른 이유 없이 오로지 변화를 위한 변화를 고집한 적도 있다. 나는 모든 것을 내려놓고 처음부터 새로 시작할 수 있는 능력이야말로 월마트의 기업문화에서 가장 큰 장점 중 하나라고 생각한다.

난관에 부딪혀서 변화를 겪을 때는 잘 견뎌 내지만, 기업문화와 관련된 문제에서는 변화가 더딘 편이다. 예를 들어, 초창기에 잡화점 매상 관리자는 하나같이 대학 졸업자에 대한 편견이 강해서 그들의 고용을 극구 반대했다. 대학 졸업자는 몸을 써야 하는 고된 일을 기피한다고 생각한 것이다. 그러나 빌 필즈, 딘 샌더스, 콜론 워시번은 월마트 초창기에 입사해 지금까지도 충실하게 근무하고 있으며, 가장 우수한 실적을 자랑하고 있다. 물론 입사 초기에는 어려움이 많았다. 편견을 버리고 그들을 받아들이기까지 오랜 시간이 걸렸다.

빌 필즈, 월마트 머천다이징 및 판매 담당 부사장 ────

내가 입사한 지 닷새쯤 되었을 때, 회사는 오클라호마주 아이다벨에 신규 매장을 준비하고 있었습니다. 불과 13일 만에 준비를 끝낸 건 정말 기록적인 일이었죠. 준비를 시작한 첫 번째 주에는 거의 125시간 이상 근무한 것 같아요. 두 번째 주에는 더 힘들었죠. 그때 샘이 나에게 다가와서 이렇게 묻더군요. (내가 벤턴빌 출신이라서 금방 알아본 게 분명해요.) "누가 당신을 고용한 거죠?" 나는 페럴드 아렌드라고 대답했어요. "그렇군요. 훗날 상업에 종사하려는 꿈이 있나요?" 샘의 말투에 너무 짜증이 나서 나는 당장이라도 일을 그만두고 나가 버리고 싶었어요. 그때 돈 휘터커가 다가오더군요. 뭔가 분위기가 심상치 않다는 것을 알아차렸는지 이렇게 말했죠. "당신을 여기서 일하게 만든 작자가 도대체 누굽니까?" 당시에 대학 졸업 여부는 이 회사에서 크게 중요하지 않은 것 같았어요. 결과를 통해 각자의 업무 능력을 고위 경영진에게 입증해 보이는 게 더 중요했죠.

우리 회사가 성장하려면 대학 교육을 받은 직원을 반드시 영입해야 했다. 하지만 처음에는 사내 문화 때문에 대학 졸업자가 설 자리가 없었다. 지금은 기술, 회계, 마케팅, 법률 등 다양한 분야의 업무를 처리해야 하므로 고급 인력의 수요가 계속 늘어나고 있다. 이와 관련해 월마트 가족으로 적합한 사람이 누구이며, 이미 월마트 가족이 되어 근무 중인 직원들에게 무엇을 해 줄 수 있는가에 관한 생각을 모두 바꿔야 했다. 그래서 아내와 나는 포트스미스에 있는 아칸소 대학교에 '월턴 연구소'를 설립했다. 이곳은 매장 관리자들이 지금까지 받지 못한 교육 기회에 노출되는 장소다. 뿐만 아니라 회사 차원에서 동료들에게 대학 교육을 받도록 권장하고, 학사과정을 마치도록 적극적으로 도와준다. 이렇게 하면 개인은 커리어를 더 확장할 기회를 얻게 되고, 이는 회사에도 많은 도움이 된다.

월마트의 매장 관리자가 되고 싶다면 갑작스럽게 통지를 받아도 기꺼이 이사하겠다는 태도를 보여 주어야 했다. 이 또한 월마트의 전통이 되었다. 어느 날 갑자기 전화가 와 800킬로미터 이상 떨어진 곳으로 가서 새로운 매장을 설립하라는 지시가 내려와도 아무런 이의를 제기하지 않고 그대로 따라야 했다. 당사자는 당장 짐을 싸서 현장으로 가야 한다. 살던 집을 팔고 가족의 이사를 준비하는 건 나중에 생각해야 했다. 예전에는 업무상 그렇게밖에 할 수 없었다. 어쩌면 필요 이상으로 엄격하게 요구한 것인지도 모른다.

지금은 여러 가지 이유로 이런 전통을 고수하는 것이 바람직하지 않다는 것을 깨달았다. 첫째, 회사가 계속 확장됨에 따라 이미 월마트 매장이 입점한 지역사회와 꾸준히 의사소통할 방법을 찾아야 하는데, 한 가지 매우 효과적인 방법은 현지인을 직원으로 채용하고 그들 중에서 매장 관리를 맡길 만한 인재를 찾아내 해당 매장을 관리하도록 하는 것이다. 둘째, 이전의 방식은 능력 있고 성실한 여성 인재에게 매우 불리했는데, 당시 여성은 남성과 달리 새 매장을 맡기 위해 먼 곳으로 이사할 정도로 자유롭지 않았다. 그래서 그동안 우수한 여성 인재에게 좋은 기회를 열어 주지 못했다. (내가 이 점을 깨닫게 된 데는 헬렌과 앨리스의 도움이 컸다.)

과거에 소매업계는 대학에 다니는 젊은 남성만이 아니라 여성에 대해서도 편견이 있었다. 여자는 자유롭게 이사 다닐 수 없을 뿐만 아니라 사무직 외에 다른 업무는 맡을 수 없다고 여겼다. 그도 그럴 것이, 당시 매장 관리자는 트럭에서 짐을 내리거나 바퀴가 두 개뿐인 수레로 창고에서 매장까지 물품을 옮겨야 했고, 필요한 경우 바닥을 걸레질하거나 창문을 닦는 등 힘 쓰는 일을 자주 했다. 하지만 이제는 업계 내 분위기가 많이 달라져서 여성도 능력 있는 소매업자로 인정받고 있다. 따라서 월마트도 다른 기업과 마찬가지로 여성 인재를 모집, 채용하는 데 최선을 다하고 있다.

월마트 문화에서 사람들의 관심을 끌었던 또 다른 측면은 사실 생활 방식의 문제였지만, 월마트가 크게 성공한 후로 나를 아주 힘들게 한 한 가지 원인이 되기도 했다. 우리 회사 직원들이 엄청난 돈을 번 것은 사실이다. 사내 곳곳에 지위 고하를 막론하고 백만장자가 된 사람이 셀 수 없이 많다. 그런데 나는 이들이 부를 과시하는 것을 보면 몹시 화가 난다. 어쩌면 내가 관여할 문제가 아닐지 모른다. 그래도 나는 직원들에게 비싼 집이나 자동차를 사들이거나 사치스러운 생활을 하지 말라고 따끔하게 조언한다. 이미 말했듯이, 벤턴빌이 아닌 다른 곳에서 많은 돈을 벌어도 벤턴빌에서 살던 모습과 크게 달라질 필요는 없다고 생각한다. 하지만 월마트 주식으로 평생 꿈도 못 꾸던 돈을 만지게 되자 정신을 차리지 못하는 직원이 종종 있다. 누군가 사치스러운 행보를 보이면 나는 토요일 오전 회의에서 그 문제를 거론하며 매우 강하게 질책했다. 많은 경우 사치를 제어하지 못하는 사람은 얼마 버티지 못하고 회사를 떠나고 만다.

이야기는 1달러의 가치를 배우던 어린 시절로 거슬러 올라간다. 나는 월마트 문화가 저택이나 고급 자동차를 손에 넣는 것과 관련이 있다고 보지 않는다. 돈이 많으면 든든한 것은 사실이다. 실제로 어떤 사람은 남들보다 일찍 은퇴해 낚시를 즐기며 살아간다. 그런 것까지 나쁘게 볼 이유는 없다. 하지만 호화로운 생활에 심취하는 것은 경계할 필요가 있다. 그런 사람은 더 중요한 것, 즉 고객에게 좋은 서비스를 제공하는 것에 온전히 정신을 집중할 수 없기 때문이다.

CHAPTER 12

고객이 가장 중요하다

고객이 없으면 어떤 기업도 존재할 수 없습니다. 샘 월턴은 이 점을 누구보다 잘 이해하고 있어요. 무엇을 하든 항상 고객을 먼저 생각한다는 것이 그의 신조이며, 샘은 그 신조를 온전히 실천하죠. 월마트를 찾는 고객은 (거의) 완벽에 가까운 서비스를 받습니다. 그런데 샘 월턴은 월마트에 근무하는 동료, 주주, 지역사회 및 기타 이해관계자도 고객처럼 살뜰히 챙깁니다. 미국의 어느 기업도 월마트에 비할 수 없죠.

_로베르토 고이주에타(코카콜라 회장 겸 CEO)

소매업에 평생을 바쳐 온 사람으로서 내가 반드시 고수하는 원칙이 하나 있다. 매우 단순한 논리다. 이미 독자들이 지겨워할 정도로 여러 번 언급했지만 한 번 더 강조하자면, 소매업의 성공 비결은 고객이 원하는 것을 제공하는 것이라는 원칙이다. 고객의 관점에서 생각해 보면, 양질의 다양한 제품, 최저가, 만족스러운 품질, 친절하고 전문성을 갖춘 서비스, 편리한 이용 시간, 무료 주차, 즐거운 쇼핑 경험 등을 모두 기대하기 마련이다. 어떤 매장에서 기대 이상의 만족을 얻으면 매우 좋아하지만, 매장 내에서 불편함을 느끼거나 문제를 겪거나 투명인간 취급을 받으면 그 매장에 대해 돌이키기 어려운 반감을 갖게 된다.

이 원칙은 평생 여러 중소 도시에서 장사하며 체득한 것이다. 나와 비슷한 연배로 중소 도시에서 성장한 사람이 있다면 1950년대 이전에 중소 도시의 모습이 어땠는지 기억할 것이다. 뉴포트는 경제적으로 비교적 빠르게 발전한 편이어서 소매업 경쟁 환경이 나쁘지 않았으며, 1950년대 이전의 중소 도시를 이야기하기에도 적당한 예시인 것 같다. 그곳은 목화 재배가 많이 이루어지는 곳이었다. 쉽게 말해서, 시내에서 볼 수 있는 쇼핑객 대부분은 도심에서 좀 떨어진 농장에 사는 사람들이었다. 남자는 대부분 농장에서 오랜 시간 일했고 여자는 주로 집에서 일했다. 전쟁 중에는 여자도 일했지만, 그 시절에는 직업을 가진 여성이 많지 않았는데, 아이들이 어느 정도 자라고 나면 다시 돈을 벌어야겠다고 생각하는 사람도 있었다.

뉴포트 시내에는 작은 백화점이 몇 군데 있었다. 페니스라는 백화점도 있었고, 내가 설립한 이글 스토어라는 소형 매장도 있었다. 그 밖에 내가 운영하던 잡화점이나 존 더넘의 스털링 스토어처럼 괜찮은 잡화 매장도 몇 군데 있었다. 약국, 철물점, 파이어스톤이나 웨스턴 오토 같은 타이어 매장, 자동차 영업소, 가족 단위로 운영하는 식료품 가게도 있었다. 당시 소도시에서는 원스톱 식료품 매장은 찾아볼 수 없었다. 대다수 가게는 육류, 신선한 채소 등 한 가지만 전문적으로 취급했다. 어떤 가게는 손님이 보는 앞에서 생닭을 바로 손질해 주기도 했다.

그 시절에는 지금과 많이 달랐다. 사람들이 다양한 상품이 잔뜩 진열된 대형 매장에서 쇼핑하는 데 익숙하지 않았다. 대공황이 닥치자 쇼핑을 자주 즐길 정도로 여유로운 사람은 찾아보기 힘들었다. 제2차 세계대전 때는 육류, 버터, 자동차 타이어, 신발, 휘발유, 설탕 등 모든 것이 배급제로 바뀌었다. 내가 장사를 시작할 무렵에는 그래도 경기가 많이 회복된 상태였다. 대공황 내내 허리띠를 졸라매고 살아온 우리로서는 마침내 호황기가 찾아왔다고 느꼈다.

뉴포트처럼 농장에서 시장으로 바로 연결되는 곳에서는 토요일에 항상 많은 사람이 쇼핑을 즐긴다. 가족 전체가 차로 시내에 나와서 몇 시간이고 쇼핑하러 다니는 것이다. 매장마다 들러서 각자 필요한 것을 사느라 온종일 시내에 머물 때도 있었다. 매장마다 그런 고객의 눈길을 사로잡는 요소는 다르다. 여러 가지가 동시에 작용할 때도 있다. 매장 주인의 인심이 좋거나 상품이 아주 신선하거나 가격이 저렴할 수도 있고, 아이스크림 기계가 인기를 끌지도 모른다. 그처럼 활기찬 분위기 덕분에 우리 사업도 나날이 성장했다.

1950년에 그보다 훨씬 작은 시골 도시인 벤턴빌로 이사하게 되었는데, 서로 경쟁하는 분위기를 전혀 찾아볼 수 없었다. 광장 이곳저곳에 소매 매장이 몇 군데 있었는데, 저마다 전문 분야가 정해져 있었다. 고객으로서는 어떤 매장에서 필요한 것을 찾지 못하면 다시 차를 몰고 로저스나 스프링데일 또는 페이엣빌로 가야 했다. 우리는 뉴포트에서 배운 점을 적용해서 그곳의 분위기를 바꿔 놓았고, 소매업계 전반에 경쟁 구도가 형성되었다.

앨리스 월턴 ——

토요일이면 벤턴빌 광장이 특별한 곳이 돼요. 아버지는 항상 보도에 뭔가를 설치했죠. 심지어 도로를 침범할 때도 있었어요. 그러면 엄청난 인파가 몰려들었습니다. 산타클로스가 등장할 때도 있었고, 신나는 행진이 펼쳐질 때도 있었어요. 어린아이였던 나는 거의 주말마다 서커스 공연이나 카니발에 온 기분이었죠. 토요일이 너무 기다려졌어요. 그때는 보도에 팝콘 기계를 꺼내 놨어요. 그러면 손님들이 구름처럼 몰려왔죠. 모두 팝콘을 맛보고 싶어 했어요. 물론 그중에는 팝콘만 사는 것이 아니라 매장에 들어가는 사람도 많았죠. 그렇게 해서 비즈니스를 크게 확장할 수 있었어요.

다들 알겠지만, 우리는 벤턴빌에 이어 페이엣빌에 두 번째 매장을 열었다. 바로 이곳에서 깁슨스 매장과 처음으로 할인업체 간 경쟁을 하게 되었다. 아마 그 무렵에 소매업이 앞으로 크게 달라질 것을 직감했고, 그 흐름에 우리도 합류하려는 마음을 갖게 되었다. 예전에는 잡화점이 대세였고, 우리도 잡화점을 운영하는 데 큰돈을 투자했지만, 앞으로는 잡화점이 내림세에 접어들 것을 일찍 깨달은 것이다. 하지만 가장 중요한 것은, 그런 변화가 아무것도 없는 환경에서 이루어질 리 없다는 것이었다. 1950~1960년대에 미국 사회는 거의 모든 부분이 큰 변화를 겪고 있었다.

농장이나 소도시에서 자란 아이들은 2차 세계대전에 참전했거나 한국으로 파병 다녀온 후 일자리가 많은 도시로 몰려들었다. 그렇지만 실제로 도시에 자리를 잡은 것은 아니었다. 그들은 교외에 살 곳을 마련한 후 도시로 출퇴근하기 시작했다. 집마다 자동차 한 대는 기본이었고, 두 대를 갖춘 집도 많았다. 국가에서는 주간(州間) 고속도로를 건설하기 시작했다.

이런 변화로 말미암아 우리가 익숙했던 기존의 사업 방식도 크게 달라지기 시작했다.

많은 사람이 대도시의 도심에서 교외로 빠져나갔고, 인구 이동에 따라 사업도 이동했다. 도심에 자리 잡은 대형 백화점도 고객을 따라 교외 쇼핑몰에 지점을 개설해야 했다. 맥도날드나 버거킹처럼 차량 접근이 용이한 체인점이 등장하자, 기존의 식당과 카페는 손님이 크게 줄어 울상을 지었다. 울워스나 맥크로리처럼 구시가에 자리 잡은 잡화점도 케이마트를 비롯한 대형 할인점의 등장에 적잖은 타격을 입었다. 정유사는 사거리 건너 하나씩 주유소를 세웠고, 세븐일레븐 같은 편의점이 주유소 주변에 우후죽순처럼 생겨났다. 이 모든 변화가 일어날 무렵에 버드와 나는 캔자스시티 외곽에 새로 형성된 러스킨 하이츠 지역의 쇼핑 센터에 벤 프랭클린 매장을 열었다.

우리가 있던 지역, 그러니까 아칸소주와 미주리주, 오클라호마주, 캔자스주 북서쪽에 자리 잡은 소도시는 분위기가 조금 달랐다. 다른 도시처럼 쇼핑몰 건축 현장도 없었고 패스트푸드점의 네온사인 간판도 보기 힘들었다. 맥도날드나 케이마트도 없었다. 그런데도 소도시 중심 상권이 점차 위축되기 시작했다. 고객의 상당수가 이동한 상태였고, 도심에 남아 있는 고객도 상권의 변화를 모르지 않았다. 사람이 올라타는 대형 잔디깎이처럼 큰 물건을 사야 할 때, 100달러를 싸게 살 수 있다면 80킬로미터 정도 운전하는 것쯤은 기꺼이 감수할 수 있었다. 그 무렵 TV가 출현했고, 전쟁 이후 신형 자동차 모델이 속속 등장했으며, 소비자는 현대적 감수성을 추구하기 시작했다. 모두가 최신 제품, 새로운 쇼핑 경험을 원했다. 크로거 매장이 어디에 있는지 알거나, 털사 등에 대형 식료품 매장이 개점했다는 소식이 들리면, 다들 그곳으로 몰려갔다. 이런 매장들은 양질의 제품을 매우 저렴하게 판매했기 때문에, 고객들은 자기 동네에 슈퍼마켓이 생길 때까지는 그런 대형 식료품 매장을 찾아갔다.

당시 소도시에는 이런 고객들의 수요가 컸기 때문에 월마트가 첫발을 내디딜 수 있었다. 덕분에 월마트 매장은 개점과 동시에 승승장구했고, 결국 전국으로 확산될 수 있었다. 우리가 오랫동안 지켜 온 원칙 하나는 시골이나 소도시의 고객들도 농장을 떠나 도시로 이사한 그들의 친척과 마찬가지로 좋은 상품을 저렴한 가격에 사기를 원한다는 것이다. 이는 사는 지역이나 생활 환경, 경제 여건 등과 관계없이 모든 고객이 원하는 조건이다. 우리는 소도시에 진입해 매일 만족할 만한 상품을 저렴한 가격으로 공급했으며, 사람들이 원하는 쇼핑 방식에 맞춰 영업 시간을 조정했다. 기존 잡화점 경쟁은 45퍼센트의 마진과 상품 선택 및 영업 시간에 제한이 있었기 때문에, 월마트가 단숨에 이들을 앞지를 수 있었다.

월마트 18호 매장만큼 좋은 예시도 없을 것이다. 우리는 1969년에 이 매장을 개점했는데, 19년 만에 아칸소주 뉴포트로 돌아왔음을 알리는 신호탄이 되어 주었다. 뉴포트에서 겪은 수모를 한시도 잊은 적이 없지만, 굳이 복수할 생각도 없었다. 사업의 확장 순서상 뉴포트에 진입하는 것은 당연한 과정이었다. 물론 뉴포트에 다시 매장을 갖게 되어 개인적으로 뿌듯한 마음도 있었다. 이곳에서는 누가 뭐라 해도 성공할 자신이 있었다. 실제로 뉴포트 매장은 승승장구했고, 한때 내가 운영했던 프런트 스트리트의 벤 프랭클린 매장은 얼마 가지 못해 문을 닫았다. 건물 주인의 아들이 매장을 운영했는데, 월마트가 그를 파산시킨 게 아니라, 더는 고객의 선택을 받지 못한 것이 파산의 원인이었다. 매장의 성공과 실패는 고객의 발걸음이 어디를 향하느냐에 좌우되기 때문이다.

월마트가 무섭게 확장하던 시기에 수많은 소형 매상이 폐점을 면치 못했다. 일각에서는 '소도시 상인을 살립시다'라는 운동을 펼치는 등 큰 논란을 만들었다. 자신들이 멸종 위기에 처한 고래나 두루미처럼 당연히 보호받아야 한다고 주장했다.

월마트에 대해 별별 소문이 다 있었다. 그중에서 가장 황당했던 것은, 우리가 미국 소도시를 무너뜨리는 주범이라는 주장이었다. 사실 이보다 더 억울한 일도 없을 것이다. 월마트는 저렴한 가격으로 상품을 판매해, 지역 주민들이 말 그대로 수십억 달러를 절약하게 도와주었을 뿐만 아니라, 그들에게 수십만 개의 일자리를 제공했다. 이런 과정이 없었다면 오히려 수많은 소도시가 사라졌을지 모른다.

월마트와의 경쟁에서 항상 고배를 마시기 때문에 월마트의 존재 자체를 못마땅하게 여기는 지역 상인들의 마음은 충분히 이해한다. 내가 도무지 이해할 수 없는 것은 월마트가 중소 도시의 몰락을 초래했다고 주장하는 사람들이다. 내가 보기에 이런 터무니없는 주장을 펼치는 사람들은 대부분 중소 도시에서 유년기를 보냈으나 이미 수십 년 전에 대도시로 이사했을 것이다. 오랜만에 고향에 와 보니 구시가지 광장의 모습이 그들이 떠난 1954년과 비교해 많이 달라져서 마음이 아팠을지 모른다. 만약 그렇다면 그것은 자기네 고향의 옛 모습이 그대로 유지되기를 바라는 욕심일 뿐이다. 그들은 도심이 예전 그대로의 모습으로 남아 있고 예전처럼 동네 사람들이 그곳에 와서 옛날 방식대로 물건을 사고팔아야 한다고 기대하는 것 같다. 도심에 살던 주민이 교외로 이사 가 버리고, 고속도로가 교차하는 지점에 무료 주차 공간이 넉넉한 쇼핑몰이 새로 생겨난 것은 생각하지 않는 것이다. 세월이 지나면서 시내 안팎의 모습이 그들의 기억과 달라졌을 뿐이다. 사실 대도시에서 성장한 사람도 40~50년 전에 비하면 도시의 풍경이 크게 달라졌다고 느낀다. 그들이 어릴 때 좋아하던 가게, 영화관, 식당 등은 이미 폐점했거나 교외로 이전했을 것이다.

월마트가 일정 규모 이상의 기업으로 성장해 인지도가 높아지자 중소도시 상인들이 우리를 비교적 쉬운 표적으로 생각하게 된 것 같다. 어떤 사람들은 월마트를 집중적으로 추궁함으로써, 국내 소도시에 대한 자신들의 견해를 마음껏 피력할 수 있는 플랫폼을 형성할 수 있다고 생각하는 듯하다. 이런 일을 겪으면서 언론 매체의 사고방식에 대해 한 가지 배운 점이 있다. 인지도가 전혀 없는 상태에서 포부와 열정만으로 사업을 시작할 경우, 신문이나 잡지 등에 회사에 대해 한 마디라도 언급될 기회를 얻기란 하늘의 별 따기만큼 어려운 일이다. 회사가 어느 정도 성공 궤도에 오르더라도, 안 좋은 일이 닥치기 전에는 언론사의 관심을 끌 수 없다. 그런데 회사가 계속 잘되면 언론사는 점차 의심에 찬 눈길을 보낸다. 따라서 회사가 크게 성공하면 그때야말로 몸을 사려야 한다. 언제든 편리하게 공격할 수 있는 대상으로 여겨지기 때문이다. 일단 최정상에 오르면 모든 사람이 공격해 올 것으로 예상해야 한다.

오래전에 소도시에서 가게를 운영해 본 사람으로서, 중소 도시 소매업의 전성기를 누구보다 그리워하고 자랑스러워한다고 자부할 수 있다. 벤턴빌 광장에 월마트 박물관을 작게 지은 것도 바로 그 때문이다. 과거에 파이브 앤드 다임 매장의 느낌을 조금이라도 살려 보고 싶어서, 그 매장이 있던 건물에 박물관을 만들었다.

하지만 한 가지 분명히 해 둘 것이 있다. 우리가 만약 때 이른 성공에 자만해 '이 지역에서는 우리가 최고'라면서 기존의 방식을 고집했다면, 언젠가 다른 매장이 나타나서 고객들이 원하는 바를 충족시켜 줌으로써 우리는 문을 닫아야 했을 것이다. 특정한 사람이나 업체를 겨냥하는 말은 아니지만, 깁슨스나 TG&Y라면 그렇게 해낼 역량이 있었을 것이다. 맥도날드가 일단 대도시 시장을 모두 포화상태로 만든 후에 소도시를 공략한 것처럼, 케이마트와 타깃이 협력해 월마트를 위협할 수도 있었을 것이다.

　이런 변화는 소매업계에서 필수적이고 불가피하다. 자동차의 등장으로 마차가 사라지는 것과 같은 이치다. 소매업의 변화도 결국 고객이 주도하는 것이다. 어디에서 쇼핑할지 결정하는 것은 오롯이 고객의 권리다. 그래서 작은 상점은 결국 사라질 수밖에 없다. 완전히 사라지지는 않더라도 예전보다 수가 크게 줄어들 거라고 예상해야 한다.

돈 소더퀴스트 ─────

　우리는 이 모든 소도시 논쟁에 결코 공감할 수 없습니다. 소도시 상인들이 겪는 상황은 1950년대에 슈퍼마켓이 처음 등장했을 때 발생한 문제와 크게 다르지 않았죠. 소매업의 핵심은 고객에게 서비스를 제공하는 거예요. 경쟁 상대가 없으면 가격을 높이고, 매장을 늦게 열고 일찍 닫게 됩니다. 수요일과 토요일 오후에도 휴무 푯말을 내걸지 모르죠. 아무런 변화 없이 기존 방식을 고집해도 아무런 문제가 없으니까요. 그러다가 경쟁업체가 나타나면, 고객들은 어떻게 할까요? 아마 기존의 가게를 더는 쳐다보지도 않을 겁니다.

　월마트가 아니라 다른 대형 소매업체가 등장한다 해도 여러 가지 방법으로 이들과의 경쟁에서 성공할 수 있습니다. 성공 비결은 간단해요. 고객이 무엇을 원하는지 파악해서 고객을 만족시키는 데 집중하는 것이죠.

소도시 상인들을 크게 비판할 생각은 없지만, 이들 중 상당수가 고객 서비스에서 부족한 점이 많다는 것은 부인할 여지가 없다. 월마트나 다른 소매업체가 입점해 새로운 서비스를 선보이면 그제야 불안을 느끼는 것 같다. 경쟁업체의 등장에 대처하는 자세도 문제가 있다. 이미 알다시피, 월마트와 경쟁하는 방법에 관해 많은 기사가 났고 책이 출간되기도 했다. 내가 직접 몇 가지 방법을 소개하자면 다음과 같다.

소상공인으로서 상승가도를 달리는 경우는 예외로 하고, 일단 할인점이 근처에 생기면 기존의 상품 구매, 광고 및 홍보 방식을 모두 재검토해야 한다. 대형 할인점과의 정면 승부는 피하는 것이 좋다. 그보다는 대형 할인점이 놓치는 것이 무엇인지 찾아서 공략해야 한다. 치약 같은 제품을 월마트보다 더 저렴한 가격으로 팔려는 전략은 무모하다. 고작 그런 제품을 싸게 사려고 고객이 대형 할인점을 포기할 리 없다. 내가 매장을 직접 운영할 때 자리에 앉아 있지 않고 고객 한 사람 한 사람과 직접 소통하기를 매우 잘했다는 생각이 든다. 아마 소도시에서 가게를 운영하는 사람이라면 누구나 그렇게 할 것이다. 매장을 찾아와 준 고객에게 고마움을 표현하고, 직접 현금 등록기를 열어 계산을 마무리해 주어야 한다. 매장 주인이 이렇게 고객과 친밀하게 소통하는 것은 매우 중요한 일인데, 월마트 같은 대형업체는 아무리 노력해도 쉽게 따라 하지 못한다.

잡화점이라면 모든 개념을 완전히 바꿀 필요가 있다. 돈 소더퀴스트가 벤 프랭클린의 대표였을 때 변화를 시도한 것을 생각해 보면 이해가 될 것이다. 그는 월마트나 케이마트와 경쟁하는 것으로는 미래가 보이지 않는다고 판단해, 다수의 잡화점을 공예품 매장으로 전환했다. 월마트의 어느 매장과도 비교할 수 없을 정도로 다양한 공예품을 판매하고, 도자기와 꽃꽂이 교실을 마련했다. 그런 강습 과정은 우리가 상상도 못한 것이었다. 이런 변화 시도는 성공으로 이어졌다. 그들은 중소 도시에서 계속 사업을 했을 뿐만 아니라 공예품 매장으로 좋은 반응을 얻었다. 직물로도 새로운 시도를 했는데, 질 좋은 옷감을 팔면서 바느질 교실을 함께 운영한 것이다. 그들은 여성복도 그런 식으로 파고들었다. 월마트 매장이 얼마나 많아지느냐는 중요하지 않다. 월마트가 미처 손대지 못한 틈새시장은 항상 있기 마련이다. 물론 월마트가 앞으로도 벤 프랭클린이 시도한 틈새시장을 그냥 내버려 둘 것이라는 뜻은 아니다. 남들처럼 우리도 살아남으려면 계속 변화를 추구해야 한다.

철물점의 경우 우리가 일부 매장을 다소 힘들게 만든 것을 인정해야 할 것 같다. 하지만 매장이 목이 좋은 곳에 자리 잡고 있다면 월마트가 생겨도 큰 문제는 없을 것이다. 솔직히 말해서 철물점은 내가 동정심을 가장 적게 보이는 대상인데, 솔직히 말해서 성실하고 눈치 빠른 철물점 주인이 자기가 할 일을 제대로 파악하고 우리와 경쟁하는 데 최선을 다한다면 월마트가 무조건 질 수밖에 없기 때문이다. 각종 물품을 제대로 갖추고, 판매직원이 제품의 특성과 사용법을 잘 알도록 교육하고, 고객 서비스에 정성을 다하면, 우리가 감히 넘볼 수 없을 정도로 앞서 나갈 수 있다. 우리는 배관 용품, 전기 장비나 전문가용 도구 등 철물점에서 흔히 볼 수 있는 제품을 모두 갖출 수 없다. 그리고 우리 매장의 직원은 철물점 직원처럼 물이 새는 수도꼭지를 고치거나 전등의 배선을 어떻게 해야 하는지 능숙하게 설명해 주지 못한다. 페인트를 사러 월마트를 찾는 고객도 비슷한 입장이라고 할 수 있다. 고객이 직접 페인트를 골라야 하고 페인트 작업에 필요한 다른 도구도 매장을 돌아다니며 직접 찾아야 한다. 스포츠 용품도 크게 다르지 않다. 스포츠 용품 전문점에 가면 직원이 좋은 제품을 추천하고 사용법도 잘 알려 주겠지만, 월마트에서는 그런 서비스를 기대할 수 없을 것이다.

돈 소더퀴스트 ──

나는 개인적으로 월마트와 직접 경쟁해 본 경험이 있어요. 그래서 어떻게 해야 경쟁에서 밀리지 않는지 알고 있죠. 우선 차별성을 드러낼 수 있는 제품이나 틈새시장을 찾아서 집중적으로 공략해야 합니다. 그리고 또 하나 기억할 점이 있어요. 소도시에 있는 모든 상인이 우리를 싫어하는 것은 아니라는 거죠. 어떤 경우에는 자기 매장에 유리하도록 우리를 이용할 수 있으니까요.

콜로라도주 휘트 리지에 월마트 매장을 개점한 지 얼마 안 됐을 때 어떤 여자가 찾아와서 "우리 지역에도 월마트가 생겨서 얼마나 좋은지 몰라요. 이보다 더 좋은 일이 있을까 싶어요"라고 하기에, 고맙다고 한 후 무슨 일을 하는지 물어봤죠. "저는 바로 이 쇼핑몰 아래층에서 페인트 매장을 운영하고 있어요."

페인트 매장을 시작한 이래 월마트가 입점하던 날 가장 기분이 좋았다며 이렇게 덧붙이더군요. "월마트가 생기면 쇼핑몰을 찾는 사람이 정말 많아져요. 토요일에 어떤 남자분이 우리 매장에 오섰는데, 특정 상표의 페인트를 달라고 하시지 뭐예요. 우리 매장에 그 제품이 있다는 이야기를 듣고 왔다는 거였죠. 월마트에 가서 페인트를 사려고 했는데 페인트 매장 관리자가 우리 매장에 가면 살 수 있을 거라고 했대요. 얼마나 고마웠는지 몰라요."

우리 매장 직원이 고객에게 다른 페인트 가게를 소개한 것은 잘못이 아니다. 오히려 고객에게 올바른 서비스를 제공한 것이다. 내가 요즘 속상하고 약간 화가 나는 점은 이런 매장들 중 일부는 월마트가 등장하기도 전에 폐점을 준비한다는 것이다. 월마트가 곧 들어온다는 소문만 듣고도 가게를 접어 버리는 것이다. 이 때문에 월마트가 억울하게 욕을 먹고 있다. 냉정하게 말해서, 경쟁사가 온다는 소문만 듣고 장사를 포기하는 사람이라면, 자기가 충분히 노력해 보지 않은 것부터 인정해야 한다. 그런 사람은 사실 소매업계에 아예 발을 들여놓지 않았더라면 더 좋았을 것이다.

월마트가 지방 소도시에 부정적인 영향을 미친다는 언론 보도가 많지만, 한 가지 확실히 말할 수 있는 사실은, 우리가 진출한 지역사회는 대부분 우리를 열렬히 환영해 주었다는 것이다. 우선 우리가 지역사회의 경제 발전에 도움이 되기 때문이다. 뿐만 아니라, 우리는 매장 관리자와 동료에게 지역사회 참여 의식을 심어 주고 더 나은 시민이 되도록 이끌어 준다. 이 점에 있어서 매장 관리자들 사이에 차이가 있다는 점을 인지하고 있으며, 모두가 지역사회 활동에 참여하도록 지속적으로 교육할 것이다. 우리는 이미 지역사회 장학금 제도와 자선 활동 프로그램을 운영하고 있으며, 우리가 속한 지역사회에 환원하는 방식을 더욱 개선하고자 매일 노력하고 있다. 우리가 태어나고 자란 고향에서 장사한다는 마음가짐이 흐트러지면,

우리가 생각해 온 고객과의 특별한 관계가 무너질 위험이 있기 때문이다.

새로운 매장 부지를 마련한 후에 반대 세력이 나타나면, 우리는 합리적인 선에서 그들의 요구를 들어줄 수 있는지 알아보기 위해 충분한 조율 과정을 거친다. 매장 위치를 바꾸기도 하고, 합리적인 경우라면 아예 양보할 수도 있다. 지금까지는 어떤 이유로든 지역사회에서 월마트 입점을 반대한다면, 우리도 굳이 입점을 강행해 문제를 일으키지는 않는다는 태도를 고수해 왔다. 지역사회가 기업 활동을 반기지 않을 경우, 기업은 굳이 고집을 피울 이유가 없다. 찾아보면 우리를 환영하고 좋은 조건을 갖춘 중소 도시는 얼마든지 있기 때문이다. 월마트를 싫어하는 사람이 1명이라면 월마트가 자기 동네에도 생겼으면 좋겠다고 말하는 사람 200명을 금세 찾을 수 있다. 그러므로 고객이 원하는 곳을 찾아가면 된다.

나는 이 문제에 관한 우리의 태도가 맞는지 쉽게 알아볼 수 있다고 입버릇처럼 말하는데, 그것은 바로 월마트가 몇 년간 장사해 온 지역에 가서 그곳 주민들이 월마트를 원하는지 아닌지 투표해 보는 것이다. 월마트가 철수한다고 하면 지역 주민들은 크게 동요할 것이다. 실제로 수익성이 좋지 않아서 일부 지역의 매장을 폐점한 일도 있다. 그럴 때마다 해당 지역 주민들이 얼마나 아우성을 쳤는지 모른다. 하지만 이런 조처는 성공의 이면에 숨겨진 그림자처럼 어쩔 수 없는 과정이다.

한편, 중소 도시의 상인들만 우리가 고객을 우선시하는 경영 철학을 고수하는 것에 딴지를 거는 것은 아니다. 표면적으로는 고객을 섬긴다는 것이 아주 간단하고 논리적이며 당연한 것으로 여겨지지만, 사업 초기부터 우리가 이 경영 철학을 실천해 온 방식이 너무 급진적이어서 사람들이 말하는 '체제'와의 갈등이 잦았다. 한때 백화점은 할인업체를 매우 싫어해서,

할인업체에 물품을 대지 말라고 공급업체를 압박했다. 어떤 주에서는 백화점이 나서서 소위 '공정 거래' 법을 이용해 할인업체의 사업을 아예 차단하려고 시도하기도 했다.

우리와 거래하는 업체들은 가장 낮은 가격을 요구하는 것에 강한 불만을 표한다. 제조업체의 대리인, 즉 수수료를 받고 여러 제조업체를 대행하는 독립적인 판매자들이 월마트의 관행에 불만을 제기한 적이 있다. 우리 회사는 중개인에게 판매 수수료를 내는 것은 당연하다고 생각한다. 그들은 판매 과정을 효율적으로 정리해 구매 절차에 부가가치를 창출해 주기 때문이다.

나는 버틀러 브러더스에게 할증료를 내지 않으려고 직접 소형 트레일러를 끌고 테네시주까지 가서 속옷과 셔츠를 사 온 적이 있다. 그때부터 사실 이 문제에 대한 나의 경영 철학은 단순 명확했다. 우리가 바로 고객의 대리인이라는 것이다. 이 역할을 가장 효율적으로 해내려면, 우리의 능력이 허락하는 한 가장 효율적인 방법으로 상품을 조달해서 고객에게 제공해야 한다. 한 가지 방법은 제조업체와 직거래하는 것이다. 물론 직거래할 수 없는 경우도 있는데, 소규모 제조업체와 거래할 때 중간 대리인이 나서면 더 효율적으로 구매할 수 있다. 직거래를 하든 중간 대리인을 이용하든 가장 중요한 것은, 고객에게 최상의 제품이나 서비스를 제공할 수 있는가를 기준으로 우리가 직접 구매 관련 사항을 결정하는 것이다.

내가 생각하기에 이런 갈등은 일부 사람들이 어떤 이유에선가 자신들이 일부 과정을 좌지우지할 권리가 있다고 생각하기 때문에 발생하는 것 같다. 하지만 그들의 행동은 거래에 도움이 되지 않으며, 그런 간섭이 결국 고객을 불편하게 만든다는 것을 깨닫지 못한다. 소도시 상인들이 각자의 이익만 생각하면서 갈등을 빚는 것과 크게 다르지 않다. 그런데 미국에서 사업을 크게 키우고 경쟁력을 확보하려면, 비즈니스 환경은 계속 변하며 그런 변화에 적응하는 기업만 살아남는다는 사실에 익숙해져야 한다. 비즈니스는 경쟁과 떼려야 뗄 수 없는 과정이다. 고객을 만족시키지 못하면 일자리는 곧바로 위태로워진다. 고객 만족이 생계와 직결되는 것이다.

월마트가 중개인을 어떤 시각으로 보는지, 그리고 거래업체를 어떻게 관리하는지 이해하려면, 할인점 운영 초창기부터 돌이켜 봐야 한다. 그 시절에 대부분의 할인점은 중개인이나 유통업자에게 전적으로 의존했다. 그들은 매장에 찾아와서 "수수료 15퍼센트를 내면 이 매장 전체 선반을 가득 채워 드리겠습니다"라고 말했다. 쉽게 말하면, 도매상에서 물건을 떼다 주는 대신 모든 제품에 대해 15퍼센트의 중개료를 받겠다는 뜻이었다. 처음 할인업에 발을 내딛는 사람 중에는 장사꾼답게 꼼꼼히 계산해 보지 않고 그저 중개인이 하자는 대로 따르는 경우가 많았다. 중개인이 공급하는 물품에 15퍼센트의 마진을 더해도 백화점 판매가에 비하면 여전히 낮은 가격이었다.

하지만 이미 말했듯이, 우리 매장이 있는 외딴 도시까지 100킬로미터 이상 운전해서 오려는 사람을 찾을 수 없었다. 유통업자나 중개인은 모두 우리를 철저히 무시했다. 그래서 월마트는 자체적으로 물류 시스템을 만들어야 했다. 덕분에 가격 측면에서 가장 큰 경쟁력을 갖게 된 것이다. 매장에 좋은 상품을 확보하는 데 어려움이 있었지만, 전문 유통업체의 도움을 전혀 받지 않았으므로 제품 매입에 드는 비용은 다른 업체보다 훨씬 적었다. 그리고 모든 일을 스스로 처리하는 데 익숙해져서, 나중에는 수수료가 아까워서 도저히 그들과 거래할 수 없겠다는 생각이 들었다.

엄격한 것과 몹시 불쾌한 것은 전혀 다른 감정이죠. 우린 이것을 잘 구분해야 합니다. 일단 구매 담당자는 어느 정도 엄격해야 합니다. 그게 업무상 필요한 부분이죠. 나는 항상 구매 담당자에게 이렇게 당부합니다. "월마트가 아니라 고객을 위해 협상을 진행하세요. 고객은 당신의 능력으로 얻어낼 수 있는 가장 저렴한 가격으로 물건을 살 권리가 있잖아요. 상대 거래처에 미안해하지 마세요. 그 사람은 알아서 자기 몫을 챙길 겁니다. 우리는 상대방이 허용하는 범위 내에서 가장 저렴한 가격으로 물건을 사 와야 합니다."

우리는 거래업체에 이렇게 통지합니다. "월마트는 불법 리베이트를 받지 않습니다. 그러니 처음부터 그런 건 생각하지 마세요. 그리고 귀사의 광고나 배송 서비스도 원하지 않습니다. 우리 회사 트럭이 귀사의 창고에서 직접 물건을 받아 갈 겁니다. 자, 이렇게 하면 가격을 얼마까지 낮출 수 있죠?" 상대방이 1달러를 제시하면 나는 이렇게 대답하죠. "좋습니다. 그 가격을 한번 고려해 보겠습니다. 그런데 말이죠, 당신의 경쟁업체가 90센트를 제안하면 우리는 그 업체와 계약할 겁니다. 그러니 1달러가 정말 귀사에서 제안할 수 있는 최저가인지 확인해 보십시오."

우리가 너무 냉정하게 구는 것처럼 보일지 모릅니다. 하지만 우리는 최대한 냉정하고 단호하게 행동하려고 노력합니다. 물론 공정하고 속임수를 쓰지 않아야 하죠. 그러나 적극적으로 가격을 흥정해야 합니다. 최저가를 기대하는 수많은 고객을 생각한다면 당연히 그래야 하죠. 만약 지금 흥정하는 물건을 1.25달러에 계약한다면, 효율성도 잃고 수익도 모두 놓치는 겁니다.

우리는 정말 치열하게 싸웠어요. 상대방이 강하게 나오면 우리도 강경하게 대응해야 합니다. 상대방은 어떻게든 이 상황을 헤쳐 나갈 테지만, 우리는 고객의 필요를 돌봐야 하므로 상대방이 마음대로 하게 내버려 둘 수 없어요.

내가 P&G 상품을 취급하지 않겠다는 말로 위협하면, 그들은 "우리 제품을 취급하지 않고는 비즈니스를 유지할 수 없을 텐데요"라고 응수했습니다. "귀사 제품은 옆으로 밀어 놓고 콜게이트 제품을 더 저렴한 가격으로 판매할 겁니다. 어떻게 되는지 한번 봅시다"라고 했더니, 그들은 몹시 불쾌해하며 샘을 직접 찾아갔습니다. 하지만 샘은 "클로드가 뭐라고 했든, 우리는 그의 말대로 할 겁니다"라고 했죠. 다행히 지금은 P&G와 아주 좋은 관계를 유지하고 있어요. 모든 사람이 이야기할 정도로 모범적인 케이스죠. 이렇게 달라진 이유는 그들이 우리를 존중하기 시작했기 때문입니다. 남들처럼 우리를 일방적으로 몰아붙이는 것은 바람직하지 않으며, 고객의 입장을 대변한다는 우리의 주장이 매우 진지하다는 것도 알게 된 것 같아요.

당시 우리는 P&G의 제품이 절실했지만, 그들은 우리와 거래하지 않아도 아쉬울 것이 전혀 없었다. 그러나 지금은 우리가 P&G의 최대 고객이다. 한동안 적대적인 관계가 계속되었지만 1987년에 와서 둘 다 대기업으로서 똑같이 고객을 대하는 입장이니 서로 돕는 파트너가 되자고 태도를 바꾼 것이다. 믿기 어렵겠지만, 당시 월마트는 꽤 규모가 큰 기업이었는데도 P&G 임원이 한 번도 찾아온 적이 없었다. 우리는 구매 담당자가 P&G 영업사원과 치열한 갈등을 겪는 것을 알고 있었지만, 그대로 내버려 두었다. 한동안 두 기업은 힘겨운 상태로 시간을 흘려보냈다.

하루는 벤턴빌에서 오랫동안 테니스 경기 파트너가 돼 준 친구 조지 빌링슬리에게 연락이 왔다. 스프링강에 같이 카누를 타러 가자고 하면서, 당시 P&G 부사장이었던 루 프리쳇이라는 오랜 친구도 올 거라고 했다. 프리쳇이 나를 직접 만나서 월마트와 P&G 두 기업에 관해 이야기하고 싶어 한다는 것이었다. 나는 카누를 타러 가기로 했다. 지나고 보니 그 여행은 조지와 함께한 시간 중에서 가장 유익한 시간이었다.

루 프리쳇 ──

우리는 강에서 카누를 즐기며 많은 대화를 나눴습니다. 공급업체와 소매업체의 전반적인 관계가 문제라는 점에는 의견이 같았죠. 두 기업 모두 최종 사용자, 즉 고객을 중시하지만 각자 독립적인 방식으로 이를 추구하려 했어요. 정보를 공유하거나 함께 계획을 세우거나 제도적인 조정을 전혀 하지 않았던 거죠. 둘 다 대기업인데 각자의 길을 고수하다 보니, 기존의 낡은 방식 때문에 초과 비용이 발생하는 것을 간과하고 있었습니다. 문틈 아래 쪽지를 밀어 넣어서 의견을 주고받는 것과 비슷한 상황이었죠.

두 회사의 고위 경영진이 열 명씩 모였습니다. 벤턴빌에서 이틀간 머리를 맞대고 진지한 대화를 나눴죠. 그로부터 불과 3개월 만에 'P&G-월마트' 팀을 결성해 완전히 새로운 '공급업체-소매업체' 관계를 설정했어요. 두 기업은 파트너십 계약을 맺었죠. 그 결과 중에서 가장 주목할 만한 것은 컴퓨터로 정보를 공유하는 것이었습니다. P&G는 월마트의 매출과 재고 자료를 모니터하고, 이를 토대로 훨씬 더 효율적인 생산 및 배송 계획을 수립했죠. 단순히 상대방의 비즈니스를 감사하는 것이 아니라, 정보 기술을 활용해 함께 사업을 관리하는 것은 상당히 효과적인 혁신이었어요.

P&G와 월마트가 파트너십을 구축하자, 다른 기업들도 공급업체를 중요한 파트너로 인식하기 시작했다. 이 파트너십은 우리 회사와 다른 공급업체의 관계에 좋은 본보기가 되었다. 현재 우리 상황을 보자면, 우리는 품질과 가격 두 가지에 매우 집착하고 있다. 우리가 대기업이긴 하지만, 품질과 가격 두 가지를 모두 얻으려면 공급업체와 마주 앉아서 비용과 마진을 협상하고, 그 밖의 모든 사항을 함께 계획하는 수밖에 없다. 그렇게 하면 제조업체는 우리가 필요로 하는 것을 미리 파악할 수 있다. 향후 1년이나 6개월의 필요를 미리 알 수도 있고, 2년을 앞서 내다볼 수도 있다. 공급업체가 속임수를 쓰지 않고 비용을 최대한 낮추면서 고객이 원하는 제품을 계속 공급한다면, 우리는 그 업체와 계속 거래할 것이다. 누이 좋고 매부 좋은 일이며, 고객도 혜택을 누리게 된다. 전반적인 과정의 효율성이 높아지면 제조업체는 비용을 더 줄일 수 있고, 우리도 그만큼 가격을 더 낮출 수 있다.

우리가 절대 피하고 싶은 한 가지 일은, 우리가 다른 대기업과 복잡한 전략적 문제로 대립하거나 소도시 상인들 또는 중개인과 갈등을 겪을 때, 그로 말미암아 고객의 입장에서 생각하지 못하게 되는 것이다. 고객의 입장에서 생각하는 것은 고객을 가장 우선시하는 가장 기본적인 방법이기 때문이다.

데이비드 글래스 ────

최근에 한 매장을 방문했는데, 그 매장 관리자와 보조 관리자가 특정 부문 책임자의 안내를 받으며 매장을 돌아보고 있었습니다. "당신이 고객이라면 저 물건을 어떻게 사겠습니까?" 그곳은 공간이 협소해서 제품이 매우 복잡하게 진열되어 있었고, 그가 가리킨 물건은 평균적인 고객의 손이 닿기 힘든 곳에 있었죠. 대화는 거기서 끝나지 않았어요. "당신이 고객이라면 이 물건을 사면서 관련된 다른 물건도 사게 될 텐데요, 어떤 물건을 사야 할까요? 어디에서 찾아야 할까요?"

그들의 대화를 들으니 마음이 놓이더군요. 사실 우리는 필요 이상으로 사업을 복잡하게 만들 때가 많습니다. 컴퓨터 보고서, 속도 보고서 등 온갖 종류의 보고서를 가져오고, 계산대마다 컴퓨터를 배치하죠. 하지만 단순하게 고객처럼 생각하면, 상품 진열이나 선정 작업을 잘 해낼 수 있습니다. 항상 쉬운 일은 아니죠. 고객처럼 생각하려면 세부 사항을 고려해야 해요. 누가 한 말인지 모르지만, '소매업의 생명은 디테일'이라는 말이 100퍼센트 옳습니다. 한편으로는 간단한 문제라고 할 수 있어요. 고객이 가장 중요하다고 생각하고, 고객을 만족시키는 데만 집중하면 되죠.

데이비드의 말에 전적으로 공감한다. 월마트를 시작한 이래 우리의 모든 행보는 고객이 가장 중요하다는 생각에 맞춰져 있다. 이 때문에 논란이 생겼다는 점은 상당히 의아하지만, 견뎌 내는 것이 그리 힘들지 않았다. 어떤 일이 있어도 고객이 가장 우선시되어야 한다는 경영 철학은 한 번도 의심하지 않았기 때문이다.

CHAPTER 13

경쟁에 맞서다

샘은 전화로 나에게 창고형 마트를 만들겠다고 했어요. 별로 놀랍지 않았죠. 그는 남들이 하는 것을 유심히 지켜보다가 가장 좋은 것을 골라낸 다음, 더 나은 것을 만들어 내는 것으로 '악명'이 높았으니까요.

_ 솔 프라이스(1955년 페드마트 창립, 1976년 프라이스 클럽 창립)

우리가 먼저 가격을 낮춰 경쟁을 유발하지 않았다면, 월마트는 지금쯤 어떻게 되었을까? 아마 사업을 처음 시작한 지역을 아직 벗어나지 못했을 것이다. 그러다가 단시간에 중심부 시장을 장악하려는 전국 규모의 체인에 매각되었을지도 모른다. 한동안 거리에 100~150개의 월마트 매장이 있었겠지만, 지금쯤이면 매장 간판이 모두 케이마트나 타깃으로 바뀌었을 것이고, 나는 전업으로 새 사냥을 하고 있을 것이다.

하지만 실제로 겪어 보지 않았으니 이런 상상도 정확한 것은 아니다. 우리는 경쟁업체를 회피하거나 그들이 먼저 다가오기를 기다리지 않고, 정면으로 돌파해야겠다고 생각했다. 지금까지 우리가 내린 전략적 결정 가운데 가장 현명한 것이었다고 생각한다. 사실 월마트의 성공담이 자유시장 체제에 관해 아무것도 증명하지 못했다 해도, 치열한 경쟁이 고객뿐만 아니라 경쟁업체들에게도 유익하다는 점만은 입증했다고 생각한다. 경쟁은 우리를 다듬고 날카롭게 해 주는 효과가 있었다. 경쟁업체가 없었다면 지금처럼 크게 발전하지 못했을 것이다. 케이마트가 없었다면 월마트가 지금의 모습으로 성장하기 어려웠을 것이고, 케이마트도 우리에 대해 그렇게 생각할 것이다. 시어스가 한참 뒤처진 이유 중 하나는 월마트와 케이마트가 주요 적수라는 사실을 오랫동안 인정하지 않았기 때문이다. 그들은 월마트와 케이마트를 둘 다 무시했다.

버드 월턴 ——

　월마트는 처음부터 경쟁을 통해 만들어졌다고 할 수 있어요. 당시 미국 전역을 통틀어 샘 월턴보다 모든 유형의 소매점과 할인점을 더 많이 가 본 사람은 없었을 거예요. 전 세계적으로도 아마 그럴 걸요. 그는 호주, 남미, 유럽, 아시아, 남아프리카 등 거의 모든 지역의 매장을 둘러보러 다녔습니다. 샘 월턴은 사업에 관해서는 정말 호기심이 많아요. 사실 경쟁업체의 매장에 가서 뭔가 배울 점이 없는지 찾아보는 걸 가장 재미있다고 생각하는 사람이죠.

처음에는 깁슨스나 스털링의 매직마트 할인점처럼 지역 내 할인업체와만 맞붙었다. 케이마트와는 직접적으로 경쟁하지 않았다. 상황을 잘 이해하려면 케이마트와 월마트가 거리마다 매장을 세운 지 10년 후를 비교해야 한다. 우리가 50개 이상의 월마트 매장과 11개의 잡화점에서 연 매출 8,000만 달러를 기록할 때, 케이마트는 500개 매장에서 30억 달러 이상의 연 매출을 올렸다. 그러나 나는 케이마트가 1962년 1호 매장을 개점한 이후 줄곧 관심을 갖고 지켜보았다. 케이마트 매장이 월마트보다 여러모로 나았으므로, 마치 개인 실험실을 드나들듯이 수시로 그곳을 찾았다. 케이마트에 가서 직원들에게 여러 가지 질문도 하고 그들이 영업을 어떻게 하는지 관찰하는 데 많은 시간을 할애하곤 했다.

사실 오래전부터 케이마트와 경쟁할 때 우리에게 행운이 얼마나 따를지 시험해 보고 싶은 마음이 있었다. 그러다가 1972년 아칸소주 핫스프링스에서 절호의 기회를 발견했다. 그곳은 우리가 익숙해진 중소 도시에 비하면 대도시였으나, 일단 집과 가깝고 내가 아는 고객이 많았다. 당시에는 케이마트가 단독으로 시장을 장악하고 있었는데, 경쟁업체가 없다 보니 상품 가격이나 마진율이 매우 높았고 할인 행사는 아예 찾아볼 수 없었다. 우리는 필 그린을 보내 그곳에 52호 매장을 준비시켰다. 필 그린은 타이드 세제를 세계 최대 규모로 전시하는 등, 사람들이 미처 상상하지 못한 여러 가지 프로모션 행사를 시도했다. 게다가 파격적인 할인가를 선보임으로써 케이마트의 많은 고객이 월마트로 발걸음을 돌리게 만들었다.

공교롭게도 그 무렵에 해리 커닝햄이 케이마트의 CEO 자리에서 물러나기로 했다. 그는 S. S. 크레스지의 회장이었을 때 케이마트를 창립했다. 이것은 우리에게도 큰 변화였다. 해리는 불과 10년 만에 할인업을 합법화하고 케이마트라는 훌륭한 모델을 일궈 낸 장본인이었다. 물론 나와 친한 존 게이시도 타깃과 벤처 매장을 설립하는 데 도움을 주었으므로 시대를 앞서간 또 다른 선구자라고 할 수 있다.

해리 커닝햄 ——

> 샘 월턴이라는 사람을 일단 지켜보면, 케이마트의 독창적인 아이디어를 거의 모두 사용했다는 것을 명백히 알 수 있습니다. 우리 매장의 아이디어를 가져다가 그대로 실행에 옮긴 것, 아니 더 확장한 것을 보면 감탄을 금할 수 없죠. 세월이 흘러 은퇴했지만 나는 여전히 케이마트 이사진에 속해 있었어요. 그때 경영진에게 샘 월턴이 얼마나 위협적인 존재인지 알려 주려고 애썼습니다. 하지만 불과 얼마 전에야 내 말을 진지하게 받아들이더군요.

내 생각에 우리는 코끼리에게 도전장을 내민 벼룩 한 마리에 지나지 않았다. 코끼리가 즉시 반응을 보이지 않은 것도 이해할 만하다. 해리의 말처럼, 케이마트는 오랫동안 우리의 존재에 대해 개의치 않았다. 긴 시간이 지난 후에야 비로소 월마트를 진지하게 대하는 것 같았다. 그렇긴 해도 우리가 핫스프링스에 진출하는 등 몇 가지 행보로 케이마트의 신경을 건드린 것은 사실이었다. 핫스프링스에 진출하고 몇 년이 지난 1976~1977년 무렵에 1,000개의 매장을 보유한 케이마트가 매장이 고작 150개밖에 안 되는 월마트의 성장을 부담스러워한다는 것을 알게 되었다. 그들은 갑자기 우리가 우세한 지역이었던 미주리주의 제퍼슨시티, 포플러 블러프, 아칸소주의 페이엣빌과 로저스에 케이마트 매장을 세웠다. 마치 우리 집 앞마당에 자기네 살림을 펼쳐 놓는 것과 같은 처사였다. 그들은 이런 식으로 전국에 사업을 확장했고, 그 때문에 지역마다 현지 할인업체들이 한숨을 내쉬고 있었다. 우리는 1976년에 피닉스에서 할인업체 모임을 열었는데, 많은 참석자에게 케이마트와 직접적인 경쟁을 피할 방법이 초유의 관심사였다. 그 모습을 보고 있자니 화가 치밀었다. 나는 모든 참석자에게 그러지 말고 당당하게 일어나서 정면으로 경쟁하라고 말해 주었다. 그리고 우리는 이미 케이마트와 정면으로 대결할 준비를 하고 있다는 사실도 숨기지 않았다.

허브 피셔, 제임스웨이 코퍼레이션 창립자이자 회장 겸 CEO ——

케이마트는 할인업계의 칭기즈칸이라고 불릴 정도로 많은 매장을 열었습니다. 하지만 샘 월턴은 항상 자기 입장을 분명히 밝혔죠. "그 사람들과 정면으로 부딪치세요. 경쟁하면 더 나은 회사로 발전하게 될 겁니다." 샘은 모든 사람에게 그런 식으로 말했어요. 개인적으로 샘은 매우 훌륭하고 겸손하며 말수가 적은 신사입니다. 하지만 한시도 쉬지 않고 다른 사람에게 질문을 던져서 배울 점을 찾아요. 노트나 녹음기를 항상 들고 다니죠. 그렇게 해서 결국 모든 정보를 손에 넣고, 자신의 질문에 답해 준 사람에게 자기가 모은 정보를 알려 주기도 하죠.

이제 그는 제임스웨이의 경쟁자입니다. 하지만 경쟁 구도라는 이유만으로 미안해할 사람은 아니에요. 경쟁하면 상대방도 더 발전할 거라고 생각하니까요. 사실 샘의 말이 옳습니다. 경쟁은 우리를 더 성장하게 해 주죠.

1976년 하반기에는 경쟁에 대비하는 데 도움이 되는 또 다른 사건이 있었다. 당시 서로 경쟁 관계가 아니었던 지역 할인업체들이 연구 단체를 설립했는데, 첫 번째 모임이 바로 이곳 벤턴빌에서 열렸다. 제임스웨이의 허브 피셔, 아메스의 허브 길먼, 프레드마이어의 데일 위먼 등이 모두 참석해서는 우리 매장을 둘러본 후 각자의 의견을 말해 주었다. 사실 그들의 의견은 가히 충격적이었다.

닉 화이트, 월마트 경영 부사장 ——

> 빌 필즈는 로저스 매장 운영자였고, 딘 샌더스는 사일롬 스프링스 매장 운영자였습니다. 나는 스프링데일 책임자였고요. 셋 다 벤턴빌에서 멀지 않은 지역이라 함께 이동했습니다. 그들은 월마트 매장을 돌아본 후에 지나치다 싶을 정도로 냉정한 평을 내놨어요. 모든 것이 엉망이라고요. 간판은 과연 돈을 주고 제작한 것인지 의심스럽고, 어떤 제품은 가격이 터무니없이 비싸고, 가격을 아예 매기지 않은 상품도 있다고 했죠. 이 상품은 너무 많은데 저 상품은 부족해 보인다는 의견도 있었어요. 신랄하고 무자비한 말이 쏟아졌습니다.

그 사건은 우리 사업에서 전환점이 되었다. 그들의 의견을 한 마디도 빠뜨리지 않고 귀담아들었고, 필요한 부분은 과감하게 조정했다. 덕분에 어떤 경쟁업체와도 맞설 채비가 갖춰졌다. 특히 월마트 역사에서 케이마트의 공격은 가장 두드러진 유일한 외부 사건이었다. 우리는 한자리에 모여서 종합적인 계획을 세웠다. 홍보 및 판촉 프로그램을 기획하고, 인력 활용

방안을 논의하고, 머천다이징 프로그램도 만들었다. 핫스프링스에서 한 차례 케이마트에 도전해 성공을 거뒀으므로 경쟁에서 밀리지 않을 거라는 자신감이 있었다.

토머스 제퍼슨 ——

1977년에 케이마트가 우리와 본격적인 대결을 시작했습니다. 나는 리틀록이 특히 기억에 남아요. 리틀록 북부 지역의 월마트 7호점이 꽤 크고 장사가 잘되는 매장이었는데, 이를 둘러싸고 본격적인 경쟁이 벌어졌습니다. 케이마트가 공격적인 전술을 펼치면 우리도 그에 못지않게 강경하게 대응했죠. 7호점 매장 관리자에게 이렇게 당부했어요. "무슨 일이 있더라도 케이마트가 우리보다 더 낮은 가격으로 물건을 파는 일은 없어야 합니다. 어떤 상품이라도 절대 최저가 매장이라는 타이틀을 내주면 안 돼요."

그런데 어느 토요일 저녁 매장 관리자에게 전화가 왔습니다. "이미 아시겠지만, 크레스트 치약 가격이 지금 개당 6센트까지 떨어졌습니다." "괜찮아요. 일단 그대로 두고 케이마트가 어떻게 나오는지 지켜봅시다."

케이마트도 더는 가격을 내리지 않았고, 결국 두 매장 모두 6센트에서 가격 경쟁을 멈췄죠. 그러다가 결국 케이마트가 한 걸음 물러났어요. 그 사건을 통해 케이마트는 우리에 대해 중대한 사실을 깨달았을 겁니다. 다른 지역에서 그렇게 파격적인 할인 행사를 하면서 우리와 맞서 본 적이 없었기 때문에, 우리가 쉽사리 항복하거나 타격을 입지 않는다는 걸 미처 몰랐을 테니까요.

우리의 개선 속도가 워낙 빨라서 다들 보고도 믿지 못할 정도였다. 결국 앞에서 말한 네 도시에서는 케이마트와의 경쟁에서 완승했다. 사실 케이마트는 제퍼슨시티와 포플러 블러프에서는 처음부터 월마트 고객을 빼돌리는 데 이렇다 할 성과를 내지 못했다. 케이마트가 들어선 것을 보고 우리는 고객의 마음을 얻기 위해 더 열심히 노력했고, 고객들도 월마트에 대한 의리를 보여 주었다. 덕분에 우리는 사업에 대한 자신감을 더 키울 수 있었다.

그렇지만 한 가지 잊지 말아야 할 점은, 월마트 매출이 케이마트의 5퍼센트에 불과했다는 사실이다. 사실 론 메이어를 따라 고위 경영진 상당수가 회사를 떠난 지 얼마 되지 않은 터라 어려움이 많았다. 일단 월스트리트에 월마트를 계속 신뢰해 달라고 설득하는 데 정말 오랜 시간이 걸렸다. 사실 본격적인 경쟁이 시작되면 월마트가 살아남지 못할 거라고 예상한 사람이 많았다. 미첼 허친스의 애널리스트 마고 알렉산더는 월마트에 관한 보고서에서, 고위 경영진 이탈 사태에 대해 깊은 우려를 표명하면서, 이런 일 때문에 다른 직원들도 경영진에 참여하는 것을 꺼리게 될 수 있다고 했다. 심지어 '다른 경영인이 자기 회사를 운영하는 데 결코 만족하지 못하는 사업가' 때문에 경영진 내부의 갈등이 불가피하다는 추측도 있었다. 물론 그 표현은 나를 겨냥한 것이었다. 게다가 한번 은퇴한 전력이 있는 내가 과연 예전처럼 회사 경영에 전념할지 의심스러워하기도 했다.

1977년 1월자 위 보고서의 내용을 일부 발췌하면 다음과 같다.

월마트의 주요 성공 요인 중 하나는, 소도시나 시골 지역에 자리 잡고 있어서 제대로 된 경쟁 상대가 없다는 것이다. (……) 경쟁 상대가 전혀 없는 상황에서는 사업이 한결 쉬워진다. 가격에 크게 신경 쓰지 않아도 되고, '가장 좋은' 상품을 확보하려고 애쓸 필요도 없다. 어차피 다른 대안이 없으므로 고객이 상품에 대해 이러쿵저러쿵할 가능성이 낮다. (……) 월마트는 자기네 매장이 케이마트와 나름대로 치열하게 경쟁하는 중이라고 하지만, 가능한 경우라면 케이마트를 피하는 것 같다. 크레스지가 월마트가 이미 장악한 구역에 보란 듯이 적극적으로 진입할 가능성은 크지 않다. 그러나 월마트의 지리적 확장을 어느 정도 저지하기 위해 모종의 조치를 취할 것은 분명해 보인다. (……) 크레스지가 조만간 월마트를 제지할 것이라고 가정하면, 월마트는 몇 년 내로 심각한 문제에 직면할 가능성이 크다.

우리는 (이 회사의) 주식을 매입하기를 추천한다. (……) 하지만 월마트의 미래는 그리 밝지 않다. 사실 우리가 보기에 월마트는 무너지기 일보 직전까지 가는 위험을 감수해야 하는 위태로운 기업 중 하나다.

이런 보고서가 우리에게는 당연히 별다른 도움이 되지 않았다. 현재를 기준으로 보면 그들의 예상이 완전히 빗나갔지만, 당시에는 그런 분석이 완전히 틀린 것도 아니었다. 보고서의 내용이 그대로 현실화될 가능성도 있었기 때문이다. 하지만 애널리스트가 간과한 점이 몇 가지 있었다. 무엇보다도 가장 큰 실수는 론 메이어 후임 경영진에 대해 확신하지 못했다는 것이다. 이미 말했듯이, 데이비드 글래스와 잭 슈메이커가 고위 임원이었다. 사실 이 정도면 단일 소매업체로서는 최대치에 가까운 인재를 보유한 것이었다. 최근에 와서 가장 자랑스러웠던 일은, 사실 모든 사람이 디트로이트 출신의 케이마트라는 대기업이 우리를 완전히 삼켜 버릴 것으로 생각했지만, 그런 예측과 달리 월마트는 오히려 소매업 역사상 가장 거대한 성장을 이룩했다는 것이다.

마고 알렉산더를 비롯한 몇몇 애널리스트가 놓친 또 다른 사항이 있다. 케이마트 내부에 문제가 커지고 있었는데, 이는 경쟁 관계인 우리에게 매우 유리하게 작용했다. 1976년 연말 무렵 케이마트는 이미 폐점한 그랜츠라는 체인에서 200여 곳의 매장 부지를 사들였고, 그 때문에 직원들이 눈코 뜰 새 없이 바쁘게 일하고 있었다. 그런데 케이마트는 당시 모든 변화를 회피하라는 경영 철학을 고수하는 것 같았다. 사실 할인업계에서 변화를 피하려는 시도가 성공할 리 만무했다. 그들의 주요 업무 목록에서 월마트는 후순위로 크게 밀려났을 것이다. 지금 생각해 보면 현재 케이마트를 진두지휘하고 있는 해리 커닝햄을 그 시기에 직접 맞닥뜨리지 않은 것이 얼마나 다행인지 모른다.

케이마트 내부 상황과는 별도로, 우리는 1970년대 말 벤턴빌에 새로운 팀을 구성했다. 덕분에 그 후 10년간 월마트의 입지는 견고하게 유지되었다. 바로 그 무렵에 신규 업체들이 할인 사업에 너나없이 뛰어들어 죽기 살기로 경쟁하기 시작했다. 그런데 1970년대 중반의 전국적인 경제 부진과 거물급 업체 간의 치열한 경쟁으로 비교적 쉬운 돈벌이로 여겨졌던 사업의 시대는 끝나고 말았다. 케이마트, 타깃, 월마트와 몇몇 지역 할인업체의 경영 효율이 높아질수록 상호 경쟁이 더욱 잦아지고 치열해져서 가격을 계속 낮출 수밖에 없었다.

그러자 1960년대 초반 35퍼센트를 유지하던 업계 총 마진의 비율, 즉 상품에 대한 실제 이윤율이 22퍼센트로 떨어졌다. 이런 변화는 할인 매장을 찾는 고객이 더 많은 가치와 비용 절감 효과를 누리게 되었다는 뜻으로 해석된다. 따라서 비즈니스 효율을 높이기 위해 열심히 노력하지 않고, 많은 채무를 떠안고 있으면서도 호화로운 생활을 즐기고, 직원을 제대로 관리하지 않은 기업은 결국 문제를 겪게 되었다. 아마 그런 기업에 근무하는 직원은 상품을 매입할 때 가장 좋은 조건을 얻기 위해 발품을 팔아서 그 혜택을 고객에게 돌리려고 애쓰지 않았을 것이다. 우리는 케이마트가 1976~1977년에 우리를 바짝 추격하는 것을 보고 사업 확장에 더욱 박차를 가해야겠다고 생각했고, 마침 경영난을 겪고 있던 몇몇 할인업체를 인수했다.

월마트는 소도시에서 시작된 기업이므로, 이 기간 내내 우리 사무실을 둘러싸고 철학적인 논쟁이 이어졌다. 당시 내가 입장을 너무 자주 번복해서 관계자들은 스트레스를 많이 받았다. 1977년 처음으로 회사를 인수할 때는 문제가 그리 많지 않았다. 버드와 데이비드 글래스가 일리노이주의 소형 할인업체 무어 밸류 인수 협상에 나섰다. 매장 하나당 연간 평균 매출액이 300만~500만 달러인 이 업체는 새로운 지역으로 진출하는 발판으로 삼기에 적당해 보였다. 우리는 5개 매장은 폐점 처리하고, 나머지 16개 매장은 월마트로 전환했다. 이런 조치가 기존 회사 체제에 큰 타격을 주지는 않았다.

외부 업체를 인수한 것은 월마트의 성장 속도에 전혀 걸림돌이 되지 않았다. 2년 후인 1979년에 월마트 매장은 총 230여 개로 늘어났다. 사실 무어 밸류 인수는 우리가 달성한 수많은 이정표 중에서 가장 의미 있는 변화였다. 월마트가 '빌리언 달러 컴퍼니'가 되었을 때도 매우 감격스러웠지만, 거기서 고삐를 늦출 생각은 없었다. 오히려 그 무렵에 또 다른 인수 기회가 찾아왔다.

이번 건은 조금 더 파격적이었으나, 지리적 도약이라는 면에서 사업 확장에 매우 중요한 계기가 되었다. 동부 지역에서는 월마트의 인지도가 낮아서 아직도 '남부' 지역에서나 볼 수 있는 할인업체라고 생각하는 사람이 많았다. 본사가 자리 잡은 아칸소주가 남부 지방이라고 다들 생각하지만, 사실 아칸소주는 중서부다. 월마트가 남부 지방 브랜드라는 이미지가 강한 탓도 있었을 것이다. 어쨌든 1981년까지 미시시피주 동부에는 매장이 거의 없었던 것이 사실이다. 아칸소주, 루이지애나주, 미시시피주, 텍사스주에서는 크게 성장했지만 테네시주, 앨라배마주, 조지아주, 캐롤라이나주에서는 아직 인지도가 없었다. 남부 지역에서는 경쟁업체들이 우리에게 눈길조차 주지 않는 상태였다.

그런데 쿤스 빅 케이가 남부 지역에서 꽤 크게 자리를 잡아 가고 있었다. 쿤스는 1920년 이전에 테네시주 내슈빌에서 단일 잡화점으로 시작했다. 잭 쿤과 구스 쿤 형제는 이를 할인업체로 전환하고 한두 개의 다른 기업을 인수, 합병한 후 112개 매장을 가진 대형 체인점으로 사업을 확장했다. 대다수 매장은 테네시주에 모여 있었지만 켄터키주, 앨라배마주, 조지아주, 사우스캐롤라이나주 등 월마트가 관심을 갖고 있는 지역으로 이미 확장한 상태였다. 쿤스보다 월마트가 조금 더 컸지만, 어쨌든 두 기업은 바짝 긴장한 채 서로의 동태를 살피고 있었다.

이 시절에는 TG&Y, 헤스테드와 같은 잡화점이 서로의 영업 구역을 침범하지 않았다. 하지만 우리는 무슨 방법을 써서라도 남부 지역으로 사업을 확장할 생각이었다. 우리가 미시시피주를 건너 테네시주 잭슨에 매장을 개점한 것은 경쟁업체를 꽤 자극하는 일이었다. 쿤스는 우리에게 보복이라도 하듯 아칸소주 웨스트 헬레나와 블라이스빌에 매장을 개설했다. 그러나 전체적인 분위기는, 월마트가 개점한 지역의 쿤스 매장이 결국 문을 닫았기 때문에, 승기가 우리 쪽으로 기운 것 같았다. 그리고 얼마 못 가서 쿤스가 비틀거리기 시작했다. 무리하게 대출을 받아 화려한 본사 긴물을 지은 탓도 있었고, 매출 또한 이미 적자로 돌아선 상태였다.

나는 어떻게 할지 한참 망설였다. 케이마트나 다른 기업보다 먼저 그 지역을 장악하고 싶었다. 예상대로 진행되면 큰 경쟁력을 확보할 수 있을 것 같았다. 하지만 그때까지 한 번도 그렇게 큰 지역에 파고든 적이 없어서 일이 얼마나 커질지 가늠할 수 없었다. 그래서 아무런 결정도 내리지 못한 채 계속 주변을 맴돌았다. '한번 시도해 보자'와 '조금만 더 기다려 보자'는 의견이 엇갈리면서 거의 2년을 허비했다.

그러다가 어느 날 아침 경영진이 모두 모인 자리에서 이 문제를 표결에 부쳤는데, 임원들의 의견도 정확히 반으로 나뉘었다. 결국 투표로도 결정이 나지 않았고, 최종 결정은 오롯이 내 손에 쥐어졌다. 전망이 불투명해 긴 논의를 거치고도 아무런 결론이 나지 않았다. 마침내 나는 일을 추진하는 쪽으로 결정을 내렸다. 어떻게 하면 쿤스를 몰아내고 월마트를 뿌리내릴 수 있을지 전혀 감이 오지 않았다. 그래도 일단 폴 카터를 총책임자로 임명했다. 폴은 한동안 내슈빌과 벤턴빌을 왔다 갔다 하느라 바쁘게 지내야 했다.

폴 카터, 월마트 부사장 겸 최고재무책임자 ──

그때 샘 월턴이 회장의 특권을 사용하는 모습을 보게 됐죠. 매우 드문 일이었어요. 샘은 "한번 추진해 봅시다"라고 말했습니다. 그것은 월마트에 새로운 종류의 도전이었어요. 처음에는 내슈빌에 별도의 부서를 마련해 모든 업무를 거기서 진행할 생각이었습니다. 하지만 곧 생각을 바꿨죠. 기존 사무실은 모두 폐쇄하고 이곳으로 업무를 다 가져왔습니다. 그때까지 그렇게 멀리까지 손을 뻗어 본 적이 없었어요. 돌이켜 생각해 보니, 운영 기반을 벤턴빌로 옮긴 것이 전반적인 운영 방식에 큰 영향을 준 것 같습니다. 지역 관리자들은 모두 벤턴빌에 적을 두고 있었으니까요.

빅 케이에 처음 갔을 때는 몸무게가 86킬로그램이었는데, 돌아올 때는 74킬로그램까지 줄었습니다. 나뿐만 아니라 관련된 모든 사람이 힘든 시간을 보냈죠. 회사도 쉽지 않았을 겁니다. 하지만 한 번쯤 그런 경험을 하는 것이 나쁘지만은 않은 것 같아요. 잭 슈메이커는 그 기회를 통해 물리적 거리가 먼 상황에서 의사소통하는 방법에 대해 많이 배우고 다양한 의사소통 방법을 활용했습니다. 힘들긴 했지만 빅 케이 인수는 이 회사에 결국 큰 도움이 됐어요. 애벌레가 탈피해 나비로 변하는 것에 비할 만한 변화였죠. 우리는 금방이라도 날갯짓을 시작할 준비가 되어 있었어요.

적자가 발생하는 쿤스 매장 중 몇 곳은 폐쇄하고, 처음으로 외부 회사 즉 유통업체를 통해 매장 물품을 공급하려고 해 보았지만 실패하고 말았다. 그래도 일단 어떻게 처리할지 파악하고 나니 인수를 통해 회사를 더 키우는 데 유리한 입장에 서게 되었다. 그때부터 회사는 폭발적으로 성장하기 시작했다. 거의 매년 100개의 매장을 새로 설립했으며, 어떤 해에는 150개 이상을 개점하기도 했다. 이번 거래를 통해 앞으로 어떤 경쟁이나 어려움도 다 이겨 낼 수 있다는 확신이 생겼다.

경영진 사무실 안팎에서 근무하는 직원들이 나를 어떻게 생각하는지는 잘 모른다. 회사 일을 하다 보면 셀 수 없이 많은 문제가 발생하고, 그럴 때마다 나는 많은 사람을 불러들이는 편이다. 그런 모습을 지켜보는 사람들은 불편한 감정을 느낄지도 모르겠다. 하지만 나는 대다수 사람보다 기꺼이 위험을 감수하려는 경향이 강하다고 생각할 뿐이다. 쿤스의 경우처럼 어떤 결정을 할 때 나는 여러 가지 수치를 가지고 '만약'의 상황을 수없이 따져 보았다. 하지만 대부분의 최종 결정은 직감에 의존하는 편이다. 이게 옳다는 생각이 들면 뒤돌아보지 않고 곧바로 밀어붙이고, 조금이라도 꺼림칙하면 일단 한발 물러나는 식이다.

물론 직감에 따라 결정했다가 후회할 때도 있다. 1980년대에 전 세계 여러 나라를 돌아다니며 소매업계의 경쟁 현황을 조사한 적이 있다. 독일, 프랑스, 이탈리아, 남아프리카, 영국, 호주, 남아메리카를 모두 다녀온 결과 몇 가지 흥미로운 개념을 알게 되었다. 브라질에서 본 초대형 까르푸 매장이 특히 인상적이었다. 나는 식료품과 일반 상품을 같이 파는 초대형 매장, 즉 하이퍼마트라는 개념을 도입하기 위해 본격적인 준비를 시작했다. 유럽에도 초대형 매장이 있다는 것을 확인한 후에는 이를 더욱 적극적으로 밀어붙였다. 미국을 제외한 모든 나라에서 하이퍼마트가 큰 성공을 거뒀으므로 우리도 즉시 시도해야 한다고 주장했다. 조만간 하이퍼마트 경쟁이 큰 열풍을 일으킬 것이라는 직감이 들었다.

결국 댈러스 포트 워스 지역에 하이퍼마트 두 개를 개점했다. 하나는 토페카, 다른 하나는 캔자스시티에 자리 잡았다. 그 무렵에는 월마트가 할인 업계에서 꽤 인정받는 기업이었으므로, 케이마트도 즉시 우리를 모방해 '아메리칸 페어'라는 하이퍼마트 매장을 선보였다. 안타깝게도 우리가 시도한 하이퍼마트는 대실패라고 할 정도까지는 아니지만 꽤 실망스러웠다. 매장 수익은 거의 발생하지 않았다. 하지만 할인업계의 미래는 식료품과 일반 제품을 결합한 아이디어, 즉 슈퍼센터라는 소형 매장임을 알게 되었다. 아무튼 하이퍼마트의 잠재력에 대한 내 예상은 보기 좋게 빗나가고 말았다.

이 밖에도 외부에 덜 알려진 비슷한 시도를 몇 차례 했는데, 모두 실망스럽게 끝났다. 닷 디스카운트 드러그(dot Discount Drug) 개념도 그랬다. 매장을 25개까지 늘렸지만, 수익이 너무 적어서 결국 중단하게 되었다. 로저스에 첫 월마트 매장이 있었던 건물에 세이브 모어(Save Mor)라는 주택 개조 센터를 하나 시도했는데, 이것도 실패로 끝나 버렸다. 데이비드 글래스의 말처럼, 나는 일단 실수나 잘못을 했다고 생각하면 곧바로 다른 방법을 찾아 나서는 편이다.

우리가 시도한 것 중 유의할 만한 것도 있다. 샘스 클럽이 대표적인 사례다. 1983년에 시작해 9년 만에 100억 달러 규모로 성장했다. 지금은 217개 이상의 매장이 있으며 앞으로도 성장 가능성이 매우 크다. 샘스 클럽은 자영업자와 대량 구매 고객을 겨냥해 창고형 건물을 사용하는 대형 매장이다. 유료회원은 타이어, 카메라, 시계, 사무용품, 칵테일 소시지, 청량음료 등 다양한 고급 브랜드 제품을 도매가로 살 수 있다. 이런 매장에 처음와 보는 사람은 매장 구석구석을 다니는 게 정말 재미있을 것이다. 매장에서 근무하는 직원들은 정신없이 움직인다. 월마트 초창기처럼, 지시가 떨어지기 무섭게 상품을 옮겨야 하기 때문이다.

아쉽지만 할인업과 마찬가지로 창고형 매장이라는 개념도 우리가 처음 개발한 것이 아니다. 그러나 한 달만 우리 입장이 되어 보면 다른 사람의 아이디어를 훔칠 수밖에 없었던 이유를 알 수 있을 것이다. 당시는 1980

년대 초반으로, 우리가 할인업에 종사한 지 약 20년이 될 무렵이었다. 그 동안 가격이 계속 하락했고 그와 함께 마진도 줄었으므로 정말 효율적인 기업 몇 개만 살아남은 상태였다. 그런데 갑자기 전혀 새로운 할인업체가 나타나서 우리보다 저가로 시장을 공략했다. 할인업계의 일반적인 마진율은 22퍼센트인데, 간접비를 파격적으로 낮춰 5~7퍼센트의 마진율로 공략하는 도매업체도 등장했다. 우리는 '상시 저가 판매'로 지금까지 버텨 왔기 때문에, 또 다른 돌파구를 찾아야 했다. 특히 창고형 매장이라는 신 개념의 배후에 할인업계의 개척자 중 한 명인 솔 프라이스가 있었다. 그는 1976년에 최초의 프라이스 클럽 매장을 열었다.

나는 1983년 어느 날 솔을 만나러 샌디에이고에 갔다. 예전에도 아들 롭과 함께 그를 찾아갔었다. 이번에는 대형 도매상과의 회의 때문에 아내 와 함께 웨스트 코스트에 가 있었으므로, 러벅으로 가서 부부 동반 저녁 식사를 하게 되었다. 그런데 한 가지 솔직하게 인정할 것이 있다. 당시 솔 에게 그의 프로그램을 모방할 생각이라고 말하지 않았다. 그에게 아무런 통지도 없이 그렇게 해 버렸다.

나는 집으로 돌아온 후 오클라호마시티로 가서 0.1제곱미터당 1달러의 저렴한 가격으로 낡은 건물 하나를 임대했다. 아니, 0.1제곱미터당 80센 트 정도 내기로 했던 것 같다. 우선 건물을 개축하고 나서, 건물 관리를 맡 기려고 월마트에서 크게 인정받지 못한 괴짜 몇 명을 선발했다. 구매 담당 자도 두세 명 배치했다. 그리고 나서 운영 프로그램을 설계하는 등 본격적 인 준비 작업을 진행했다.

이렇게 해서 1983년에 최초의 샘스 클럽 매장을 선보였다. 월마트 초창 기처럼 기대감이 컸지만 어수선한 느낌도 없지 않았다. 처음부터 샘스 클럽은 월마트 문화와 분리하려고 최선을 다했다. 샘스 클럽을 맡긴 직원 중에 롭 보스라는 사람이 있었다. 월마트에 근무할 때 사내 흐름을 거스르는 행동을 일삼곤 해서 아무도 그가 매장 운영을 맡기에 적합하다고 생각하지 않았다. 그는 업무 분위기를 망치는 사람이라는 이미지가 강했다.

롭 보스, 샘스 클럽 최초의 머천다이징 총괄 매니저 ──

나는 샘 월턴에게 단도직입적으로 말했습니다. "기존 임원과 관리자는 대부분 자존심이 매우 강한 편입니다. 샘스 클럽은 독자적으로 머천다이징을 진행할 것이며, 이 점을 그들에게 분명히 알릴 필요가 있습니다." 그러자 그는 토요일 회의에서 모든 참석자에게 이렇게 말했습니다. "샘스 클럽은 머천다이징을 단독 진행하는 방식으로 운영합니다. 이 자리에 계신 월마트 구매 담당자 가운데 이 점에 이의가 있으면 나를 찾아오기 바랍니다. 각자 맡은 제품은 반드시 본인의 손을 거쳐 매입해야 한다고 생각하실 수도 있으니까요. 사무실로 오시면 내가 구체적으로 설명해 드리겠습니다."

그 후로 지금까지 샘스 클럽 운영에 어떤 간섭도 없었어요.

우리는 빠른 속도로 캔자스시티와 댈러스에 샘스 클럽을 열었고 곧이어 휴스턴에도 매장 2개를 추가했다. 월마트와 크게 다를 것이 없었다. 일단 5개 매장을 확보하고 보니 이대로 가도 괜찮겠다는 확신이 들었다. 인정하고 싶지 않지만, 처음부터 다시 시작해서 일종의 성장통을 겪어야 했다. 두 번째 도전이라고 해서 쉬운 일은 아니었다. 데이비드 글래스가 샘스 클럽의 기획 단계부터 깊이 관여하고 있었지만, 나도 가능한 한 모든 일을 직접 처리하고자 최선을 다했다.

론 러브리스, 월마트 전 임원 ──

월마트에 근무하다가 샘스 클럽 준비를 돕게 되었어요. 프라이스 클럽을 모방한 매장이다 보니, 관련 개념을 정확히 이해하지 못한 채 무작정 따라 한 부분도 있었습니다. 서부 해안 지역에서 가져온 아이디어를 중서부 지역에 적용하면 어떤 반응일지 예측할 수 없었죠. 어떤 아이디어는 새로운 지역에 잘 맞지 않았습니다. 프라이스 클럽은 매장 전면에 포도주를 잔뜩 쌓아 놓았고, 우리도 그렇게 해 봤어요. 하지만 중서부 지역 사람들은 포도주에 크게 관심이 없는 편이라서, 이 방법은 큰 효과를 보지 못했죠.

톰 코플린, 샘스 클럽 부사장 ──

이 사업은 아주 흥미진진해요. 그냥 하는 말이 아니라 정말 즐겁습니다. 단순하고 직접적이죠. 광고는 전혀 하지 않아요. 그렇지만 전반적인 사업의 기반은 콘셉트를 판매하는 것입니다. 중소기업을 대상으로, 연간 25달러만 내면 대기업과 같은 수준의 가격으로 물품을 살 수 있으며, 그들이 꼭 필요로 하는 시점에 창고를 사용하는 것과 같은 혜택을 누릴 수 있다는 콘셉트를 파는 거죠. 월마트에서처럼 고객들은 우리 문화를 점차 이해하고 좋아하게 됩니다. 우리 창고에는 실속 없는 상품이 전혀 없다는 것을 그들도 잘 알고 있죠. 창고 관리 직원들은 직접 지게차를 운전해서 원하는 물건을 내려 줍니다. 고객들도 그 점을 알아요. 직원들이 그렇게 물건을 찾아 주는 것을 좋아하죠.

이런 사업의 경우, 경쟁이 꽤 치열해질 때가 있다. 한번은 샌디에이고 마리노 가에 있는 대형 프라이스 클럽 매장에 갔다. 늘 그렇듯이 소형 녹음기를 갖고 있었고, 노트에 가격이나 머천다이징 관련 아이디어 몇 가지를 기록하던 중이었는데, 한 덩치 큰 남자가 다가왔다. "죄송하지만, 녹음기를 잠깐 주셔야겠습니다. 녹음된 내용을 지운 뒤에 돌려드리겠습니다. 방침상 매장 내에서 이런 기기를 사용하시면 안 됩니다." 우리도 같은 방침이 있었고, 정면으로 들통난 상황이라 달리 할 말이 없었다. "알겠습니다. 그런데 이 녹음기에는 다른 매장에서 녹음한 자료도 있는데, 그것까지 지워지면 곤란합니다. 간단한 쪽지를 하나 써 드릴 테니 로버트 프라이스 씨에게 전달해 주시겠어요?" 로버트 프라이스는 솔의 아들이었다.

나는 이렇게 썼다. "로버트 씨, 매장 직원이 일을 아주 잘하는군요. 귀하의 매장을 둘러보면서 몇 가지 제품과 매장 전반에 대한 느낌을 이 녹음기에 담았는데, 직원에게 제지당했습니다. 녹음 테이프를 넘겨드릴 테니, 원하시면 내용을 들어 보시기 바랍니다. 당연히 귀하는 녹음 내용을 확인할 권리가 있습니다. 그렇지만 녹음기에는 다른 자료도 있으니, 그 부분은 다시 돌려받을 수 있게 해 주십시오."

나흘 뒤에 로버트는 녹음 테이프와 함께 친절한 답장을 보내 주었다. 녹음한 내용은 하나도 삭제되지 않았다. 내가 잘못을 저질렀는데도 아주 신사적으로 대해 준 것이다.

샘스 클럽을 시작한 것은 내 경영 스타일의 또 다른 특징, 즉 모든 사람을 궁금하게 만들기 좋아하는 것과 관련이 깊다. 이는 경쟁사는 물론이고 우리 직원에게도 적용된다. 특히 경쟁업체가 월마트의 다음 행보를 손바닥 들여다보듯 훤히 꿰뚫고 있거나 손쉽게 예측하는 것은 결코 용납할 수 없다. 우리 회사 경영진이 그렇게 생각하는 것도 원치 않는다. 지속적인 변화를 통해 사람들을 약간 불안하게 만드는 것이 어느 정도 필요하다고 생각하기 때문이다.

다른 사람이 내 입장이었다면 1984년 당시 회사 상황으로도 충분히 만족했을지 모른다. 월마트 매장이 640개였고, 연 매출은 45억 달러가 넘었으며, 연간 수익은 거의 2억 달러였다. 걷잡을 수 없는 산불처럼 사업은 빠르게 성장하고 있었고, 샘스 클럽도 계속 준비 중이었다. 그런데도 나는 변화가 필요하다고 느꼈다. 그래서 당시 이미 월마트의 사장 겸 최고운영책임자였던 잭 슈메이커를 불러서, 최고재무책임자인 데이비드 글래스와 업무를 서로 바꿔 보는 것이 어떠냐고 제안했다. 기업 총수라고 해도 이런 요청을 하는 경우는 상당히 이례적일 것이다. 둘 다 능력이 출중한 것은 두말할 여지가 없었지만, 서로 업무를 맞바꾸면 어떻게 될지 궁금했던 이유는 따로 있었다. 잭은 명석하고 적극적이며 거리낌이 없는 성격이라 가끔 사람들을 불편하게 할 때가 있었다. 그래서 데이비드처럼 사람을 유하게 대하는 사람이 잭의 업무를 맡으면 좋겠다고 생각한 것이다.

잭은 나이가 너무 많이 들기 전에 월마트에서 손을 떼고 싶다고 말하곤 했다. 그러나 결국 논의 끝에 데이비드와 역할을 바꾸기로 했다. 데이비드가 사장이 되었고 잭은 최고재무책임자로 3년간 더 근무해 주었다. 직책이 바뀐 후에도 잭은 어느 것 하나 흠잡을 데 없이 완벽하게 일을 처리했다. 지금은 국제 컨설팅 업무를 하고 있으며, 월마트 이사 중 한 사람으로 남아 있다. 데이비드도 새로운 업무를 잘 처리해 주었다. 약 5년 전에 CEO 직위도 그에게 넘겼다. 내가 물러날 무렵에 잭도 은퇴했다.

그렇게 우리는 모두 변화에 잘 적응한 것 같았다. 아니, 실제로 아무런 문제가 없었다. 그렇지만 그 시기에 긴장감이 전혀 없었던 것은 아니다. 다른 기업과의 경쟁이 아무리 치열해도, 사내에서 일어나는 경쟁만큼 불꽃이 튀지는 않았을 것이다. 기업의 특성상 야심에 찬 인재가 많이 모이는데, 몇몇 사람은 어쩔 수 없이 자존심 대결을 벌이게 된다. 학창 시절 미식축구팀에 들어간 후로 지금까지 어떤 형태든 경쟁은 다 멋지다고 여겼다. 그래서 우리 직원들도 서로 최선을 다해 경쟁해 주기를 원했다. 하지만 경쟁심에 사로잡힌 나머지 개인적인 감정을 개입시켜서 같은 회사 동료인데도 서로 지지하지 않는 태도는 용납할 수 없다고 누누이 당부했다.

사실 경쟁은 내가 소매업을 이토록 좋아하는 이유라고 할 수 있다. 월마트의 성공기는 경쟁의 역사에서 보자면 작은 부분에 불과할지 모르지만, 개인적으로는 경쟁의 역사에서도 유의할 만한 부분이라고 생각한다. 할인업계의 역사에서는 한순간도 경쟁을 빼놓을 수 없다. 새로운 도전자가 끝없이 등장한다. 업계 최고의 자리를 꿈꾸며 준비하는 사람은 셀 수 없이 많다. 이런 기업이나 사업가를 모두 따돌리고 앞서 나가려면 부단히 노력하고 계속 변화하면서 앞일을 도모해야 한다. 몇 년 전에 매클레인을 인수한 것도 이런 이유에서였다. 식료품 업계에서 꽤 알아주는 유통업체로, 식료품 시장에 진입하려면 매클레인이 만들어 놓은 기반이 필요했다. 우리는 식료품 시장의 고객도 월마트 방식을 반길 거라고 확신했다.

지금도 매우 정교한 프로그램을 가지고 할인업계에 뛰어드는 해외 기업이 많다. 네덜란드, 독일, 프랑스의 신흥 경쟁업체는 특히 주시할 대상이다. 조만간 일본의 소매업 사업 모델이 미국 시장으로 밀고 들어올 것이다. 월마트가 미국 시장에만 머무른다면 과연 업계 최고의 자리를 계속 유지할 수 있을지 확신이 서지 않는다. 우리도 머지않은 미래에 국제적인 기업으로 도약해야 할 필요성이 절실히 느껴진다. 그래서 해외 영업부를 만들었고, 도매형 창고 매장인 클럽 아우레라를 개발하려고 CIFRA라는 멕시코 기업과 합작 투자를 시작했다. 현재 2개의 매장을 개설했으며 앞으로 매장을 계속 늘려 갈 예정이다. 다양한 문화권의 인적 자원을 빠르고 원활하게 확보하는 것도 월마트가 조만간 해결해야 할 중대한 사안이다. 이는 모든 직원이 합심해 풀어야 할 문제다.

국내 시장을 보자면, 할인업계 경쟁은 최근 몇 년 사이에 크게 개선되었다. 월마트의 경쟁업체들은 고객이 계산대에서 기다리는 시간을 크게 단축했고, 매장 내 제품 진열이나 위생 같은 문제도 크게 개선했다. 이들이 발전할수록 월마트는 경쟁력을 더욱 강화해야 한다는 부담을 떠안게 된다. 그렇지만 어느 업체도 물량으로는 월마트에 대적하지 못한다. 그리고 월마트처럼 비용을 최소화하는 면에서 아직 서투르다. 우리는 직원이 먼저 고객에게 인사를 건네고 미소 띤 얼굴로 응대하며 적극적으로 도와주고 감사를 표현하는 등, 고객을 성심성의껏 대하도록 정기적으로 교육하고 있지만, 경쟁업체들은 이런 면에서 부족한 것 같다. 뿐만 아니라 상품을 효율적으로 이동하고 재고관리를 효과적으로 하는 면에서도 월마트는 따라잡기 힘든 기업이다. 이 중 하나라도 누군가 우리보다 앞서간다면, 그때는 정말 진지하게 걱정해야 할 것이다. 지금까지는 아무도 그렇게 하지 못하고 있지만.

CHAPTER 14

세력을 확장하다

월마트에서 물류와 수송이 잘 풀린 비결은 고위 경영진이 이 두 부문을 회사의 경쟁력으로 여겼기 때문이에요. 대수롭지 않은 것으로 보아 넘기거나 필요악으로 간주하지 않았습니다. 그래서 자본 투자를 아끼지 않았죠. 많은 기업이 물류에 투자하는 것을 꺼립니다. 그러다가 물류가 발목을 잡으면 그제야 마음을 바꾸죠. 월마트를 파악하려면 이 점이 매우 중요한 전략 포인트입니다.

_조 하딘(물류 및 인사 담당 부사장)

월마트가 소매와 유통 기술 분야에서 세계적인 리더라는 명성을 얻기까지 내 공이 컸다고 생각하는 사람이 많다. 그런데 우리 임원 중 몇몇은 그런 소문을 들으면 배꼽을 잡을지도 모른다. 월마트의 명성은 우리가 최신 기술을 빠르게 도입해서 얻은 것이 아니기 때문이다. 이미 말했듯이, 나는 1966년 IBM 강좌에 다녀온 후로도, 그들이 여러 가지 논리적인 이유를 대면서 새로운 시스템을 구매하려고 할 때마다 어김없이 딴지를 걸었다. 그래서 임원들이 웃음을 참지 못할 것이라는 이야기다. 나를 찾아와서 시스템을 마련해야 한다고 말하면, 그만한 비용을 들일 만한 가치가 있다는 것부터 먼저 증명해 보이라며 돌려보내곤 했다.

데이비드 글래스 같은 사람들이 기술에 아낌없이 투자해야 한다는 주장으로 나를 쉴 새 없이 압박하지 않았다면, 월마트가 이렇게 전국적인 규모로 성장하지 못했을 것이다. 데이비드가 나타나기 전에는 잭 슈메이커와 론 메이어가 그렇게 했다. 그들의 말대로 내가 쉽사리 허락해 주지 않고 미룬 것은 사실이지만, 결국에는 원하는 것을 사도록 자금을 내주었다. 덕분에 통신이나 물류 부문에서는 업계 내에서 단연 앞서가게 되었다. 1970년대 후반에 케이마트 경영진은 모든 변화를 강하게 거부했다. 물론 시스템에 대한 투자도 거부했을 것이다. 하지만 바로 그 무렵에 월마트 경영진은 회사의 성장을 잘 관리하고 비용을 가능한 한 줄이려면 컴퓨터가 꼭 필요하다고 확신했다. 지금 와서 생각해 보면, 우리 회사 경영진이 천재라고 할 정도로 옳은 결정을 내린 것이었다. 사실 우리 회사의 물류 시스템이 창출하는 효율성과 경제성이 월마트의 가장 큰 경쟁력 중 하나라고 해도 과언이 아니다.

세월이 긴 만큼 이 부문에 기여한 사람이 많지만, 오늘날 월마트 물류 시스템을 만든 공은 오롯이 데이비드 글래스에게 돌려야 할 것 같다. 그는 매장과 공급업체 양측을 컴퓨터로 연결하는 자동화 물류 센터 설립을 오래전부터 계획했다. 그리고 1978년 아칸소주 서시(Searcy)를 시작으로 자신의 계획을 실행에 옮겼다.

서시 물류 센터는 실제로 필요했던 시점보다 2년 후에야 만들어 졌어요. 그래서 물류 센터를 만들어 운영해야 한다는 압박에 오 랫동안 시달렸죠. 당시 벤턴빌에 있는 물류 센터를 기준으로 약 560킬로미터를 벗어나면 더는 사업을 확장할 수 없다는 사실이 월마트 사업에 가장 큰 걸림돌이었습니다. 이런 물류 문제 때문에, 월마트를 못 미더워하는 사람들 사이에서는 우리가 이 지역에 발이 묶인 중소기업에서 더는 성장하지 못할 거라는 소문이 돌았죠. 나는 이 문제를 해결하고자 서시를 강력히 추천했습니다. 매우 이례적인 시도였어요. 최초로 기계화된 원격 유통 센터를 짓는 것이었으니까요.

안타까운 점은, 물류 센터가 너무 절실했던 상황이라 제대로 준비되지 않은 상태에서 운영을 시작했다는 것이죠. 급하게 서두르다 보니 문제가 많았습니다. 보다 정확히 말하면, 내가 자초한 것이었죠. 샘이 해리슨에 월마트 매장을 개점했던 것처럼 말이죠. 아니, 그보다 더 상황이 안 좋았어요.

건물의 지붕이 완성되지도 않은 상태에서 적재된 화물을 트럭에 싣는 작업이 진행됐죠. 제대로 준비된 것이 하나도 없었어요. 심지어 화장실도 쓸 수 없는 상태였죠. 데이터 처리 관리자인 글렌 하번과 폴 카터까지 나와서 지게차를 운전했어요. 그러다가 하번이 랙을 잘못 건드리는 바람에 구강청결제 리스테린이 왕창 쏟아져서 바닥이 엉망진창이 된 적도 있었죠. 작업 환경이 정말 열악했어요. 그대로 가다가는 직원들이 노조를 결성해도 할 말이 없을 정도였죠.

이런 상황을 지켜본 샘은 '기계화된 물류 센터'라는 아이디어 자체가 잘못된 것이 아닌지 의심하기 시작했습니다. 샘은 매우 심각했어요. 불행 중 다행으로, 그 무렵에 샘이 벤 프랭클린에서 돈 소더퀴스트를 영입했습니다. 돈은 우리 편에 서서 잘될 거라고 격려하고 실질적인 도움도 많이 주었죠. 그는 오래전부터 기계화된 유통 센터가 필요하다고 생각했어요. 결국 1980년에 돈이 물류 업무를 맡게 됐습니다. 물류 센터를 더욱 확장하고 혁신 기술을 대거 도입하는 등 혁혁한 공을 세웠죠. 새로운 재고관리 시스템이 정말 필요했는데, 그것도 빠뜨리지 않았더군요.

다행히 서시 물류 센터는 차츰 자리를 잡기 시작했습니다. 쿤스 매장을 모두 인수한 후에 회사에서 쫓겨나지 않은 건 이 물류 센터 덕분이었죠. 우리는 쿤스 매장에 물품을 공급할 방안을 찾아야 했어요. 그런데 외부 유통업체에 맡긴 게 화근이었죠. 일이 모두 엉망이 되었거든요. 그래서 서시에 추가로 물류 센터를 지어서 그 문제를 해결했죠. 이제 서시는 월마트에서 가장 우수한 물류 센터가 되었습니다. 초기에는 월마트 전체 물류 시스템의 핵심이었죠. 서시 물류 센터의 운영 가능성이 증명되면서, 이 모델을 전국 어디든지 그대로 적용할 수 있다고 판단했습니다. 그래서 물류 센터를 계속 확장했죠.

현재 월마트의 물류 시스템은 소매업은 물론이고 다른 업계에서도 많은 사람의 부러움을 사고 있다. 전국 주요 지역에 이런 물류 센터 20개가 전략적으로 배치되어 있다. 물류 센터에서 주변 매장까지는 대부분 500~600킬로미터, 즉 만 하루 정도 운전하면 갈 수 있는 거리다. 이들의 면적을 모두 합치면 1.6제곱킬로미터가 넘는다. 각 매장에는 8만 종 이상의 제품이 있는데, 창고에는 매장 재고를 약 85퍼센트까지 즉시 채워 넣을 준비가 되어 있다. 경쟁업체의 재고 확보율이 평균 50~65퍼센트인 것에 비하면 매우 놀라운 수준이다. 덕분에 매장에서 직원이 컴퓨터로 주문서를 작성해 보내면, 길어도 이틀 안에 재고를 보충할 수 있게 되었다. 당시 경쟁업체들은 그렇게 하는 데 5~6일이 소요되었는데, 자체 네트워크를 통해 상품을 배송하는 경우가 많지 않았기 때문이다.

시간 절약과 유연한 대처라는 장점도 있었지만, 비용 절약 한 가지만 보더라도 물류 센터에 투자한 돈이 전혀 아깝지 않았다. 우리는 매장까지 제품을 배송하는 데 드는 비용이 3퍼센트 미만이었으나 경쟁업체는 같은 제품을 자기네 매장에 배송하는 데 드는 비용이 4~5퍼센트 수준이었다. 이쯤 되면 암산으로도 충분히 비교가 될 것이다. 같은 제품을 같은 가격으로 판매하더라도 경쟁업체보다 2.5퍼센트나 수익을 더 낼 수 있었다.

조 하딘 ——

유통 및 물류 네트워크를 직접 만들어서 관리하면, 외부 업체에 의존하는 기업에 비해 경쟁력이 크게 높아집니다. 리드 타임이 자동으로 단축될 뿐만 아니라, 전반적인 운영을 개선하거나 효율을 높일 방법을 끊임없이 연구하게 되죠. 외부 업체의 상황에 좌우되거나 그들의 눈치를 볼 필요도 없어요. 월마트의 경우 특정 제품이 현재 어디에 있으며, 이것을 어느 매장으로 보내야 하는

지 모두 파악할 수 있습니다. 그래서 매장에 꼭 필요한 시기에 맞춰 배송되도록 계획합니다. 이로써 재고관리의 효율성을 극대화할 수 있죠. 회사 경영에서 이건 정말 중요한 사안입니다. 고객이 물건을 사려고 하는데 매장에 그 물건이 없으면 매출을 올릴 수 없으니까요.

우리는 자체 물류 센터가 있어서 다른 업체보다 상품을 훨씬 더 많이 확보하고 있을 뿐만 아니라, 자체 트럭을 운영하기 때문에 그들보다 훨씬 효율적으로 운송할 수 있다. 우리는 전국 최대 규모의 트럭 운송 시스템을 보유하고 있다고 자부한다. 작년에 데이비드는 운송 담당 부사장 리 스콧에게 하루를 줄 테니 우리 회사의 모든 트럭과 트레일러가 어디에 가 있는지 확인해 달라고 했다. 단지 그렇게 확인하는 것이 가능한지 시험해 보려는 것이었다. 스콧은 예상대로 하루 안에 답을 가지고 돌아왔다. 도로를 운행 중인 트랙터가 2,000대 이상이고, 트레일러는 11,000대 이상이라고 했다. 외부 업체를 통해 각자의 물류 센터에서 대량의 화물을 전국 각지로 배송하는 케이마트나 타깃과 달리, 우리는 오래전부터 자체 운송 시스템의 필요성을 느끼고 있었다.

우리가 원하는 수준의 유연성은 외부 업체가 해 줄 수 있는 대응 정도를 훨씬 넘어서는 것이다. 이런 유연성을 갖추려면 운전기사들이 회사와 자신이 한 팀이라고 생각해야 한다. 달리 말해서, 트럭 운전사도 매장에 근무하는 동료처럼 최선을 다해 고객을 섬기는 자세를 갖춰야 한다. 지금 우리와 함께 일하는 운전기사는 모두 그런 사람들이다.

고속도로에서 우연히 월마트 트럭을 본다면, 그 트럭 운전사가 그 분야의 귀한 전문가라는 사실에 전 재산을 걸어도 결코 손해 보는 일이 없을 것이다. 그는 단지 트럭 운전만 하는 것이 아니라, 수많은 매장을 성심성의껏 돌보고 있다. 게다가 월마트의 주요 가치를 전파하는 대사라는 사명감을 느끼고 있다. 미국 전역을 통틀어 월마트의 트럭 운전사들이 단연 최고의 실력자라고 장담할 수 있다. 이들의 애사심과 긍정적인 태도가 월마트를 크게 바꿔 놓았다.

리 스콧 ──

운전기사들은 여러 매장을 돌아다녀야 하는데, 그 업무를 정말 충실히 이행했습니다. 멀쩡한 것 같은 물건이 매장 뒤편에 버려져 있거나, 매장 분위기 또는 직원의 태도에 문제가 있으면 우리에게 알려 주었죠. 샘 월턴은 운전기사들이 잠깐 쉬는 시간인 오전 4시에 맞춰서 그들을 찾아왔어요. 아주 오랫동안 그렇게 했죠. 양손에 도넛을 가득 들고 와서는 두 시간 정도 운전기사들과 많은 이야기를 주고받았어요.

샘 월턴은 그들에게 질문을 많이 했습니다. "매장에 가서 어떤 걸 보셨습니까?" "최근에 그 매장에 다시 가 봤습니까?" "매장 직원들은 어떻게 행동합니까?" "예전보다 좀 나아진 것 같습니까?" 샘은 운전기사들이 매주 거의 모든 매장을 방문하기 때문에 다른 직원보다 정보가 많다는 걸 알고 있었죠. 그리고 그들은 매장 관리자와 조금 다릅니다. 상대방이 샘 월턴이라는 사실에 별로 개의치 않아요. 솔직하게 있는 그대로 대답해 주죠.

물류 시스템 전체가 이토록 성공적으로 운영되는 가장 큰 이유는 물류 센터 안팎에서 열심히 일하는 직원들의 노고라고 할 수 있다. 기술이나 하드웨어는 어디까지나 도구일 뿐이다. 이 시스템을 운영하는 사람들은, 매장에 근무하는 동료와 마찬가지로, 자신들의 주요 업무는 고객에게 최상의 서비스를 제공하는 것이라고 생각한다. 그들에게 '고객'은 물품을 공급받는 월마트 매장이나 샘스 클럽이다.

이 아이디어를 모든 것의 출발점으로, 매장의 필요를 돌보는 업무를 맞춤 서비스로 전환하고자 많은 노력을 기울였다. 일례로 최근까지 우리는 매장의 97퍼센트가 매일 물품 배송을 받는 것을 매우 큰 자랑거리로 여겼다. 그런데 자세히 살펴보니, 매일 배송이 꼭 필요한 것은 아니었다. 매장 규모가 작은 경우에는 매일 배송 서비스가 제공되지 않아도 문제가 없었다. 그래서 우리는 네 가지 배송 방식을 정한 후 각 매장이 원하는 방식을 직접 선택하게 했다. 이 프로그램에 따르면, 각 매장은 6개월마다 원하는 배송 방식을 선택할 수 있다. 뿐만 아니라 물류 센터에서 일정 거리 이상 떨어진 매장을 대상으로 특급 배송 서비스를 만들었다. 이 서비스가 적용되는 매장은 월요일 저녁에 주문한 제품을 화요일 저녁에 받을 수 있다. 이와 같은 배송 서비스를 전국적인 규모로 시행하는 사례로는 유일무이할 것이다.

지금까지 설명한 것을 물류 센터 하나에 모두 적용한다면 정말 장관이 펼쳐질 것이다. 실제로 와서 보지 않고는 진가를 알아볼 수 없다. 매일 눈으로 보는 나 자신도 믿기 어려울 정도로 놀랍기 때문이다. 물류 센터 내에서 진행되는 업무를 간단히 설명하자면 다음과 같다. 우선 물류 센터 부지는 약 607,000제곱미터이고, 건물은 약 102,000제곱미터인데, 후자는 축구장 23개를 합쳐 놓은 것이라고 상상하면 된다. 이렇게 큰 건물이 바닥부터 꼭대기까지 온갖 제품으로 가득 차 있다. 치약, 텔레비전, 휴지, 아이들 장난감, 자전거, 바비큐용 그릴 등 그야말로 없는 것을 찾기가 더 어렵다. 모든 제품에는 바코드가 있어서 컴퓨터로 제품의 위치와 이동 상황, 즉 재고가 남아 있는지, 언제 배송되었는지를 확인할 수 있다. 물류 센터는 24시간 가동되며, 약 600~800명의 동료가 근무한다. 건물 한편에는 로딩 도어가 갖춰진 상차 작업장이 있는데, 30여 대의 트럭이 끊임없이 이곳을 들락거린다. 건물의 반대편에는 하차 작업장이 있으며, 이곳에도 하차 작업을 위해 최대 135개의 도어가 사용된다.

창고 내부에는 13킬로미터가 넘는 레이저 가동형 컨베이어 벨트가 있어서 모든 물품이 이를 통해 이동한다. 레이저로 박스 겉면의 바코드를 인식한 다음, 해당 박스가 배송될 매장으로 가는 트럭에 실어 주므로, 그날 저녁이면 매장에 물품이 도착한다. 이런 분류 작업이 한창 바쁜 날에는 컨베이어 벨트에서 20만 개의 박스가 움직이는 것을 볼 수 있다. 컨베이어 벨트가 최고 속도로 가동되면 크고 작은 박스가 거의 날아다니는 것처럼 보이고, 사방에서 상자 겉면의 바코드를 인식하느라 붉은 레이저가 번쩍거린다. 건물 외부의 주차장은 물류 센터로 들어오거나 물건을 가득 싣고 떠나는 트럭으로 종일 붐비기 마련이다.

나는 개인적으로 물류 센터를 둘러보는 것을 매우 좋아한다. 동료들이나 트럭 운전사와 인사를 나누고 커피 한잔을 할 때도 있다. 현장에서 일하는 사람들이야말로 기존 시스템을 더욱 개선하고 강화하는 데 꼭 필요한 점을 정확히 알고 있어서, 그들을 만날 때마다 많은 점을 배우게 된다. 물류 센터는 월마트에서 가장 자랑스러운 부문 중 하나다.

316

하지만 잊지 말아야 할 것이 있다. 19개의 다른 물류 센터도 이와 같은 규모이며, 매일 이런 식으로 바쁘게 운영되고 있다는 사실이다. 게다가 지금과 같은 방식으로 사업을 계속 확장하려면 끊임없이 대형 물류 창고를 짓고 그곳에서 근무할 직원을 채용해야 한다. 조 하딘을 비롯한 물류 업무팀이 얼마나 많은 일을 처리하는지 새삼 존경스러울 뿐이다. 이제 몇 년만 더 지나면 물류 센터는 30개를 넘어설 것이다. 담당 부서에서 이미 새로운 물류 센터 건설에 관해 구체적인 계획을 마련한 상태다.

데이비드 글래스는 1976년 임원이 된 후로 나에게 시스템에 투자해야 한다는 말을 수천 번도 더 했다. 지금 생각해 보면, 그가 포기하지 않고 강조해 준 것이 얼마나 고마운지 모른다. 그는 잭 슈메이커와 손잡고 컴퓨터 시스템 활용을 확장하고 개선하는 데 지속적인 노력을 기울여 왔다. 덕분에 우리는 매출 현황과 상품 및 재고, 특히 매장 내 거래 현황을 추적하는 데 어려움이 없었다. 잭은 1978년에 사장 겸 최고운영책임자가 되었는데, 그때부터 바코드와 재고관리 코드 시스템에 투자해야 할 필요성을 누구보다 강하게 주장했다. 재고관리 코드 시스템은 자동화된 재고관리를 가능하게 한다. 월마트 자체 위성 시스템을 설립하자는 것도 잭의 아이디어였다. 시간이 흐르면서 위성 시스템은 월마트의 두드러진 경쟁력 중 하나로 자리 잡았다.

잭 슈메이커 ——

글렌 하번은 데이터 처리 관리자였습니다. 그와 나는 모든 매장과 물류 센터, 본사를 연결해 수시로 연락할 수 있는 쌍방향 통신 시스템을 만들고 싶었습니다. 하루는 글렌이 위성을 사용해 보자고 제안하더군요. 나는 "아무한테도 말하지 말고 조용히 진행해보세요"라고 했죠. 우리는 본격적인 제안서가 완성된 후에야 샘 월턴을 찾아갔습니다. 그는 말없이 듣기만 하더군요. 그만두라고하지는 않았지만, 적극적으로 해 보라고 말해 주지도 않았어요. 샘은 원래 시스템 따위에는 관심이 없는 편이니까요.

1980년대 초반만 하더라도 소매업체가 위성을 사용할 수 있는기술이 없었어요. 하지만 우리가 나서서 머콤 앤드 휴즈 사와 손잡고 계약을 성사시켰습니다. 위성 제작에 2,400만 달러를 쏟아부었죠. 1983년에 위성을 발사했습니다. 처음 2년간은 샘이 나를죽일 듯 구박했어요. 위성을 쏘아 올린 후 이렇다 할 성과가 없었거든요. 그러나 우리는 위성을 잘 활용했습니다. 보세요, 지금은모든 기업이 그렇게 하고 있잖아요.

지나고 보니 위성은 꼭 필요한 것이었다. 그 전에는 매장마다 스캐너가있었는데, 모든 데이터가 전화선을 타고 벤턴빌로 쏟아져 들어왔다. 하지만 유선은 용량이 제한되어 있었기 때문에, 매장 수가 늘어날수록 데이터수신에 많은 문제가 발생했다. 다들 알고 있듯이, 나는 각종 수치 자료를최대한 빨리 받아야 직성이 풀리는 사람이다. 정보가 빨리 확보되어야 신속하게 필요한 조처를 하거나 대책을 마련할 수 있기 때문이다. 그래서 위성 시스템은 우리 회사에 매우 유용한 도구가 되었다. 뿐만 아니라 기술담당자들도 부단히 노력한 끝에 위성을 가장 효율적으로 활용할 방법을찾아냈다.

위성 시스템이나 그에 대한 나의 초기 반응에 대한 잭 슈메이커의 진술은 모두 사실이다. 다들 알다시피, 나는 기술 도입이나 투자에는 도무지 마음이 동하지 않았다. 불과 몇 년 전에야 본사 바로 옆에 컴퓨터를 들여놓을 목적으로 약 12,500제곱미터의 대형 건물을 지었다. 그때는 다들 우리 회사가 얼마나 더 성장해야 그 건물을 제대로 활용하겠느냐며 혀를 내둘렀다. 실제로 2~3년 전만 해도 건물의 대부분이 텅 비어 있었는데, 지금은 각종 컴퓨터 장비로 발 디딜 틈이 없을 정도다. 지금 와서 생각해 보면, 그리 놀랄 일도 아니다. 현재 보유하고 있는 컴퓨터 및 위성 시스템을 구축하는 데 거의 7억 달러를 투자했다. 민간 기업으로서는 전 세계에서 가장 큰 규모의 데이터베이스를 구축한 셈이다. 심지어 AT&T도 우리보다 규모가 작다고 한다.

하지만 이런 것은 나에게 중요하지 않다. 내가 원하는 바는 필요할 때 곧바로 원하는 정보, 모든 수치와 통계 자료를 손에 넣을 수 있는 시스템이다. 일례로 우리는 월마트나 샘스 클럽의 모든 단일 상품의 재고 기록을 65주간 유지하고 있다. 또한 지금 사무실에서 쓰고 있는 TV/VCR처럼, 어떤 제품을 선택하더라도 지난 1년 또는 사분기에 총 몇 대를 입고했으며 그중 몇 대가 판매되었는지 정확히 알 수 있다. 모든 매장의 판매량 합계는 물론이고, 지역이나 구역 및 매장별 현황도 바로 파악할 수 있다. 공급업체들도 해당 제품이 매장에서 어떤 반응을 얻는지 우리만큼 자세히 알 수는 없다. 이런 정보의 차이는 우리에게 일종의 권력이 된다. 지금처럼 컴퓨터의 힘을 빌려 다양한 정보를 확보한 덕분에 경쟁력을 확보해 남들보다 앞서 온 것이다.

나는 위성 중계실에 직접 들어가서 둘러볼 수 있다. 그곳에서는 전문 기술자들이 컴퓨터 모니터를 지켜보면서 시스템 접속에 문제가 있는 매장에 전화 연결을 통해 도움을 준다. 그들이 일하는 모습을 어깨 너머로 잠깐 지켜보기만 해도 그날 상황이 어떤지 파악할 수 있다. 모니터에는 당일 신용카드 매출 총액이 실시간으로 표시된다. 그리고 도난당한 은행 카드 중에서 그날 회수된 카드가 몇 장인지도 알 수 있다. 월마트 시스템에서는 신용카드 결제 시 7초 이내에 승인 여부가 결정된다. 나는 이 시스템이 제대로 작동하는지 알 수 있으며, 당일 거래 횟수도 바로 파악할 수 있다. 어떤 매장이나 유통 센터에 급히 전할 사항이 있거나 매우 중요한 사안을 논의해야 할 경우, 즉 직접 매장에 가야 할 정도로 중대한 사안이라고 판단될 경우에는 내가 직접 나서거나 다른 임원이 TV 스튜디오에 가서 위성통신을 요청해 즉각 문제를 해결할 수 있다. 앞서 말했듯이, 나는 새벽 3시쯤 토요일 오전 회의를 준비하러 가는데, 모든 자료를 프린트해서 지난 한주간 전국 매장의 운영 현황을 자세히 파악한다.

기술과 물류는 지금까지 월마트의 눈부신 성장과 성공적인 운영에서 매우 중요한 부분이며, 이에 관해 세간에 알려진 것은 결코 과장된 게 아니다. 월마트 본사에 와서 위성 수신 안테나가 얼마나 많은지 직접 보거나, 건물 내부의 컴퓨터 시스템이 얼마나 거대한지 설명을 듣거나, 레이저 기반 물류 센터의 모습을 담은 영상을 본다면, 외부에 알려진 것은 빙산의 일각임을 깨달을 것이다. 그러나 이런 하드웨어보다 더 중요한 것이 있다. 훌륭한 관리자, 헌신적으로 일하는 동료들과 트럭 운전사들이 없다면 모든 시스템은 무용지물이 될 것이다.

내가 태어날 무렵 오클라호마주 킹피셔에서 가장 큰 도로와 주변 경관.

남동생 버드와 내가 트릭
스라는 말에 올라탄 채 부
모님과 함께 찍은 사진.

태어나서 처음으로 내 차를 마련해 매우 뿌듯한 표정을
짓고 있다. 중고차지만 멋지게 광을 내서 새 차처럼 만
들어 놓았다.

첫 줄 가운데 서 있는 꼬마의 오른쪽 뒤가 나다. 이 친구들과 힘을 합쳐 미주리 대학교 캠퍼스에 〈컬럼비아 미
주리안〉이라는 신문의 배달 경로를 뚫었다.

우리 부부의 결혼식 사진. 1943년 밸런타인데이에 결혼했고, 49년간 결혼 생활을 하면서 우리 두 사람의 사랑은 더욱 깊어졌다.

1944년 롭이 태어나면서 '가족'
다운 모습이 갖춰졌다.

1950년에 찍은 가족사진이다. 활동적인 아이들 때문에 집안이 늘 시끌벅적했기에 이렇게 얌전한 모습은 매
우 이례적이었다. 왼쪽부터 짐, 롭, 존, 앨리스.

아칸소주 뉴포트에 마련한 벤 프랭클린 매장. 내 인생 첫 번째 가게다. 군에서 제대한 후 1945년에 인수했다.

1962년 7월 2일 아칸소주 로저스에 월마트 1호 매장을 열었다. 손님들이 줄지어 개점 시간을 기다리는 모습을 보고야 안도의 한숨을 내쉬었다.

손님들은 끝없이 몰려들었다. 1969년 아칸소주 뉴포트에 돌아와서 월마트 18호점을 개장했을 때 특히 감개무량했다.

청소년과 아이들을 만나 보면 미래 세대에 좋은 리더가 될 재목이 매우 많다는 생각이 든다. 하지만 이 아이들이 우수한 교육을 받을 기회를 얻을 수 있도록 우리 모두 도와주어야 한다. (《벤턴 카운티 데일리 레코드》)

월마트는 1972년 뉴욕증권거래소에 상장된 후 지금까지 주주들을 실망시킨 적이 없다고 생각한다. 사진은 뉴욕증권거래소에서 월마트 주식이 처음 거래된 당시의 모습이다.

월마트를 끝까지 믿어 준 주주들에게 감사를 전하고 싶다. 특히 미국 최대 규모인 월마트 연례 주주총회에 많은 주주가 참석해 자리를 빛내 주었다. (1987년 6월, 엘런 클레먼츠, 《월마트 월드》)

〈매스 마켓 리테일러〉에 실린 사진.

1983년 벤턴빌의 이웃과 벗들이 '감사의 날'이라는 행사를 열었다. 도시 전체가 우리 부부에게 잊지 못할 최고의 기억을 선물해 주었다. (《벤턴 카운티 데일리 레코드》)

1984년에 시작한 바이 아메리칸 프로그램의 자필 초안이다. 이 프로그램을 시행해 수십만 개의 일자리를 보전 또는 창출한 것은 매우 자랑스러운 일이다. (버퀴스트-암스트롱, 월마트 방문객 센터)

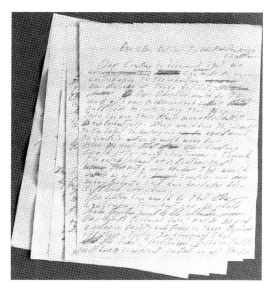

월턴가 3대가 한자리에 모였다. 아버지가 짐에게 조언하는 장면이다.

손자를 데리고 버펄로강에서 카누를 타고 있다. (베티 홈스)

헬렌은 1998년 플로렌스 크리텐턴 미혼모 시설에 의해 '올해의 어머니'로 선정되었다. 당시 행사장에서 아들 롭, 짐, 존과 함께 찍은 사진.

스티브 시스니가 찍은 사진. 1987년 오클라호마 출판사.

헬렌은 49년간 내 곁에 있어 준 고마운 사람이다. 우리 부부는 모든 일을 서로 숨김없이 털어놓는 사이였다. (데버라 빌링슬리)

할머니가 손자의 신발 끈을 매 주는 모습. 사진 속 꼬마는 짐의 아들이다.

교회에서 저녁 식사 후 아내를 도와 설거지하는 모습. (고든 갈링턴 III)

1989년 〈파이낸셜 월드〉에 의해 '최근 10년간 전 세계 최고의 CEO'로 선정되어, 가족 모두 뉴욕시에서 열린 행사에 참석했다. (릭 채프먼)

벤턴빌 광장에 세운 첫 '월턴의 파이브 앤드 다임' 매장. 이 사진은 1989년 월마트 방문객 센터에 헌정되었다. (버퀴스트-암스트롱)

월마트 1호점(1962년, 아칸소주 로저스)의 개점 광고지. (버퀴스트-암스트롱, 월마트 방문객 센터)

내가 가장 좋아하는 일을 꼽으라면 비행기 조종을 빼놓을 수 없다. 지금까지 비행 거리를 모두 합치면 수백만 킬로미터가 훨씬 넘는다. 최근 세스나 챈슬러 414A로 바꿨다. (1991년, 클리프턴 이오프)

내 사무실. (페이엣빌에서 밥)

1984년에 내기에서 진 벌칙으로 '월스트리트에서 훌라 춤 추기'를 했다. 데이비드 글래스가 잔뜩 신난 얼굴로 나에게 의상을 입히고 있다. (매기 길리엄)

부시 대통령 부부가 벤턴빌에 와서 대통령 자유 훈장을 수여했다. 내 인생에서 가장 멋진 날이었다. (킴벌리 J. 슬라반, 〈월마트 월드〉)

행복하고 멋진 삶이었다. (《월마트 월드》)

CHAPTER 15

작게 생각하다

샘 월턴 씨, 이 회사를 얼마나 크게 만드실 건가요? 계획을 좀 알려 주시죠.

_ 페럴드 아렌드(월마트 경영에 합류한 직후)

우리는 그냥 순리에 따라갈 겁니다. 우리 자본으로 더 성장할 수 있다면 매장을 한 두 개 정도는 더 늘릴 수 있겠죠.

_ 샘 월턴

얼마 전에 누군가 1960년 지역 잡지에 실린 기사를 보여 주었다. '올해의 성공 스토리'라는 제목의 기사로, 우리가 9개의 잡화점 매장을 설립하기까지 성장한 과정을 다뤘다. 내 인터뷰도 일부 인용되어 있었다. "9개 매장을 직접 다 관리해야 한다고 생각하며, 관리자를 더 늘리지 않는 한 매장이 늘어나면 관리하기가 힘들 것이기 때문에, 우리는 더 이상 성장하기 어려울 것 같다"는 내용이었다. 그렇다면 어떻게 지금과 같은 성장이 가능했을까? 경영 철학이 이런데, 어떻게 전 세계 최대 규모의 소매업체가 될 수 있었을까?

이 기사에 인용된 인터뷰 내용은 지금 생각해 봐도 틀린 말이 아니다. 내 생각은 전혀 변하지 않았다. 그때와 다른 점이 있다면, 수익을 내면서 꾸준히 성장하는 방법을 찾아낸 것이다. 그 과정에서 아무런 문제가 없었기 때문에 굳이 속도를 늦추거나 멈출 필요가 없었다. 한 가지 변함없이 지켜 온 경영 방식은, 직접 눈으로 보고 확인하는 것이다. 실제로 경비행기로 전국 곳곳을 다니며 현지 매장을 정기적으로 둘러본다. 그렇지만 다른 사람에게 업무를 위임하는 것도 나의 성공 비결 중 하나다. 심지어 대학에 다니면서 신문 배달을 할 때도 일을 다른 사람에게 맡기곤 했다. 월마트 매장도 나처럼 애정을 갖고 잘 관리할 사람을 물색해 매장 관리자로 채용했다. 뉴포트에서 장사할 때부터 지금까지 항상 그렇게 해 왔다.

1945년에 뉴포트 프런트 스트리트에 있던 작은 매장을 매입했는데, 말하자면 그 후에 댐이 크게 범람하고 말았다. 하지만 그 매장을 기반으로 그럴듯한 모양을 갖춘 사업체를 일궈 내면서 배운 점과 그 시절에 적용한 기본 원리는 지금도 회사 운영에 그대로 적용되고 있다. 그때 재정적인 어려움과 수익 하락 등의 문제를 겪지 않았다면 지난 30여 년간 우리 회사가 끊임없이 성장하지 못했을 것이다. 아무튼 30년간 우리는 연간 30퍼센트에서 많게는 70퍼센트의 성장률을 기록해 왔다.

물론 월마트가 승승장구하는 모습을 못마땅하게 여기면서 우리가 무너지기를 기다리는 사람도 많았다. 특히 월스트리트에서는 우리의 행보를 늘 부정적으로 평가했다. 그들은 월마트가 매출액 10억 달러를 기록한 후에는 기존 방식대로 일을 처리하지 못할 거라고 전망했다. 하지만 우리는 아무런 문제 없이 그 변화를 넘겼다. 그러자 그들은 매출액 100억 달러 시점에는 반드시 무너질 거라며, 고향에서 작은 매장을 운영하던 경영 철학으로는 몸집이 커진 회사를 감당하지 못할 거라고 했다. 우리는 보란 듯이 매출액 100억 달러를 넘어서 200억 달러, 300억 달러를 연이어 달성했고, 내년이면 530억 달러를 바라보게 된다. 2년 전에 처음으로 10억 달러의 이익을 올렸는데, 불과 10년 전 4,100만 달러였던 것에 비하면 비약적인 성과다. 나도 그간의 변화를 아래와 같이 도표로 정리하면서 새삼 놀라지 않을 수 없었다.

	1960년	1970년	1980년	1990년
매출	140만 달러	3,100만 달러	12억 달러	260억 달러
수익	112,000달러	120만 달러	4,100만 달러	10억 달러
매장	9개	32개	276개	1,528개

이제 우리는 전 세계 최대 규모의 소매업체로 자리 잡았고, 잡초처럼 무서운 속도로 계속 성장하고 있다. 위 도표를 보고도 우리가 얼마나 큰 기업인지 모르겠다는 사람도 있을 테니, 월마트의 규모를 가늠하는 데 도움이 될 만한 다른 예시들을 소개해 보겠다.

매주 월마트를 찾는 쇼핑객은 거의 4,000만 명이다. 작년에 판매된 남녀 속옷과 양말 수량은 미국 국민에게 한 켤레씩 나눠 주고도 남을 정도다. 남성용 속옷은 1억 3,500만 벌, 여성용 팬티는 1억 3,600만 벌, 양말은 2억 8,000만 켤레가 판매되었다. 미국에서 팔려 나간 낚싯줄의 4분의

1은 우리가 판매한 것이다. 길이로 따지면 약 100만 킬로미터가 넘으므로 지구를 24바퀴 돌고도 남는다. 땀복은 5,500만 벌, 청바지는 2,700만 벌을 판매했으며 전화기는 국내 총 판매량의 20퍼센트를 차지했다. 특히 내가 매우 자랑스럽게 여기는 기록은 작년에 올로이 브랜드의 개 사료를 1980년 연 매출 총액만큼 판매하는 데 불과 1주일밖에 걸리지 않았다는 것이다. 올로이는 작년 한 해에만 2억 달러의 매출을 기록한 미국 내 2위의 개 사료 업체이며, 월마트에서만 올로이 제품을 판매한다. 그런가 하면 P&G는 일본 전역에 수출한 것보다 더 많은 물량을 월마트에 공급했다.

이런 데이터는 얼마든지 더 제시할 수 있다. 하지만 이 정도면 독자들이 충분히 이해했을 거라고 생각한다. 월마트는 사람들이 알고 있는 것보다 훨씬 거대한 조직이라는 이야기지만, 이는 내가 강조하려는 것이 아니다.

내가 항상 꿈꿔 온 것은 이 세상에서 가장 거대한 소매업체가 되는 것이 아니라, 가장 우수한 기업을 만드는 것이었다. 약 30년 전에도 어떤 기사를 통해 말한 적이 있는데, 기업이 커지면 좋은 서비스를 제공하는 데 방해가 될까 봐 늘 조심스러웠다. 물론 지금처럼 대기업이 되고 보니 나름대로 유리한 점도 있다. 매출이 10억 달러가 되기 전에는 수많은 공급업체와 거래업체가 아칸소주라는 시골에 자리 잡은 중소기업이라면서 우리를 얕잡아 보았다. 어떤 공급업체는 수년간 월마트를 아예 찾아오지도 않았다. 물론 지금은 월마트의 규모상 이렇게 무시당하는 일은 거의 없다. 하지만 대기업이 된다는 것은 위험한 일이기도 하다. 실제로 일부 대형 소매업체를 비롯해 전도유망한 기업들이 성급하게 몸집을 불리거나 고객의 필요에 대응하는 속도가 느려지면서 망하고 말았다.

요점을 정리하자면, 월마트가 커질수록 '작게 생각'하는 것이 더 중요해졌다. 사실 대기업처럼 행동하지 않은 것이 지금과 같은 대기업이 될 수 있었던 비결인 것이다. 누가 뭐라 해도 우리는 소도시에서 작은 매장으로 시작한 기업이다. 엄청난 매출과 수익을 당당히 자랑할 때도 절대 잊지 말아야 할 것은, 그런 성과가 시급을 받으며 매장에서 근무하는 동료들과 매장 관리자의 성실함, 친절한 태도, 팀워크, 그리고 물류 센터 직원들의 노고가 모두 합쳐진 결과라는 점이다. 모든 매장과 물류 센터의 직원들이 매일 변함없이 제 역할을 성실히 수행해 주었기에 월마트가 지금처럼 좋은 성과를 거두고 있는 것이다.

블라이스빌, 아칸소, 매콤, 미시시피, 오크 리지, 테네시 어딘가에 자리 잡은 조그만 매장 하나가 아니라, 이제 500억 달러 규모의 대형 업체로 성장했다고 해서, 우리가 스스로 매우 중요한 존재라고 착각하는 모습을 보인다면, 당장이라도 이 책을 덮어 버려도 좋다. 월마트가 지금처럼 큰 기업이든 뉴포트에 있던 벤 프랭클린 구멍가게든 간에, 고객과 눈을 맞추며 따뜻한 인사를 건네고 도와줄 일이 있는지 정중하게 묻는 것은 늘 중요한 일이다. 이를 망각한다면, 더는 소매업계에서 살아남지 못할 것이므로 지금이라도 다른 업종으로 변경해야 할 것이다.

빌 필즈 ———

'작게 생각하라'를 크게 강조하는 이유는 샘 월턴이 뉴포트에서 장사하던 시절과 관련이 깊습니다. 뉴포트에서 매장을 운영할 때 샘 월턴은 기업가이자 지역사회를 이끌어 가는 사람이었죠. 그는 기업가적인 요소를 매우 중시하며, 우리도 그런 태도를 갖춰야 한다고 생각합니다. 샘은 벤 프랭클린의 큰 변화를 직접 관찰했고, 규모가 커지면서 여러 가지 신경 쓸 사안이 많아지자 정작 가장 중요한 것을 소홀히 하는 기업을 많이 봐 온 거예요. 그래서 월마트에서는 그런 실수가 일어나지 않도록 계속 작게 생각하라고 강조하는 거죠.

작게 생각하는 것은 우리에게 이제 자연스러운 생활 방식이 되었다. 아니, 어쩌면 우리는 이런 사고에 거의 집착하고 있다고 해도 과언이 아니다. 어떤 종류의 사업을 하든 작게 생각하면 반드시 수익이 발생한다고 생각한다. 사실 기업의 몸집이 커질수록 작게 생각하는 태도가 더 절실해진다. 지금의 월마트처럼 몸집이 몹시 커지면, 본사에서 모든 것을 총괄해야 하므로 모든 업무를 철저히 표준화, 조직화하라는 압박을 받게 된다. 아무리 사소해 보이는 것도 본사에서 결정을 내린 다음 각 매장에 지침을 전달하는 체제를 만들라는 것인데, 이렇게 하면 창의성을 발휘할 여지가 모두 사라진다. 오래전에 벤 프랭클린 매장을 운영할 때 내가 그랬던 것처럼 괴짜 같은 행동을 할 수 없게 되고, 기업가나 홍보 전문가가 들어설 자리도 없어진다. 나라면 그런 곳에서는 하루도 일하고 싶지 않을 것 같다. 그래서 나는 월마트가 그런 곳으로 변질될까 봐 한시도 마음을 놓지 못하며, 다른 임원들에게도 이 점을 항상 주의하라고 잔소리를 늘어놓는다. 물론 거래업체와 공급업자들은 우리가 업무를 표준화하면 자기네 일이 수월해진다고 생각할 것이다. 월마트는 절대 변질할 우려가 없다고 생각하는 사람이 있다면 당장이라도 사표를 내고 나가 주기를 바란다. 내가 가장 걱정하는 것이 바로 그런 안일한 마음가짐이기 때문이다.

지금까지 수십 년간 우리는 복잡하지 않고 능률이 높으며 일반 대중의 의견에 따라 언제든 방향을 바꿀 수 있는 기업을 만들기 위해 노력해 왔다. 하지만 짧은 시간에 전국 곳곳으로 매장을 확장하는 것은 결코 쉬운 일이 아니었다. 다행히 회사를 키우는 과정에서 작게 생각하는 것과 관련해 몇 가지 실용적인 방법을 알게 되었고, 덕분에 회사의 성공에 큰 영향을 끼친 몇 가지 원칙을 세웠다. 월마트가 지금과 같은 모습으로 성장한 과정을 자세히 알아보기 전에 이 원칙부터 살펴보는 것이 나을 듯하다. 그렇게 하면 회사를 운영하고 확장하는 과정에서 원칙을 어떻게 적용했는지 알게 된다. 고객과의 연결 고리를 잃지 않고 사업을 확장해야 하는 도전 과제에 직면한 사업가라면 월마트의 성장 과정에서 예상치 못한 도움을 얻게 될지도 모른다.

그렇다고 해서 월마트의 경영 원칙이 매우 심오하고 비밀스러운 것은 아니다. 오히려 모두 상식적인 수준에서 이해할 만한 것이며, 경영 이론 관련 책이나 기사에서 흔히 접할 수 있는 것들이다. 나 역시 그런 책과 기사를 수년간 정독하고 열심히 공부했다. 하지만 그것을 월마트에 적용하면서 조금 달라졌다고 생각한다. 다음은 우리가 월마트에서 작게 생각하기 위해 적용하는 6가지 중요한 방법이다.

1. 한 번에 하나의 매장만 생각하라

항상 최고의 위치를 유지한다는 것은 말처럼 쉬운 일이 아니다. 매출과 수익이 계속 늘어난다고 해서 다른 기업보다 반드시 더 똑똑한 것은 아니기 때문이다. 그저 기업의 규모가 크기 때문에 수치상으로 잘되는 것처럼 보일 수도 있다. 기업이 잘되는 것은 고객의 지지를 얻고 있다는 뜻이다. 그들의 지지가 없으면 기업의 수익은 연기처럼 사라질 것이고, 우리는 다른 직장을 찾아 떠나야 한다. 그러므로 가격을 최대한 낮추고 서비스를 개선해 우리 매장을 찾는 고객들에게 더 큰 만족을 안겨 주는 것에 우리의 사활이 달려 있다고 생각한다. 남들처럼 해서는 이 목표를 제대로 달성할 수 없다. 기업 내 고위 경영진이 이렇게 지시한다고 해서 될 일도 아니다. 매장, 부서, 고객, 동료를 하나씩 따로 떼어 놓고 생각해야 한다.

일례로, 플로리다주 파나마시티 매장에서 파나마시티 비치의 매장까지는 8킬로미터밖에 되지 않는다. 하지만 제품 구성이나 고객층을 보면 두 매장은 전혀 다른 세상에 있는 것 같다. 그도 그럴 것이, 후자의 주 고객은 해변을 찾는 여행객이고, 전자는 대다수의 월마트와 마찬가지로 도심에 사는 시민들이 주로 찾기 때문이다. 바로 이런 이유로 각 매장 관리자에게 매장 운영을 전적으로 맡기고 직원들을 교육해 매장 내 여러 부서의 책임자로 키우는 것이다. 매장에 현지의 필요에 맞는 상품을 갖추려면, 그곳에서 실제로 일하는 사람, 즉 계절이 바뀌어도 언제나 그 자리에서 고객을 실제로 대면하는 사람의 손에 매장을 맡겨야 한다.

경영진의 역할은 매장에서 실제로 일하는 직원의 목소리에 귀를 기울이는 것이다. 벤턴빌에서 근무하는 구매 담당자는 총 218명인데, 우리는 항상 이들에게 매장 근무자를 지원하는 것이 그들의 핵심 임무라는 점을 누누이 강조한다. 이렇게 하지 않으면 각 매장의 다양한 고객과는 전혀 접점이 없는 본사가 주도권을 쥐게 되고, 결국 물총이나 낚싯대, 양동이, 삽을 찾는 고객이 많은 파나마시티 비치 매장에 쓸데없이 작업 부츠, 작업복, 사냥용 소총 재고가 잔뜩 쌓이고, 파나마시티 매장에는 해변용 물품이 먼지를 뒤집어쓴 채 방치되는 상황이 벌어질 것이다.

그래서 토요일 오전에 다 같이 모여 회의할 때면 하나의 매장에 시간을 집중적으로 투자한다. 특정 시장에서 그 매장이 단일 경쟁업체와 맞서기 위해 어떻게 노력하는지 살펴보는 것이다. 그렇게 해서 해당 매장에 관해 칭찬할 점과 바로잡아야 할 점을 찾아낸다.

데이비드 글래스 ——

> 우리는 아주 시시콜콜한 것까지 모두 이야기하고 함께 검토합니다. 내가 알기로 케이마트, 시어스, 페니스 같은 대형 소매업체는 주말마다 지역보다 더 작은 단위로 나눠 매출 현황을 논의하지 않아요. 그런데 우리는 매장 단위로 매출 결과를 검토합니다. 앨라배마주 도탄이나 일리노이주 해리스버그에 있는 매장을 검토한다고 가정해 보죠. 그러면 모든 회의 참석자가 그 매장에 대해 아는 점이 있습니다. 실적을 어떻게 계산하는지, 20퍼센트 증가가 좋은 신호인지 아닌지, 급여가 어떻게 나가고 있는지, 경쟁업체는 누구인지 등을 파악하고 있다는 말이죠. 우리는 가장 작은 운영 단위에 초점을 맞추죠. 그렇게 해서 기업이 지향하는 바를 매우 작게 설정해요. 어느 기업도 이런 방식으로 하지 않습니다.

하나의 매장에 온전히 집중하면 다양한 결과를 얻을 수 있다. 가장 중요하게, 해당 매장을 실질적으로 개선할 수 있다. 하지만 이 과정에서 새로운 것을 알게 되면, 다른 매장에도 즉시 알려 줘 그들도 적용할 수 있는지 알아보게 한다. 이를테면 파나마시티 비치 매장은 비치 타월 판매 전략이 매우 탁월했다. 그래서 해변 가까이 있는 다른 매장에도 이 전략을 알려 주었다.

2. 끊임없이 의사소통하라

월마트 시스템을 하나의 아이디어로 압축해 보라고 한다면, 나는 단연 '의사소통'을 꼽을 것이다. 실제로 의사소통은 우리의 성공을 주도한 핵심 요소다. 토요일 오전 회의부터 위성 시스템은 물론이고 간단한 업무 통화에 이르기까지, 월마트에서는 매우 다양한 방식으로 의사소통이 이루어진다. 우리처럼 규모가 큰 회사일수록 효율적인 의사소통의 필요성은 아무리 강조해도 지나치지 않을 것이다. 사내 직원들에게 비치 타월에 대해 알리지 않는다면, 이를 많이 판매할 방법을 고민한들 무슨 소용이 있겠는가? 플로리다주 세인트오거스틴 매장 직원은 겨울이 오기 전에 파나마시티 비치 매장 관련 소식을 듣지 못하면, 정말 좋은 기회를 놓치고 말 것이다. 그리고 올여름 비치 타월 매출이 두 배 증가할 거라고 예상해도 정작 벤턴빌의 구매 담당자가 이 점을 인지하지 못하면 각 매장에는 재고가 부족해 고객이 찾아도 판매하지 못하게 되고 만다.

요즘 나는 경영 관련 기사 중에서 기업에 새로운 힘의 원천이 될 정보 공유에 관한 내용을 주로 읽고 있다. 사실 우리는 매장이 몇 개 없던 초창기부터 정보 공유를 실행해 왔다. 그 시절에는 매장 관리자에게 자기 매장에 관한 모든 통계 자료를 알려 주는 것이 매우 중요하다고 생각했다. 시간이 좀 더 흐른 뒤에는 매장의 각 부문 책임자에게도 같은 자료를 공유해 주었다. 회사가 크게 성장한 후에도 이 관행은 변하지 않았다. 사실 컴퓨터와 위성에 천문학적인 비용을 아끼지 않은 이유도 바로 이것인데, 아주 사소한 점이라도 전 직원에게 최대한 빨리 알려 주려는 것이다. 최신 정보 공유는 그만한 비용을 들일 가치가 충분하다. 이런 정보 기술 덕분에 각 매장 관리자는 매장 현황을 정확히 파악할 수 있다. 한 치의 오차도 없이 주기적으로 이들에게 매우 다양한 정보가 위성으로 전송된다. 매달 손익계산서는 물론이고 각 매장에서 주로 판매되는 물품에 대해서도 알려 준다. 물론 그들이 받아 보고 싶지 않은 서신이나 자료도 많을 것이다.

그렇다고 우리가 의사소통 부문에서 가장 완벽한 기업이라는 뜻은 아니다. 위스콘신 매장에 문파이가 지나치게 많이 배송되어 난감했던 것처럼, 소통에 오류가 있었던 사례가 적지 않다. 그런데 때로는 아주 단순한 태도가 이 세상에 존재하는 모든 기술을 다 합친 것만 한 가치를 발휘하기도 한다. 예를 들어, 월마트에 어떤 일이 생겨도 절대 포기하지 않을 한 가지 규칙이 있다. 바로 벤턴빌에 근무하는 구매 담당자는 납품업자나 다른 사람의 전화에 답하기 전에 우선 매장에서 걸려 온 전화에 반드시 응답해야 한다는 것이다. 회신 기한은 문의가 들어온 당일 저녁이다.

이제는 회사가 너무 커져서 모든 월마트 매장의 부서 책임자들에게 벤턴빌에 있는 우리들처럼 납품업자와 충분한 시간을 가지라고 지시하는 것은 거의 불가능하다. 그래서 비슷한 효과를 낼 수 있는 여러 가지 방안을 구상하고 있다. 최근에는 부서 책임자를 대상으로 세미나를 열고 있다. 스포츠 용품, 정원 관리 용품 등 부서를 하나 정한 다음 지역마다 부서 책임자 한 사람을 선정한다. 이들은 대부분 시급을 받지만, 부서 운영을 실질적으로 책임지는 직원이다. 이렇게 선발된 관리자가 184명인데, 이들을 모두 벤턴빌에 소집한 다음, 구매 담당자와 만나서 좋은 반응을 얻은 제품과 그렇지 않은 제품에 대해 이야기할 기회를 준다. 또한 거래업체를 만나서 제품에 대한 고객의 불만이나 기타 의견을 전달하는 자리도 마련해 준다. 양측은 협의를 통해 다음 시즌의 계획을 세우기도 한다. 부서 책임자는 자신이 대표하는 지역으로 돌아가 주변 매장의 관리자에게 세미나 내용을 전달해야 한다.

그런데 매장을 직접 둘러본 후 벤턴빌에 돌아온 직원들의 말을 들어 보면 내 기대만큼 소식이 잘 전해지지 않을 때가 있다. 특히 내가 중요하게 생각하는 사안이 관련된 경우에는, 각 매장의 모든 동료를 휴게실 TV 앞으로 모이라고 한 후 내가 직접 TV 송신용 카메라 앞에 서서 위성을 통해 소식을 전하기도 한다. 몇 년 전 크리스마스 즈음에 모든 직원에게 꼭 전하고 싶은 말이 있었다. 그래서 카메라 앞에 서서 방송을 내보냈다. 처음에는 월마트 매출 실적에 대해 이야기하고, 최근에 다녀온 사냥 이야기를 조금 한 다음, 모든 직원이 즐거운 연말연시를 보내기를 바란다고 말했다. 그러고는 본론으로 들어가서 이렇게 말했다.

"지금 여러분에게 제안하려는 것은 이 세상 어느 소매업체도 감히 해내지 못하는 일이라고 생각합니다. 아주 단순해요. 비용이 드는 것도 아닙니다. 하지만 마법 같은 효과가 있을 겁니다. 우선 고객에게 마법 같은 효과가 있을 것이고, 매출도 급격히 늘어날 겁니다. 그리고 1∼2년이면 케이마트를 충분히 제칠 것이고, 시어스도 따돌리게 되겠죠. 자, 여러분! 모두 나와 한 가지를 약속합시다. 고객이 가까이 있으면 눈을 맞추며 인사를 건네고 도움이 필요한지 먼저 물어보는 겁니다. 물론 천성적으로 수줍음이 많은 사람도 있을 테고, 괜히 고객을 방해하는 것 같아서 주저하는 마음이 들 수도 있습니다. 그런 경우라도 일단 내 말대로 하면 나중에 리더 역할을 할 때 큰 도움이 될 겁니다. 이 방향으로 노력하다 보면 성격도 바뀔 수 있어요. 더 외향적인 사람이 되면 추후에 그 매장의 관리자가 될 가능성도 커지죠. 그러다 보면 부서 책임자, 지역 관리자 등 사내에서 원하는 자리는 무엇이든 차지할 수 있습니다. 당신의 인생에 마법 같은 변화가 생길 겁니다. 이 점은 내가 확실히 보증할 수 있습니다. 자, 이제 오른손을 들고 내가 하는 말을 그대로 따라 해 보세요. 다들 아시겠지만 약속한 것은 반드시 지켜야 합니다. 그게 월마트의 규칙이죠. 이제 시작할게요. '앞으로 내 주변에 고객이 있으면 웃는 얼굴로 먼저 다가가서 눈을 맞추고 인사를 하겠다고 엄숙히 맹세하고 선서합니다.'"

이렇게 의사소통을 위해 조금씩 노력하는 것이 동료나 고객에게 얼마나 큰 영향을 줄지 그때는 미처 알지 못했다. 하지만 지금은 위성을 동원해서라도 모든 동료에게 신신당부할 가치가 있다는 것을 온몸으로 느끼고 있다. 국내 다른 소매업체 중에는 이렇게 하는 기업이 없다고 했던 것도 빈말이 아니라 진심이었다. 아무튼 많은 동료가 내 제안을 실천에 옮겼고, 수많은 고객이 이를 높이 평가해 주었다. 매체를 통해 아이디어를 전달하긴 했지만, 최전선에서 고객을 응대하는 직원들, 그러니까 고객의 기분을 좋게 해 주어 월마트를 또 찾게 만드는 사람들을 겨냥한 아주 작은 아이디어였다. 그리고 내가 직원들을 독려한 것이 어떤 식으로 영향을 미쳤다고 딱 잘라 말할 수는 없지만, 그해 크리스마스를 기준으로 월스트리트에서 가장 낙관적인 분석가의 예상보다 최소 2년 일찍 케이마트와 시어스의 매출액을 모두 추월해 버렸다.

3. 새로운 정보와 트렌드를 파악하라

기술 관련 지출은 모두 월마트 수장인 나에게 승인을 얻어야 한다. 기술이 우리 회사의 성공에 필수적이라는 것을 잘 알지만, 아직도 나는 컴퓨터를 불가피한 간접비 정도로 생각한다. 아무리 좋은 컴퓨터라도 매장에 직접 나가서 현황을 파악하는 것보다 더 효과적인 대안이 될 수는 없다. 이는 세월이 흘러도 바뀌지 않는 진리라고 생각한다. 컴퓨터는 당신이 판매한 10센트까지 알려줄 수 있지만, 결코 당신이 얼마나 팔 수 있는지를 말해 주지는 않는다.

이 때문에 관리자와 구매 담당자에게 벤턴빌 사무실에 앉아 있지 말고 매장을 돌아다니라고 강조하는 것이다. 이는 월마트 운영에서 가장 중요한 방침이다. 우리 회사는 12대의 비행기를 갖추고 있는데, 그중 한 대만 제트기다. 아칸소주 로저스 공항에 월마트 전용 격납고가 있다. 이런 출장 시스템은 1960년대에 9개 매장을 정신없이 관리하던 시절에 자연스럽게 만들어진 것이다. 그때는 매장 9개를 감당하기가 어려워서 회사를 더는 키우지 말아야겠다고 푸념한 적도 있다. 당시 낡은 트라이페이서를 타고 모든 매장을 주 1회 방문했다. 잘 팔리는 품목과 그렇지 않은 품목을 확인하고, 주변 매장과의 경쟁 상황을 파악하고, 매장의 외관을 확인했다. 고객이 원하는 것이나 기대치도 조사했다. 그 후에도 매장 둘러보는 일은 한시도 게을리한 적이 없으며, 이는 내가 가장 좋아하는 업무이자 보람을 느끼는 일이 되었다. 이제는 매장이 2,000개가 넘는 상황이라 다른 관리자에게 매장 방문 업무를 위임하고 있다.

지금도 매장을 직접 둘러본다는 원칙에는 변함이 없다. 1960년대에는 내가 모든 매장을 다녔지만, 이제는 지역 관리자가 이 일을 해 준다. 뿐만 아니라 이곳 벤턴빌에 '지방 관리자(regional manager)' 18명이 근무하고 있는데, 월요일 아침마다 비행기에 나눠 타고 담당 지방 내 매장을 빠짐없이 돌아다닌다. 관리자를 고용할 때 이런 근무 조건을 미리 공개했다. 한번 출장을 떠나면 사나흘이 걸려, 보통 목요일에야 본사에 복귀한다. 출장에서 돌아올 때는 아이디어를 적어도 하나 이상 가져와야 한다는 점도 수차례 강조했다. 이들이 돌아오면 회사의 고위 경영진과 다 같이 한자리에 모인다. 고위 경영진도 주중에 미리 매장을 둘러보아야 한다. 그러지 않으면 회의에서 핵심을 찌르는 질문을 할 수 없고, 금요일 오전 머천다이징 회의의 흐름을 파악하지 못할 수 있다.

회의에서는 현장 업무 외에도 컴퓨터 출력물을 통해 잘 팔리는 제품과 그렇지 않은 제품을 확인할 수 있다. 하지만 이보다 더 가치 있는 정보는 저마다 자기 매장에서 직접 보고 듣고 배운 점을 공유하는 것이다. 각 매장 관리자가 자기 업무를 잘 해내고 있다면, 잘 팔리는 제품의 비결과 잘 팔리지 않는 제품의 문제점을 누구보다 잘 알 것이다. 또한 다음에는 어떤 제품을 팔거나 팔지 말아야 할지도 간파하게 된다. 이들이 직접 파나마 시티 비치 매장에 가서 선탠 크림이 매장 밖으로 쏟아져 나올 정도로 잔뜩 진열된 것을 본다면 다른 해변에 가까운 매장에도 알려 주고 싶을 것이다. 리오그란데 밸리의 대형 매장에 가 보면 월마트가 여성 의류 부문에서 현지 경쟁업체에 밀리는 것을 느낄 수 있다. 현지 업체는 그 지역의 독특한 취향에 맞는 의류를 다양하게 갖추고 있기 때문이다. 이런 식의 문제점이 발견되면 즉시 고칠 수 있다.

회의가 끝나면 지방 관리자는 자기 구역 내의 지역 관리자에게 전화를 거느라 바빠진다. 지역 관리자는 전화로 들은 내용을 매장 관리자에게 전달하고, 매장 관리자는 각 부서 책임자에게 회의 내용을 전달한다. 이렇게 해서 모든 관리자가 즉시 행동을 취할 태세를 갖추게 된다.

데이비드 글래스 ――

내가 아는 한, 금요일 머천다이징 회의는 소매업계에서 매우 독특한 장면입니다. 한 주 내내 현장을 돌아다닌 지방 관리자가 모두 한자리에 모입니다. 이들은 매장 운영을 지휘하는 운영 전문가들이죠. 그리고 벤턴빌에는 각 매장의 상품을 구매하는 머천다이징 담당자들이 있습니다. 소매업계에서는 예전부터 매장 운영과 머천다이징 담당자 사이에 만만찮은 신경전이 벌어지곤 했죠. 다들 예상하듯이, 운영 전문가들은 이렇게 말합니다. "세상에, 도대체 누가 이런 걸 사겠어요? 어림도 없다니까. 이런 건 절대 팔지 맙시다." 그러면 머천다이징 담당자가 대꾸하죠. "제품에는 아무런 하자가 없어요. 당신들이 머리를 잘 써서 깔끔하게 진열하고 홍보를 얼마나 잘하느냐가 관건이죠. 그러면 아마 매장 문턱이 닳도록 손님이 몰릴 겁니다." 월마트만 그런 것이 아니라, 모든 업체가 다 이런 분위기예요. 그렇기 때문에 금요일마다 한자리에 모이게 해서 충분히 의사소통할 기회를 주는 겁니다.

회의가 시작되면 양측 모두 한 치도 양보하지 않으려고 합니다. 인정사정 봐주지 않죠. 그래도 한 가지 분명한 규칙이 있습니다. 어떤 사안이든 결정을 내리지 않은 상태로 회의를 마무리하지 않는다는 규칙이죠. 모든 사안은 반드시 결정을 내립니다. 물론 나중에 그 결정이 잘못되었다는 것이 밝혀질 때도 있어요. 하지만 회의가 끝나고 나면 누가 반대했고 누가 찬성했는지 쉽게 구분할 수 없습니다. 그리고 금요일 회의에서 일단 결정된 사항은 토요일부터 모든 매장에서 시행됩니다. 여기에서 우리가 절대 용납하지 않는 것은 '한번 생각해 봅시다'라는 태도예요. 우리는 반드시 결정을 내리고 이를 실행에 옮기고야 마는 편이죠.

목요일에 지방 관리자들이 모두 복귀하면 비행기에 구매 담당자 몇 사람을 태워서 각 매장을 둘러보게 한다. 기업이 커질수록 구매 담당자가 매장의 필요에 부응하는 방안이라면 무엇이든 적용하고 있다. 최근에는 '지방 구매 담당자'라는 직급을 만들었는데, 이들은 직접 매장을 다니면서 매장 관리자가 상품을 맞춤화하는 작업을 도와준다. 내가 개인적으로 가장 좋아하는 구매 프로그램은 '직접 요리해서 먹어 보기'다. 분기마다 한 번씩 모든 구매 담당자가 여러 매장 중 한 곳에 가서 이틀간 자신이 구매한 상품을 판매하는 부서의 책임자 노릇을 해야 한다. 이렇게 '직접 요리해서 먹어 보면', 다시 말해서 자기가 구해 온 상품을 직접 판매해 보면, 위스콘신으로 문파이를 터무니없이 많이 배송시키거나 캔자스주 하이어워사에 비치 타월을 지나치게 많이 배송하는 실수를 더는 범하지 않게 된다.

4. 책임과 권한의 문턱을 낮춰라

기업이 커질수록 우리는 최전선에서 일하는 직원들, 상품 진열대를 채우고 고객과 소통하는 부서 책임자에게 더 많은 책임과 권한을 주려고 노력해야 한다. 회사가 그리 크지 않았을 때는 미처 이 점을 깨닫지 못했다. 지금 생각해 보면 매우 아쉬운 점이다. 나는 1970년대 중반에 경영 이론을 열심히 공부했는데, 그때 저명한 통계학자 W. 에드워즈 데밍의 저술을 읽기 시작했다. 그는 일본인들에게 생산성과 경쟁력을 강화하는 방법을 강의했다. 그 후 아내와 함께 일본과 한국을 돌아보면서 우리 회사를 더 개선할 수 있는 다양한 방법을 생각하게 되었다. 아마 그때부터 팀워크를 개선하고 매장 직원에게 더 많은 권한을 열어 주는 매우 실질적인 방법을 고민했던 것 같다.

이를 실행에 옮기는 유명한 방법 중 하나가 바로 작게 생각하는 것이다. 우리는 이를 '매장 안 매장(Store Within a Store)'이라고 이름 붙였는데, 아마 전 세계에서 가장 단순한 아이디어일 것이다. 누차 말하지만, 대다수의 대형 소매업체에서 부서 책임자는 반복적인 업무를 처리하는 시급 직원이다. 출근 확인을 하고 나서 상자를 뜯어 물건을 진열대에 정리하는 것이 주요 업무다. 하지만 우리는 초창기부터 부서 책임자에게 실제로 장사를 경험할 기회를 열어 주었다. 형편이 어려워서 대학을 나오지 못했거나 장사를 제대로 배울 기회가 없었던 사람도 매장 운영자가 되어 자부심을 느낄 수 있었다. 자기 매장을 갖고 싶은 강렬한 열망을 가지고 사업 수완을 열심히 익히기만 하면 누구나 매장 운영자가 될 수 있었다. 이렇게 하자 많은 직원이 야망을 갖고 노력하기 시작했으며, 뒤늦게 대학 교육을 받거나 거듭 승진하는 모습을 보여 주었다. 앞으로도 많은 직원이 이런 방향으로 노력하기를 기대하고 있다.

이런 변화가 가능했던 이유는 우리가 회사 운영에 관한 자료를 기밀로 유지하지 않고 초창기부터 동료들과 적극적으로 공유했기 때문이다. '매장 안 매장'의 경우 부서 책임자를 독립적인 사업체의 관리자로 인정해 준다. 어떤 경우에는 이런 부서 단위의 연간 매출액이 초창기 다수의 월마트 매장이 기록했던 연간 매출액을 훌쩍 뛰어넘기도 한다. 우리는 부서 책임자들에게 어떤 정보도 숨기지 않는다. 상품 비용, 운송비, 마진 등 모든 것을 알려 준다. 뿐만 아니라 모든 매장과 부서의 매출 현황을 비교해 상대적인 순위를 수시로 공개한다. 이렇게 함으로써 자기 매장의 순위를 더 높이고자 하는 동기를 부여할 수 있다.

한편, 우리는 자율성과 통제 사이의 미묘한 균형을 놓치지 않으려고 최선을 다하고 있다. 대형 소매업체라면 다 마찬가지일 텐데, 월마트에도 각 매장이 반드시 지켜야 할 절차 및 매장에 반드시 보유해야 할 재고 품목이 정해져 있다. 하지만 우리는 각 매장에 어느 정도 자율성을 보장한다. 우선 상품 주문에 관한 책임은 부서장에게 있다. 그리고 상품 홍보는 각 매장 관리자가 책임지게 한다. 매장에서 어떤 물품을 판매할 것인가에 대해서는 구매 담당자가 다른 업체의 구매 담당자보다 훨씬 큰 책임을 갖게 된다. 이렇게 많은 책임을 나눠 준다고 해서 그들이 자만심을 갖거나 모든 것을 마음대로 처리하게 내버려 둔다는 뜻은 아니다. 오히려 그 책임을 유지하고 업무를 잘 수행하는 것이 조금 버겁다고 느껴질 수도 있다. 어쨌든 월마트의 구매 담당자는 매장에서 근무하는 동료들처럼 폭넓은 권한을 갖게 되는데, 이는 소매업계에서 흔히 볼 수 없는 특수한 기회라고 할 수 있다.

5. 아이디어가 샘솟게 하라

이것은 책임의 문턱을 낮추는 것과 밀접한 관련이 있다. 우리는 매장에서 근무하는 동료들이 실용적인 아이디어를 제안할 수 있도록 새로운 방법을 계속 시도한다. 좋은 아이디어를 제안해서 실제로 매장에 많은 도움을 준 사례가 있으면, 그 아이디어를 낸 동료를 토요일 오전 회의에 초청한다. 대부분 특정 상품을 추천해 높은 매출을 기록했거나 독특한 진열 방식으로 효과를 거둔 경우다. 회의에서는 당사자에게 그 아이디어에 관한 설명을 들으면서 배울 점을 찾는다.

이를 실행에 옮긴 사례 중에서 최고 판매량을 기록한 제품을 누가 기획했는지 일종의 콘테스트를 열었던 것이 가장 좋았다. 매장 관리자 이상의 직급은 누구나 원하는 상품을 홍보할 수 있다. 대형 진열대를 만들어도 좋고 다른 방법을 이용해도 된다. 그렇게 해서 누구의 상품이 가장 많이 판매되었는지 가려내는 것이다. 나는 이 VPI 콘테스트가 단지 매출을 늘리는 수단이 아니라 동료들에게 더 실력 있는 장사꾼이 되는 비결을 가르쳐주는 기회라고 생각한다.

이 콘테스트를 통해 매장 관리자들은 상품을 판매하거나 구매하는 창의적인 방법이 매우 다양하다는 것을 배울 수 있다. 그리고 내가 장사 초기에 그랬던 것처럼, 사람들을 깜짝 놀라게 하는 방법을 마음껏 시도할 기회를 얻게 된다. 이를테면 매장 한가운데 원숭이 인형으로 가득 채운 나무를 설치하고, 거기에 홍보하려는 상품을 보란 듯이 걸어 놓는 것이다. 또는 매장 내 중간 통로에 픽업트럭을 가져다 놓고 세차용 스펀지를 잔뜩 쌓아 둘수도 있다.

물론 동료들에게 머천다이징 아이디어만 구하는 것은 아니다. 최근에는 '예스 위캔, 샘(Yes We Can, Sam)!'이라는 프로그램을 도입했다. 프로그램 이름은 내가 지었다. 우리는 시급을 받는 동료 중에서 비용 절감 아이디어를 낸 사람을 토요일 오전 회의에 초청한다. 지금까지 동료들의 훌륭한 아이디어 덕분에 연간 800만 달러를 아낄 수 있었는데, 사실 대부분 특별하고 기발한 것이 아니라 지극히 상식적인 아이디어였다. 월마트가 대기업이라는 생각에 사로잡혀 놓친 아이디어라고 해도 과언이 아니다. 작게 생각하려고 노력하면 누구나 발견할 수 있는 것들이다.

한 가지 예를 들자면, 운송 업무를 처리하던 한 직원은 국내 기업 중에서 트럭을 가장 많이 보유하고 있으면서 창고에 있는 비품을 이동할 때마다 굳이 일반 운송업체를 사용할 필요가 있는지 의문을 품었다. 그녀의 아이니어 덕분에 회사 트럭으로 물품을 배송한 후 빈 트럭으로 돌아가지 않고 비품을 실어 나르게 해 50만 달러나 비용 절감 효과를 보았다. 우리는 그 직원을 회의에 초청해서 우수한 아이디어를 제공해 준 데 대해 감사를 표하고 상금도 주었다. 월마트 직원이 40만 명이라는 점을 고려하면, 앞으로도 훌륭한 아이디어가 계속 나올 것으로 기대할 수 있다.

톰 코플린 ——

월마트 매장에 그리터를 배치하게 된 이유를 설명해 드릴게요. 1980년에 샘 월턴과 나는 루이지애나주 크롤리에 있는 월마트 매장을 방문했습니다. 도착하자마자 가장 먼저 눈에 들어온 것은 입구에 서 있던 노신사였어요. 그분은 내가 누군지 몰랐고 샘은 아예 보지도 못했지만 이렇게 말했죠. "안녕하세요, 이곳에 오신 것을 환영합니다. 우리 매장에 대해 궁금하신 점이 있으면 내가 다 알려드리겠습니다."

샘도 나도 처음 겪는 일이라, 그 노신사와 대화를 시작했습니다. 그는 샘 월턴이 누군지 알고는 자기가 왜 거기 서 있는지 설명해 줬어요. 먼저 사람들이 매장에 들어갈 때 환영해 주고, 계산하지 않고 몰래 물건을 빼돌리는 일을 방지하려는 것이라더군요.

알고 보니 그 매장은 몰래 물건을 훔치는 사람들 때문에 골머리를 앓고 있었어요. 매장 관리자 댄 맥앨리스터는 오랫동안 장사를 해서 재고를 어떻게 관리할지 잘 알고 있었죠. 그는 매장 입구에 경비원을 세워 둠으로써 무고한 고객들이 위협을 느끼기를 원치 않았어요. 대신 '당신이 들어와서 훔치는 걸 누군가 지켜보고 있다'는 분명한 메시지를 남기고 싶었던 거죠.

샘은 기발하고 좋은 아이디어라며 반색했습니다. 그는 벤턴빌로 돌아오자마자 모든 매장 출입문에 그리터(greeter: 손님을 맞이하는 사람-옮긴이)를 배치하라고 했죠. 다들 샘이 정신이 나간 게 아닌지 의아해했어요.

처음에는 출입문에 사람을 배치하는 것은 돈 낭비라고 생각했습니다. 샘과 댄 맥앨리스터가 본 것을 제대로 이해하지 못한 거죠. 출입문에 배치한 직원은 우호적인 고객에게는 친절하고 따뜻한 인사를 건네지만 도둑질하려는 사람에게는 경고의 메시지를 전한다는 것 말입니다. 이 문제를 놓고 샘과 반대 세력 사이에 기나긴 갈등이 이어졌습니다. 어떤 사람들은 샘을 설득해서 포기하게 만들려고 했죠. 그들은 샘이 포기할 때까지 그의 말을 무시했어요.

그래도 샘은 포기하지 않고 계속 밀어붙였습니다. 매주 그리고 회의 때마다 매장 입구에 인사하는 직원을 배치하라고 거듭 지시했죠. 매장을 둘러보러 나갔다가 입구에 사람이 서 있지 않으면 노발대발했어요. 결국 샘이 원하는 대로 됐죠. 내 기억으로는 반대 의견이 1년 반 넘도록 이어졌지만, 샘 월턴은 물러서지 않았습니다.

내 생각에 샘 월턴이 가장 우쭐했던 날은 1989년 일리노이주 케이마트를 방문했을 때였을 겁니다. 매장 입구에 고객에게 인사하는 직원이 있었거든요.

수년간 매장을 둘러보면서 동료들과 이야기를 나눈 결과가 입구에 인사하는 직원을 세우는 아이디어 하나라고 해도, 나는 기업 임원으로서 그렇게 매장을 직접 다니면서 직원들의 말에 귀를 기울인 것이 내 시간을 가장 가치 있게 사용한 일이라고 말할 것이다. 빈말이 아니라 실제로 매장 직원들에게 귀를 기울이면 훌륭한 아이디어를 많이 얻을 수 있다. 굳이 덧붙이자면, 매장 입구에 인사하는 직원을 세우는 아이디어는 매우 이례적으로 수용한 것이었다. 대부분의 경우, 인력과 비용이 추가로 드는 아이디어는 내가 긍정적으로 고려하지 않기 때문이다.

6. 군살을 빼고 관료주의가 뿌리내리지 못하게 하라

회사가 월마트만큼 빠르게 성장하다 보면 여기저기 중복되는 요소가 발생하며, 어떤 비즈니스 영역은 더는 필요하지 않게 된다. 누구든 이런 문제로 고민하는 것을 좋아하지 않는다. 자기 또는 부하직원의 일자리가 사라지는 것을 누가 원하겠는가? 이것은 인간의 본성이라고 할 수 있다. 하지만 기업의 최고 경영진은 이 문제를 늘 염두에 두어야 한다. 이것은 회사 전체의 안전한 미래를 위해 불가피한 과정이다.

이 문제와 관련해, 나는 매장을 5개 정도 운영하던 시절에 고수하던 원칙을 그대로 적용한다. 그 시절에 나는 사무실 일반 비용을 2퍼센트로 유지하려고 애썼다. 달리 말해서, 총매출액의 2퍼센트로 사무실을 마련하고 운영하는 비용, 그리고 나와 버드의 월급을 충분히 감당할 수 있다고 생각했다. 지역 관리자 등 직원을 더 늘린 후에도 이 '2퍼센트 원칙'은 결코 양보하지 않았다. 믿기 어려울지 모르지만, 매장이 5개에서 2,000개로 늘어난 후에도 이 원칙을 계속 적용했다. 사실 현재 사무실 운영에 드는 간접비의 비율은 30년 전보다 훨씬 적은 수준을 유지하고 있다. 물류 센터의 직접 운영비는 물론 컴퓨터를 관리하거나 물류 센터를 지원하는 데만도 어마어마한 비용이 들지만, 2퍼센트 내에서 모두 해결한다. 사실 본사에서 각 매장을 지원하는 일체의 비용이 다 여기에 포함된다.

소매업 종사자들 가운데 '2퍼센트 원칙'을 어떻게 만들었는지 궁금해하는 이들이 많다. 사실 특별한 계기는 없었고, 다소 뜬금없이 만든 것이다. 그 시절에 많은 기업이 매출액의 5퍼센트를 사무실 운영비로 사용했다. 하지만 우리는 항상 허리띠를 졸라매야 했다. 일손이 턱없이 부족했고, 다른 회사라면 여러 직원이 분담할 일을 한 사람이 해야 할 때가 많았다. 출근 시간은 남들보다 빠르고 퇴근 시간은 훨씬 늦은 편이었다. 어떤 수를 쓰더라도 경쟁사보다 생산성과 효율성을 더 높여야 한다는 데 거의 집착하다시피 했고, 결국 그것이 우리 회사의 전통으로 자리 잡았다. 그렇게 애쓴 덕분에 목표한 바를 성취한 것이다.

많은 사람이 월마트 임원들의 개인 사무실에 처음 와 보고는 깜짝 놀란다. 다들 내 사무실이나 월마트 임원의 사무실은 트럭 터미널에서나 볼 수 있는 사무실이라고 말한다. 우리는 1층짜리 건물 겸 창고를 사용하고 있어서, 개인 사무실이 널찍한 편도 아니고 벽은 저렴한 패널로 가려져 있다. 칵테일바가 있는 전용 스위트룸은 고사하고, 고급 가구나 두꺼운 카펫도 찾아볼 수 없다. 그래도 나는 지금 내 사무실이 마음에 쏙 든다. 사무실 인테리어로 상을 받을 일은 절대 없겠지만, 필요한 것은 다 갖춰져 있고 각자 업무를 처리하는 데 부족함이 없다. 못 믿겠다면 주주들에게 물어보시라.

데이비드 글래스 ──

관료적 형식주의에 빠지지 않도록 정기적으로 신경을 쓰지 않으면 어느새 관료주의가 조금씩 뿌리내리게 됩니다. 관료주의적인 분위기는 누가 만드는 것이 아니라 그냥 생겨나는 거예요. 이를 알아차리기도 쉽지 않죠. 그래서 늘 예의 주시해야 하고, 발견되는 즉시 뿌리 뽑아야 합니다. 톰 왓슨이 IBM을 운영할 때, 회사 최하위 직급에서 이사회 의장까지 오는 데 네 단계를 넘지 않아야 한다는 규칙을 정했습니다. 그것이 바로 IBM이 성공할 수 있었던 주된 이유 중 하나일 겁니다.

상당 부분은 데밍이 오래전에 일본에서 발표한 것으로, 내용은 처음부터 제대로 하라는 것이죠. 회사에서는 문제가 발생하면 해결책부터 찾게 됩니다. 그게 자연스러운 반응이죠. 그런데 사실 그 해결책이 문제를 해결하기는커녕 한층 더 복잡하게 만드는 경우가 많아요. 성급하게 해결책을 세우기보다는 문제의 근원부터 찾아내야 합니다. 그래야만 제대로 해결할 수 있어요. 때로는 문제를 유발한 사람을 아예 제거해야 할지도 모릅니다.

이런 문제가 우리에게도 있었어요. 그 때문에 샘이 정말 화를 많이 냈죠. 매장 후문에 상품이 도착하면 그 자리에서 바로 적절한 가격이나 상품 분류 표시를 해야 합니다. 하지만 이 작업을 빠뜨릴 때가 많아요. 그래서 소형 스캐너를 들고 매장을 돌아다니면서 모든 제품에 가격이 매겨져 있는지 확인하는 직원이 따로 있습니다. 여기서 문제가 더 복잡해진 거죠. 샘은 매장을 둘러볼 때마다 가격 확인하는 직원을 따로 둘 필요가 있느냐고 따졌어요.

사실 지금도 일부 매장에는 스캐너로 가격을 확인하는 직원이 있습니다. 하지만 우리는 이 문제를 근본적으로 해결할 방법을 찾기 시작했어요. 매장 내 사무실의 업무 처리 절차부터 다시 점검했죠. 그랬더니 모든 월마트 매장마다 사무실 직원을 1.5명 줄일 수 있었습니다. 덕분에 인건비가 많이 감소했죠.

알고 보면 단순한 논리입니다. 마당에 선을 긋고 관료주의적 분위기가 그 선을 넘지 못하게 막으면 돼요. 하지만 1년 정도 지나면 관료주의는 그 선을 이미 침범해 버렸을 겁니다. 그러면 또다시 선을 긋고 관료주의를 밀어내는 작업을 반복해야 하죠.

적어도 월마트에서는 자존심을 내세우는 일이 절대 없어야 한다고 생각하는 이유가 있다. 바로 일부 대기업 총수가 자존심을 앞세워 수많은 형태의 관료주의가 생겨났기 때문이다. 어떤 기업가는 자신이 중요한 사람처럼 보여야 한다고 생각해서 수행원을 많이 데리고 다닌다. 그러나 월마트에서는 그런 행동이 용납되지 않는다. 고객을 섬기지 않고 함께 일하는 직원을 도와주지 않는 사람은 월마트에서 불필요한 존재다. 우리가 작게 생각하려고 노력하는 것은, 다르게 말해서 불필요하게 자존심을 내세우는 행동을 경계하고 자제하라는 뜻이다. 그렇다고 해서 자존심이 없는 사람만 월마트에 근무하라는 의미는 아니다. 자존심을 굽히거나 억누를 줄 알아야 한다는 것이다. 그렇지 않으면 나중에 문제에 휘말릴 우려가 있다.

이쯤 되면 크게 성장하기 위해 작게 생각해야 한다는 말이 무슨 뜻인지 이해될 것이다. 월마트가 지금의 모습을 유지하면서 2000년이면 매출 1,000억 달러를 달성할 것이라는 점은 조금도 의심치 않는다. 물론 이런 매출액 달성이 결코 쉬운 일은 아니다. 아직 한 번도 해내지 못한 일이지만, 우리 직원들이라면 해내리라 생각한다.

최근에 와서 또 다른 급진적인 생각을 하게 되었는데, 이 자리에서 조심스럽게 공개할까 한다. 이 문제에 관해 내가 직접 할 수 있는 일은 없고, 내 후임자가 언젠가 이 문제에 맞닥뜨릴 것이다. 과연 매출 1,000억 달러의 단일 소매업체가 작게 생각한다는 원칙을 고수하면서도 효율적이고 생산적으로 운영될 수 있을까? 차라리 매출액이 200억 달러인 기업 5개로 나누는 것이 훨씬 효율적이지 않을까?

CHAPTER 16

사회 환원

나는 모든 권리에는 책임이 뒤따른다고 생각합니다. 마찬가지로 모든 기회에는 의무가 뒤따르며, 모든 소유권에는 책임이 수반됩니다.

_ 존 D. 록펠러 주니어

지금까지 읽은 내용을 통해 수십 년간 내가 사업에서 무엇을 우선시했는지 충분히 이해했기를 바란다. 내가 기대한 만큼 설명이 충분했다면, 최고의 소매업 전문 기업을 만들기 위해 전심전력했다는 사실에 동의할 것이다. 사실 개인적으로 큰 부를 얻으려는 목표를 세운 적은 없다. 그 점은 지금 이 순간에도 나와 우리 가족의 재산이 대부분 월마트 주식에 묶여 있다는 사실을 통해 입증할 수 있다. 다른 기업가라면 손실 위험을 줄이려고 이미 오래전에 투자를 회수하거나 투자 대상을 다양화했을 것이다. 하지만 우리 가족은 매우 단순하고 개인적인 투자 전략을 고수했으며, 이로 말미암아 발생한 수익은 모든 사람의 예상을 뛰어넘는 수준이었다. 어디까지나 서류상의 수치에 불과하지만, 월마트 주식은 월턴가를 매우 부유한 가족으로 만들어 주었다.

내가 한 가지 접근 방식만 고수했다는 점은 조금도 부인할 생각이 없다. 나의 최대 관심사는 월마트와 샘스 클럽 운영을 정상적으로 유지하는 것이어서, 우리 가족이 누리는 풍족함의 폭넓은 의미를 생각하는 데는 많은 시간과 에너지를 쏟지 않았다. 어쩌면 주식을 현금화할 생각이 전혀 없었기 때문에 그랬던 것 같다. 그렇지만 보유한 주식에서 나오는 연간 배당금 수익도 결코 적지 않은 편이다. 이 수익만 봐도 우리 가족의 재산이 어느 정도인지 충분히 가늠할 수 있다.

앞서 말했듯이, 막대한 부를 손에 넣은 후로 주변에서 수많은 사람이 각종 유인물을 들고 우리 가족을 찾아온다. 하지만 우리 가족은 타당한 이유 없이 일면식도 없는 사람에게 무언가를 건네줘야 한다고 생각하지 않으며, 지금도 그 생각에는 변함이 없다. 그리고 우리가 부자라고 해서 도움을 요청하는 모든 사람의 어려움을 해결해 주거나 우리가 사는 동네나 주 또는 이 나라의 모든 문제를 해결할 의무가 있다고 생각하지도 않는다.

그러나 가치 있는 명분에는 돈을 아끼지 않아야 한다고 생각한다. 또한 사업의 성공은 우리 가족 모두에게 큰 행운이라고 여기며, 가장 도움이 필요한 분야에 가능한 한 많은 유익이 되는 방향으로 재산을 사용할 의향이 있으며, 가장 합리적이고 바람직한 방법을 찾고자 노력할 것이다. 우리 가족의 관심사는 매우 다양한 분야를 아우른다. 그 결과 현재 수많은 단체와 관련을 맺고 있는데, 특히 교육 분야에 중점을 두고 있다.

우리는 기부할 때 대부분 익명으로 하거나 외부에 알리지 않는다는 조건을 전제로 한다. 이 책에서도 기부 내역을 자세히 공개하지 않을 것이다. 기부는 어디까지나 우리 가족의 일이지 모든 사람에게 알릴 문제는 아니라고 생각한다. 남들이 알든 모르든, 우리 가족은 이렇게 제 역할을 하고 있다.

월턴 가족은 수많은 교육기관을 후원할 뿐만 아니라 교회 단체도 지원한다. 더 나아가 동물원, 도서관, 레크리에이션 시설 같은 지역사회 프로젝트를 후원할 때도 있다. 병원과 의료 연구 프로그램도 우리의 기부 대상에 포함된다. 예술 단체와 연극 단체 및 교향악단에도 지원을 아끼지 않는다. 경제개발 단체와 자유 기업 단체는 물론이고 각종 보전 및 환경 운동, 참전용사 단체도 있다. 공립학교와 사립학교에도 차별을 두지 않고 후원하고 있다.

가정에서부터 자선을 시작하라는 말이 있듯이, 우리 가족의 기부를 받는 단체 중 상당수는 우리가 사는 지역의 단체와 헬렌과 나, 우리 아이들과 개인적으로 연고가 있는 기관들이다. 이 밖에도 다수의 국가기관과 뉴욕, 워싱턴 같은 도시에서 벌어지는 국가적으로 중요한 사안에도 후원하고 있다. 헬렌은 장로교, 오자크 대학교, 국립 여성 예술가 박물관 등 여러 기관에 공개적으로 매우 적극적인 후원을 하고 있다. 나는 '정부의 예산 낭비에 반대하는 시민들', '자유 기업을 체험하는 학생들', '아칸소 비즈니스 협의회' 등을 후원한다. (주변 사람들은 아칸소 비즈니스 협의회를 '굿 슈트 클럽'으로 바꿔 불러야 한다고들 말한다.)

헬렌과 내가 개인적으로 매우 중시하며 열정적으로 후원하는 펫 프로젝트도 여러 개다. 최근 10여 년간 우리는 중앙아메리카 아이들을 이곳 아칸소주 대학에 보내 주는 특별 장학금 프로그램을 실행하고 있다. 지금까지 180여 명의 학생이 아칸소주에 있는 세 학교에 등록했으며 1인당 학비, 교통비, 교재비, 숙식비 등의 명목으로 매년 13,000달러를 지원한다. 출장 중에 중앙아메리카에 들렀다가 학생들을 위한 장학금 사업을 기획하게 되었다. 소련과 쿠바가 그들의 가치를 다른 나라 아이들에게 가르칠 꿍꿍이를 가지고 있다는 걸 알게 된 후로, 우리는 미국인으로서 우리의 가치를 아이들에게 가르쳐야겠다고 생각한 것이다. 청소년들은 자유 기업 시스템의 무한한 가능성을 배워야 하며, 안정적이고 민주주의적인 정부가 제공할 수 있는 모든 이점을 직접 확인할 필요가 있다. 이 장학 프로그램은 학생들에게 이런 가치를 가르칠 뿐만 아니라, 학업을 마치고 고국으로 돌아가서 그곳의 경제 발전에 관련된 중대한 문제를 해결하는 데 도움이 될 수 있다. 이중 누군가가 나중에 온두라스, 파나마, 과테말라, 니카라과 등에서 월마트나 샘스 클럽을 운영하게 될지 누가 알겠는가? 이 밖에도 월턴 가족의 이름으로 월마트 직원의 자녀 70명에게 매년 장학금 6,000달러가 지급된다.

이렇게 지금까지 해 온 후원 활동에 대해 자부심을 느낀다. 하지만 여기에 더 큰 문제가 관련되어 있음을 깨닫게 되어, 최근에는 그 점에 관해 깊이 생각하고 있다. 우리 가족은 자산을 어떻게 사용할 것인지 계획 단계에 있다. 내가 죽고 나면 계획이 본격적으로 시행되게 된다. 우리 부부는 가족의 자산 중에서 적어도 우리 부부의 몫은 오랜 기간에 걸쳐 비영리 단체에 기부되기를 원한다.

앞으로 교육에 가장 주력할 가능성이 크다. 유일하게 교육이라는 분야만 생각하면 국가의 미래가 심각하게 걱정되기 때문이다. 세계 전역의 모든 사람과 경쟁해야 하며, 교육 과정이 성공을 위해 남들보다 경쟁력에서 앞서가는 방법에 더욱 초점을 맞춰야 한다는 점은 누구나 이미 잘 아는 사실이다. 하루빨리 올바른 방향을 설정해 세계 어느 국가와 비교하더라도 경쟁력을 인정받을 수 있는 체제를 재정비하지 않으면, 지금 미국이 누리는 세계적인 위상이 앞으로도 유지될 거라고 확신하기 어렵다. 솔직히 말하면, 교육 부문에서는 전면적인 개혁을 일으키고 싶다. 도심 한복판에 자리 잡은 학교와 미시시피 델타처럼 가난한 시골 지역을 겨냥해 기존과 다른 교육을 시도해야 한다. 유치원 수준부터 변화를 일으키되, 학교를 중도에 포기하는 아이들이 없도록 환경을 바꿔 주고, 교육이 왜 중요한지 깨닫게 해 주어야 한다. 한부모 가정의 경우, 아무런 지침 없이 아이들끼리 집에 남겨 두고 보호자는 일터로 가야 한다. 이런 상황에서도 자녀를 잘 키울 수 있도록 한부모 가정에 도움을 주어야 한다.

처음부터 의도한 것은 아니지만, 이 책에서 발생하는 수익은 뉴 아메리칸 스쿨이라는 법인에 기부할 예정이다. 이는 비즈니스 리더들이 '기존의 틀을 타파하는 학교'를 개발하기 위해 2억 달러를 모금하고자 하는 민간 이니셔티브다. 부시 대통령이 소집하고 아칸소 주지사 빌 클린턴이 의장을 맡은 전미 주지사 협회는 미국 내 학교가 달성해야 할 6가지 목표를 제시했는데, 뉴 아메리칸 스쿨은 정당을 초월해 이런 목표의 달성을 돕는 데 초점을 맞추고 있다.

우리 가족이 교육 개혁에 주력하고는 있으나 한편으로는 조심스러운 마음이다. 우리는 월마트의 일 처리 방식을 깊이 신봉하며, 우리의 투자 결과를 측정할 수 있는 기반을 필요로 한다. 기존의 자선기금 단체가 운영되는 방식은 월마트 기준에 못 미치므로 우리 가족의 마음에 들지 않는다. 주변을 둘러보면 자선 활동을 적극적으로 홍보하는 사람도 많다. 그렇지만 자선 활동에 대한 순수한 관심이 아니라 세금을 피할 수단으로 자선단체를 설립한 경우가 대부분이다. 지금은 아예 행정과 관료주의라는 두터운 틀을 구축한 소수의 사람에게 좋은 일터로 자리 잡은 것 같다. 우리는 행정과 관료주의라는 두 요소가 월마트에 침투하지 못하게 막느라 얼마나 애썼는지 모른다. 따라서 우리의 비영리 활동이 이 두 가지에 방해받는 것을 절대 원치 않는다.

우리가 지원하는 모든 프로그램도 같은 가치를 강조한다. 예를 들어, 대학 교육과 장학금의 경우, 나는 장학금 수혜자가 직접 돈을 벌어서 일부를 투자해야 하는 프로그램을 선호한다. 그래서 나는 직원을 고용할 때, 학자금의 일정 부분을 자기 힘으로 돈을 벌어서 충당한 사람을 선호한다. 개인적으로 내가 자라 온 배경의 영향도 있을 것이다. 핵심은 지금 교육받지 못하는 아이들에게 학교에 다니고 싶은 마음을 심어 주고, 교육을 받을 때 어떤 보상을 기대할 수 있는지 이해하게 도와주는 것이다.

우리는 처음 소매업을 시작했을 때 소매업의 전통적인 방식을 그리 중시하지 않았다. 자선사업을 할 때도 마찬가지로 전통적인 방식에 별로 얽매이지 않을 것이다. 자선사업의 경우, 사람들에게 무엇을 가르칠 수 있으며, 자부심에 상처를 입은 사람들에게 무엇을 해 줄 수 있는지, 평범한 사람이 놀라운 일을 해내도록 어떻게 동기부여할 것인지에 대해 오랫동안 옳다고 여겨진 가설이나 전제가 있는데, 우리는 이런 가설과 전제를 뒤흔드는 것이 가능한지 검토할 것이다. 우리 가족이 이런 방향으로 노력하는

데 뜻을 같이하는 사람들도 있다. 우리는 공교육 제도 개선에 관한 몇 가지 아이디어를 함께 논의하기 위해, 테네시 주지사를 지냈으며 현재 미국 교육부 장관인 라마 알렉산더를 최근 벤턴빌에서 열린 가족 모임에 초청했다.

이처럼 교육을 개선하려는 열정은 모호한 개념이나 어딘가에서 대충 읽은 내용에서 나온 것이 아니다. 사실 월마트에서 매일 교육의 개선 필요성을 직접 보고 느끼기 때문이다. 예전에는 열심히 일하려는 의지와 긍정적인 태도만 있으면 사내에서 얼마든지 많은 기회를 열어 줄 수 있었다. 하지만 지금은 매우 크고 복잡한 기업으로 성장했고, 기술 및 통신 부문을 빠른 속도로 회사에 도입하고 있다. 따라서 기술과 통신에 관한 지식과 기술이 우리 사업에서 매우 중요한 부분을 차지하게 되었다. 전 세계 비즈니스 추세를 잘 아는 사람이라면 누구나 인지하고 있는 사실이다. 결국 모든 기업이 기술과 통신에 크게 의존하게 될 것이다. 그러므로 사업을 성공시키려면 직원 교육 및 훈련에 더욱 신경을 써야 한다.

전반적인 자선사업에 있어서 수년간 나를 몹시 괴롭혀 온 문제가 있다. 우리를 탐탁지 않게 여기는 사람들이 월마트가 자선단체 기부 면에서 제 몫을 하지 않는다고 주장하는 것이다. 아마 월마트가 자선사업을 실제로 운영하는 사람들이 정해 둔 기업용 표준 지침을 충족하지 못한다고 말하는 사람들이 이런 주장을 하는 것 같다.

많은 기업이 그렇듯이, 월마트는 유나이티드 웨이(United Way, '공동 모금'을 뜻하며, 같은 이름의 미국 자선단체도 있다 – 옮긴이) 캠페인을 매우 공격적으로 수행하고 있으며, 매년 우리 동료들 사이에서 좋은 성과를 거두고 있다. 사실 내 사무실에서 내다보이는 마당에, 우리가 어떻게 하는지 누구나 볼 수 있도록, 유나이티드 웨이 목표를 써넣은 표지판을 세워 놓았다. 우리는 유나이티드 웨이를 누구보다 신뢰한다. 국내 사무소에 몇 가지 문제가 발생해 세간의 이목이 쏠리긴 했지만, 이런 캠페인을 통해 모은 자금은 대부분 모금된 지역에 직접 사용되기 때문이다. 우리는 모금 지역을 먼저 돕는 자선단체를 신뢰하므로, 동료들이 원하는 자선단체를 직접 선정해 모금할 수 있도록 일종의 매칭 프로그램을 운영하고 있다.

또한 우리는 지역 어린이 병원을 지원하는 칠드런 미라클 네트워크 텔레톤(아동 환우 지원을 위한 기금 모금을 목적으로 하는 장기간에 걸친 텔레비전 방송 – 옮긴이)에 거액을 기부하고 있다. 작년에 월마트와 월마트 동료들의 기부액이 750만 달러에 달했는데, 단일 기부자로서 최고액이었다.

내가 보기에 몇몇 기업에서는 당사가 전반적으로 어떤 선행을 하느냐는 질문에 자선 기부에 관한 가이드라인을 제시하면서 "회사 차원에서 기부합니다"라고 변명을 하는 것 같다. 하지만 월마트는 그런 기업들과 질적으로 다르다. 우리가 잠시도 쉬지 않고 계속 사업을 확장하는 이유 중 하나는 지역사회 시민들과 우리 회사 직원들에게 더 나은 삶의 터전을 제공하려는 것이다. 우리가 설립한 회사가 꾸준히 효율성을 추구한 덕분에 우리 매장을 찾는 고객이 수십억 달러를 절약하게 도울 수 있었다. 다른 사람이 믿든 말든, 우리는 고객의 돈을 절약해 주었다고 굳게 믿고 있다. 그 자체가 지역사회에 크게 환원한 것이며, 이는 회사의 주춧돌과 같은 경영 철학으로 자리 잡았다.

예를 들어, 올해 매출액은 430억 달러다. 1982~1992년 10년간 평균 연 매출액은 130억 달러다. 총 매출액이 1,300억 달러라는 말이다. 월마트가 없었을 때 고객들이 지불했을 돈을 10퍼센트 줄여 주었다면, 130억 달러나 절약해 준 셈이다. 사실 10퍼센트도 아주 적게 설정한 것이다. 월마트의 효율적 운영의 기반은 자유시장 체제이며, 130억 달러는 이 체제를 이용한 결과물이자, 우리가 고객에게 큰 사랑을 받는 이유다. 월마트가 자리 잡은 곳은 대부분 시골 지역인데, 월마트는 매장의 영향이 미치는 지역의 생활 수준을 높이는 데 크게 공헌했다. 이 점은 모든 고객이 인정하는 사실이다.

우리는 우리 직원들을 돌보기 위해 많은 활동을 진행하고 있다. 그중 몇 가지는 독자들도 이미 잘 아는 것이다. 우리 동료들은 이익 분배 펀드로 거의 20억 달러를 보유하고 있으며, 그중 얼마는 회사가 대신 자선단체에 기부할 수도 있었던 금액이다. 우리는 자연재해로 피해를 본 동료를 돕기 위해 구호기금을 보유하고 있다. 또한 해마다 모든 월마트 매장은 각 지역 사회에서 학생 한 명을 선정해 장학금 1,000달러를 지급한다.

이 모든 것을 떠나서 우리는 월마트가 자선사업 단체가 아니며, 그렇게 되어서도 안 된다고 굳게 믿는다. 월마트의 현금 등록기에서 거액을 꺼내 주주나 고객 등 누군가에게 전달해야 한다는 이유만으로 그 돈을 자선단체에 주는 것은 무의미한 행동이다. 몇 년 전 헬렌은 벤턴빌에서 근무하는 동료들을 위해 최고급 운동 시설을 마련해야 한다고 주장했다. 그래서 우리 부부는 직접 수백만 달러를 투자해 운동 시설을 건축했으며, 몇 년간 운동 시설 운영을 위한 보조금을 지급했다. 그렇게 해서 우리 부부가 동료들의 노고를 얼마나 높이 평가하는지 보여 주고 싶었다. 동료들의 노고를 위로한다는 명분으로 고객이나 주주에게 돈을 요구하는 것이 누군가의 생각에는 그럴듯할지 모르지만, 나는 그것이 타당하지 않다고 생각했다. 월마트 임원들 가운데 특정 자선단체를 선호하는 사람이 있을지 모르지만, 나는 월마트의 기업 자금 중 거액을 그런 자선단체에 쥐여주지 않는 것이 자선단체를 후원하는 면에서 주주들의 재량권을 인정하는 것이라고 생각한다. 우리 주주 중 몇몇은 초창기 매장 관리자를 거쳐 지금까지 오랫동안 월마트에 몸담은 사람들인데, 지역사회에 거액을 아낌없이 후원하고 있으며, 나는 이런 주주들의 행보를 매우 자랑스럽게 생각한다. 윌러드 워커와 찰리 바움은 월마트 주식을 통해 얻은 이익으로 지역사회에 크게 이바지한 대표적인 인물이다.

월마트가 지역사회 환원과 관련해 가장 중요하게 생각하는 방법은 대기업의 힘을 변화의 원동력으로 사용하는 데 주력하는 것이다. 한 가지 성공적인 사례를 들자면, 우리는 미국의 무역 적자 급증이라는 문제에 대응하기 위한 '브링 잇 홈(Bring it Home to the U.S.A.)' 프로그램을 1985년 시작했다. 월마트는 해외에서 많은 상품을 대량으로 수입하고 있다. 미국의 다른 소매업체들도 마찬가지일 것이다. 어떤 경우에는 수입 제품이 유일한 대안으로 여겨지는데, 다수의 국내 제품이 가격이나 품질 또는 양쪽 모두에서 경쟁력이 떨어지기 때문이다. 이런 상황을 개선하기 위해 할 수 있는 노력은 아끼지 않았다.

하지만 어떤 대가를 치르더라도 국산품을 사야 한다고 맹목적인 애국자처럼 구는 것이 해결책이 아니라는 것을 깨달았다. 국내산 제품이 효율적으로 생산되어 우리가 고객에게 좋은 가치를 제공하는 데 사용될 수 있다면 당연히 국산 제품을 매입할 것이다. 다른 소매업체들도 우리와 같은 입장일 것이다. 물품을 선정할 때는 자선단체처럼 행동할 수 없다. 달리 말하자면, 표준 이하의 서비스나 비효율적인 제품 생산에 보조금을 지급한다고 해서 상황이 나아지지 않는다는 것이다. 우리의 주요 목표는 국내 제조업체와 함께 일하는 것이며, 우리의 막강한 구매력이 제조업체가 우수한 제품을 생산하는 데 도움이 된다면 기꺼이 그렇게 할 것이다. 그래서 일자리 창출에 이바지할 수 있다면 좋은 일이다. 나는 공급업체에 정식 서신을 보내 함께 노력해 보자고 제안했다. "월마트는 경영진이 리더십을 발휘한다면 현재 국내 생산직에 종사하는 노동자가 지금과는 다른 결과물을 내놓을 것이라고 믿습니다."

이렇게 해서 얻은 결과는 우리가 보기에도 매우 놀라운 수준이었다. 월마트가 선적 마감일에 한참 앞서 대량 구매 계약을 하면 수많은 국내 제조업체가 원자재 구매, 인력 배치, 재고관리 비용을 크게 절감해 효율성을 대폭 높일 수 있다. 사실 국내 제조업체도 플란넬 셔츠, 양초, 남성용 니트 셔츠, 여성용 스웨터, 자전거, 비치 타월, 필름, 비디오테이프, 가구, 장난감 등 매우 다양한 제품을 경쟁력 있는 가격으로 생산할 수 있다. 게다가 해외 구매 관행을 자세히 조사해 보니, 선박에 물품을 싣고 항구를 떠나는 순간부터 재고가 발생하는 등, 그동안 몰랐던 비용이 상당히 크다는 것을 알게 되었다. 이 자료를 토대로 해외 구매와 국내 구매에 드는 비용을 진정한 의미에서 동등하게 비교하는 공식을 만들었다. 이제는 제품의 가격이나 품질 차이가 5퍼센트 이하라면 가격이 조금 인상되더라도 국내 상품을 구매한다.

돌아보니 과거에는 다른 대안이 있는지 꼼꼼하게 알아보지 않고 별생각 없이 수입하는 경향이 있었다. 그때는 미국에서 가장 잘 팔리는 제품을 동아시아로 보내 이렇게 부탁하곤 했다. "이런 것을 만들 수 있는지 검토해 주세요. 품질이 좋으면 10만 개 이상 주문할 의향이 있습니다." 사실 수많은 소매업체가 그렇게 하고 있다. 지금은 구매 담당자에게 동아시아 지역에 무턱대고 신용장을 보내기 전에, 사우스캐롤라이나주 그린빌이나 앨라배마주 도탄, 미주리주 오로라를 비롯해 펜실베이니아주, 뉴욕주, 오하이오주, 뉴햄프셔주에 있는 수백 곳의 특이한 장소에 직접 가 보라고 지시한다. 이런 거래 일부를 해결하기 위해 조금 더 애쓰는 것을 마다하지 않는다면, 이 분야에서 아직 개발할 수 있는 잠재력이 매우 크다고 생각한다. 제조업체도 그들 나름대로 창의적인 방법을 계속 제시할 것이기 때문이다.

늘 그렇듯이, 월마트를 비난하는 몇몇 사람은 내가 이런 생각을 하는 것을 못마땅하게 여긴다. 이 경우에는 대부분 노조에서 우리를 비판한다. 그들은 우리가 대량의 수입품을 판매한다는 사실을 감추려고 미국기를 온몸에 두르고 전형적인 샘 월턴 방식의 홍보 행사를 벌인다고 주장한다. 하지만 이들은 아직도 과거에 사로잡혀 달라진 현실을 깨닫지 못하며, 자유 시장 체제를 믿으려 하지 않는다.

이런 사람들은 새로운 해결책을 잘 알아보려 하지 않고 노조에 가입할 수 있는 일자리에만 관심을 보인다. 그러나 솔직히 말해서 그런 일자리는 비현실적인 임금이나 융통성이 조금도 없다는 문제점 때문에 시장 내에서 그들이 설 자리가 없게 만드는 주요 원인이 된다. 반면 우리는 새로운 방법을 통해 미국 제조업체에 약 10만 개의 일자리를 보전하거나 창출했다. 브링 잇 홈 전략을 그저 홍보용 캠페인이라고 비난하기에 앞서, 이 프로그램이 보전하거나 창출한 일자리를 얻은 사람들의 이야기를 들어 봐야 할 것이다.

패리스 버로스, 아칸소주 브린클리의 패리스 패션 대표 ──

브린클리의 변화는 정말 최고였습니다. 나에게도 잊을 수 없는 변화였죠. 예전에는 페니스와 시어스 때문에 반 호이젠과 계약했습니다. 그런데 1984년에 중국으로 모두 이전한다고 하더군요. 계절이 바뀔 때마다 90명의 일자리를 보전하느라 정말 힘들었죠. 그런데 샘 월턴이라는 사람에게 연락이 왔어요. 긴가민가했는데 정말 샘 월턴이었습니다. 플란넬 셔츠 5만 다스를 생산해 줄 수 있냐고 하더군요. 그런데 말이죠, 그 사람의 말이 지금도 잊히지 않아요. 내 눈을 똑바로 보면서 이렇게 말하더라고요. "이봐요, 이 프로젝트로 이윤이 남지 않을 것 같으면 아예 시작도 하지 말아요." 대부분의 소매업체는 제조업자가 돈을 벌든 말든 전혀 신경을 쓰지 않거든요.

아무튼 현재 월마트 납품용으로 셔츠 250만 장을 생산하고 있습니다. 샘 월턴에게 전화를 받았을 때는 직원이 90명이었는데, 지금은 320명이 일하고 있죠. 이만큼 회사가 커진 것은 모두 월마트 덕분입니다. 매년 크리스마스에는 우리 직원들에게 월마트 상품권을 선물로 줍니다.

이 프로그램에는 어떤 자선단체도 관련되어 있지 않다. 사실 이 프로그램은 월마트에 직접적인 혜택을 준다. 우리가 일자리를 보전해 주면 그 일자리에 근무하는 사람이 잠재적인 월마트 고객이 되는 것이다. 일자리가 안정되면 생계를 걱정하지 않고 업무에 몰두할 수 있다. 상대방은 직장을 얻고 우리는 고객을 얻는다. 한마디로 원원 전략인 것이다. 패리스는 초반의 성공 사례이며, 그 후로도 필드크레스트 캐넌, 3M, 선빔, 미로 폴리, 유에스 일렉트로닉스, 캐피털-머큐리, 미스터 커피, 라스코, 허피 등 다수의 중소 제조업체를 대상으로 '바이 아메리칸'을 다양하게 적용했다.

이 프로그램을 시작한 1985년부터 1991년 연말까지 계산해 보면, 미국에서 생산된 제품을 소매가 기준 50억 달러 이상 매입한 것 같다. 예전에는 이런 물품을 모두 해외에서 수입했다. 모든 사람이 국내 생산 제품의 구매에 지속적으로 관심을 갖도록 유도하기 위해, 우리 회사를 방문하는 업체 직원들이 사용하는 출입문 바로 옆에 최신 통계 자료와 브링 잇 홈의 성공 사례를 게시하고 있다.

그뿐만 아니라 공급업체와 제조업체가 불필요한 포장과 같이 환경에 해를 끼치는 쓰레기를 만드는 관행을 근절할 수 있도록 환경 이니셔티브를 시행하고 있는데, 아직은 초기 단계다. 그리고 '샘스 아메리칸 초이스'라는 자체 브랜드를 운영하는데, 매출액의 2퍼센트를 수학, 자연과학, 컴퓨터 공학을 전공하는 학생들의 장학금으로 기부하고 있다.

현재 월마트는 소매업계 전반을 큰 막대기로 휘젓고 있다고 해도 과언이 아니다. 좋게 표현하자면, 월마트가 막강한 영향력과 파급력을 보유하고 있다는 뜻이다. 나는 상황이 크게 달라졌다는 점을 모두가 인식해야 한다고 생각한다. 예전에는 크고 작은 반대에 부딪힐 때마다 필사적으로 싸워서 자신을 지켜야 했다. 물론 지금도 사업은 어려운 일이다. 그렇지만 이제는 월마트의 영향력을 남용하지 않도록 조심해야 한다. '브링 잇 홈'처럼 월마트의 거대한 영향력을 사용해 사회에 환원할 방법을 계속 모색할 것이다.

CHAPTER 17

성공적인 기업 운영을 위한
10가지 규칙

월마트의 성공이라는 주제로 샘 월턴과 긴 시간 이야기를 나눠 보면 한 가지 특징이 보입니다. 샘은 "이게 모든 일의 핵심이야"라든가 "그게 바로 우리 비결이지"라는 말을 자주 해요. 모든 일은 정석대로 해야 한다는 것을 누구보다 잘 아는 사람이죠. 일을 직접 해 보면 여러 가지 변수가 발생합니다. 샘 월턴은 그런 변수를 '핵심'이나 '비결'이라고 말해요. 놀라운 것은 50여 년간 한순간도 놓치지 않고 이 모든 변수에 온전히 집중했다는 겁니다. 그것이 바로 샘 월턴의 진정한 성공 비결이에요.

_ 데이비드 글래스

내가 여러 파트너 및 동료들과 여러 해 동안 함께 노력해 지금의 월마트를 키워 낸 과정은 충분히 설명한 것 같다. 또한 월마트 성공 신화를 가능하게 해 준 원칙도 모두 설명했다. 우리가 소매업계에 몸담은 지 벌써 47년이다. 그동안 일어난 변화는 이루 다 말로 설명하기 어렵다. 내가 생각하는 몇 가지 경영 이론도 달라졌다. 한때 중요하게 여겼던 것이 세월이 흐르면서 예전만큼 중요하지 않게 되었고, 반대로 예전에 전혀 생각지 못했던 새로운 원칙을 받아들여야 했던 순간도 있었다. 특히 기업 내부의 파트너십이라는 개념이 그랬다. 하지만 지금까지 우리가 믿고 의지했던 수많은 가치와 규칙과 방법은 처음에 비해 크게 달라지지 않았다. 그중 몇몇은 단순하고 상식적이며 오래전부터 많은 사람의 입에 오르내리는 규칙이라서 굳이 이 책에 언급할 필요조차 없다는 생각이 든다.

성공의 법칙을 알려 달라는 부탁은 여러 번 받았지만, 실제로 자리를 잡고 앉아서 성공 법칙을 모두 정리한 것은 이번이 처음이다. 나에게도 개인적으로 매우 의미 깊은 시간이었다. 데이비드 글래스의 말이 옳다. 이것은 나도 미처 깨닫지 못한 것인데, 나는 모든 일의 '핵심'이자 '비결'을 대략 10가지로 정리하는 경향이 있다. 이를 실제로 종이에 써 본다면 '열심히 일하는 것'은 굳이 쓰지 않을 것 같다. 아직도 열심히 일해야 한다는 사실을 모르거나 열심히 할 의향이 없다면, 내가 말하는 10가지 비결을 더는 알아볼 필요가 없을 것이다. 또 하나 자주 생략되는 것은 '팀을 구성하라'는 것이다. 사업을 시작할 생각이라면, 사업체가 크든 작든 일단 동고동락할 팀을 꾸려야 한다. 그러면 귀가 따갑도록 들어 온 '팀워크'라는 표현의 의미가 피부에 와 닿을 것이다. 팀워크는 목표를 달성하는 방식이라기보다는 일의 목표에 더 가깝다고 할 정도로, 나는 팀워크를 매우 중시한다.

나는 무슨 일을 하든 '목표를 세워야 한다'고 생각한다. 그리고 모든 목표는 일단 높게 설정하는 것이 좋다고 믿는다. 그리고 모든 월마트 직원은 항상 목표를 눈앞에 두고 일한다고 자신 있게 말할 수 있다. 사실 토요일 오전 회의장에는 항상 점수판이 비치되어 있어서 목표 달성 여부를 한눈에 확인할 수 있다.

또 하나 당부할 점이 있다. 내가 실천해 온 것을 그대로 따라 해 보고 뭔가 의미 있는 것을 얻어 내려고 애쓰는 사람은 이 점을 꼭 기억하기를 바란다. 지금부터 소개할 10가지 규칙을 비즈니스의 십계명처럼 떠받들 의도가 전혀 없다. 그저 내 경험상 효과가 있었던 규칙을 정리한 것일 뿐이다. 사실 나는 남들이 지키는 규칙이나 관행을 거부하거나 깨뜨리면서 희열을 느끼는 편이다. 그래서 나의 규칙에 딴지를 걸거나 이의를 제기하는 괴짜가 나타나 주기를 기대한다. 물론 그런 괴짜가 등장하면 팽팽한 의견 대립이 벌어진다. 그렇지만 결국에는 내가 상대방의 생각이나 의견을 존중하게 되고, 내가 하자는 대로 고분고분 따라오는 사람보다는 내 의견에 반기를 드는 사람에게 더 귀를 기울이게 된다. 그러므로 10번째 규칙에 특히 유념하기를 바란다. 올바른 의미로 해석한다면, 이 규칙은 모두에게 적용된다. 아주 간단하게 표현하자면 '모든 규칙을 깨뜨려라'는 것이다.

자, 이제 샘 월턴이 사업을 이끌어 온 비법, 즉 샘 월턴의 10가지 규칙을 소개해 보겠다.

규칙1 │ 사업에 온전히 몰두하라. 그리고 누가 뭐라고 해도 절대 흔들리지 않는 확신이 있어야 한다. 나도 단점이 많지만, 열정 하나로 단점을 하나하나 극복했다. 타고난 열정이 없다면, 열정을 키우려고 부단히 노력해야 한다. 열정은 사업에 꼭 필요한 기본 요소이기 때문이다. 자기가 하는 일을 정말 좋아한다면, 누가 시키지 않아도 매일 최선을 다하게 된다. 그러면 주변 사람들도 당신의 열정에 감화되어 자기 업무에 최선을 다할 것이다.

규칙2 | 모든 동료와 수익을 나눠 갖고 그들을 파트너로 대하라. 그러면 동료들도 당신을 파트너로 여길 것이다. 동료들이 모두 합심하면 예상을 훨씬 능가하는 성과를 낼 수 있다. 대기업 형태를 유지하되, 원한다면 다른 기업처럼 통제권을 행사해도 된다. 하지만 파트너 관계에서는 리더가 군림하는 것이 아니라 다른 파트너를 섬기는 종의 역할을 해야 한다. 그리고 동료들에게 회사 지분을 갖도록 독려할 수 있다. 주식을 할인가에 매입하도록 도와주고 퇴직하는 사람에게 주식을 나눠 주는 방법도 있다. 이는 우리가 직접 시도해 본 것 중에서 가장 탁월한 방법이었다.

규칙3 | 파트너에게 동기를 부여하라. 급여를 주고 소유권을 나눠 갖는 것으로는 충분치 않다. 하루도 빠짐없이 항상 파트너의 도전 의식을 자극하고 동기를 부여하기 위해 흥미롭고 새로운 방법을 개발해야 한다. 목표를 높게 설정하고, 선의의 경쟁을 유도하고, 목표를 이룩하는 과정을 자세히 기록한다. 거금을 걸고 내기를 해도 좋다. 분위기가 시들해지면, 매장 관리자를 서로 맞바꾸는 등 적절한 자극을 줄 수도 있다. 직원들이 다음에 또 어떤 변화가 있을지 궁금해하면 성공한 것이다. 누구나 쉽게 예측할 수 있는 변화는 좋은 자극이 되지 못한다.

규칙4 | 가능한 한 많은 정보를 파트너에게 알려 줘라. 파트너는 아는 것이 많아지는 만큼 이해의 폭이 넓어질 것이고, 이해된 만큼 더 마음을 열 것이다. 일단 마음이 열리면 많은 문제가 잘 풀릴 것이다. 그런데 동료를 신뢰하지 않아서 회사가 어떻게 돌아가는지 잘 알려 주지 않으면 어떻게 될까? 당신이 그들을 파트너로 대하지 않는다는 것이 금방 들통날 것이다.

요즘 세상에 정보는 곧 힘이자 권력이다. 파트너에게 정보를 알려 줘서 얻게 되는 이점은 경쟁자에게 그 정보가 누출될 때 발생하는 위험을 상쇄하고도 남는다.

규칙5│ 동료들이 사업에 이바지하는 바를 인정하고 감사히 여겨라. 급여와 스톡옵션을 주는 것이 그들의 충성심을 얻어 내는 한 가지 방법일지 모른다. 하지만 사람은 누구나 자신이 하는 일의 가치를 인정하고 고맙다고 말해 주기를 바란다. 특히 스스로 생각해 봐도 매우 뿌듯하고 자랑스러운 일을 해냈을 때 인정과 칭찬을 기대하는 것은 당연한 심리다. 그러므로 적절한 시기에 진심을 담은 정선된 표현으로 칭찬하는 것은 다른 무엇으로도 대체할 수 없다. 칭찬과 감사에는 비용이 들지 않으나 돈으로 환산할 수 없는 큰 가치가 있다.

규칙6│ 성공을 자축하고 실패는 유머의 소재로 사용하라. 자기 자신에게 필요 이상으로 심각해질 필요는 없다. 내가 편안해져야 주변 사람들도 나를 편하게 대할 수 있다. 즐겁게 지내고 항상 열심히 하려는 태도를 유지한다. 그래도 실패하면 광대처럼 차려입고 노래를 한 곡 부르면 된다. 그러면 누군가 노래를 따라 불러 줄 것이다. 그래도 월스트리트에서 훌라 춤을 추는 것은 이미 시도한 사람이 있으니 제외하기를 바란다. 아무도 해 보지 않은 다른 참신한 아이디어를 시도하는 편이 나을 것이다. 실제로 시도해 보면 생각보다 훨씬 중요하고 훨씬 재미있다는 것을 알게 될 것이다. 그리고 경쟁자들을 안심시킬 수 있다. "월마트의 촌뜨기들이 하는 말을 내가 왜 진지하게 받아들여야 하지?"

규칙7 | 사내 모든 사람의 말에 귀를 기울여라. 상대방이 말을 하도록 유도하는 방법을 찾아라. 실제로 고객을 응대하는 사람, 즉 최전방에서 근무하는 직원만이 고객의 심리와 시장 상황을 유일하게 제대로 알고 있으므로, 그들의 말에 귀를 기울여야 한다. 회사 전체의 가치가 여기에 달려 있다고 해도 과언이 아니다. 동료의 무거운 책임감을 덜어 주고 좋은 아이디어가 잘 나오게 하려면, 그들이 하고 싶은 말을 모두 쏟아 낼 기회를 마련해 주어야 한다.

규칙8 | 고객의 기대치보다 훨씬 많은 것을 보여 줘라. 그러면 고객이 계속 당신을 찾아올 것이다. 고객이 원하는 것에 더해 기대하지 못한 것까지 안겨 주면 된다. 그리고 고객을 소중히 여긴다는 점을 알려 주어라. 실수했을 때는 변명하지 말고 진심으로 사과하고 합당한 보상을 해야 한다. 자신이 하는 모든 일에 책임지는 태도를 보여라. 내가 가장 중요하게 생각하는 것은 월마트의 첫 간판에 '만족 보장'이라고 써넣은 것이다. 그 간판은 아직도 매장에 걸려 있다. 우리는 그 약속을 충실히 지켰고, 그것이 우리의 성공 비결이다.

규칙9 | 경쟁에서 이기는 것보다 비용 관리에 더 집중하라. 이를 잘하면 반드시 경쟁우위를 선점할 수 있다. 25년 전으로 잠깐 돌아가 보자. 그때는 월마트가 전국적으로 유명한 할인업체가 되기 전이었지만, 우리는 매출액 대비 비용이 가장 낮다는 점에서 업계 내 1위를 차지했다. 사업을 하다 보면 몇 차례 실수하기 마련이다. 그래도 전반적인 운영 효율이 높으면 실수를 해도 큰 타격을 입을 우려는 없다. 반대로 당신이 남들보다 훨씬

뛰어난 실력이 있더라도 비효율적인 운영을 개선하지 않으면 사업은 실패하고 말 것이다.

규칙10 | 시류를 거슬러 움직여라. 남들과 다른 방향으로 가는 것을 두려워하면 안 된다. 기존의 방식이나 틀에 얽매이지 말고 새로운 시도를 해야 한다. 사람들이 모두 같은 방향으로 움직일 때 반대 방향으로 눈을 돌리면 틈새시장을 발견할 확률이 높다. 단, 많은 사람이 당신을 만류하며 그쪽으로 가면 안 된다고 할 것이므로, 그런 반대를 이겨 낼 마음의 준비를 해야 한다. 나는 인구 5만 명 이하의 소도시에서는 할인 매장을 그렇게 오랫동안 운영할 수 없을 거라는 말을 평생 가장 많이 들은 것 같다.

이 규칙들은 누구나 아는 상식처럼 보일지 모른다. 너무 단순해서 굳이 규칙이라고 할 것도 없다고 생각할 수도 있다. 정말 중요한 것은 이 규칙들을 실행에 옮기는 방법을 계속 연구하는 것이다. 어떤 규칙이 한 번 효과가 있었다고 해서 계속 효과가 유지되리라는 보장은 없다. 주변 환경이나 여건이 끊임없이 달라지기 때문이다. 성공하려면 변화를 뒤따라가는 것이 아니라, 변화의 선두 주자가 되어야 한다.

CHAPTER 18

유산을 남기고 싶은 마음

헨리 포드를 제외한다면, 샘 월턴이 20세기 최고의 기업가다.

톰 피터스(《초우량 기업의 조건》 공동 저자)

이 책을 읽은 사람이라면 내 인생은 월마트에 바친 것이나 다름없다고 느꼈을 것이다. 이 회사를 만들어 계속 키우면서 이 모든 현상에 대한 개념을 발전시키느라 다른 것은 생각할 여유가 없었다. 덕분에 내 인생은 내가 예상한 것보다 훨씬 만족스럽고 즐거웠으며, 여러 가지 어려움이 있었지만 그만큼 보람도 컸다. 그리고 모든 과정을 나만의 방식으로 헤쳐 나온 것에 대한 자부심도 있다. 주변을 돌아보면 자신이 좋아하지 않는 일에 모든 힘을 쏟아부으며 사는 사람이 많다. 하지만 나는 일할 때가 가장 즐겁고 행복했다. 매장을 돌면서 동료들에게 더 잘해 보자고 독려하거나 사무실에 앉아서 문제가 될 만한 허점을 찾으려고 여러 가지 수치를 들여다보았다. 그런 일을 하지 않을 때면 직접 비행기를 조종해 전국 방방곡곡의 아름다운 경관을 감상할 수 있었다. 물론 그 기회를 이용해 케이마트 주차장이 얼마나 채워졌는지 확인하기도 했다. 그러다가 가끔 시간이 나면 테니스를 치거나 개들을 데리고 사냥터로 달려갔다.

　이제는 마무리해야 할 것 같다. 사실 요즘 건강이 많이 나빠졌다. 누구나 그렇듯 나이가 들수록 이런저런 병과 싸워야 하고, 그 과정에서 자연스럽게 철학적인 태도가 생기는 것 같다. 특히 밤늦도록 잠들지 못하고 뒤척이다 보면 인생을 반추하며 수많은 생각에 빠져든다. 솔직히 말해서, 건강이 악화되지 않았다면 이 책을 쓰지 않았을 것이다. 달리 말하면, 내 인생을 되돌아보고 정리하는 시간이 필요하다고 생각하지 못했을 것이다. 많은 독자가 이미 눈치챘겠지만, 나는 행동이 앞서는 사람이라서 자리에 가만히 앉아 하는 일을 매우 싫어한다. 그렇지만 이왕 이렇게 책을 쓰기로 했으니, 개인적으로 중요하다고 여겼던 몇 가지 요점을 이야기해 볼까 한다.

　나를 잘 아는 사람들에게는 조금 이상하게 들릴지 모르지만, 요즘 들어 월마트에 몰두한 삶이 과연 옳았는가 하는 의문이 든다. 가족과 많은 시간을 보내지 못할 정도로 사업에 매달렸는데, 과연 그만한 가치가 있었는지 모르겠다. 그리고 함께 일하는 파트너들에게 너무 무리한 요구를 한 것이 아닌지 걱정스럽다. 정말 자랑스러워할 만한 성과를 남겼다고 생각해도 되는 것일까? 그 성과라는 것이 사실 개인적으로 나에게 의미가 없는 것은 아닐까?

돌이켜 보면 지금과 다른 방식으로 살아 볼 기회가 몇 차례 있었던 것 같다. 많은 사람이 나처럼 소매업을 시작해서 사업을 착실히 키운다. 그러다가 어느 순간에 "이 정도면 됐어!"라며 회사를 팔아 버리고는 여가를 즐기려고 섬을 사들인다. 나도 어느 시점에 사업에서 손을 떼고 뒤로 물러나 손자들의 재롱을 즐기거나 다른 선행을 하면서 여생을 보낼 수도 있었다. 나처럼 살아온 사람이 또 있을지 모르겠다.

아무런 준비나 도움 없이 장사에 뛰어들었고, 직접 부딪혀 가며 업무를 익혔다. 바닥을 쓸고, 장부를 직접 쓰고, 건물을 관리하고, 상품의 무게를 재고, 금전 등록기로 일일이 계산했다. 비품도 설치하고 매장 리모델링도 내 손으로 했다. 그렇게 노력해서 지금의 월마트처럼 많은 고객에게 신뢰받는 대기업을 이룩했고, 앞으로 계속 유지하고 성장시킬 것이다. 긴 세월 동안 이 모든 과정을 거쳐 온 이유는 바로 이 일을 누구보다 좋아하고 즐겼기 때문이다. 내가 알기로는, 아직 나와 비슷한 사례를 가진 기업인이 없을 것이다.

그런데 이렇게 하려면 포기하거나 희생해야 하는 부분도 있다. 나는 사업을 위해 개인적인 삶을 어느 정도 희생해야만 했다. 목표를 설정하고 이를 달성하려면 매일 노력해야 한다. 늘 목표를 생각하며 생활해야 한다. 데이비드 글래스가 말했듯이, 나는 아침에 눈을 뜨면 가장 먼저 '오늘은 어떤 점을 개선해 볼까?' 생각한다. 찰리 바움도 비슷한 말을 한 적이 있다. "샘 월턴은 언제나 최고의 자리에 올라서야 직성이 풀리는 사람"이라고 했다. 그런데 더 큰 의미에서 보자면, 그러니까 삶과 죽음이라는 개념에서 돌아볼 때, 내 선택이 과연 옳은 것이었을까?

이 점을 꽤 오래 생각해 보았다. 솔직히 나는 처음부터 다시 시작할 수 있다면 지금까지 걸어온 과정을 그대로 반복할 것이다. 전도사는 복음을 전해서 사람들의 마음을 계몽시키고, 의사는 사람의 질병을 고쳐 준다. 교사는 우리가 무지를 벗어 버리도록 돕는다. 이렇게 사람은 저마다 역할이 정해져 있다. 대공황 시기에 유년기를 보낸 나로서는 나 자신과 다른 사람의 삶을 모두 풍요롭게 해 주는 방법에 관심이 많다. 그렇게 하는 방법은 딱 하나인데, 바로 자유 기업 경제를 올바르고 도덕적인 방법으로 실천하는 것이다. 사실 월마트처럼 이런 목표를 추구하는 기업은 그리 많지 않다. 월마트는 고객이 더 나은 삶을 누리게 도와주었고, 실제로 수십억 달러를 절약하게 해 주었다. 매장에서 근무하는 동료들과는 수익을 나눠 가졌다. 실제로 많은 고객과 동료가 월마트 주식에 투자해 여러 해 동안 큰 수익을 얻었다.

사업 초기에는 수익을 내는 것 외에 다른 의도가 전혀 없었다. 우리의 비즈니스 전략은 최상의 품질을 가진 상품을 가장 저렴한 가격으로 판매하는 방식으로 고객을 유치하는 것이었다. 다행히 이 전략은 성공적이었고, 처음부터 성공 가능성을 믿고 투자한 소수의 사람들은 어마어마한 수익을 올렸다.

월마트에서 근무한 사람이 모두 부자가 된 것은 아니다. 하지만 우리 동료 중에 생애 처음으로 차를 사거나 집을 마련하기에 충분한 자금을 벌었다거나 이익 분배를 통해 100만 달러 이상을 손에 쥐고 퇴직했다는 이야기가 심심찮게 들려온다. 대다수의 다른 기업과 비교할 때 우리는 동료들에게 월등하게 많은 혜택을 주었다. 직원들과 이익을 공유하면 기업에 큰 가치가 창출된다는 점을 처음부터 꿰뚫어 본 덕분이다.

게다가 우리의 이상과 목표를 믿고 따라와 준 우리 회사 동료들은 이 과정을 체험하면서 일종의 영적 만족감도 느꼈을 것이다. 종교적 의미가 아니라 심리적인 만족감을 뜻한다. 어깨를 펴고 당당하게 상대방을 대하는 법과 눈을 맞추면서 말을 건네는 요령을 배웠을 것이고, 자신이 소중하고 가치 있는 존재라는 점을 깨달았을 것이다. 이렇게 자부심이 높아지면 옆에서 챙기지 않아도 능동적으로 자기 계발을 위해 계속 노력하게 된다. 실제로 수많은 동료가 대학 교육을 받거나 매장 관리자가 되었고, 월마트에서 배운 사업 수완을 발휘해 자기 사업을 시작했다. 이런 변화가 아니더라도 자기 업무를 능숙하게 해내는 데서 큰 만족감을 얻은 사람도 있다. 월마트는 이들에게 경제적 여유와 자부심을 모두 선물한 것이다.

노조 관계자나 중개인 가운데 내 말을 전혀 못 믿겠다는 사람도 있을 것이다. 하지만 월마트가 없었더라면 수백만 명이 넘는 사람들이 지금처럼 경제적으로 여유로운 삶을 누리지 못했을 것이라는 점은 누구도 부인하지 못할 것이다. 따라서 누가 뭐라 해도 나는 월마트에 대해 무한한 자부심을 느끼며, 이 일에 인생을 모두 바친 것에 조금도 후회가 없다.

한 가지는 확실히 알 것 같다. 우리는 미국 소매업계의 판도를 완전히 바꿔 놓았다. 여기서 '우리'는 월마트만 가리키는 것이 아니라, 이 책 초반부에 언급한 솔 프라이스, 해리 커닝햄, 존 게이시 같은 벗을 모두 포함한다. 우수한 할인업체들이 생겨나면서 소매업계의 전반적인 철학이 완전히 달라졌다. 그중에서 나는 월마트가 가장 우수한 업체라고 생각한다. 거의 처음부터 우리의 목표는 공급업체와 유리한 거래 조건을 협상해 가격을 최대한 낮추고 고객에게 최고의 품질을 선사하는 것이었다. 하지만 소매업에 종사하는 많은 업체가 아직도 거래에 드는 비용을 전부 상품 가격에 반영하는데, 이런 방식은 완전히 잘못된 것이다. 분명히 말해 두지만, 고객의 편에 서서 그들의 이익을 챙겨 주는 데 무관심한 기업은 얼마 못 가서 실패하게 되어 있다. 욕심을 부릴수록 자기 손에 남는 것은 먼지밖에 없다는 것을 명심해야 한다.

월마트에서 겪은 일들을 돌이켜 보면, 소매업계를 넘어서 다양한 분야에 적용할 만한 교훈이 많았다. 자유 기업 경제는 우리 사회의 엔진과도 같다. 공산주의는 정당성을 입증하지 못한 채 몰락하고 말았다. 시장경제에 기반한 자유 사회에 비할 만한 것은 아직 등장하지 않은 것 같다. 경영진과 책임자가 매우 이기적으로 행동하거나 나태해지는 문제를 제외하고는 자유 기업 경제를 무너뜨릴 허점은 없는 듯하다. 앞으로 이 제도는 더 잘 운용되어야 한다. 쉽게 말하자면, 경영진은 물론이고 노동자, 주주, 지역사회에 다양한 혜택을 제공해야 한다. 그리고 경영진은 서번트 리더십을 경영 철학으로 받아들여야 한다.

최근에 특히 안타깝게 생각하는 것은, 미국의 수많은 기업 임원이나 경영진이 자기 이익을 챙기는 데 너무 몰두하고 있어서 주변 사람에 대한 돌봄과 걱정이 뒷자리로 밀려났다는 것이다. 이 문제에서 일본은 흠잡을 것이 없다. 사실 경영진이 수익 대부분을 차지해 노동자에게 돌아가는 수익이 너무 적으면, 분위기가 일방으로 치우치게 되고, 이런 상황에서는 양측이 한 팀으로 합심하기 어렵다. 내가 아는 경우만 하더라도 몇몇 기업인은 선을 넘었다고 할 정도로 과도한 연봉을 받는다. 사실 나뿐만 아니라 거의 모든 사람이 아는 사실이다.

회사의 실적이나 투자 수익 및 경영진의 업무 실적을 투명하게 평가할 수 있는 특정 기준에 따라 연봉을 지급한다면 기업의 전반적인 사기가 크게 진작될 것이다. 그리고 노동자, 경영진, 주주의 기여도 및 그들이 초래한 위험에 따라 공정하게 이익을 분배하는 기준이 필요하다. 월마트 임원의 급여는 항상 업계 표준보다 낮은 편이었고, 때로는 한참 못 미치는 수준이었다. 대신 보너스로 주식을 나눠 주거나 회사 실적과 직접 연관된 다른 인센티브를 살뜰하게 챙겨 주었다. 사업 실적이 높았던 것과 경영진이 열심히 일한 것은 결코 우연이 아니었다.

이런 월마트의 관점이 향후 10년, 아니 다음 세기에는 보편적인 기준으로 자리 잡을 것이라고 믿는다. 전 세계적으로 비즈니스를 이끌어 가는 방식은 다양한데, 그 다양성에 우리가 자랑스럽게 여기는 월마트 방식도 포함될 것이다. 세계 경제의 관점에서 성공적인 기업은 월마트가 지속해서 노력해 온 방향을 따르는 경우가 많다. 그것은 바로 최전선에서 근무하는 직원, 즉 매일 고객을 상대하는 직원에게 더 많은 책임과 결정권을 나눠 주는 것이다. 좋은 경영진은 이런 최전방 요원의 아이디어를 잘 들어주고, 그들의 아이디어를 수집한 다음, 다른 국가나 지역의 매장에 공유해 좋은 아이디어가 널리 시행되도록 한다. 이것이 바로 3M, 휴렛패커드, GE, 월마트 등의 공통적인 성공 비결이다. 훌륭한 아이디어는 어디에서나 생길 수 있다. 따라서 모든 사람의 말에 진지하게 귀를 기울이며 그런 아이디어를 찾아내기 위해 계속 노력해야 한다. 누가 좋은 아이디어를 내놓을지는 아무도 모르기 때문이다.

우리가 소매업계의 판도를 크게 바꿔 놓았듯이, 전 세계도 완전히 바꿔 놓을 수 있다고 생각한다. 우리가 더 창의적이고 혁신적이므로 일본을 능가하는 것이 그리 어렵지 않을 것이다. 노동력 문제에서도 방글라데시 같은 나라와의 경쟁에서 앞서갈 수 있다. 우리의 기술력이 그들보다 훨씬 우수하므로 효율성이 높은 장비를 제작하면 된다. 그리고 과거의 적대적인 관계는 모두 청산하고 공급업체나 노동자들과 윈윈 파트너십을 구축해야 한다. 그렇게 하면 더 중요한 업무, 즉 고객의 필요를 돌보는 데 더 많은 활력과 자산을 투입할 수 있다. 그런데 이렇게 많은 변화를 이뤄 내려면 변화에 대한 저항이라는 매우 강력한 인간 본성을 이겨 내야 한다. 비즈니스에서 성공하려면 끊임없이 변화해야 한다.

미국 자동차업계가 어떻게 돌아가는지 알게 되면 일본에 대한 반감이 생길지 모른다. 일본은 자기네 보호주의 규정을 앞세워 우리 기업을 매우 불공정하게 대하기 때문이다. 미국 자동차업계는 출발선부터 불리한 상황에 놓인다. 하지만 보호주의에 대항하는 것은 바람직한 해결 방안이 아닌 것 같다. 그렇게 생각하지 않는 사람도 있겠지만, 근본적인 문제는 미국 내 업체의 품질이 일본 제품과 경쟁할 수준이 아니라는 것이다. 게다가 자동차업계의 경영진에게 심각한 문제가 있다. 그들은 생산직 노동자와 대립할 것이 아니라 파트너 관계를 구축해야 한다.

자동차업계에는 내가 소매업계에서 접해 보지 못한 다양한 문제가 있는 듯하다. 내가 알기로는 미국 내 자동차 생산업체에 근무하는 사람은 시급 22달러를 받는데, 일본 생산업체의 시급은 16달러다. 멕시코의 경우는 시급이 훨씬 적다. 내가 나서서 모든 문제를 해결해 주겠다는 말은 아니지만, 노조가 있는 회사를 하나 정한 다음 세계적인 경쟁력을 갖추는 것이 중요한 이유를 차근차근 알려 주고 싶다. 반드시 자동차업계가 아니더라도 철강이나 전자 부문에도 이 점이 필요한 것 같다. 경영진과 노조가 하나의 팀으로 똘똘 뭉쳐 회사가 좋은 성과를 낼 때 모든 임직원이 그 기쁨과 성취감 및 수익을 공유하는 것이 얼마나 즐거운 일인지 직접 느껴 보게 해 주고 싶다. 노조를 그대로 유지하면서도 얼마든지 그렇게 바꿀 수 있다.

실제로 이렇게 하려면 경영진과 노동자들을 설득하는 데 많은 에너지를 쏟아야 하겠지만, 누군가 나서서 끈질기게 매달리면 충분히 가능한 일이라고 본다. 미국 기업 경영진이 노동자들에게 우리는 모두 한 팀이라고 자신 있게 말하려면, 먼저 기존의 잘못된 연봉 구조를 고쳐야 한다. 매년 300~400만 달러의 보너스를 받으며 보란 듯이 리무진이나 기업용 제트기를 타고 다니는데, 이는 자신이 남들보다 훨씬 우월하다는 착각에 빠져 있기 때문이다. 이런 어리석은 짓부터 당장 그만두어야 노동자와 화합할 수 있다.

모든 회사가 월마트처럼 한 푼도 낭비하지 않겠다는 마음으로 고지식하게 굴어야 한다는 말이 아니다. 할인업계는 고객을 위해 1달러라도 아끼려고 노력하는 것이 당연하지만, 모든 사람이 할인업에 종사하는 것은 아니다. 그렇지만 경영진이 평범한 사람들과 조금 비슷하게 사는 모습을 보여 줬다면 회사가 훨씬 잘되었을 것이다. 나는 일반 항공사의 서비스를 이용할 때 가장 낮은 등급의 좌석에 타곤 하는데, 많은 사람이 이런 행보를 도무지 이해할 수 없다고 말한다. 그러나 나는 기업 수장으로서 수많은 직원에게 좋은 본을 보여야 한다고 생각한다. 정작 내가 실천하지 않는 것을 다른 사람에게 요구하면 역효과가 일어난다. 직원들은 내 말과 행동이 다르다는 것을 포착하는 순간 나에게 반감을 품을 것이고, 더는 경영진과 직원이 한 팀이라고 생각하지 않을 것이다.

하지만 이제는 과거를 모두 잊고 미래에 월마트가 어떤 유산을 남기면 좋을지 생각해야 한다. 월마트가 지금처럼 계속 발전하고 성장한다면, 누군가의 말처럼 '오자크의 등대(Lighthouse of the Ozarks)'라고 할 만한 존재가 될 것이다. ('오자크'는 월마트의 발상지로 미국 미주리주 남부에서 아칸소주 북서부에 걸친 지역이다. – 옮긴이) 이제 국민 기업으로 성장했기 때문에 월마트의 유산이 고향인 이곳을 넘어 더 먼 곳까지 전파되기를 바라는 마음이 간절하다.

월마트가 고객의 마음속에 지금과 같이 소중한 존재로 계속 남으려면, 어떤 식으로든 지역사회에 환원하는 방법을 더 많이 연구해야 한다. 지금까지 이 책에서 소개한 월마트의 사회 환원 활동에 대해 개인적으로 매우 자랑스럽고 뿌듯하게 생각한다. 우리는 이미 지역사회에 더 적극적으로 참여하고 사회 문제에 더 깨어 있기 위해 여러 가지 방안을 찾고 있다. 앞서 지적했듯이, 미국은 교육 개혁이 시급한데, 월마트가 어느 정도 이 문제 개선에 기여하기를 바라며, 이를 통해 사적인 이익을 추구할 생각은 조금도 없다. 자유 기업 경제는 월마트, IBM, P&G 같은 국제적인 기업이 탄생하고 이들을 통해 미국 경제가 크게 성장한 기반이다. 하지만 교육이 잘 정비되지 않으면 자유 기업 경제가 제대로 운영될 수 없다. 내 말을 선뜻 믿기 어려울지도 모른다. 하지만 옛말은 정말 틀린 게 하나도 없는 것 같다. "더 많이 베풀수록 더 많이 받게 된다."

끝으로, 많은 사람이 나에게 항상 질문하는 것이 두 가지 있다. 하나는 월마트와 같은 성공담이 요즘 시대에도 가능하냐는 것이다. 나는 언제라도 가능하다고 대답해 준다. 지금도 이 세상 어딘가에는 열정과 재능, 아이디어를 모두 갖춘 예비 사업가들이 수백 명 아니 수천 명 이상 존재할 것이다. 월마트 신화에 버금가는 자수성가를 꿈꾸며 끝까지 포기하지 않고 노력한다면, 비슷한 성공담은 얼마든지 만들 수 있다. 사업과 경영을 끊임없이 연구하고 질문을 멈추지 않는 태도로 자신의 역량을 계속 키워 가는 것이 가장 중요하다.

두 번째는 50년 전처럼 재능, 활력, 열정을 가진 젊음이 다시 주어진다면 무엇을 하고 싶은가 하는 질문이다. 이것은 선뜻 대답하기 어렵다. 사실 내가 지금 무엇을 해 보고 싶은지 아무런 생각이 없다. 하지만 새로운 것을 시도한다면 또 무언가를 파는 소매업을 시작할 것 같다. 나는 길을 오가는 고객과 직접 소통하며 물건 파는 것을 좋아하기 때문이다. 지금은 소매업계를 철저히 연구해서 가장 적은 자본을 투자해 가장 크게 성장할 수 있는 분야에 도전해 보고 싶다. 특산물 전문점이나 컴퓨터 관련 매장도 좋고, 갭이나 보디숍과 비슷한 사업도 해 보고 싶다.

앞으로 열정이 지나쳐 보이는 괴짜가 나타나서 당신의 가게 근처에서 장사를 시작한다면, 곧 망할 거라고 성급히 판단하지 말고 두 노인이 페이엣빌의 내 가게가 두 달 정도 버틸 수 있게 '허락'해 준 것을 기억해 주기 바란다. 직접 가서 괴짜의 가게를 한번 구경해 보면 어떨까? 무슨 제품을 파는지, 손님을 어떻게 대하는지 확인해 보고, 내가 고객이라면 이 가게에 다시 가고 싶을지 자문해 보라. 이것이 바로 장사에서 가장 중요한 점이다. 자유 시장 경제에서 사업의 성공 여부는 전적으로 고객에게 달려 있다는 점을 잊지 말아야 한다.

후기

아버지는 돌아가시기 전 2년간 다발성 골수종이라는 암으로 힘든 투병 생활을 하셨다. 진단을 받을 때 이미 말기 암이 거의 확실했다. 아버지는 인생에서 고비를 만날 때마다 정면 돌파하셨고, 암 진단을 받았을 때도 당당히 맞서 싸우겠다고 하셨다. 암 선고를 받고도 낙관적으로 생각하셨고, 암을 이겨 낼 새로운 치료법이 있다면 적극적으로 받아들였다. 온 가족이 아버지를 다독이고 응원했다. 특히 존이 가장 세심하게 아버지의 치료 과정을 관리해 드렸다. 아버지는 우수한 의료진의 도움을 받아 다양한 실험적 치료 프로그램을 시도했다.

약을 복용하긴 했지만, 자신이 병에 걸렸다는 사실에 압도되지 않았고, 새로운 치료법을 알아보는 데 지나치게 몰두하지도 않으셨다. 오히려 여생을 온전히 즐기고 싶어 하셨다. 암 선고를 받은 게 1990년 초였는데, 그때 아버지는 기대와 거부감이라는 모순적인 감정을 안고 자서전을 준비하고 있었다. 하지만 자서전 발간을 취소하고, 자신이 좋아하는 일에 시간과 에너지를 모두 쏟을 거라고 하셨다. 여느 때처럼 비행기로 여러 도시를 다니며 월마트 매장을 직접 둘러보셨고, 그토록 사랑하고 아끼는 동료들을 만나서 인사를 건네셨다.

그러다가 1991년 연말에 병세가 매우 악화되었다. 조만간 거동이 불편해질 정도로 몸이 쇠약해질 것을 예감할 수 있었다. 그래서 가족과 주변 사람들은 아직 시간이 있을 때 자서전을 준비해 보라고 간곡히 권유했다. 아버지도 동의했고, 일단 자서전을 내기로 마음먹은 후에는 다른 일을 하시던 때처럼 온전히 집중하면서 모든 열정을 쏟아부었다. 어떤 내용을 포함할지 매우 구체적으로 계획하셨고, 매일 꾸준히 원고를 쓰셨다. 내용을 수정하거나 추가하고, 문체를 다듬고, 관계자에게 기억나는 점이 있으면 알려 달라고 요청하는 등 매우 적극적인 모습이었다.

1992년 3월 초, 아버지는 자서전 작업으로 매우 바쁘게 지내셨고, 건강은 눈에 띄게 나빠졌다. 그 무렵 아버지 인생에서 가장 놀랄 만한 일이 벌어졌다. 백악관에서 아버지에게 미국 최고 시민상인 '대통령 자유 훈장(Presidential Medal of Freedom)'을 수여한다는 소식이었다. 부시 대통령이 영부인과 함께 벤턴빌까지 직접 와서 훈장을 전달해 주었고, 아버지는 매우 감격하셨다. 워낙 특별한 행사였으므로 아버지가 초대하고 싶은 사람이 정말 많았겠지만, 누구를 초대하고 싶은지 굳이 물어볼 필요도 없었다. 월마트 동료들이 최우선이라는 것을 우리 모두 잘 알고 있었다.

훈장 수여식은 3월 17일 화요일 오전에 월마트 본사 강당에서 거행되었다. 그 강당은 아버지가 토요일 오전 회의를 수없이 진행하던 장소였다. 수백 명의 동료가 참석해 강당은 발 디딜 틈이 없었다. 그들은 아버지에 대한 크나큰 애정을 아낌없이 표현해 주었다. 이렇게 특별한 날에 동료들이 와서 함께 기뻐해 주는 모습을 보니 가슴이 뭉클했다. 그들은 최근

들어 본 것 중에 가장 열정적인 목소리로 월마트 구호를 외쳤는데, 이 모습에 부시 대통령 부부와 백악관 기자들은 깜짝 놀라고 말았다. 아버지는 "우리의 커리어 전체를 통틀어 가장 멋진 날"이라며 흐뭇함을 감추지 못했다. 또한 그날의 모든 영예와 기쁨은 동료들 덕분이라고 말했다.

한편으로는 그런 모습이 가슴 아팠다. 아버지가 휠체어를 타고 무대에 등장했고, 이 모습을 본 많은 동료가 그날이 아버지와의 마지막 만남이 될 것이라고 직감했다. 한편으로는 감동이 벅차올랐고, 다른 한편으로는 수많은 추억이 주마등처럼 스쳐 가면서 기쁨과 안타까움의 눈물이 흘렀다.

대통령의 연설 중 아버지에 대해 언급한 부분은 다음과 같다.

전형적인 미국인 샘 월턴은 기업가 정신의 표본이자 아메리칸 드림의 화신이다. 그의 커리어의 주요 특징은 직원을 진심으로 아끼고 지역사회를 가족처럼 돌보며 남들과 차별화된 결과를 산출하려는 강렬한 열망이라고 할 수 있다. 라틴 아메리카에 장학금을 후원해 여러 나라 사람을 하나로 융합시켰고, 그들도 아메리칸 드림의 표본인 자신처럼 될 수 있다는 희망을 심어 주었다. 누구보다 가정적이며 열정적인 기업가이자 민주주의를 온 마음으로 지지하는 정치가로서, 자신의 삶을 통해 믿음·희망·근면성실이라는 가치가 얼마나 중요한지 우리 모두에게 일깨워 주었다. 유통업의 일인자로서 사업과 인생이라는 두 마리 토끼를 모두 잡은 그는 우리 모두의 존경을 한 몸에 받고 있다.

며칠 후 아버지는 리틀록에 있는 아칸소 대학 병원에 입원했다. 생의 마지막 순간에도 평소에 늘 해 오던 일과를 즐기며 행복한 시간을 보내셨다.

그 시기에 가족 외에 아버지를 찾아온 사람이 있었다. 우리의 부탁을 받은 현지 월마트 매장 관리자가 병문안을 와서 자기 매장의 주간 매출액을 알려 주며 아버지와 담소를 나눴다.

훈장을 받은 지 3주쯤 후 아버지는 암과의 사투를 끝냈다. 74번째 생신을 맞이한 지 며칠 후인 4월 5일 일요일 오전이었다. 후회 없이 열정적인 삶을 사셨기에 죽음을 직면해서 어떠한 후회나 망설임도 보이지 않았다.

우리는 모두 아버지를 몹시 그리워할 것이다.

롭 월턴,
1992년 5월 아칸소주 벤턴빌에서

공동 저자의 글

샘 월턴은 꽤 오랫동안 자신에 관한 책을 쓰려는 사람들을 피해 다녔다. 몇몇 사람이 수년간 끈질기게 그를 설득하지 않았다면 이 책은 절대 세상에 나오지 못했을 것이다.

나에게 공동 저자의 기회가 찾아온 것은 나의 직장 상사이자 〈포춘〉의 편집자 마셜 러브 덕분이었다. 그는 1988년 12월에 나를 처음 오자크에 보내면서, 샘 월턴에게 거절당한 채 돌아오는 것은 아예 생각도 하지 말라고 못을 박았다. ICM의 내 에이전트였던 크리스 달이 처음으로 책을 써 보라고 권했다. 그는 수년간 끈기 있게 이 특별한 이야기의 흥망성쇠에 귀를 기울여 주었다.

하지만 가장 큰 도움을 준 사람은 더블데이 부사장 빌 베리다. 그는 말이 아주 빠르고 출판업계에서 오랫동안 경력을 쌓았는데, 샘이 자서전을 내도록 설득하는 데 일등 공신이 되었다. 어느 출판사의 직원도 빌 베리가 보여 준 끈질긴 노력과 참을성을 흉내조차 내지 못할 것이다. 그가 데브 퍼터에게 편집을 맡긴 것도 탁월한 선택이었다. 다른 사람처럼 샘에게 다가가는 것을 부담스럽게 여기지 않고 적극적으로 샘을 밀어붙였다. 마감일이 매우 촉박했는데도 데브는 흠잡을 것 하나 없이 완벽한 결과물을 내놓았다. 더블데이의 다른 직원들도 짧은 시간 내에 자서전 출판에 필요한 여러 가지 업무를 훌륭하게 처리해 주었다.

월마트 내부에도 도움을 주신 분들이 있다. 샘의 개인 비서 베키 엘리엇이 인내심을 가지고 부드럽게 다독여 주지 않았다면, 샘은 온갖 핑계를 대며 자서전 발간을 계속 미뤘을 것이다. 그리고 월마트 CEO 데이비드 글래스는 처음부터 자서전 준비를 공식적으로 인가해 큰 힘을 실어 주었다. 그리고 샘의 가족들이 한 사람도 빠짐없이 열정적으로 지원해 주었다. 헬렌 월턴은 힘든 상황에서도 평소와 다름없이 친절함을 보였고 레이저백 농구 관람권을 지원하는 등 다양한 방식으로 격려해 주었다. 롭 월턴도 자서전 관련 업무를 하는 모든 사람을 살뜰히 챙겼다.

마지막으로 케이트 엘리스와 제이크 휴이에게도 감사를 전한다. 두 사람은 내가 오랫동안 자리를 비우는 것과 일정이 자주 변동되는 것을 불평 한마디 없이 이해해 주었다.

딱 한 가지 안타까운 점이 있다면, 자서전의 주인공에게 자신의 특별한 인생을 책으로 엮어 낼 기회를 준 것에 대해 고맙다는 인사를 하지 못한 것이다. 지금까지 샘 월턴과 함께해 온 많은 일이 내게 몹시 소중하고 의미 있는 경험이었으며, 이 책을 함께 저술한 것도 그런 경험이었다.

존 휴이,
1992년 5월 조지아주 애틀랜타에서

월마트, 두려움 없는 도전

초판 1쇄 인쇄 2022년 10월 5일
초판 1쇄 발행 2022년 10월 15일

지은이 | 샘 월턴·존 휴이
옮긴이 | 정윤미

펴낸이 | 정상우
편집주간 | 주정림
교정·교열 | 이숙
디자인 | 석운디자인
펴낸곳 | (주)라이팅하우스
출판신고 | 제2014-000184호(2012년 5월 23일)
주소 | 서울시 마포구 잔다리로 109 이지스빌딩 302호
주문전화 | 070-7542-8070 팩스 | 0505-116-8965
이메일 | book@writinghouse.co.kr
홈페이지 | www.writinghouse.co.kr

한국어출판권 ⓒ 라이팅하우스, 2022
ISBN 979-11-978743-3-8 (03320)